개정6판

국제무역실무

이대우
양의동
공저

- CISG
- INCOTERMS® 2020
- UCP 600
- URBPO

도서출판 두남

개정6판 머리말

2021년은 소의 해인 신축년(辛丑年)입니다. 흰색의 소는 밝은 희망과 행운을 가져다주는 뜻으로 해석을 한다고 합니다. 어둡고 힘든 시기가 가고 밝고 희망찬 시대를 고대합니다.

최근 1년 여간 예상치 못했던 COVID 19의 대유행으로 전 세계 경제가 몸살을 앓고 있으며 그 경제적 충격은 엄청났습니다. 다행히 서너 종류의 백신과 치료제가 개발되면서 어둠의 터널에 벗어날 수 있다는 희망을 보여주고 있습니다. 하지만 아직도 수많은 사람들이 코로나 확진을 받고 있으며 하루에도 수많은 사망자가 나오고 있어 세계 경제는 암담한 상황을 벗어나지 못하고 있습니다.

국제무역거래도가 급격히 하락하면서 경제 상황이 어려워지고 거래의 형태도 대면거래는 크게 줄었으나 비대면 거래는 상대적 호황을 맞는 등 새로운 트렌드의 무역거래가 출현하고 있으며 이는 곳 4차 산업의 등장을 촉진시키는 촉매로서의 역할을 하고 았습니다. 또한 국제적으로는 4년 전 당선된 트럼프 대통령의 시대가 가고 새로이 당선된 바이든 대통령이 1월 20일부터 업무를 시작하여 그동안 전임대통령의 무역정책인 미국중심주의, 보호무역주의가 세계화, 경제자유화 정책으로 전환하게 될지 기대가 되는 상황입니다. 또한 영국은 EU경제공동체에서 완전히 탈퇴하여 새로운 경제상황을 맞이하게 되었으며 이에 대한 우리나라의 경제에 미칠 효과를 생각하게 하고 있습니다. 세계경제의 방향이 어느 한 나라의 정책에 의해서 결정되는 것은 아니며 서로 자국의 경제에 얼마나 이로운지를 고려하여 결정하게 되는 것이므로 상시 예의주시하며 상황을 준비하여야 하겠습니다.

이와 같은 국제정세가 급변하는 상황에서 2017년 제5차 개정판을 낸 후 4년이 흘렀으며 그간 무역실무의 핵심내용이라 할 수 있는 INCOTERMS® 2020을 새롭게 제정 적용되어 새로운 개정판을 출간해야 하는 필요성이 더해져 개정판을 출간하기로 하였습니다.

그 동안 국제무역실무를 사용해 주신 여러분께 감사드리며 이번 본서의 개정판의 주요 내용은 다음과 같습니다.

첫째, 불필요한 내용을 많이 수정 삭제하고 실무 중심의 교재 편찬에 주력하였습니다.

둘째, 본서의 인코텀즈 2010 부분을 삭제하고 인코텀즈 2020 중심으로 설명하였습니다.

셋째, 결제수단 중에 새로운 결제수단인 국제펙토링, 포페이팅, 송금결제, BPO 등 결제방식을 제시하였습니다.

끝으로 그간 본서의 개정판을 수락해 주신 도서출판 두남 전두표 사장님께 다시 한 번 감사드립니다.

2021년 신축년 원단

저자 일동 드림

차 례

제3편 무역관리제도

제4편 수출입 절차

제5편 국제운송 및 해상보험

제6편 무역대금의 결제

제7편 신용장거래

제8편 전자거래정보일치에 의한 무역대금지급

제9편 관세제도와 관세환급제도

제10편 국제거래분쟁의 해결

부 록

제 1 편

무역의 개념 및 해외시장조사

제1장 무역과 전자무역

제 1 절 무역의 개념

1. 무역의 발생

인류 역사의 시작과 함께 무역의 역사도 시작되었다고 볼 수 있다. 원시시대의 수렵과 채집생활은 가족중심의 자급자족제도(autarky system)였으나 농업시대를 지나면서 분업(division of labor)과 교환(exchange)이라는 형태가 생겨나기 시작했고 이는 공업과 상업위주의 상호의존제도(interdependent system)로의 전환을 가져왔다.

이러한 변화는 분업이 더 심화되고 교환의 영역이 더 넓어짐에 따라 보다 넓은 시장의 확보를 필요로 하게 되었다. 시장의 확보는 곧 자원의 확보를 의미하는 것이고 자원은 국가 경제를 지탱하기 위한 힘의 원천이 된다. 자원은 지구 전체적으로 균등하게 분포되어 있지 않고 특정한 지역에 집중되는 불합리성을 지니고 있다. 자원이 풍부한 국가와 자원이 부족한 국가는 서로간의 이해관계가 일치한다. 전자는 자국이 다 쓸 수 없는 양의 자원을 팔고 싶고, 후자는 필요하면서도 갖고 있지 않은 자원을 사고 싶다. 이렇게 공급과 수요를 향해 움직이는 전 세계의 자원들은 무역이라는 이름의 형태로 교환되는 것이다.

기록에 의하면 이미 기원전 1000년경에 이집트와 레바논간에는 곡물, 파피루스(Papyrus) 및 목재 등의 교역이 성행했었으며, 또 기원전 800년경에는 지중해의 로드스(Rhodes)섬을 중심으로 한 페니키안(Phoenician)들에 의한 무역이 활발히 이루어져 일부 상인들의 자본축적이 형성되기 시작하였다고 전해진다. 이러한 자본축적이 신대륙의 발견과 또 많은 과학의 발전을 촉진시켜 결국은 무역을 일찍이 서두른 서양문화권이 세계를 제패하게 된 것이다. 영어의 Trade란 단어는 지나간 자국, 항로 등을 뜻하는 Track이란 단어와 걷다, 밟다의 뜻을 가진 Tread에서 유래한 것으로 볼 때 무역이란 어떤 길이나 항로를 따라가서 물건을 교환하는 행위(truck & barter)라 정의할 수 있겠다.

무역의 시작과 역사는 서양의 독점물은 아니다. 우리가 오늘날 사용하고 있는 무역이란 용어는 고대중국의 고전인 「史記」에 기록된 '以物相貿易' 및 「十八史略」의 '貿易衣服回轉數周'라는 표현에서 비롯한 것으로, 무(貿)와 역(易)은 다같이 매매 또는 교환을 뜻한다.

우리나라에서는 통일신라시대에 당나라나 왜국(倭國)에 사신을 보내 조공을 바치거나 예물을 교환한 사실이 기록되어 있으며, 신라 흥덕왕 때에 장보고가 신라해안에 자주 침범하는 중국해적들을 소탕하고 청해진을 거점으로 중국의 적산포와 초주, 연수, 양주 등지와 연결, 교역 사절단인 경당 매물사와 무역선인 교관선을 이용하여 나·당간의 무역을 독점하였다. 한편, 그는 일본에 회역사를 파견하고 교역 활동을 전개하여 당시 회역사들은 하카타에 무역소까지 두는 실정이었다. 이렇듯 장보고의 해상 무역 활동은 신라·당·일본을 연결하는 국제 무역을 독점, 우리의 역사상 전무후무한 해상 왕국을 형성하였다. 당시 무역항으로서 번성한 곳은 청해진(완도), 영암, 당성진(남양만)과 경주에 가까운 울산항이 크게 번영하여 아라비아 상인까지 왕래하였다는 기록이 있다. 또한 후삼국시대에 이르러 강주(진주)의 왕봉규와 금주(김해) 지방의 이언모 역시 대 중국 무역을 통하여 부를 축척한 호족 세력이었고, 개성 지방의 대표적 세력인 왕건 역시 그의 5대조로부터 예성강 연안 지대를 무대로 해상무역에 종사, 패강진과 혈구진 지역에서 세력을 떨쳤다고 한다.

그러나 동양에서는 교역상대국이 서양에 비해서 상대적으로 제한되어 있었고, 또 유교사상의 영향으로 조선시대부터는 교역의 관건이 되는 해상운송에 종사하는 자나 어부들은 천민으로 취급받아 상류층이나 다른 생계의 수단을 가진 자들은 이 분야에 진출하지 않아 우리의 대외무역은 위축되어 왔고, 결국은 대원군의 쇄국주의로 현대문명으로의 개화가 그만큼 늦어졌다 할 수 있다.

이와 같이 우리 인류의 발전사는 제한된 자국의 영토와 자원만으로는 자국경제의 발전을 가져올 수 없음을 보여주고 있다. 또한 자국의 한계를 벗어나서 다른 나라와 서로 교역하며 살아온 나라들이 더 부강해져 왔던 것을 증명해 주고 있다. 이는 자국의 부존자원이 빈곤한 나라에 있어서 외국과의 교역은 곧 생존을 의미한다.

초기의 무역은 서로의 생산물을 교환하는 것에 국한되어 있었으나, 현재에 이르러서는 단순한 상품의 교환뿐만 아니라 기술 및 용역, 서비스 및 자본(capital)의 이동까지도 포함시키는 광의의 개념으로 확대되었다.

2. 무역의 개념

오늘날 우리의 생활은 물자의 세계적 교류에 의해 영위되고 있다. 즉 우리들이 만든 많은 물자가 해외로 수출되어 그 나라 국민의 생활에 제공되고 있으며 우리들도 그들이 제공하는 물자를 수입하여 생활에서 사용하고 있다. 이는 우리 생활에 필요한 물자가 국내에서 조달하기에는 부족하거나 생산 경쟁력에서 뒤지기 때문에 물자를 외국에서 수입하여 사용하며 수출의 경우 그 반대의 입장에 있기 때문일 것이다. 세계 어느 나라든 수출입은 반드시 필요하며 스스로 완전 자급자족 할 수는 없을 것이다. 이러한 국제간의 물자교류는 국제간에 행해지는 국제교역의 한 형태이며 물자의 왕래, 자본의 이동 등 여러 측면에서 무역거래가 발생하고 있다.

무역거래는 국제 분업의 원리에 의해 발생하는 이국간의 경제거래를 의미한다. 즉 물품의 매매에 관한 상품거래를 포함하여 운송, 보험, 통신, 금융 등의 용역거래와, 단순한 자본거래를 포괄하는 개념으로 규정할 수 있다. 즉, 특정 상품의 효용가치가 적은 곳에서 효용가치가 높은 곳으로 이양시킴으로써 그 재화의 효용 및 경제가치를 증가시키는 것뿐만이 아니라 모든 재화의 생산요소, 즉 원료, 노동 및 자본의 이동까지도 포함시키는 것으로 이해되어야 한다.

그러나 그 의미를 좁혀서 일국의 거래주체와 다른 외국의 거래주체 사이에 이루어지는 물품의 매도 및 매입에 관한 국제거래를 협의의 개념으로 정의할 수 도 있다. 우리는 이를 일반적으로 무역 또는 외국무역이라고 한다.

무역에 관련된 동일 또는 유사용어로서 국제무역(international trade)이라는 개념은 일정지역 내에서 여러 국가들과 무역이 행해질 때를 지칭하며, 외국무역(foreign trade)은 자국을 중심으로 외국 또는 타국과 무역이 행해진다는 의미로 해석할 수 있으며, 세계무역(world trade)은 무역을 범세계적 대상으로 확대하여 해석한 용어로 볼 수 있다.

3. 전자무역거래

1) 전자무역의 개념

전자무역(사이버 무역)이란 가상공간인 Internet을 통해 국제간에 상품이나 서비스를 사고파는 것으로서 컴퓨터 통신망이 구성하는 가상공간 자체가 시장이고 Internet 접속 이용자가 고객이 되는 것이다. 이러한 거래는 물리적 공간으로서의 시장이 필요 없다는 점에서 전통적인 상거래와는 차이가 있다.

전자무역거래에서는 수출업자가 자기회사의 상품을 Web Site를 통해 Internet 시장에 내놓거나 반대로 수입업자가 Web Site에 구매 Offer를 제시할 경우 수출입업자 상호간에 E-mail을 통해 가격상담과 계약체결이 이루어지게 되는 것으로, Internet으로 무역을 할 경우 저렴한 비용으로 자사 상품의 광고와 새로운 거래선의 발굴이 용이하다는 장점이 있다.

하지만 전자결제 시스템 미비, Network 인증기관의 문제, 수출입 업체의 신용이나 거래내용의 보안유지 문제 등이 남아 있어 이에 대한 기술적인 보완이 이루어지게 되면 21세기의 유력한 거래수단이 될 것으로 기대되고 있다.

2) 전자무역의 특징

(1) 거대한 단일 시장으로의 변화

지금까지 국가별로 독립적으로 운영되던 시장이 인터넷이라는 거대한 인프라에 의해 단일 시장으로 통합됨으로써 인터넷이란 가상공간에 마련된 시장에서 누구나 값싼 양질의 상품과 서비스를 사고 팔 수 있게 되었다.

인터넷이란 시장에서는 초우량 대기업이나 초대형 다국적 기업에 못지않게 일반 중소기업도 세계적인 기업으로 발돋움할 수 있는 기회를 제공하고 있으며 이에 따라 창의적이고 진취적인 중소기업은 오히려 인터넷에서 새로운 기회를 얻게 되었다.

(2) 교역상품과 서비스 가격의 단일화 및 하락

인터넷에서는 전문 정보 검색 엔진을 이용하여 특정 상품을 어떤 나라의 어느 기업이 공급하고 있는 지를 쉽고 빠르게 찾을 수 있게 됨으로써, 특정 상품을 필요로 하는 기업과 소비자들 간에는 철저한 시장 원리가 적용되어 가장 경제적이고 합리적인 기준에 의한 거래가 가능하게 되었다. 따라서 가격 구조의 평준화와 제품의 차별화를 이룩하게 될 것이다. 또한 인터넷이라는 거대한 시장은 유통비용의 하락으로 전반적인 제품이나 서비스 가격 하락을 가져오게 된다.

기존의 수입상들은 지금까지 해외의 유명 브랜드를 낮은 가격에 구입하여 높은 가격으로 국내에서 판매해 왔지만, 인터넷의 등장은 국내의 소비자들과 해외의 판매자들간에 인터넷 무역을 자유롭게 할 수 있게 함으로써 보다 활발한 경쟁 체제로 전환되어 자연스러운 가격하락을 가져오게 될 것이다.

(3) 전 세계를 대상으로 한 글로벌 마케팅 활동

지금까지는 거대한 비용과 소비자 분석의 어려움 등으로 세계적인 대기업들만이 세계 시장을 상대로 광고 및 마케팅을 할 수 있었다. 하지만 인터넷이라는 새로운 매체의 등장은 문자와 그림은 물론, 음성과 동화상 등 보다 다양하고 효과적인 방법으로 회사나 제품을 세계시장에 홍보할 기회를 가능하게 하였으며, 최소한의 비용으로 시간의 제약이나 지면 공간의 제약이라는 한계뿐만이 아닌 소비자와 대화가 가능한 대화형 광고를 비롯한 첨단 기법의 광고까지도 가능케 하였다.

이로써 제품이나 서비스의 개발 단계에서부터 전 세계를 대상으로 한 광고 및 마케팅을 염두에 두어야 하며 인터넷 상거래에 적합한 신제품의 개발과 함께 효과적인 주문 처리, 고객관리 및 대금 회수 등을 위한 내부 시스템을 구축하는 것이 필요하다.

(4) 거래 비용의 획기적인 절감

판매자와 구매자간의 상담이나 상품에 대한 정보의 취득, 거래 성사를 위한 각종 서류의 교환 형태도 지금까지의 전기 신호를 이용한 통신 수단에서 전자 신호에 의한 컴퓨터 통신을 대표하는 인터넷으로 통합됨에 따라, 형태가 일정하지 않은 비정형화된 정보나 의사 표시는 전자메일에 의해, 정형화된 정보나 서류는 전자문서교환(EDI)에 의해 인터넷과 같은 컴퓨터 통신망으로 통합·유통되고 있다. 또한 전화와 같은 음성 정보는 인터넷 폰으로, 팩스와 같은 이미지 정보는 인터넷 팩스로, 화상회의와 같은 영상 정보는 인터넷 화상회의 시스템에 의해 디지털화 되어 인터넷으로 흡수되고 있다. 이러한 인터넷 부가 서비스는 국제 통신비용을 획기적으로 절감할 수 있다는 것이 가장 큰 장점이다.

(5) 전자 화폐에 의한 대금 결제

무역에 있어서 대금결제 방식의 하나로 사용되는 신용장은 전자 화폐에 의한 전자 결제 시스템의 도입에도 불구하고 활성화되어 가고 있다. 이는 무역거래에 있어서 상품 구매에 대한 대금 결제 방식으로 개발된 신용장은 인터넷을 통한 전자 지불 시스템의 개발과 실용화에도 불구하고 거액거래는 여전히 신용장을 사용하고 있으며 전자거래는 소액거래에 사용되고 있기 때문이다.

최근 들어 세계 유수의 신용카드 회사들이 컴퓨터 통신업체들과 공동으로 인터넷 상거래 표준안인 SET(Secure Electronic Transactions)를 개발하여 상용화된 제품 및 서비스를 제공하기 시작하였는데, 이 시스템은 인터넷을 통해 상품을 구매하는 고객의 신용카드 번호 등을 고객의 전용 소프트웨어로 암호화하고 고객이 이 정보를 입력하면 판매자가 전용 소프트웨어를 이용하여 카드 발행 회사에 조회를 하도록 한 것이다. 이제 신용카드 범위 내에서 세계적으로 안전하고도 확실한 대금 결제가 보장됨으로써 소액거래를 중심으로 한 국경 없는 인터넷 상거래가 시작되었다.

(6) 새로운 국제 운송 물류 시스템의 도입

주문과 동시에 상품을 공급받고자 하는 소비자들이 욕구에 맞춰 현지 생산, 현지 보관, 현지 배달이라는 상품 배송 시스템과 함께 지능 수송 시스템이 구축되어 이를 위한 인터넷의 활용도 활성화되고 있다. 인터넷과 같은 컴퓨터 통신망의 등장은 기존의 국제 특송 시장에서 큰 비중을 차지해 왔던 서류 송달 물량의 감소와 국제 특송 시장의 위축을 예상하였지만, 인터넷을 통한 소액 물품 거래의 활성화에 따른 상품 배송의 확대로 인해 오히려 국제 특송 시장은 상대적으로 부상하는 조짐을 보이고 있다. 특히 인터넷상에서의 생산자와 소비자간의 직접 거래가 증가하면서 탁송 부문과 창고 부문의 결합이 가속화되고 있다.

3) 전자무역의 장점

(1) 전 세계가 하나의 거대한 시장

인터넷은 국가간 장벽이나 지리적 제한이 존재하지 않는 Global Network이다. 따라서 국가간의 장벽이 약화되어 가고 있는 추세와 더불어 기업 활동의 무대를 세계로 넓히는데 좋은 수단이 되고 있다.

(2) 거래처 발굴의 효율화 및 거래정보의 획득용이

인터넷을 이용하면 훨씬 더 적은 비용으로 효율적인 거래처 발굴이 가능하다. 기존에는 거래처 발굴을 위해서 상공회의소 등 거래알선기관에 의뢰하거나 각종 디렉토리, 해외에 배포되는 인쇄매체, 현지의 광고, 각종 박람회, 전시회의 참가 등을 이용하였으나, 인터넷을 이용함으로써 각국의 정부와 무역 유관기관 그리고 개별기업들이 올려놓은 무역에 관련된 수많은 정보들을 Web Site를 통하여 쉽게 찾아 볼 수 있게 되었다.

(3) 중소기업에 성장기회 제공

인터넷을 통한 거래는 기업의 규모나 인지도보다는 어느 기업이 소비자의 욕구를 충실히 반영할 수 있느냐에 달려 있다. 따라서 좋은 제품, 서비스능력, 창의적이고 진취적인 자세만 가지고 있다면 중소기업에게도 성장의 가능성은 무한하다. 또한 현지 지사 등 거점이 없어도 해외시장 개척이 가능하므로 시장을 확대시킬 수 있다.

(4) 기업활동 비용의 획기적인 절감

인터넷상에서 상품을 수출하는 기업의 경우 판매상품에 대한 정보를 별도의 홍보책자나 전단으로 만들지 않고 인터넷에 곧바로 전시할 수 있기 때문에 이에 따른 제품 홍보비용을 대폭 줄일 수 있다. 이로써 수입자(Buyer)들도 인터넷을 이용하여 다양한 상품정보를 쉽게 얻을 수 있기 때문에 물품탐색에 필요한 시간과 비용을 절약할 수 있다.

[표 1-1] 기존의 무역거래와 전자무역의 차이

	기존 무역거래	전자무역
정보수집	거래알선기관 직접 방문	거래알선사이트, 인터넷 정보검색
광고마케팅	카탈로그, 매체광고, 전시회 등	홈페이지, 유즈넷, 메일링리스트 등
의사교환	국제전화/팩스, 우편. 출장 등	전자우편, 인터넷 국제전화, 팩스 등
대금결제	신용장, D/A, D/P 등	무역카드, 전자자금이체 등
물류운송	포워드, 해운, 항공운송 등	온라인 송금, 특급운송 등

제2절 무역실무의 범위

국제무역거래는 경제학이나 경영학과 같이 사회과학의 한 분야이면서 국경을 사이에 두고 국가간에 전개되는 경제거래에서 발생하는 고유한 분야이다. 이러한 무역학은 사회현상에서 일어나는 경제문제를 다루는 학문이며, 특히 국가간의 상거래에서 발생하는 문제가 그 대상이 된다.

국제무역은 분업과 교환에 기초한 국제경제, 국제재무와 금융, 마케팅을 중심으로 한 국제경영, 국가간 상거래의 실무적 절차에 필요한 상관습, 국제법, 무역 관련 제도 등 실증적이고 실천적인 지식중심의 국제상학분야로 구분할 수 있다. 무역실무는 위에서 언급한 상학적 분야에 관련된 내용을 수출입절차에 따라 체계화한 내용이라고 할 수 있다.

즉, 수출입의 사전단계, 수출절차, 수입절차, 각국별 수출입 관련 제도, 신용장, Incoterms, 국제운송, 해상보험, 수출보험, 무역금융, 관세, 중재에 관련된 분야를 연구한다. 신용장이나 운송, 보험, 중재 등의 분야는 본서의 각론에서 다루고 우선 수출입절차부분과 Incoterms를 먼저 연구하게 될 것이다.

이처럼 무역실무는 실무적 능력을 습득하고 배양함으로서 국제무역을 위한 목표와 감각을 키우며 원활하고 체계화된 무역업무의 수행능력을 키우는 학문분야라 할 수 있다.

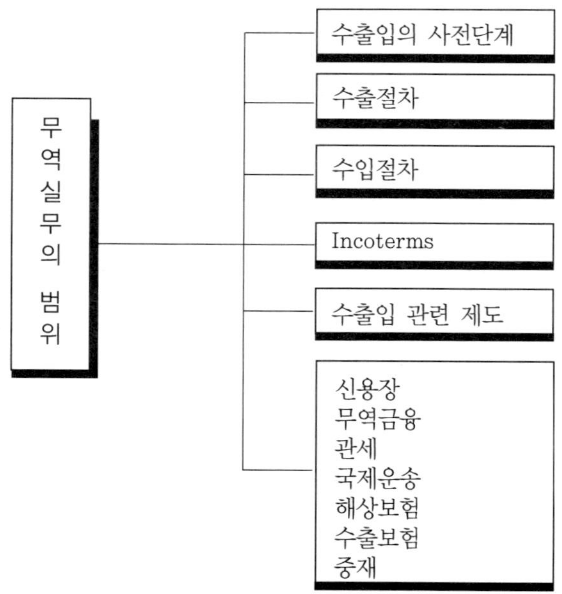

[그림 1-1] 무역실무의 범위

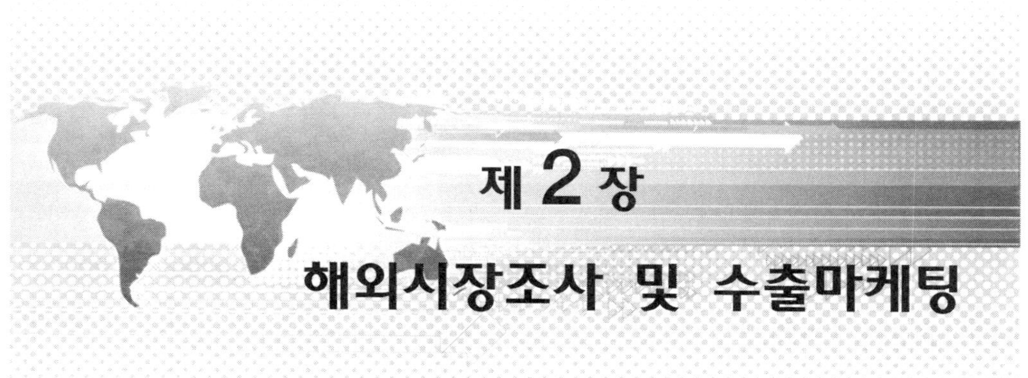

제1절 해외시장조사

1. 해외시장조사

1) 해외시장조사의 의의

외국과 무역거래를 함에 있어 비용과 위험을 최소화하고 극대화하기 위해서는 사전에 신속·정확한 해외시장조사가 필수적인 전제조건이다.

그 방법에 있어서 대상 시장의 정치, 경제, 사회, 풍토, 기후, 언어 등 전반적 내용을 조사한 다음 무역관리제도, 시장 특성, 수요와 공급, 유통구조, 경쟁상대, 거래처 등 취급상품에 대한 세부적인 내용을 조사하는 단계를 거치게 된다.

2) 시장조사의 내용

(1) 일반사항 - 해당국의 정치, 경제, 사회, 문화, 종교, 인구, 언어 등
(2) 경제동향 - 경제성장, 국민소득, 물가, 임금, 고용, 국제수지 등
(3) 산업동향 - 산업구조 특히 제조업 등
(4) 무역동향 - 대외무역구조, 특히 품목별, 지역별 경쟁국 진출동향 등

(5) 무역관리제도 - 통화정책, 수입관리제도, 수입규제, 기타 관세율 및 외환관리 제도 등
(6) 시장 특성 및 유통구조 - 일반적인 시장 특성 외에 소비자계층, 상관습 및 구매시기, 유통구조의 형태, 주요 수입상 명단 등
(7) 시장접근방법 - 중개상, 전문 수입상, 도매상 등
(8) 교역현황 - 우리나라의 전체 교역량 및 해당 품목에 대한 수입규모
(9) 기타 사항 - 해당국의 항만사정, 통신시설, 여행시 유의사항, 국민성, 상관습, 소비자 분석 등

3) 시장조사의 방법

(1) 국별자료 이용

- UN 무역통계연보(Yearbook of International Statistics, IMF 발간연보(International Financial Statistics) 등의 국별 수출입통계 자료

(2) 국내외 경제단체 및 유관기관 이용 - KOTRA나 한국무역협회 등

- 시장조사에 필요한 기초자료가 한국무역협회 KOTRA 도서관에 비치된 각종 무역통계, 지역별, 시장동향자료 국가별 수출입업자 총람등을 활용할 수 있다.

(3) 주한 외국공관의 이용

- 국내에 있는 외국공관의 상무실과 자료실에 비치된 각종 자료를 이용하거나 또한 상무관과의 상담을 통해 시자조사를 할 수 있다.

(4) 국내외 광고회사의 이용

- 해외광고 대리점을 통하는 방법과 UN무역통계 월보, IMF 발간 연보 등 국가별 통계자료를 이용하는 방법도 있다.

(5) 자체시장조사 방법 - 현지를 직접 방문하여 조사

- 이 방법은 거래상대방과의 접촉으로 신속한 정보를 얻을 수 있으나 조사비용이 많이 든다는 단점이 있다.

2. 거래처 발굴

사전 시장조사에 의하여 자사 상품의 시장성이 있는 대상 시장을 선정한 후 잠재력 있는 유능한 거래처를 발굴하는데, 거래처 발굴에는 보다 신중하고 효과적인 방법이 동원되어야 한다.

1) 자체 홍보물의 이용

(1) 거래처 발굴을 위한 홍보물 제작

- 해외 배포용 catalog 등은 세심하게 계획하여 제작하되 전문가에게 의뢰하여 제작하는 것이 바람직하며, 홍보물의 내용은 상품의 설명에 주안점을 둔다.

(2) 홍보물의 배포

- 홍보물을 배포할 적절한 수입자(buyer)의 명단은 KOTRA, 한국무역협회, 상공회의소 등 경제단체 및 유관기관이나 이들이 발간하는 잡지, 주한 외국 대사관 상무관실 등을 통해서 입수할 수 있다.
  또한 Internet을 통하여 Ditrectory를 제공하거나 무역거래를 알선하는 Sites에서도 입수할 수 있다.
  이외에도 국내외에서 개최되는 전시회나 박람회 참가시 배포하는 것도 효과적이다.

2) 해외광고의 이용

(1) 국내발간 해외배포용 매체 광고

- 국내에서 발간되는 해외배포용 매체는 Korea Export, Korea Trading Post, Korea Trade, Buyers Guide 등이 있는데, 매체의 성격, 배포부수, 배포지역, 구독층 등을 신중히 분석하여 적절한 매체를 선정하는 것이 효과적이다.

(2) 해외발간 매체를 광고

- 해외 유명일간지나 광고용 잡지 및 무역관련 사이트에 광고하거나 판매물품이나 회사의 주요업적을 홍보할 수 있다.

3) 해외 공공기관의 이용

각국의 상공회의소 또는 WTC(World Trade Center), WTCA(World Trade Centers Association) 등 무역관련 기관에 거래의 알선이나 관련업자의 소개를 의뢰한다.

4) 각종 사절단 및 전시회 참가

무역 관련 기관에서 구성, 파견하는 각종 투자 및 무역사절단, 박람회, 전시회에 참가한다. 이러한 전시회에 참가하면 여기에 참가하는 새로운 거래처나 제품에 대한 정보를 얻을 수 있다.

5) 직접방문을 통한 발굴

거래처를 발굴하는 여러 가지 방법 중 경비면에서 문제가 되지만 해당국을 직접 방문하는 것이 가장 좋은 방법이다. 이와 같이 직접 방문하는 경우는 해당국에 방문하게 될 거래처가 확립되어 있을 경우에 현지 방문을 통해 거래처의 사업내용 및 영업현황을 확인해 볼 수 있다.

6) 거래처 발굴 절차

(1) 거래제의

거래처를 발굴한 후 다음 요령에 따라 거래제에게 서신을 보낸다.

① 작성요령

㉠ 상대방을 알게 된 경위
㉡ 거래제의 상사의 업종, 취급상품, 거래국가 등
㉢ 거래제의 상사의 자국 내에서의 지위, 경험, 생산규모 등
㉣ 거래조건(특히 결제 및 가격조건 등)
㉤ 신용조회처(주로 거래은행명 및 주소)
㉥ 정중한 결문(結文)

② 송부방법

일반적으로 서신으로 하지만, E-mail, Fax, Telex 등을 이용할 수 있다. 거래제의시 한 지역에 시차를 두고 2~3개 회사로 국한하여 보내는 것이 좋다.

(2) 조회(inquiry)

① 내용검토

수입업자로부터 조회서신을 받으면 그 내용을 검토하여 즉시 회신할 수 있는 점은 지체 없이 하고, 시간을 요하는 사항은 언제까지 조치해 주겠다고 통보한다.

② 작성시 유의점

㉠ 조회에 대해 감사의 표시를 하고, 조회 내용의 골자를 기술함으로써 상대방의 기억을 새롭게 한다.
㉡ 상품의 설명 또는 특징을 설명할 때에는 지나친 과장을 하지 않고 간결하게 표현한다.
㉢ 조속한 주문이 유리하다면 그 점을 강조한다.
㉣ catalog나 price list를 보낼 경우 필요한 사항이 있으면 서신으로 보충해 준다.
㉤ 견본 수배가 안 될 때에는 별봉으로 곧 송부한다고 언급한다.
㉥ 조속한 시일 내에 주문이 있기를 바란다고 언급하고, 가까운 시일 내에 직접 만나서 상담하기를 희망한다고 언급한다.

③ 회신방법

상대방의 조회서신에 대해 E-mail, Fax, Telex 등으로 바로 회신한다. 그러나 일반적으로 가격표나 견본을 보고 구매결정을 한다고 할 경우에는 서신으로 회신한다.

(3) 신용조회(Credit Inquiry)

① 신용조회의 의의

무역거래에서 거래대상업체에 대한 신용상태를 확인하는 것은 향후 거래 가능성을 진단하고 위험요소를 사전에 예방한다는 면에서 매우 중요하다. 국제무역이 신용을 바탕으로 이루어지고 있는 현 상황에서 신용조회는 그 어느 때보다 중요성이 강조되고 있다.

② 신용조회의 내용

신용조회에 있어 필수적으로 조사해야 할 내용에는 Character, Capital, Capacity 등 3C's가 있다.

㉠ Character : 상대방의 성실성(integrity), 영업태도(attitude toward business),

업계의 평판(reputation), 계약이행에 대한 열의(willingness to meet obligations)나 인격 등에 관한 내용.

㉡ Capital : 상대방의 재정상태(financial status), 즉 수권자본(authorized capital)과 납입자본(paid-up capital), 자기자본과 타인자본의 비율, 기타 자산상태 등 지급능력에 관한 내용.

㉢ Capacity : 상대방의 영업형태, 연간매출액 및 생산능력, 연혁 내지 경력 등 영업능력(business ability)에 관한 내용.

이외에 Country와 Currency, 즉 상대국의 정치·경제적 상황과 통화상태를 추가하여 5C's라고도 한다.

무역거래에서는 무엇보다 신용이 중시되어야 하므로 위와 같은 신용조회의 내용 중 가장 중요한 것은 Character라고 할 수 있다.

③ 신용조회의 의뢰

신용조사는 일반적으로 거래은행을 통하는데, 상대국의 거래처나 상공회의소 등을 활용하기도 한다. 조회처가 은행인 경우 Bank Reference(은행조회)라 하고, 은행이 아닌 경우 Trade Reference(동업자조회)라 한다.

거래의 중요성이 인정되거나 앞으로 D/A 거래까지도 예상될 경우 수출보험공사나 신용보증기금을 통한 신용조사가 바람직하다. 이들 기관은 세계의 유수한 상업흥신소와 제휴관계를 가지고 있어 효과적이다.

3. 거래의 권유

해외시장조사를 통해 가장 적당하다고 판단되는 거래처가 선정되면 권유장(circular letter)을 보내게 되는데 이 권유장은 전혀 알지 못하는 외국의 상대방에게 자기를 소개하는 서신이기 때문에 가능한 한 첫 인상을 좋게 하고 호감이 갈 수 있도록 작성해야 하며 내용은 아래와 같다.

① 상대방을 알게 된 배경이나 경로(주소, 상호 및 거래관계 개설의 희망 등)
② 자사의 취급상품, 영업상태, 신용상태, 업계에서의 위치, 당사의 신용조회처 등
③ 희망하는 품종·업종 등의 거래조건 및 거래형태
④ 간단한 자기소개
⑤ 희망상품 수요 및 공급상태, 주문 가능한 주문량

⑥ 자기의 신용조회처
⑦ 기타 첨부서류(카달로그, 가격 등)
⑧ 답장의 요청과 정중한 맺음

제2절 수출마케팅

1. 수출마케팅의 개념

수출마케팅(export marketing)이란 국경을 넘어선 기업의 마케팅 활동의 하나로 가장 전통적인 기본형태로 상품이 자국에서 상대국에 이르기까지 상품의 이동과 물류에 관한 활동을 중심으로 수출이 그 주 대상이 되는 마케팅이다. 이때 상품생산의 전적인 기반은 국내에 있으며, 판매시장만이 외국일 뿐이다. 따라서 수출마케팅은 국제마케팅의 가장 기본적인 활동이다.

또한 수출마케팅은 본국에서의 완성품의 수출을 그 주요 내용으로 하고 있으며, 해외시장에서의 직접적인 생산이나 판매, 수출활동까지도 포함하는 국제마케팅과 차이가 있다.

2. 수출마케팅의 의사 결정 단계

1) 국제 마케팅 환경 분석

해외시장에 진출하기 위해서는 국내 환경보다 더욱 복잡하고 다양한 국제마케팅 환경을 거시적으로 철저히 이해하는 사전 준비가 요구되기 때문에 다음과 같은 환경 분석이 필요하다.

(1) 정치적 환경

- 진출하는 상대국의 정치적인 안정성과 정부의 외국기업에 대한 우호적 태도, 그리고 자국과의 외교관계를 고려해야 한다.

(2) 법률적 환경

- 진출 상대국의 법률체제와 통화보유, 외환에 대한 규제, 외국인 기업지원제도

등을 파악해야 한다.

(3) 경제적 환경

– 진출 상대국의 경제상태, 소득수준, 분포, 그리고 더 나아가 상대국과 지역경제동맹을 이루고 있는 주변국의 경제상황까지 파악해야 한다.

(4) 문화적 환경

– 진출 상대국의 문화, 종교, 윤리, 미적 기준, 금기사항, 외국상품에 대한 선호도, 상거래관습 등을 조사해 소비자의 구매의사나 소비방식을 파악해야 한다.

(5) 산업구조분석

– 진출 상대국의 산업구조를 자급자족경제, 원재료수출경제, 개발도상국경제, 개발국경제 등으로 분석하여, 그 나라의 소득구조와 소비성향 등을 파악해야 한다.

(6) 무역제도와 국제법

– 관세, 비관세장벽 등의 무역제도와 국제법의 세부조항들을 사전에 잘 이해하고 있어야 한다.

2) 해외시장 진출 여부 결정

기업의 해외 진출 여부의 결정은 자국에서보다 외국에서 더 좋은 마케팅 기회를 얻을 수 있다는 확신에서 비롯되어야 하며, 해외 사업에 두어야 할 비중, 해외시장 진출 시 예상되는 매출액 비율, 진출할 시장의 수 등을 고려하여 자사의 국제 마케팅의 목표 결정, 구체적인 국제 마케팅에 대한 정책을 수립해야 한다.

3) 해외시장의 선택

성공가능성이 높은 국가, 국가 내에서 성공가능성이 높은 세분 시장 등을 선택기준으로 하여 지리적으로 가까운 국가들, 문화적인 배경이 유사한 국가들, 소득 수준이 비슷한 국가들 등으로 그 유형을 세분화하여 진출 대상국의 유형을 결정한 후 장기적으로 가장 큰 투자 수익률을 가져다 줄 시장 즉, 표적시장을 선정한다.

4) 해외시장 진출 전략

진출 대상국과 표적 시장이 선정된 후 그 국가와 시장에 진출하기 위한 전략을 세워야 하는데 첫째로 수출(Export)전략은 해외에 처음 진출하는 기업이 비교적 적은 비용과 적은 위험 부담을 가지고 해외 시장에 대한 경험을 쌓을 수 있는 장점을 가지고 있다. 둘째로 직접 투자(Foreign Direct Investment)는 기업이 해외 현지에 공장을 직접 설치하는 방법으로 임금, 원자재, 운송비, 관세, 법 규제, 현지 적응 등에 있어서 장점을 가지고 있으나 통화 봉쇄, 환율 평가 절하, 국가 몰수 등의 위험이 존재함을 유념해야 한다. 셋째로 합작경영(Partnership)전략이 있는데 여기에는 진출국의 기업과 공동으로 투자하여 경영 활동을 하는 방법으로 공여기업(licensor)이 도입기업(licensee)에게 등록상표, 특허권, 기타 Know-How를 제공하고 그 대가(Royalty)를 받는 형태의 라이센싱(licensing)과 진출국 현지의 기업이 생산을 담당하고 진출기업이 생산된 상품의 마케팅 활동을 담당하는 계약을 맺는 활동인 계약제조활동(Contract Manufacturing), 그리고 진출기업과 진출국 현지의 기업이 대등한 관계에서 공동으로 투자하여 기업을 설립하는 방식의 공동소유기업(Joint Ownership Ventures) 등이 포함된다.

따라서 해외시장에 진출한 후에 현지에서의 다른 시장으로의 확대, 침투해가는 시장 다변화전략이 무엇보다 중요한 것이다.

3. 수출마케팅믹스

진출한 시장의 환경에 적응하기 위해서는 가장 적합한 마케팅믹스가 필요하다. 그러나 진출하는 모든 국가에 동일하게 적용되는 마케팅믹스는 비용이 적게 드는 장점이 있지만 각 시장의 요구사항이나 변화에 빠르게 대응하지 못하는 문제점이 있다. 또한 진출시장의 표적시장의 선호도에 따라 적합하게 특화된 마케팅믹스는 각 시장의 환경에 적합한 전략을 구사하며 환경변화에 빠른 대응이 가능하지만 비용이 많이 든다는 문제점을 가지고 있어 적합한 마케팅믹스전략을 수립하는 것이 무엇보다 중요하다.

1) 상품(product) 전략

진출하는 국가의 소비자의 욕구와 상품수명주기를 고려하여 상품전략을 수립하는 것으로 그 첫 번째 전략은 국내상품을 그대로 해외에 도입하는 방법으로 추가비용부담이 없으나 현지적응에 어려움이 있을 수 있으며 두 번째 전략은 국내상품을 진출국의 조건에 맞추어 수정생산하여 판매하는 방법으로 현지소비자들의 선호에 맞는 상품을 공급할 수는 있으나 소모비용에 따른 가격상승이 단점으로 작용한다. 세 번째 전략은 국내에 없는 새로운 상품을 진출국 시장에 맞게 생산하여 판매하는 방법으로 상대적으로 많은 비용이 들지만 각 국가별 소비자의 요구에 호응하는 상품생산이 가능한 이점을 가지고 있다.

2) 가격(price) 전략

해외시장 진출을 위한 사전비용과 상품이동에 따른 추가비용(관세, 운송비 등), 위험 등을 고려하여 국제가격전략을 수립해야 하는데 그 첫 번째 전략은 상품의 최종가격을 전세계적으로 동일하게 책정하는 방법으로 각국의 물가와 소득수준을 고려하지 않은 방법이며, 두 번째 전략은 상품의 생산원가에 상관없이 진출하는 각국의 동일 내지는 유사상품의 가격을 기준으로 차별화하여 가격을 책정하는 방법으로 탄력적 적응이 가능하지만 가격수준이 너무 낮으면 수익성이 없게 되어 해외진출이 어렵다. 세 번째 전략은 진출한 국가의 현지에서 상품을 생산할 경우 현지생산원가를 기준으로 가격을 책정하는 방법으로 일정한 마진율을 보장하지만 시장가격과 유리되는 문제를 가지고 있다.

3) 유통(placement) 전략

국제적인 유통은 국내유통과 비교해 볼 때 그 비용이 상당히 크기 때문에 유통에서의 이점이 곧바로 해외진출의 동기가 되기도 하므로 유통전략의 수립은 무엇보다 중요하다. 이러한 유통전략의 첫 번째 전략은 상품의 생산에서부터 진출하는 국가의 최종소비자에게까지 이르는 모든 경로를 직접 관리하는 방법으로 철저한 유통구조의 파악과 많은 비용이 소요된다. 두 번째 전략은 자사의 현지법인을 이용하거나 대리점을 개설하는 방법으로 통제가 용이한 강점을 가지고 있으며, 세 번째 전략은 현지의 중간상을 통하여 상품을 유통하는 방법으로 도매상과 소매상의 선정에 있어서 그 상품이나 그 나라의 소비습관에 알맞은 규모의 도매상과 소매상을 선별하는 작업이 중요하게 작용한다. 네 번째 전략은 자국의 수출업자나 현지의 수입업자에게 유통과정을 일임하는 방법으로 국제적인 유통의 비중이 높지 않을 때 사용하며, 다섯

번째 전략은 국제운송비, 관세, 보험료, 재고비용 등이 상대적으로 과다할 경우 현지생산을 통해 유통비용을 절감시키는 방법으로 해외시장 진출전략과 병행하여 고려해야 한다.

4) 촉진(promotion) 전략

촉진은 진출국의 언어, 문화 등을 고려하여야 하는 가장 복잡한 과정으로, 광고매체, 판촉 등을 이용할 때 그 나라의 규정과 습관, 금기사항 등을 잘 파악해야 한다. 이러한 촉진전략의 첫 번째는 진출하는 모든 국가에 동일한 촉진프로그램을 사용하는 방법으로, 전 세계적인 이미지의 브랜드를 판매할 때 이용될 수 있으나 실패할 확률이 높다. 두 번째 전략은 진출국에 따라 그 나라의 법규제, 문화, 관습 등을 고려하여 개별적인 프로그램을 사용하는 방법으로 광고, 판촉, 인적 판매 중에서 그 나라에 가장 효율적이고 친근한 방법들의 조합을 찾아야 한다.

4. 전자무역마케팅(electronic trade marketing)

1) 전자무역마케팅의 개념

전자무역마케팅이란 기존의 마케팅개념에서 쌍방향 커뮤티케이션이 가능하고 데이터베이스를 이용한 고객만족을 위한 마케팅활동으로 기존의 마케팅은 4p(Product(제품), Price(가격), Place(유통), Promotion(촉진))을 중심으로 전개되었으나 전자무역마케팅은 4p와 더불어 1:1마케팅, 온라인마케팅, 데이터베이스 마케팅이 혼합된 개념이다. 이러한 전자무역마케팅은 멀티미디어, 상호작용성, 실시간, 글로벌, 시공간의 극복이라는 특징을 가지며 기업은 광고홍보, 비용절감, 신규사업 진출, 조직효율화고객관리, 수익창출을 위해 전자무역마케팅을 도입하였다.

2) 인터넷 마케팅의 새로운 변화모형

(1) 시장변화

– 정보게임시장에서의 정보장벽붕괴시장으로의 전환

기존시장은 제품판매자의 일방적인 정보 독점으로 인하여 소비자들은 가격비교나 제품의 성능비교 등이 거의 불가능한 채로 제품을 이용하였으나 인터넷환경에서는 이제 소비자들의 정보 확보가 증가되어 소비자가 중심이 되어 가격을 결정할 수 있는 환경까지 도래하였다. 이는 가격비교 사이트나 경매, 역경매 사이트는 물론 일반 제품을 판매하는 회사도 자사의 제품에 대한 정보를 공개하는 시대로 접어들고 있다.

(2) 소비자의 변화

– 수동적 소비자에서 참여형 소비자로의 전환

기존의 소비자 패턴은 "수동적"인 자세로 생산기업의 일방적인 제품생산물 중에서 제품이 여러 종류로 나와 주기를 바라는 수준에서 머물렀다. 그러나 인터넷환경하에서 소비자들은 자신의 욕구에 부응하는 모델을 적극적으로 찾아가고 있다. 더욱 자신이 원하는 상품을 적극적으로 데이터베이스화함은 물론이고 여러 제품을 스스로 비교하여 판단함은 물론 기업으로부터 다양한 제품을 출시하도록 요구하고 있다. 또한 인터넷을 통해 직·간접으로 개발자와 커뮤니케이션이 가능해 지면서 더욱 소비자가 원하는 제품을 출시하는 촉진역할을 하고 있다.

(3) 제품의 변화

– 단독상품에서 메타상품[1]으로의 전환

단독상품이란 출시된 제품 자체만을 의미하며 메타상품이란 제품 이외의 부가적인 가치를 의미한다. 즉 기존제품은 판매시장에 출시됨으로 하여 제품판매 단계로 이어지는 단순한 과정에 불과하지만 인터넷마케팅에서의 메타상품개념은 하나의 제품단계에서 머물러지는 것이 아니라 제품 하나를 판매함으로 인하여 다양한 부가적인제품 또는 서비스까지 제공되는 개념이다. 예를 들어 네스케이프란 브라우저를 판매할 경우 소비자들은 가격이 조금 비싸더라도 얼마 뒤 버전이 올라가면 새로 구입할 필요 없이 새 버전을 이용할 수 있다는 것과 네스케이프 안에는 브라우저 뿐 아니라 여러 기능이 있기 때문에 단순히 브라우저라는 단독 상품을 구매하는 것이 아니라 하나의 제품을 구입함으로 인하여 발생하는 여러 가지 부수적인 서비스와 제품

---

1) 메타상품의 종류
  1. 브랜드 상품 : 제품에 브랜드 이미지를 상품가치에 포함시킨 제품
  2. 패키지 상품 : 하나의 제품에 끼워 팔면서 가격을 낮추는 상품
     (예 : MS오피스제품의 경우 워드, 엑셀, 파워포인트 등을 각각 구매하는 것보다 오피스제품을 구매하는 것이 더 경제적이며 이로 인하여 패키지 상품판매를 증대시킨다.)
  3. 디팩토(de facto)스탠다드 제품
     – 시장표준화 제품이란 개념으로 예를 들어 windows95의 경우 시장에서 많은 사람들이 사용함으로 인하여 시장에 의해 표준화된 제품이라고 할 수 있다.

들을 구매하는 것이다. 또한 회사의 입장에서는 단독상품판매보다는 메타상품의 판매로 인하여 기업의 이미지나 브랜드를 인식시킴은 물론 고객과의 연결이 더욱 확실해지는 방법이 된다는 점에서 이러한 제품의 변화가 이루어진다.

(4) 가격의 변화

가격은 전체적으로 저가화, 무료화, 역가화, 탈가화 현상을 보이고 있다.

① 저가화

각 제품의 정보가 공개되면서 각 기업은 가격을 인하하여 제품을 판매하게 되었고 이에 따라 전체적인 제품의 가격이 낮아지는 현상이 나타나고 있다.

② 무료화

회원 확보를 위하여 이메일과 각종 회사의 홈페이지에 무료접속 등을 통해서 회원과의 의사소통을 추진하고 있다.

③ 역가화

역가화란 소비자가 가격을 결정하는 형태로서 역경매 시장이 가장 대표적이라고 할 수 있다. 즉 일정한 가격이 이미 형성된 것이 아니라 일단 소비자가 원하는 가격을 제시하면 그에 알맞은 제품을 공급할 수 있는 회사가 나타나 제품을 판매하는 형태이다.

④ 탈가화

가격이라는 개념을 넘어서 무료에서 한단계 더 나아가 +a(알파)를 제공하는 것을 말한다. 예를 들면 "광고를 보면 돈을 드립니다."라든지 광고메일을 사용하면 일정액을 정립한다든지 하는 서비스가 이에 해당한다(마일리지 서비스 등).

(5) 유통의 변화

– 공급자 측 중간상에서 소비자 측 중간상으로의 전환

기존의 유통방식은 제품을 일단 생산한 뒤에 중간유통단계를 거쳐 소비자에게 전달됨으로 인하여 물류비 및 유통비가 상당히 큰 비중을 차지하였으나 인터넷을 이용한 전자상거래의 발전으로 인하여 이제는 소비자가 주문을 하면 생산을 해서 공급하는 주문형 생산방식으로 전환되고 이에 따라 생산자에서 소비자로 직접 유통되는 유통의 변화가 이루어지고 있다.

또한 중간상의 변화로서 위와 같은 현상으로 중간상이 배제될 것으로 보이지만 그러나 중간상이 사라지는 것은 아니다. 정보의 중개라는 비즈니스영역과 제휴프로그램 등의 등장으로 이제는 소비자중심으로 생산자를 연결해주는 새로운 중간상이 등장하게 되는 경향이 나타나고 있다.

(6) 촉진의 변화

– 단방향에서 쌍방향으로의 전환

기존의 촉진전략들은 기본적으로 기업에서 판매를 촉진하기 위한 수단으로 고객에게 접근하였으나 이제 인터넷이라는 매개를 이용하게 됨으로써 쌍방향 커뮤니케이션이 가능해졌고 이에 따라 촉진의 방법 또한 쌍방향으로 가능하게 되었다. 또한 제품 자체의 판매도 중요하지만 기업의 이미지를 인터넷을 통해 인지도를 높이는 방향이 확대되고 고객관리의 커뮤니티도 활발하게 이루어지면서 기업의 촉진활동이 더욱 활발해지고 있다.

3) 전략적 전개 모형

전자무역마케팅은 1 : 1마케팅, 데이터베이스마케팅, 온라인마케팅에 근거 하여 고객과의 장기적인 관계를 구축하기 위해 사용되며 여러 가지 인터넷 마케팅 전략 중 한 가지만 고집해서 쓴다면 기업은 성공하기 어렵다. 따라서 기업은 상황에 따라 다양한 전략들을 구사하는 것이 바람직하다.

(1) 전자무역마케팅환경의 이해

디지털 네트워크를 핵심 키워드로 한 새로운 시대의 패러다임 전환을 이해하여 인터넷 비즈니스의 기반을 다진다.

(2) 환경분석

자사의 강점(strength)은 무엇이고 경쟁사와 비교해 볼 때 약점(weakness)은 무엇인지, 주변 환경에서 기회 요인(opportunity)과 위협(threat)은 무엇인지 충분히 파악한 후 이를 토대로 기회의 활용과 위험을 회피할 수 있다.

(3) 전자무역마케팅 전략(strategy)의 수립

전략수립의 단계는 크게 세 가지를 고려해야 하는데 마케팅 전략을 수립할 때 목표고객(target)을 설정하고 이들에게 어떠한 컨셉(concept)을 통해 접근할 것인지를 고려해야 하는데 전반적인 경쟁 상황에서 자사의 비즈니스 모델이 어떻게 목표 고객의 마인드에 위치화(positioning)할 것인지를 염두해 두어야 한다.

(4) 컨셉(concept)

웹사이트를 통하여 달성하고자 하는 기본적인 사항으로 웹사이트의 목표, 방향, 타겟고객, 핵심내용, 핵심적 이미지 등을 포함하는 개념으로 컨셉의 구성 요소에는 다음과 같은 것들이 있다.

① 비즈니스적 요소

웹사이트를 통해 얻으려는 비즈니스의 목적과 목표, 고객을 말한다.

② 콘텐츠 및 디자인적 요소

웹사이트가 제공해야 할 핵심 콘텐츠와 이미지에 대한 요구 사항이다.

③ 시스템적 요소

웹사이트를 통해 전개하고자 하는 비즈니스가 제대로 수행되기 위한 정보 시스템에 대한 요구 사항이다.

(5) 콘텐츠의 기획/개발

4C(commerce, connection, customizing, communication)를 충분히 수용할 수 있어야 하며 이렇게 개발된 콘텐츠를 전개할 때는 향후 고객과의 관계를 구축할 수 있는 커뮤니티(community)와 시장의 창출이 가능하다. 이러한 컨텐츠는 인터넷에서 제공하는 부가가치가 있는 정보를 뜻하는데 신문, 잡지 등의 기사나 새로운 뉴스, 오락게임, 교육 등을 포괄하며 넓은 의미에서 전자상거래도 정보를 유통시키는 하나의 콘텐츠로 볼 수 있다. 또한 콘텐츠는 웹사이트에서 가장 중요시되는 부분인데 실제 웹사이트를 다시 방문하느냐 아니냐는 사이트가 제공하는 정보의 내용에 달려있기 때문이다.

(6) 인터넷 마케팅 프로모션

프로모션 활동은 공고 전략, 홍보 전략, 판촉 전략 등 여러 가지를 융합하여 시너지 효과(synergy effect)를 창출할 수 있도록 고안해야 하는데 효과적인 인터넷 마케팅 프로모션을 보조하기 위해서는 기존의 매스미디어 등을 연계하여 온라인-오프라인 간의 효율적인 연계를 지닐 수 있도록 하는 것이 중요하다.

(7) 인터넷 마케팅 관리

프로모션 활동을 통해 확보한 고객들과의 관계를 형성하고 유지, 확장하기 위해서는 체계적인 관리가 필요하며, 기업은 고객의 방문 및 회원 가입 현황, 프로모션 수행의 결과 분석, 고객의 A/S 요청 사항 등을 통합하여 웹사이트의 효율화와 최적화를 도모해야 한다.

(8) 피드백(feedback)

앞에서 수립한 마케팅 전략을 실전에서 실행해보고 그 반응의 효율성을 평가하여 차기 전략 수립을 위한 피드백(feedback)으로 활용해야 하고 새로운 모형의 개발을 통해 부족한 점을 보완하도록 노력해야 할 것이다.

국제무역계약

제1절 계약의 개념과 무역계약의 의의

계약(contract)이란 일정한 채권·채무관계를 목적으로 복수의 당사자간의 합의(agreement)에 의하여 성립되는 법률행위로서 당사자간의 법률상의 권리·의무를 규정한 것으로 국제거래관계에서 성립되는 무역은 주로 물품매매가 중심이기 때문에 무역계약에 관한 주된 개념은 계약의 본질적인 개념과 국제간에 이루어지는 물품매매가 그 중심이 된다. 따라서 무역계약(貿易契約)은 서로 다른 국가 내에 영업소를 둔 매매당사자에 의해 체결된 국제물품매매계약(contract for the international sale of goods)으로서 매도인이 매수인에게 물품의 소유권을 양도하여 물품을 인도할 것을 약속하고 매수인은 이를 인수한 후 그 대금을 지급할 것을 약정하는 계약을 뜻한다.

그러나 최근의 국제거래대상 물품이 기술 및 각종 서비스, 자본, 해외건설 및 플랜트 등으로 다양화되고 있어 보다 넓은 의미에서의 무역계약은 국제물품매매계약뿐만이 아닌 판매점 또는 대리점계약, 차관계약, 라이센싱, 국제합작투자계약, 국제입찰, 건설공사계약, 플랜트수출계약 등 모든 국제계약을 포함하는 포괄적 의미로 쓰인다.

국내매매계약과 무역계약은 상업적·법리적으로 공통적인 성격을 갖고 있으며 계약이 순조롭게 이행되는 경우에는 그 차이점을 알기가 쉽지 않다. 그러나 결정적으로 계약이 제대로 이행되지 않아 많은 시간과 경비를 부담하는 경우에는 그 차이를 실감할 뿐만 아니라 계약의 중요성 또한 크게 인식하게 될 것이다.

무역계약은 당사자간의 여러 단계를 거쳐 체결될 수 있지만 실무상 거래의 권유단계에서부터 시작된다. 따라서 먼저 공략할 목적시장이 결정되면 그 시장에서 가장 적절한 거래선은 발굴한 후 발굴된 거래처에 대한 신용조회를 해보고 거래제의를 하게 된다.

한편 해외에서 조회가 있을 경우에는 감사의 표시와 함께 신속하게 회신을 하여야 한다. 이때는 보통 청약자(offeror)가 청약을 서면이나 전신(cable, fax) 등으로 하게 되는데 일반적으로 가격을 흥정하거나 거래조건의 수정을 요청하는 피청약자(offeree)의 수정오퍼(counter offer)가 있을 경우가 많다. 여기에 대하여 청약자가 확정적 청약(firm offer)을 하면 피청약자가 승낙함으로써 계약이 성립된다. 또한 매수인의 주문(order)에 따른 매도인의 주문승낙(acknowledgement)도 계약이 성립되는 것으로 본다.

이 경우 실무적으로 중요한 것은 매매당사자 사이에 교환된 청약과 승낙의 법적 증거로서 문서나 전신 또는 국내에서 무역대리업자(offer agent) 등이 발행한 물품매도확약서(offer sheet)만으로는 완전한 계약이 체결되었다고는 볼 수 없다. 이는 Offer Sheet나 Order Sheet 상에는 통상 무역계약을 위한 최소한의 계약조건만을 기재하여 이루어지기 때문에 이러한 기재내용 이외에 후일에 분쟁이 야기될 경우에는 매매당사자의 책임소재를 명확하게 구분하기 어렵다.

따라서 Offer Sheet 등에 기재되는 단순한 조건 이외의 내용, 즉 약정품에 대한 특징이나 해당 거래의 특성을 감안해서 여러 가지의 계약조건을 일일이 열거한 구체적인 거래조건을 포함하여 작성된 계약서를 교부하여 쌍방이 서로 서명하고 각각 1통씩을 보관하여야 하는데, 이는 통상 Offer Sheet나 Order Sheet 작성 이후에 발생되는 매매약정서(sales note)나 구매주문서(purchase order) 이면에 인쇄하는 경향이 있으며 또한 매매거래가 체결될 때마다 서로 계약서를 작성·교환할 때에는 이것을 생략하는 경우도 있다.

① 본인(principle)이란 거래로부터 발생하는 권리의무의 주체로서 자기의 계산과 위험(For account and risk)으로 거래하는 자를 말한다.

② 대리인(Agent)이란 거래의 권리, 주체가 타인이며, 타인의 계산과 위험으로 거래하는 자이다. 즉, 거래로부터 발생하는 손익은 본인에 귀속되며, 대리인은 본인을 위해 제공된 서비스에 대한 보수로 수수료를 받는다.

제2절 무역계약의 성격과 종류

1. 무역계약의 성격

무역계약은 국제매매계약의 의미로 다음과 같은 법적 성격을 가지고 있다.

1) 낙성계약(합의계약)(consensual contract)

낙성계약이란 흔히 합의계약이라고도 하며 당사자간의 의사표시가 일치하면 계약이 성립되는 것으로 그 외의 다른 형식이나 절차를 필요로 하지 않는 계약이다. 일반적으로 무역계약은 일정한 조건에 따라 상품을 매도하겠다는 수출자의 의사표시(offer)에 대한 수입업자의 구매 의사표시(acceptance)로써 계약이 성립되기 때문에 낙성계약이다. 따라서 낙성계약은 당사자의 합의 외에 계약목적물의 인도나 소유권의 이전 등과 같은 법률사실이 계약의 성립요건인 요물계약과는 다르다.

2) 쌍무계약(bilateral contract)

계약은 채권·채무관계의 성립을 목적으로 하기 때문에 매도인인 수출자는 합의된 계약조건에 따라 목적물을 인도할 의무가 발생하고 동시에 매수인인 수입자는 계약목적물의 인수와 이에 대한 대금지급의 의무가 발생하게 된다. 따라서 무역계약은 계약당사자가 서로 대가적 의미를 갖는 채무를 부담하는 쌍무계약이 되므로 수출업자는 정당한 이유 없이 계약목적물을 인도하지 않는 경우에 수입업자는 대금의 지급의무가 발생하지 않는다. 이러한 관점에서 볼 때 쌍무계약상의 채무부담 문제는 당사자 일방이 채무를 부담함으로서 상대방이 채무를 부담하는 교환적 원인관계가 존재함을 알 수 있다.

3) 유상계약(compensatory contract)

계약당사자간의 상호 대가적 관계에 있는 급부를 목적으로 성립된 계약으로 합의

계약 및 쌍무계약의 성격을 가진 무역계약이 물품의 급부에 대한 화폐의 반대급부가 이루어짐으로써 계약의무가 이행되는 유상계약이다.

4) 불요식계약(informal contract)

불요식계약이란 요식에 의하지 않고 문서나 구두에 의한 명시계약(express contract)이나 묵시계약(implied contract)으로서도 계약이 성립된다는 것으로 물품매매계약에 있어서는 청약과 승낙자체는 반드시 서면으로 입증하지 않고 증인에 의한 입증이 가능하다.

2. 무역계약의 종류

무역계약은 그 종류에 따라 다음과 같이 구분된다.

1) 개별계약

개별계약(case by case contract)이란 어떤 특정 품목에 대한 거래 성립시 매 거래마다 양 당사가 거래조건에 합의하면 계약이 성립되고, 그 계약에 대한 거래가 종결됨으로써 계약이 종료되는 것을 말한다.

2) 포괄계약

포괄(기본)계약(master contract)이란 어떤 품목에 대하여 장기적인 계약을 해놓고 필요할 때마다 발주에 의한 선적을 하는 경우의 계약을 말하는 것으로 매매당사자가간의 오랜 거래를 바탕으로 하거나 같은 품질의 물품이 정기적으로 정량 선적되는 경우에 매 거래시마다 조건 등의 재확인 또는 재계약의 번거로움을 피하기 위해 쓰인다.

3) 독점계약

독점계약(exclusive contract)이란 어떤 품목의 수출입에 있어서 매도인은 수입국의 지정수입자 외에는 같은 품목을 청약(offer)하지 않으며, 매수인은 같은 품목을 수출국의 다른 업자들과는 거래하지 않겠다는 조건으로 성립되는 독점판매계약이다.

3. 무역계약의 성립요건

흔히 무역계약은 청약과 승낙에 의해 성립되지만 이것이 법적구속력을 가지기 위해서는 다음과 같은 조건이 필요하다.

첫째, 양당사자의 의사표시의 합의가 있어야 한다. 이것은 매매당사자가 자유로운 의사에 의한 합의로 계약성립의 상호동의 및 진실성을 의미한다. 따라서 강제에 의한 합의나 사기에 의한 합의는 취소할 수 있다.

둘째, 약인(consideration)이 있어야 한다. 약인이란 약속과 교환하여 약속권자의 권리, 이익, 이윤, 편의로써 수약자가 제공하는 부작위, 불이익, 손실, 의무 등의 약속이라고 할 수 있다.

셋째, 거래의 목적물이나 거래방법이 합법적(legality)이어야 한다.

넷째, 당사자의 행위능력(capacity of the parties)이 있어야 한다. 따라서 미성년자나 금치산자, 한정치산자 등의 계약은 취소할 수 있다.

제3절 청약과 승낙

1. 청 약

1) 청약의 개념

(1) 청약의 의미

청약(offer)이란 청약자(offeror)가 피청약자(offeree)와 일정한 조건으로 계약을 체결하고 싶다는 의사표시로서 청약자가 승낙과 결합하여 특정한 내용을 가지는 계약을 성립시키려는 것을 목적으로 하는 일방적이고 확정적인 의사표시를 말한다. 청약은 원칙적으로 별도의 형식을 필요로 하지 않으므로 서면뿐만 아니라 구두로도 행할 수 있는데, 다만 요식계약의 경우에는 청약도 보통 그 형식을 필요로 한다.

청약이 확정적인 의사표시라는 점에서 청약의 준비행위에 지나지 않는 청약의 유인(invitation to offer)이나 계약체결의 예비교섭의 단계에 있는 표시와는 구별해야 한다. 청약이 법적으로 구속력을 가지고 상대방에게 보내는 확정적인 의사표시인 데 반해 청약의 유인(예컨대, 확인조건부 청약(sub-con offer))이란 청약을 위한 예비교섭으로서 상대방이 이를 수락하더라도 계약이 성립되는 것이 아니다.

(2) 청약의 종류

청약은 청약자에 따라 청약자가 매수인인 경우를 구매자청약(buying offer), 매도인인 경우 매도자청약(selling offer)으로 구분된다.

① 확정청약(firm offer)

청약의 유효기간이 정해져 있는 청약을 말하며, 그 유효기간 내에는 청약자에 대해 구속력(binding force)을 갖는다. 즉 확정 청약의 유효기간 내에 상대방이 승낙을 하면 당사자 쌍방을 법률적으로 구속하는 매매계약이 성립한다.

일반적으로 청약자는 확정청약을 유효기간 내에는 임의로 철회할 수 없다고 해석되고 있으나, 영미법계에서는 청약이 날인증서(covenant)에 의해 행해진 경우와 청약의 철회불가능에 대하여 대가를 지불한 경우 이외에는 철회가 가능하다.

청약의 유효기간은 청약자가 대개 임의로 정하는데, 당해 상품의 거래관습, 시세의 변동 등을 고려해서 적당한 유효기간을 정하여 청약서에 명시할 필요가 있으며, 당사자간에 시차가 있는 경우에는 유효기간의 기준시를 명백히 해야 한다.

② 불확정청약(free offer)

offer의 유효기간이 정해져 있지 않은 offer로서 보통 circular letter와 함께 보내지며, 피청약자가 승낙을 하여도 청약자의 재확인이 필요하다. 또한 청약자의 자유의사에 따라 언제든지 취소가 가능하다.

③ 조건부청약(conditional offer)

㉠ 무확약 청약(offer without engagement)
청약에 제시된 가격이 미확정적이어서 시세변동(market fluctuation)에 따라 변경될 수 있다는 조건을 붙인 청약(offer subject to market fluctuation)이다.

㉡ 재고잔류 조건부 청약(offer subject to being unsold)
청약에 대한 승낙의 의사가 피청약자로부터 청약자에게 도달했다 하더라도 바로 계약이 성립되는 것이 아니라 그 시점에서 당해 물품의 재고가 남아 있는 경우에 한하여 계약이 성립되는 offer로서 선착순매매 조건부 청약(offer subject to prior sale)이라고도 한다.

㉢ 점검매매 조건부 청약(offer on approval)

청약과 함께 물품을 송부하여 피청약자가 물품을 점검해 보고 구매의사가 있으면 그 대금을 지급하고 그렇지 않으면 반품해도 좋다는 조건의 청약이다.

㉣ 반품허용 조건부 청약(offer on sale or return)

청약과 함께 물품을 대량으로 송부하여 피청약자가 이를 판매하게 하고 팔리지 않은 잔품은 다시 반납하도록 하는 조건의 청약으로서 잡화류 등의 위탁판매에 주로 사용된다.

㉤ 확인조건부 청약(sub-con offer)

청약자가 청약을 할 때 단서로서 계약의 성립에는 청약자의 확인을 필요로 한다는 내용(offer subject to our final confirmation)이 명시된 조건부 청약이다. 형식적으로는 청약이지만, 상대방에 대한 청약의 유인(invitation to offer)에 지나지 않는다. 따라서 법적인 입장에서 볼 때 sub-con offer에 대한 acceptance가 offer의 성질을 지니며, 청약자의 최종확인이 acceptance가 된다.

④ 반대청약(counter offer)

피청약자가 청약에 대해서 그 조건을 변경하거나 혹은 새로운 조항을 추가한 청약을 청약자에게 한 것을 말하며, 반대 청약은 원청약의 거절임과 동시에 피청약자가 청약자에게 행하는 새로운 청약으로 보아야 한다. 따라서 반대 청약은 승낙이 아니기 때문에 계약을 성립시킬 수가 없다.

2) 청약서의 효력

(1) 청약의 효력 발생시기와 유효기간

청약이 효력을 발생하기 위해서는 청약의 내용이 상대방에 전달되어야만 그 효력이 발생한다. 따라서 청약의 내용이 피청약자에게 도달하기 이전에 철회되면 그 청약은 무효가 된다. 또한 청약의 조건으로 승낙기간을 정하고 있는 경우에는 그 기간 내에 승낙이 있어야만 효력이 발생한다. 승낙기간을 정하지 않았을 경우에는 상당한 기간(reasonable period of time)내에 승낙하면 계약을 성립시킬 수 있다.

다만 피청약자가 승낙의 의사표시를 발신하기 전에 청약 내용의 철회 또는 조건변경의 통지가 피청약자에게 도달할 경우에는 철회 또는 조건변경을 인정한다. 영미법과 우리 민법은 도달주의 원칙을 따르고 있으므로 청약은 상대방에게 전달되어야 하며, 상대방에게 도달됨으로써 그 효력이 발생한다. 따라서 그 도달 이전에 철회하면 그 청약은 무효가 된다.

(2) 청약의 효력상실

① 승낙

청약은 승낙에 의하여 합의가 성립하기 때문에 그 효력을 상실한다.

② 청약의 거절 또는 반대 청약(rejection of offer or counter offer)

피청약자가 청약을 거절하면 청약의 효력은 소멸하며 그 후에는 그 청약을 승낙하여도 계약을 성립시킬 수 없다. 한편 청약의 내용에 조건을 붙여 그 일부만의 승낙하는 부분적 승낙(partial acceptance)은 반대 청약이 되어 최초의 청약에 대하여 거절하는 효과를 가지므로 최초의 청약의 효력은 상실된다. 그러나 피청약자가 청약자에 대하여 청약의 내용을 바꾸어 주기를 바라거나 문의하는 정도인 의뢰부 승낙(acceptance accompanied by request)은 반대청약이 아니기 때문에 청약의 효력에 영향을 미치지 않는다.

③ 청약의 철회(revocation of offer)

청약의 철회는 청약의 효력을 소멸시키는 의사표시이다. 이것은 반드시 상대방에게 통지되어야 하고, 그 통지는 상대방이 청약을 승낙하기 전에 상대방에게 도달해야 한다.

④ 당사자의 사망(death of parties)

피청약자나 청약자가 청약이나 반대 청약의 승낙 이전에 어느 일방이 사망했을 경우 청약이나 반대 청약은 그 효력을 상실한다.

⑤ 시간의 경과(lapse of time)

청약은 그 내용에 승낙기간이 정해져 있을 경우에는 그 기간이 경과하면, 그와 같은 기간이 정해져 있지 않을 경우에는 상당한 기간(reasonable time)이 경과하면 효력이 소멸한다.

2. 승 낙

1) 승낙의 개념

승낙(acceptance)이란 피청약자가 청약자의 청약(offer)을 수락하여 계약을 성립시키고자 하는 의사표시이다. 즉, 승낙(acceptance)이란 피청약자가 청약자의 청약에 대하여 그 청약의 내용 또는 조건을 모두 수락하고 계약을 성립시키겠다는 의사표시를 말하는 것으로서, 계약을 유효하게 성립시키기 위해서는 ① 승낙은 청약의 유효기간내에 행해져야 하며, ② 청약의 모든 내용에 대해 무조건 승낙(unconditional acceptance)하는 완전한 승낙(complete acceptance)이어야 한다. 따라서 청약내용에 대하여 변경을 요구하거나 일정한 단서를 붙이는 경우에는 승낙이라고 보지 않고 반대청약(counter offer)이라고 한다. 청약에 대한 반대청약이 있을 경우에는 계약은 성립되지 않는다. 즉 부분적 승낙, 조건부 승낙 등은 반대청약에 해당하는 것으로서 계약을 성립시키지 못한다.

2) 승낙의 방법

승낙의 방법이 지정되어 있는 경우에는 지정된 통신수단을 이용하여 승낙하여야 한다. 이때 다른 통신수단을 이용하게 될 때는 청약자의 승인이 없다면 그 계약은 무효가 된다. 이와 달리 지정통신수단이 없는 경우에는 합리적인 방법으로 승낙하면 된다.

3) 승낙의 효력

(1) 승낙의 효력발생 시기

승낙의 효력발생 시기에 관하여 다음의 세 가지 이론이 있다.

① 발신주의(post-mail rule)는 피청약자가 승낙의 의사표시를 발신했을 때 계약이 성립한다고 보는 견해이다.

② 도달주의(receipt rule)는 피청약자의 승낙의 의사표시가 청약자에게 도달한 때에 계약이 성립한다고 보는 견해이다.

③ 요지주의는 단순히 물리적으로 승낙의 의사표시가 도달될 뿐만 아니라 현실적으로 청약자가 그 내용을 인지한 때에 계약이 성립한다고 보는 견해이다.

우리 민법, 일본 및 영미법은 대면, 전화, 텔렉스, 팩시밀리 및 EDI와 같이 거의 동시상황으로 이루어지는 대화자간에는 도달주의를 채택하고, 우편, 전보와 같이 시차가 있는 통신수단으로 이루어지는 격지자간에는 발신주의를 채택하고 있다. 그러나 국제물품 매매계약에 관한 UN협약은 도달주의를 채택하고 있다.

발신주의는 보통 피청약자에게 유리한 반면, 청약자에게는 불리하므로 무역실무상 청약(offer)을 할 때 다음과 같은 문구를 넣어 발신주의를 도달주의로 변경하는 것이 일반적이다.

"We are pleased to offer you the undermentioned goods, subject to reply received by us not later than September 20, 1996, Seoul time."

제4절 전자무역계약

1. 계약의 성립문제

계약은 일정한 법률관계를 목적으로 2인 이상의 당사자간의 합의로 성립하는 법률행위로 이를 위해서는 청약과 그에 합치하는 승낙이 필요하다. EDI제도의 성립과정을 보면 하나의 상거래에 대한 여러 기업간의 거래체결, 한 대기업과 그에 대한 계열기업 또는 부품공급 기업간의 구매주문과 그에 대한 공급계약 체결 등이 EDI의 발생을 가져왔음을 알 수 있다. EDI제도하에서 당사자간은 계속적인 계약의 형태를 취하게 되고, 청약이나 승낙의 의사표시 또한 미리 합의된 일정한 방식에 의하여 수행하도록 되어 있어 계약이행의 모든 조건을 미리 당사자간에 합의하게 된다. 하지만 이러한 약정의 체결 자체가 EDI거래의 전체요건이 되는 것은 아니었다. 이는 인터넷 전자상거래에 있어서 구매계약의 체결은 전자문서 교환방식에 의하여 체결된다 할지라도 EDI 연혁상 형성된 당사자간 교환약정이 불특정 다수인을 상대로 하는 인터넷 전자상거래에도 그대로 적용될 수는 없다는 것이며, 법적 문제는 성문법에 의한 규율이 없는 이상 기존 법률의 해석에 의하여 문제를 해결해야 한다는 것을 의미한다.

따라서 전자계약의 주요 문제는 계약의 성립시기 및 장소, 그리고 계약의 실질적인 체결의 직위자에 대한 권한 위임과 그 확인방법에 있다.

1) 계약의 성립시기문제

(1) 일반적 계약의 성립시기

승낙은 청약과 합치됨으로써 계약이 성립되고 시간상 승낙이 청약 후에 이루어지므로 승낙의 효력발생시기가 계약의 성립시기가 된다. 우리나라의 민법은 상대방이 있는 의사표시는 그 통지가 상대방에 도달한 때로부터 그 효력이 생긴다고 규정하고 있기 때문에 당사자간 계약의 성립에 관해서는 별도의 규정은 없으면 도달주의에 의하여야 한다고 보는 것이 일반적이다.

(2) 전자메시지에 의한 계약의 성립시기

전자무역의 계약 성립시기는 승낙의 발신과 도달 가운데 어떤 것을 기준으로 정할 것인지가 문제다. 이 문제는 계약적 의무의 위반에 의한 손해액의 산정과 청약의 취소여부 판단에 중요한 의미를 가진다. 이에 대해 두 가지 측면에서 검토할 필요가 있다. 첫째는 현행법의 해석에 있어서 전자상거래의 계약을 대화자간의 계약으로 보아 도달주의로 보느냐의 문제이고, 둘째는 전자상거래가 있다. 계약의 실질을 고려하여 통신수단을 이용한 격지자간계약으로 보아 발시니주의로 보느냐의 문제인데 입법론적으로 어느 입장이 타당할 것인가의 문제가 있다.

우리나라의 무역업무자동화촉진에 관한 법률 제15조 제1항은 전자문서의 도달시기는 그 발신인이 보낸 메시지가 수신인의 수신이 컴퓨터 파일에 기록될 때에 그 상대방에게 도달된 것으로 본다고 규정하고 있어 승낙의 의사표시의 경우도 도달주의를 취하고 있음을 알 수 있다. 그러나 실제로 의사표시의 도달에 일정한 시간이 소요될 수도 있으므로 이러한 시간의 차이가 일방 당사자에게 큰 손실로 작용할 수도 있다. 따라서 도달주의에 대한 예외를 인정해야 할 필요가 있으므로 우리나라 무역업무자동화촉진에 관한 법률 제15조 제2항은 발신인의 메시지가 사업자 또는 지정사업자(Service Provider)의 컴퓨터 파일에 기록된 후 통상 전송에 소요되는 시간이 경과한 때에 발신인의 컴퓨터 파일에 기록된 것으로 추정한다고 규정하고 있다. 이는 예외적으로 발신주의가 요구하는 거래의 원활한 목적을 달성하는 동시에 법적 안정성을 꾀하므로 타당하다고 보는 것이므로 발신인이 통신네트워크상에 메시지를 올려 보낸 시점과 지정사업자의 컴퓨터 파일에 기록되기 전까지의 시점간의 위험을 발신인의 부담으로 보게 되는 것이다. 다만 동법률 제15조 제2항의 적용과 관련하여 통상 전송에 요구되는 시간의 개념을 명확히 하는 것이 분쟁의 신속·정확한 해결을 위해 필수적이다.

2) 성립장소의 문제

계약의 성립장소가 문제가 되는 것은 주로 계약의 성립요소인 의사표시가 다른 법률이나 관습이 행하여지고 있는 지역에 걸쳐 이루어지는 경우, 이 계약은 어떤 법률의 적용을 받아야 하며, 어떤 관습에 따라 해석할 것인지의 문제이다. 이것은 전자상거래와 관련하여 재판관할권의 문제로 야기될 수도 있으므로 승낙의 효력발생시기는 원칙적으로 그 승낙의 통지가 상대방에게 도달한 때이므로 유효한 승낙의 통지가 청약자에게 도달된 장소에서 계약이 성립된다고 본다.

3) 무능력자에 의한 계약문제

전자계약이 무능력자에 의해 체결된 경우에도 민법상의 무능력자규정이 그대로 적용될 것인가가 문제로, 이는 전자계약이 거래의 안전이 어느 곳에서 보다 강력히 요구되는 가의 문제와 민법상 거래의 안전에 불구하고 무능력자를 강력히 보호하고자 하는 것의 문제이다. 때문에 양자의 충돌을 조율할 수 있는 해석이 요구된다.

4) 무권한자에 의한 계약문제

사이버공간에서는 계약상대방을 직접 볼 수 없고 단지 문서에 의하여 계약이 체결되기 때문에 아무런 권한이 없는 제3자가 타인의 정보를 이용하여 전자계약을 체결하는 경우에는 무권대리로서, 대리에 관한 민법의 규정을 적용하여 대리권의 증명도 하지 못하고 본인의 추인도 받지 못할 경우에는 그 제3자는 상대방의 선택에 따라 이행을 하거나 손해배상을 하여야 한다. 무권자의 거래를 방지하기 위해서는 전자계약에 관한 정보를 암호화하여 제3자가 쉽게 타인의 정보를 열람하지 못하도록 하는 방법과 제3자의 신용기관에 의해 거래하려는 당사자가 진정한 권한을 가진 본인임을 확인케 하는 방법 등이 있다.

2. 전자적 의사표시의 하자 등의 문제

1) 착오에 의한 의사표시의 문제

(1) 표시자가 입력한 자료자체에 하자가 있는 경우

(2) 정보처리장치의 입력행위에 하자가 있는 경우

(3) 프로그램 자체에 하자가 있는 경우

2) 사기 강박에 의한 의사표시

(1) 의사표시 하자로 인한 분쟁에 대한 책임문제

표의자가 의사를 표시하였음에도 네트워크 등에 문제가 있어 전자적 의사표시가 전달되지 못하고 유실되거나 잘못 전달되어 하자있는 전자적 의사표시가 전달된 경우의 문제이다.

(2) 이러한 문제는 전자상거래는 물론이고 전세계적 무역장벽을 붕괴시킬 수도 있는 거래형태가 될 수 있으므로 국제적인 변화에 대응하기 위한 노력이 필요하며, 인터넷전자상거래를 효율적으로 규율하여 국내 전자상거래가 활성화 될 수 있도록 법적·제도적 정비가 이루어져야 한다.

제5절 무역계약서의 조건

1. 무역계약서의 작성

무역계약은 청약(offer)과 승낙(acceptance)을 통한 당사자간의 합의에 의하여 성립하므로 계약서의 작성이 반드시 필요한 것은 아니다. 그러나 무역계약은 일반적으로 상품을 계약의 목적으로 하는 국제매매 계약이기 때문에 후일에 분쟁이 야기될 소지가 상당히 많다. 그러므로 매매당사자간에 이러한 분쟁을 방지하기 위해서 무역계약의 조건을 명백히 할 필요가 있으며, 또한 이를 문서화하여 서명한 매매계약서(sales contract)를 상호 교환하여 보관하는 것이 필요하다.

2. 무역계약서의 조항

매매계약서의 기재내용은 거래상대방, 상품의 내용, 상품의 목적지 등에 따라 달라지지만, 결국 매매 당사자간에 합의된 사항을 빠짐없이 정확히 기재해야 한다.

매매계약서에 기재될 사항은 일반적으로 거래시 마다 결정하여야 할 사항 즉, 품명, 품질, 규격, 수량, 가격, 선적 등에 관한 사항과 일반적으로 모든 거래에 공통되는 사항 즉, 불가항력, 무역조건, 권리침해, 클레임조항, 중재, 준거법 등에 관한 사항으로 나눌 수 있다.

전자는 개별거래조항이라고 하며 보통 계약서의 표면에 타이핑되므로 표면조항 또는 타이핑조항이라고도 한다. 후자는 일반거래조항(general terms and conditions)이라고 하며, 보통 계약서의 이면에 인쇄되므로 이면조항 또는 인쇄조항이라고도 한다.

3. 무역계약서의 내용

1) 계약당사자의 확정

매도인과 매수인의 이름 또는 상호와 주소를 명기하여 계약의 당사자를 확정한다.

당사자는 계약서의 본인으로서 그 주소가 서로 다른 구가에 위치하고 있어야 한다. 따라서 국내에 있는 당사자 간에는 국내거래로서 무역계약의 당사자가 될 수 없다.

2) 계약성립의 확인

매매계약이 계약서에 기재된 조항에 따라 성립되었음을 확인하는 문언이다.

- 예문 : We as seller confirm having sold you as buyer the following goods on the terms and conditions as stated below and on the back hereof.

3) 품명, 품질 및 규격

품명, 품질, 규격 등은 보통 일괄하여 기재한다. 품질은 FOB, CIF 등 선적지 조건으로 매매하는 경우에는 원칙적으로 선적지 품질조건(shipped quality terms)이지만, 특약에 의해 양륙지 품질조건(landed quality terms)으로 할 수도 있다. 품질에 관한 조건으로는 크게 견본매매(sale by sample), 명세서매매(sale by description), 상표매매(sale by brand)등으로 분류할 수 있다.

4) 수량

상품의 성질과 형상에 의하여 중량, 용적, 개수, 길이 등의 단위에 의해 거래된다. 포장된 상품을 매매하는 경우에는 포장재료의 중량을 포함한 총중량(gross weight)인가, 포장재료의 중량을 포함하지 않은 순중량(net weight)인가를 명기할 필요가 있다. 또한 중량의 한 단위인 ton에 관해서는 long ton(영국톤, 2,240lbs), short ton(미국톤, 2,000lbs), metric ton(킬로톤, 2,204lbs)의 구별을 분명히 해둘 필요가 있다.

수량에 관해서도 품질의 경우와 같이 FOB, CIF 등의 선적지 조건으로 매매하는 경우에는 원칙적으로 선적지수량조건(shipped quantity terms)이지만, 특약에 의해 양륙지수량조건(landed quantity terms)으로 할 수도 있다.

생산, 포장 등 기타의 사정으로 계약수량 대로의 수량을 인도하기가 곤란할 것으로 예상되는 경우에는 약간의 과부족을 용인하는 조항(More or Less Clause)을 두어야 할 것이다.

5) 가격

가격은 단위수량당의 단가(unit price)와 계약수량에 대한 합계금액(total amount)을 기재한다. 매매가격의 정형으로서는 인코텀즈(Incoterms) 2000에 의한 FOB, CIF 등 13가지의 종류가 있다.

따라서 가격은 인코텀즈상 가격조건에 따라서 상품 인도에 따른 비용까지 포함하여 실제가격이 결정된다고 할 수 있다.

6) 결제방법

무역 매매계약에서는 보통 결제조건으로서 화환어음(documentary bill of exchange)을 이용한다. FOB, CIF 등의 무역조건은 "결제는 화환어음에 의한다"(Payment to be made by a documentary bill of exchange)는 특약에 의해 매도인이 발행한 화환어음, 즉 선적서류가 첨부된 환어음을 매수인이 결제하게 된다. 또한 매수인의 대금지급을 보다 확실히 하기 위해 취소불능신용장(irrevocable L/C)의 개설이 전제조건이 되기도 한다.

7) 선적

무역거래 계약에서는 보통 화물선적 월을 결정한다. 예를 들면 8월 선적(shipment in August)인 경우에는 매도인은 8월 1일부터 8월 31일까지의 사이에 선적하면 된다. 8/9월 선적(Shipment in August/September)인 경우에는 매도인은 8월 1일부터 9월 30일까지의 사이에 선적하면 된다.

신용장 거래에서는 분할선적(partial shipments)은 신용장에 특별히 금지조항이 없는 한 인정된다. 선적일은 일반적으로 선하증권의 일자(B/L date)를 선적된 일자로 간주하는 것이 거래 관행이다. 그러나 수취선하증권의 경우에는 증권상의 본선적재부기일자가 선적일이 된다.

8) 보험

CIF계약 등에서 매도인이 매수인을 위해 화물을 보험에 부보하는 경우에는 보험조건을 명확히 결정해 둘 필요가 있다. 보험조건에는 전손담보조건(A/R : All Risk), 단독해손부담보조건(F.P.A. : Free from Particular Average), 분손담보조건(W.A. : With

Average) 등이 있다. 그리고 I.C.C 신약관에는 I.C.C(A), I.C.C(B), I.C.C(C) 조건으로 구분해 두고 있다.

9) 포장

포장(packing)은 내용물을 보호하는 견고성과 포장비용 자체의 절감 그리고 운임 절감을 고려한 경제성을 감안하여 포장조건을 결정한다. 포장은 일반적으로 매도인이 하는 것으로 되어 있다.

10) 하인

하인(shipping mark)은 화물의 분류를 원활히 수행하고 화물의 운송 및 보관시 필요한 화물 취급상의 지시, 주의를 포장에 표시하기 위하여 매수인이 매도인에게 요구하는 경우가 많다.

11) 검사

무역거래 계약서에서는 상품이 계약조건에 합치되어 있는가를 확인하기 위하여 제3자인 검사기관에 상품을 검사시키는 일이다.

12) 불가항력

불가항력(force majeure)에 의하여 계약의 이행이 불가능하거나 이행이 지연되는 경우에 대비하여 미리 계약서상에 면책문언을 삽입한다.

13) 무역조건

FOB, CIF 등 정형무역조건의 정의, 해석에 관하여는 인코텀스(Incoterms, 2000 edition)에 의하는 것이 가장 무난하다고 할 수 있겠다.

- 예문 : The trade terms used in this Contract shall be governed and interpreted by the provisions of Incoterms® 2010 edition, unless otherwise specifically stated.

14) 권리침해

공업소유권 등에 관한 권리침해(infringement)에 대해서는 면책문언을 넣어두는 것이 좋을 것이다.

－예문 : Buyer shall hold Seller harmless from liability for the infringement with regard to patent, trade mark, design and/or copyright originated or chosen by Buyer.

15) 클레임 제기기한

클레임의 제기기한을 설정해 두는 것은 실무상 필요한 경우가 많다.

－예문 : Any claim by buyer must be made in writing within fourteen(14) days of receipt of the goods at destination.

16) 중재

무역매매 계약에 관하여 발생하는 분쟁은 소송에 의하여 해결하기보다는 중재(arbitration)에 의하여 해결하는 편이 현실적으로 유리하다고 하겠다.

그리고 중재조항의 경우 중재계약, 중재장소, 준거법 등을 명시해야 한다.

[표준중재조항]

All disputes, controversies or differences which may arise between the parties out of or in relation to or in connection with this contract or for the breach thereof, shall be settled by arbitration in Seoul, Korea in accordance with the Commercial Arbitration Rules of the Korean Commercial Arbitration Board and under the Laws of Korea. The award rendered by arbitrator(s) shall be final and bind upon both parties concerned.

17) 준거법

계약의 해석에 있어서 어느 국가의 법률을 적용하느냐의 문제는 미리 결정하여 계약서에 밝혀 두는 것이 좋다.

－예문 : This Contract shall be governed in all respects by the laws of Korea.

이상의 17개 항목은 모두 계약체결시 당사자가 일일이 합의하면서 결정하는 일은 극히 드물며 일반적으로 중요한 사항에 대해서만 합의하여 결정하며 나머지 사항은 계약서 작성시 이면조항에 일방적으로 삽입하는 경우가 많다. 따라서 계약서를 우리 측이 작성하는 경우에는 상대방과 합의한 중요 내용과 승낙을 얻을 수 있는 범위 내의 추가조항을 기재한 계약서를 2통 작성하여 본인이 서명을 한 후 2통을 모두 상대방에게 송부하고 그중 상대방이 서명한 1통을 받아야 한다.

[표 2-1] 무역계약서의 주요 내용

구분	내용
기 본 사 항	• 당사자 및 서명 • 계약확정문언 • 계약체결일 • 유효기간
개별약정사항	• 품질조건(품질결정방법, 품질결정시기) • 수량조건(수량의 단위, 과부족용인조건) • 가격조건(비용부담의 기준, 위험이전시기) • 선적조건(선적시기, 분할선적 및 환적) • 보험조건(보험조건, 보험금액) • 결제조건(결제방식, 결제시기) • 포장조건(포장방법, 포장종류, 화인)
일반약정사항	• 본인 대 본인계약 • 개별약정사항의 해석기준 • 불가항력조항, 클레임조항, 중재조항, 준거법조항

【예시 2-1】 무역계약서의 예

Confirmation of Order

Sales Note No.
To Messrs :
Seoul, Korea
Reference :
Contracted through :

Order No. :
Commodity :
Quantity :
Price :
Amount :
Packing :
Shipment :
Destination :
Payment :
Remarks :

We confirm our sales as specified herein. Subject to the terms and conditions of order("the Contract") constitutes a contract between Daewoo Corporation("Seller") and the addressee("Buyer"). Other terms and conditions of the Contract are on the back hereof. If you find anything herein not in order, please let us know immediately, if necessary by cable or telegram. Kindly sign and return the duplicate after confirming the above.

Read and agreed to :

Name of addressee :	Daewoo Corporation
By :	By :
Typed name :	Typed name :
Date :	Date :

【예시 2-2】 일반거래조건협정의 예문

Agreement on General Terms and Conditions of Business

This Agreement entered into between The ABC CO., Inc., New York (hereinafter called the Buyers), and The XYZ Co., Ltd., Seoul, Korea (hereinafter called to as the Sellers) witness as follows:

(1) Business
- Both Sellers and Buyers act as principles and not as Agents.

(2) Samples and Quality
- The Sellers are to supply the Buyers with samples free of charge, and the quality of the goods to be shipped should be about equal to the sample on which an order is given.

(3) Quantity
- Weight and Quantity determined by the seller, as set forth in shipping documents, shall be final.

(4) Prices
- Unless otherwise specified, prices are to be quoted in U.S. Dollars on CIF New York basis.

(5) Firm Offers
- All firm offers are to remain effective for three days including the day cabled. Sundays and National Holidays shall not be counted as days.

(6) Orders
- Except in cases where firm offers are accepted all orders are to be subject to the Seller's final confirmation.

(7) Packing
- Proper export wooden case packing is to be carried out, each case bearing the mark DATA with port mark, running case numbers, and the country of origin.

(8) Payment
- Draft is to be drawn at 30 d/s under irrevocable Letter of Credit which should be opened in favor of seller immediately upon namely, following documents Bill of Lading, Insurance Policy, Commercial Invoice and other

documents which each contract requires.

(9) Shipment

– Shipment is to be made within the time stipulated in each contract. The date of Bill of Lading shall be taken as conclusive proof of the day of shipment. Unless expressly agreed upon, the port of shipment shall be at the Seller's option.

(10) Marine Insurance

– All shipments shall be covered on All Risks including War Risks and S.R.C.C. for the invoice amount plus 10 (ten) percent. All policies shall be made out in U.S. Dollar and claims payable in New York.

(11) Force Majeure

– The Sellers shall not be responsible for the delay in shipment due to force majeure, including mobilization, war, strikes, riots, civil commotion, hostilities, blockade, requisition of vessels, prohibition of export, fires, floods, earthquakes, tempest and any other contingencies, which prevent shipment within the stipulated period. In the event of any of the aforesaid causes arising, documents proving its occurrence or existence shall be sent by the Sellers to the Buyers without delay.

(12) Delayed Shipment

– In all cases of force majeure provided in the Article No. 11 the period of shipment stipulated shall be extended for a period of twenty one (21) days. In case shipment within the extended period should still be preven– ted by a continuance of the causes mentioned in the Article No.11 or the consequences of any of them, It shall be at the Buyer's option either to allow the shipment of late goods or to cancel the order by giving the Sellers the notice of cancellation by cable.

(13) Claims

– Claims, if any, shall be submitted by cable within fourteen (14) days after arrival of goods at destination. Certificated by recognized surveyors shall be sent by mail without delay.

(14) Arbitration

– All claims which cannot be amicably settled between Sellers and Buyers shall be finally settled by arbitration in Seoul, Korea in accordance with the Commercial Arbitration Rules of the Korea Commercial Arbitration Board and under the Laws of Korea. The award rendered by the arbitrator shall be final and binding upon both parties concerned.

(15) Trade Terms

- Unless specially stated, the trade terms under this contract shall be governed and interpreted by the latest Incoterms.

This Agreement shall be valid on and after September 20, 2012.

(Buyers) ABC Co., Inc.,

(Sellers) XYZ Co., Ltd.

(signed)

(signed)

1. Incoterms의 의의 및 제정

무역거래에 관한 주요한 국제규칙의 하나인 인코텀즈(Incoterms)는 국제 간의 무역분쟁을 줄이고 무역거래관습을 국제적으로 통일시켜 국제무역을 활성화시키기 위하여 국제민간기구인 국제상업회의소(International Chamber of Commerce ; ICC)가 1936년에 제정한 무역거래조건의 해석에 관한 국제규칙(International Rules for the Interpretation of the Trade Terms)을 의미한다.

Incoterms라는 용어는 인코텀즈의 정식명칭인 International Rules for the Inter-pretation의 약칭인 International Commercial Terms에서 두문자(頭文字)인 In과 Co, 그리고 Terms를 합하여 만들어진 것이다.

인코텀즈는 무역거래당사자인 매도인과 매수인간의 물품인도시기, 비용 및 위험을 배분하기 위하여 표준화된 거래조건으로서, 외국과의 무역에 일반적으로 사용되는 거래조건의 해석에 관한 국제규칙을 제공함으로써 서로 다른 국가 간에 이들 거래조건에 대한 해석을 달리하는 불확실성을 제거하는데 제정목적이 있다.

무역거래조건의 해석을 위한 국제규칙인 인코텀즈는 그 자체가 국제적인 통일법이나 조약과 같은 법적 강제력을 갖지 못하고, ICC에서 표준화한 정형거래조건에 대한 해석기준에 불과하다. 따라서 인코텀즈는 각 국가에서 공식적으로 채택하거나 법률에 의하여 적용되는 것이 아니라, 계약당사자들의 상호 합의에 의하여 임의적으로 적용된다.

실무상 계약당사자들은 정형거래조건으로 계약을 체결할 경우, 이에 인코텀즈를 적용하려면, 이 계약에 대한 해석기준으로서 "Incoterms® 2010"에 의하여 적용을 받는다는 사실을 명시하여야 한다. 예를 들면, 무역계약서에 다음과 같은 준거 문언을 명시하는 것이 바람직하다.

> "Trade Terms : Unless otherwise stated, the trade terms under this contract shall be governed and interpreted by the Incoterms® 2010."

ICC는 무역거래조건위원회(Trade Terms Committee)를 설치하고 세계 여러 국가들이 널리 사용하고 있는 정형무역거래조건에 관한 연구와 조사를 착수하였다. 1923년에 ICC의 무역거래조건위원회는 12개 국가의 조사보고서를 토대로 "정형무역거래조건정의(Traed Terms Definition)"에 관한 초판을 발간하였다. 이 초판에는 ① FOR/FOT, ② FOB, ③ CIF, ④ Free Delivered의 네 가지 거래조건을 정의하고 계약당사자의 권리와 의무에 관한 국가별 대조표가 수록되어 있었다.

무역거래조건위원회는 1929년에 20개 국가의 국내위원회로부터 보고서를 접수하여 초판에 규정된 네 가지의 거래조건에 FAS와 C&F를 추가하여 모두 여섯 가지의 거래조건이 수록된 "정형무역거래조건(Trade Terms)" 제2판을 발간하였다.

ICC의 무역거래조건위원회는 연구와 조사 자료를 토대로 1936년 1월에 "무역거래조건의 해석에 관한 국제규칙(International Rules for the Interpretation of Trade Terms)"의 원안을 기초하여 25개 국가의 위원들에 의하여 제정초안으로 채택되었다. 이 초안은 1936년 6월에 ICC의 집행위원회를 통과하여 "Incoterms 1936"이라는 명칭으로 공표되었다. ICC가 처음으로 제정한 "Incoterms 1936"은 모두 11가지의 거래조건에 대한 정의와 계약당사자의 의무를 조항별로 규정하였다.

[표 2-2] Incoterms 1936의 거래조건

1. Ex Works(공장인도)
2. FOR/FOT(철도인도)
3. Free(지정선적항 반입인도)
4. FAS(선측인도)
5. FOB(본선인도)
6. C&F(운임포함인도)
7. CIF(운임·보험료포함인도)
8. Freight or Carriage Paid to(운송비지급인도)
9. Ex Ship(착선인도)
10. Ex Quay(부두인도)
11. Free or Free Delivered(지정목적지 반입인도)

2. Incoterms의 개정

1) Incoterms, 1953(제1차 개정)

제2차 세계대전을 계기로 국제정세가 급격히 변화되고 무역환경이 바뀜에 따라 1936년에 제정된 Incoterms의 개정이 필요하게 되었다. 이에 따라 ICC의 무역거래조건위원회는 영국의 국내위원회가 작성한 개정초안을 기초로 하여 개정작업에 착수하였다. ICC는 오스트리아의 비엔나에서 개최된 제14차 총회에서 이사회의 승인을 얻어 1953년 10월에 “Incoterms 1953”을 공표하였다.

“Incoterms 1953”은 기존의 11가지 거래조건 중에 실제 무역거래에 거의 사용되지 않는 두 가지 거래조건인 ① Free(지정선적항 반입인도)와 ② Free or Free Delivered(지정목적지 반입인도)를 제외시키고 나머지 아홉 가지의 거래조건만을 규정하였다.

2) Montreal Rules 1967과 Supplement 1976(제2차 개정)

“Incoterms 1953”이 공표된 이후에 유럽의 여러 지역에서는 인접 국가의 국경에서 계약물품을 인도하는 거래방식이 성행하였는데 이것이 국경인도(Delivered at Frontier)조건이다. 아울러 경제부흥기가 끝나고 경제성장기로 들어갈 무렵부터 유럽에서는 컨테이너나 팔레트에 의한 화물운송이 이루어지면서 매도인이 수입국내의 지정목적지까지 반입하여 그 장소에서 계약물품을 매수인에게 인도하는 관세지급인도(Delivered Duty Paid)조건을 이용하는 거래방식이 늘어나고 있었다. 이들의 새로운 거래관행을 반영하기 위하여 ICC 무역거래위원회는 1967년 캐나다의 몬트리올에서 개최된 ICC총회에서 "Montreal Rules 1967"이라는 표제로 ① 국경인도(Delivered at Frontier), ② 관세지급인도(Delivered Duty Paid) 조건을 인코텀즈에 추가시켜 공표하였다.

한편, 무역상품의 고급화와 점보제트기의 상용화로 항공화물운송이 대중화됨에 따라 항공운송에 있어서도 FOB거래관습을 수용하기위하여 ICC 무역거래조건위원회는 공항인도(FOB Airport ; FOA)조건을 별도로 제정하여 1976년 개정 Incoterms는 12개의 거래조건을 규정하였다.

3) Incoterms 1980(제3차 개정)

1970년대에 들어오면서 컨테이너를 이용하여 "문전에서 문전까지"(door to door)의 운송을 위한 육·해·공을 일관하는 복합운송(multimodal transport) 방식이 등장하게 되었다. 이러한 새로운 운송방식인 복합운송방식의 등장은 기존의 전통적인 해상운송중심의 무역거래에서 국제상거래 절차상의 변화를 가져옴으로써 인코텀즈는 복합운송을 수용할 수 있도록 수정 또는 새로운 조항의 신설을 필요로 하게 되었다.

이러한 시대적인 요청에 따라 기존 인코텀즈 상에서 내륙운송에만 사용하도록 규정되었던 ① DCP(운송비지급인도) 조건을 컨테이너, 트레일러 또는 페리(ferry) 등에 의한 "roll on-roll off"(RO-RO)방식의 복합운송에도 확대하여 적용할 수 있도록 수정하였다. 또한, 복합운송에 적합한 FRC(운송인인도) 조건과 CIP(운송비·보험료지급인도) 조건을 신설하였다.

ICC는 14가지의 거래조건으로 구성된 "Incoterms 1980"을 공표하였는데, 컴퓨터의 활용을 고려하여 14가지의 거래조건마다 두문자(頭文字)인 3자로 된 국제전신약호(international code)를 지정하여 사용하도록 하였다. "Incoterms 1980"에는 다음과 같은 14가지의 거래조건이 수록되어 있었다.

[표 2-3] Incoterms 1936의 거래조건

1. EXW(공장인도) : Ex Works
2. FOR/FOT(철도인도/트럭인도) : Free on Rail/Free on Truck
3. FAS(선측인도) : Free Alongside Ship
4. FOB(본선인도) : Free on Board
5. C&F(운임포함인도) : Cost and Freight
6. CIF(운임·보험료포함인도) : Cost, Insurance and Freight
7. EXS(착선인도) : Ex Ship
8. EXQ(부두인도) : Ex Quay
9. DAF(국경인도) : Delivered at Frontier
10. DDP(관세지급인도) : Delivered Duty Paid
11. FOA(공항인도) : FOB Airport
12. FRC(운송인인도) : Free Carrier
13. DCP(운송비지급인도) : Freight or Carriage Paid to
14. CIP(운송비·보험료직급인도) : Freight or Carriage and Insurance Paid to

4) Incoterms 1990(제4차 개정)

정보통신기술과 국제운송기법의 지속적인 발전으로 인하여 기존의 인코텀즈의 규정을 보다 체계적으로 수정하고 보완할 필요성이 대두되어 ICC의 상관습위원회(Commercial Practices Commission)는 수년에 걸친 개정작업을 추진하게 되었다. 상관습위원회는 1989년 11월에 인코텀즈 개정안을 최종적으로 확정하여 13가지의 거래조건으로 구성된 "Incoterms 1990"을 공표하였다.

"Incoterms 1990"의 주요 개정내용을 살펴보면 다음과 같다.

첫째, 13가지의 거래조건을 공통적인 특징별로 묶어서 E군(EXW), F군(FCA, FAS, FOB), C군(CFR, CIF, CPT, CIP), 그리고 D군(DAF, DES, DEQ, DDU, DDP)으로 구분하였다.

둘째, FRC 조건을 FCA로 명칭을 변경하고, "Incoterms 1980"에 규정된 FOA와 FOR/FOT 조건을 모두 흡수하여 FCA 조건으로 통합하였다.

셋째, 각 거래조건별로 매도인과 매수인의 의무조항을 10개의 항으로 대칭되게 규정하여 거래당사자들이 비교하기 용이하도록 하였다.

넷째, 기존의 DDP 조건을 DDU와 DDP로 세분하여 규정하였다.

다섯째, DCP를 CPT로, EXS를 DES로, 그리고 EXQ를 DEQ로 전신부호 명칭을 변경하였다.

여섯째, 전자자료교환(Electronic Data Interchange : EDI) 방식에 의한 통신문의 사용이 증가함에 따라 기존의 운송서류와 동등한 EDI 통신문을 수용하여 전자통신문을 법적으로 유효한 문서로 인정하도록 규정하였다.

"Incoterms 1990"에 규정된 13가지의 거래조건은 다음과 같다.

[표 2-4] Incoterms 1990의 구성

Group E(E군)	EXW : Ex Works(공장인도)
Group F(F군)	FCA : Free Carrier(운송인인도) FAS : Free Alongside Ship(선측인도) FOB : Free on Board(본선인도)
Group C(C군)	CFR : Cost and Freight(운임포함인도) CIF : Cost, Insurance and Freight(운임·보험료포함인도) CPT : Carriage Paid to(운송비지급인도) CIP : Carriage and Insurance Paid to(운송비·보험료지급인도)
Group D(D군)	DAF : Delivered at Frontier(국경인도) DES : Delivered Ex Ship(착선인도) DEQ : Delivered Ex Quay(부두인도) DDU : Delivered Duty Unpaid(관세미지급인도) DDP : Delivered Duty Paid(관세지급인도)

5) Incoterms® 2000(제5차 개정)

1990년대에 들어서면서 정보화의 물결로 본격적인 전자상거래(electronic commerce) 시대를 맞이하게 되었다. 이러한 국제무역의 변화를 수용하기 위하여 ICC는 2년여에 걸쳐 관계 전문가들의 의견과 조사 결과를 토대로 인코텀즈 개정 작업을 추진시켰다.

2000년 1월 1일부터 발효되어 시행되고 있는 Incoterms® 2000은 Incoterms® 1990과 비교해 볼 때, 13가지 거래조건을 4개의 그룹으로 나누어 각 거래조건마다 10개의 항목을 똑같이 구분하여 반영한 것으로서 형식적인(formal) 구조에서는 달라진 것이 없지만 FAS 조건과 DEQ 조건에서 수출입절차 의무의 주체, FCA 조건에서 사용되는 용어의 통일 등 실체적인(substantive) 측면에서는 변경이 있었다.

6) Incoterms® 2010(제6차 개정)

인코텀즈 2010은 최근 무역환경의 변화에 맞추어 효과적을 대처하기 위하여 2010도에 개정되었고 2011년 1월부터 시행하기로 하였다.

인코텀즈 2010은 관세자유지역의 계속된 확대, 기업 활동에 전자통신의 사용증가, 물품 이동에 대한 높은 보안에 대한 관심, 그리고 운송관습의 변화 등을 고려하여 개정되었다. 그리고 인코텀즈 2010은 13개 규칙에서 11개 규칙으로 축소함으로서 "인도"규칙을 개선하고 강화하였으며 모든 규칙의 표현을 매도인과 매수인에게 차별 없이 모두 참조하도록 하였다. 세계의 모든 분야와 모든 무역 부분에서 선출된 통상법과 관습법에 대한 ICC위원회의 폭넓은 전문가들은 인코텀즈 2010이 영업의 모든 분야의 요구에 부응하도록 노력하였다.

만약에 인코텀즈 2010을 계약서에 적용하고자 한다면 "지정된 장소를 포함한 선택된 인코텀즈 규칙 다음에 Incoterms® 2010"이란 단어를 사용하여 계약서에 이를 분명히 하여야 한다.

선택된 인코텀즈 규칙은 물품, 운송수단, 그리고 무엇보다도 당사자들이 의도한 추가의무 부과 등에 적절하도록 할 필요가 있다. 예를 들면 운송 또는 보험계약을 매도인 또는 매수인 누구에게 의무를 부과할 것인가와 같은 것이다.

각 인코텀즈 규칙의 지도사항에는 이러한 조건 선택에 특별히 도움이 되는 정보를 포함하고 있다. 어떤 규칙이 선택되느냐에 따라서 당사자들은 그들의 계약의 해석이 사용된 항구 또는 장소의 특별한 관습에 의해서 영향을 받을 수 있다는 사실을 이해해야 한다.

선택된 인코텀즈 규칙은 당사자들이 어떤 장소와 항구를 지정할 때만 작용될 수 있으며 당사자들이 가급적 정확하게 장소나 항구를 특정한다면 가장 잘 작용될 수 있을 것이다.

그러한 정확한 좋은 예는 다음과 같다.

> "FCA38cour Albert Ier, Paris, France Incoterms® 2010"

인코텀즈 규칙 중 공장인도조건(EXW), 운송인인도조건(FCA), 지정터미널인도조건(DAT), 목적지인도조건(DAP), 관세지급인도조건(DDP), 선측인도조건(FAS), 그리고 본선인도조건(FOB)의 경우에는 지정장소는 인도가 일어나거나 매도인으로부터 매수인에게 위험이 이전되는 장소이다. 인코텀즈 규칙 중 운인지급조건(CPT), 운임 및 보험료 지급조건(CIP), 비용과 운임지급조건(CFR) 그리고 비용, 보험료, 운임지급조건(CIF)에 있어서는 지정장소는 인도장소와는 달리 이 네 가지 인코텀즈 규칙의 지정장소는 운임이 거기까지 지불되는 목적지 장소이다. 장소나 목적지의 지정은 의문과 분쟁을 회피하기 위하여 그 장소와 목적지에 있는 정확한 지점을 명시함으로서 더욱 도움이 될 수 있도록 특정될 수 있다.

인코텀즈 규칙에는 매도인이 물품을 매수인에게 인도할 때에 어느 당사자가 운송 또는 보험 계약을 할 의무가 있는지, 그리고 각 당사자가 어떤 비용을 부담할 것인지를 규정하고 있다. 그러나 인코텀즈규칙은 지불될 수 있는 대금이나 그 지불방법에 대해서는 언급하고 있지 않으며, 다만 운송에 관련된 비용 즉 통관내용, 적재비용 등의 부담자만 언급하고 있을 뿐이다. 그리고 물품의 소유권이전이나 계약위반의 결과에 대한 구체적인 방법 등에 대해서도 언급하지 않고 있다. 이러한 문제들은 계약서에 명시된 조건이나 당해 국가의 실정법을 통해서 처리되어야 한다. 현지의 강행법규는 선택된 인코텀즈 조건을 포함하여 매매계약의 어떤 조항보다 우선한다.

3. 인코텀즈 2010의 주요 특징

1) 새로운 인코텀즈 규칙 DAT와 DAP 조건

인코텀즈 규칙의 수는 13개에서 11개를 축소되었다. 합의된 운송수단에 불구하고 사용될 수 있는 2개의 새로운 규칙인 지정터미널인도조건 DAT과 목적지인도조건 DAP가 인코텀즈 2000의 DAF, DES, DEQ 그리고 DDU 조건을 대체하게 되었다. 이 새로운 규칙 하에서는 인도는 지정된 목적지에서 이루어진다.

DAT 조건에서는(종전 DEQ 조건과 같음) 도착된 운반용 차량으로부터 물품을 양하한 후 지정된 터미널에서 매수인의 처분상태에 적치된 때이고 DAP 조건에서는(종전의 DAF, DES 그리고 DDU 조건과 같음) 운송차량에서 양하할 준비가 된 채 매수인의 처분상태에 적치된 때 인도가 일어난다.

새로운 규칙으로 인코텀즈 2000의 DES와 DEQ 조건은 불필요하게 되었다. DAT 조건의 지정된 터미널은 항구 내에 있을 수 있으므로 DAT 조건은 인코텀즈 2000의

DEQ 조건이 사용되는 그런 경우에도 안전하게 사용될 수 있다. 동일하게 DAP 조건의 도착되는 차량은 선박이 될 수 있으므로 목적지의 지정장소가 항구가 될 수 있기 때문에 DAP 조건은 인코텀즈 2000의 DES 조건이 사용된 경우에도 안전하게 사용될 수 있다. 이러한 새로운 조건들은 자신의 계승된 조건과 같이(적용 가능한 경우에) 수입통관에 관한 비용은 제외하고 물품을 목적장소까지 운반하는데 속하는 모든 비용과 위험을 매도인이 부담하고 인도된다.

2) 인코텀즈 2010 규칙의 11개 조건

(1) 하나 또는 여러 개의 운송수단 이동에 관한 규칙

- EXW : 공장인도조건
- FCA : 운송인인도조건
- CPT : 운임지급조건
- CIP : 운임 및 보험료지급조건
- DAT : 터미널인도조건
- DAP : 도착지인도조건
- DDP : 관세지급인도조건

(2) 해상과 내지수로 운송에 관한 규칙

- FAS : 선측인도조건
- FOB : 본선인도조건
- CFR : 비용과 운임지급조건
- CIF : 비용, 보험료와 운임지급조건

첫 번째 분류는 7개의 인코텀즈 규칙 2010을 포함하고 있는데 이들은 선택된 운송수단에 관계없이 사용될 수 있고 하나 또는 하나 이상의 운송수단이 이용될 경우에도 관계없이 사용될 수 있다. EXW, FCA, CPT, CIP, DAT, DAP 그리고 DDP 조건이 이 분류에 속한다. 이조건들은 전혀 해상운송이 아닌 경우에도 사용될 수 있고 운송의 일부에 선박이 사용된 경우에도 사용될 수 있다.

인코텀즈 2010 규칙의 두 번째 분류에는 해상운송 및 내지수로에 적용되는 조건이다. 그래서 해상과 내지수로에 적용되는 규칙으로 표시된 것은 FAS, FOB CFR

그리고 CIF가 이러한 분류에 속한다. 마지막 3개의 인코텀 규칙들에는 물품이 본선에 선적되었을 때 인도된다는 주장이 우세하여 인도시점으로서 과거의 "선측난간"이라는 언급을 모두 삭제하였다. 이것이 현대적인 상거래 현실에 더욱 가깝게 영향을 주는 것이고 오히려 위험이 선측난간이라는 상상의 수직적인 선을 넘어서 이전한다는 구시대적인 위험의 개념을 피할 수 있게 되었다.

(3) 국내와 국제무역을 위한 규칙

인코텀즈 규칙은 전통적으로 물품이 국경을 넘어서 통과하는 국제매매계약에 사용되어 왔다. 세계 도처에는 유럽연합(EU)과 같은 무역공동체(trade blocs)가 형성되어 다른 국가 간의 국경통관이 별로 중요하지 않게 되었음으로 인코텀즈 2010 규칙의 부제(副題)는 형식적으로 이 조건들이 국제거래와 국내거래 모두에 적용될 수 있다는 것을 표시하게 되었다. 그 결과 인코텀즈 2010에는 많은 곳에서 적용 가능한 경우에만 수출/수입 통관에 맞는 의무가 존재한다는 것을 명시하고 있다.

국제거래와 국내거래의 두 분야로 발전적 적용을 주장하는 주체들이 이러한 방향의 움직임이 시기적절하게 ICC를 설득하게 되었다. 첫 번째로 무역업자들이 일반적으로 인코텀즈 규칙을 순수한 국내매매계약에 많이 사용한다는 주장이고 두 번째 이유는 인코텀즈 규칙을 종전의 미국 통일상법전(UCC)의 선적과 인도조건보다도 국내거래에 사용하겠다는 미국 측의 강한 의지가 반영된 것이다. 그러나 국내거래와 국제거래가 동시에 일어날 경우 혼란을 초래할 수 있다.

(4) 사용지침

각 인코텀 2010 규칙 앞에는 사용지침이 있는데 이 사용지침은 각 인코텀즈 규칙의 기본적인 사항이다. 예를 들면 이 규칙이 사용되어야 하는 시기, 위험 이전 시기 그리고 어떻게 비용이 매도인과 매수인 사이에 분배되는가를 설명하고 있다. 이 사용지침은 실제의 인코텀즈 2010의 일부가 아니고 사용자들로 하여금 특별한 거래에 대해서 정확하고 효과적으로 적절한 인코텀즈 규칙을 이용하도록 도움을 주는 조항이다.

(5) 전자통신

인코텀즈의 종전 규칙들은 EDI 통신문에 의해서 대체될 수 있는 서류들을 특정하였다.

그러나 인코텀즈 2010 규칙의 A1/B1조는 전자적 통신수단이 당사자들이 합의하거나 관습이 존재하는 한 종이서류의 통신과 동일한 효과를 부여하였다. 이러한 형태는 인코텀즈 2010 규칙이 존속하는 동안 새로운 전자거래절차의 혁명을 이룩하게 할 것으로 보고 있다.

(6) 보험부담

인코텀즈 2010 규칙은 런던보험자협회의 적하보험약관(I.C.C)이 개정이 된 이후로 첫 번째로 개정된 인코텀즈이므로 그러한 협회약관의 개정 부분을 많이 참조하였다. 인코텀즈 2010 규칙은 운송계약과 보험계약과 관련된 보험정보의무를 A3/B3조에 규정하였다. 이러한 규정들은 인코텀즈 2000의 A10/B10조에서 볼 수 있는 것보다 새롭게 생성된 조문들로부터 파생된 것이다. 보험에 관한 A3/B3조의 용어도 이에 관한 당사자들의 의무를 분명히 한다는 견지에서 역시 많이 수정되었다.

(7) 보안 관련 통관과 그에 관한 정보

요즘은 물품의 이동에 관한 보안에 대해서 관심이 높아지고 있다. 이는 물품이 그의 고유의 성격과 다른 이유로 생명과 재산권에 위험을 주지 않는다는 검증을 요구하는 정보이다. 그래서 인코텀즈 2010은 보안 통관절차를 이행하는데 필요한 협조를 주고 받는 의무를 매수인과 매도인 사이에 배분하였다. 예를 들면 여러 가지 인코텀즈 규칙의 A2/B2와 A10/B10조에 있는 보안 관련 정보에 나타나 있다.

(8) 터미널 취급수수료

인코텀즈 규칙 중 CPT, CIP, CFR, CIF, DAT, DAP 그리고 DDP규칙에서는 매도인이 합의된 목적지까지 물품운송을 이행해야 한다. 운임이 매도인 부담이라고 하드라도 운임비용이 매도인에 의하여 총판매 가격에 일반적으로 포함되기 때문에 실제로는 운임은 매수인이 지불하게 된다. 운송비는 가끔 항구나 컨테이너터미널 시설내에서 물품을 취급하거나 이동하는 비용을 포함하고 있는데 운송인이나 터미널운영자가 이러한 비용을 물품을 수행하는 매수인으로부터 징수할 수가 있다. 이러한 경우에 매수인은 동일한 서비스에 대해서 이중 지불되는 것을 피하고자 한다. 한번은 총판매가격의 일부로서 매도인에게 지불하고 또 한 번은 독립적으로, 운송인이나 터미널운영자에게 지불하게 된다.

인코텀즈 2010은 관련 인코텀즈의 A6/B6조에서 그러한 비용을 분명히 분배함으로서 이중지불위험이 발생되는 것을 피하고자 하였다.

(9) 연속매매

제조된 물품의 판매와 일반상품 판매에 있어서는 화물이 연속된 운송 중에 여러 번 판매되는 일이 자주 일어난다. 이러한 경우에 연속매매의 중간매도인은 물품이 연속매매의 첫 번째 매도인에 의하여 이미 선적되었기 때문에 물품을 다시 선적할 필요가 없다. 그러므로 연속매매의 중간매도인은 물품을 선적하지 아니하고 선적된 물품을 조달함으로서 매수인에 대한 의무를 이행하게 된다. 이러한 분명한 목적으로 인코텀즈 2010은 관련 인코텀즈 규칙에 매도인의 물품의 선적의무에 대신하여 선적된 물품의 조달의무를 표시하고 있다.

(10) 인코텀즈 규칙의 변형

가끔 당사자들은 인코텀즈 규칙을 변형하고자 한다.

인코텀즈 2010은 그러한 변형을 금지하고 있지 않으나 그렇게 하는 데는 위험이 존재한다. 이러한 뜻밖의 변화를 피하기 위하여, 당사자들은 그러한 경우 의도된 효과를 계약서 속에 명시할 필요가 있다. 그래서 예를 들면 인코텀즈 2010의 비용분배가 계약서에서 변경되었다면 당사자들은 매도인으로부터 매수인에게 위험이전 지점도 변경하려고 하는지를 명시해야 된다.

[그림 2-1] Incoterms® 2010의 흐름도

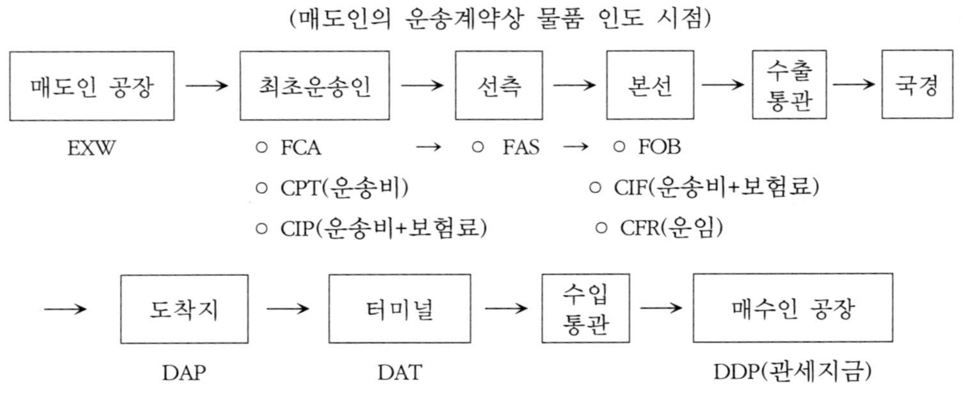

(매도인의 운송계약상 물품 인도 시점)

매도인 공장 → 최초운송인 → 선측 → 본선 → 수출 통관 → 국경

EXW

○ FCA → ○ FAS → ○ FOB

○ CPT(운송비) ○ CIF(운송비+보험료)

○ CIP(운송비+보험료) ○ CFR(운임)

→ 도착지 → 터미널 → 수입 통관 → 매수인 공장

DAP DAT DDP(관세지금)

제 3 장 Incoterms® 2020 개정 및 내용

1. Incoterms® 2020의 개정 경위

Incoterms® 2010은 2010년도에 개정되어 2011년도 1월 1일부터 시행되었다. 이번 Incoterms® 2020은 운송수단의 복합운송화에 따른 시대적 변화를 수용하기 위하여 과거 해상운송 중심에서 탈피하기 위하여 복합운송에 관련된 무역조건을 현실에 맞게 대폭 수정하여 조정하였다. 이를 위하여 ICC 상사법무위원회(Commission on commercial Law and Practice : CLP)는 초안그룹(Drafting Group)을 형성하여 2017년 1월 20일부터 각국 국내위원회로부터 Incoterms® 2020 개정을 위한 질의서(Incoterms® 2020 Questionnaire)를 취합하기 시작하였다. 그 후 2017년 4월 14일 1차 초안을 작성하고 이 안에 대하여 2017년 6월 15일까지 각국의 의견을 수렴하여 2017년 11월 10일에 2차 초안을 완성하였다. 그 후 2018년 9월 19일까지 이 2차 초안에 대한 각국의 의견을 수렴하여 최종안을 2018년 9월 19일에 완성하였다. 이 최종안은 2018년 10월 24일에 ICC 상사법무위원회(CLP)의 승인을 받아 1년간 내용 검토 후 2019년 9월 10일에 전 세계 동시 발간되었으며 2020년 1월 1일부터 시행하기로 하였다.

2. 인코텀즈(Incoterms® 2020)의 변경 내용

1) Incoterms® 2020 11개 조건

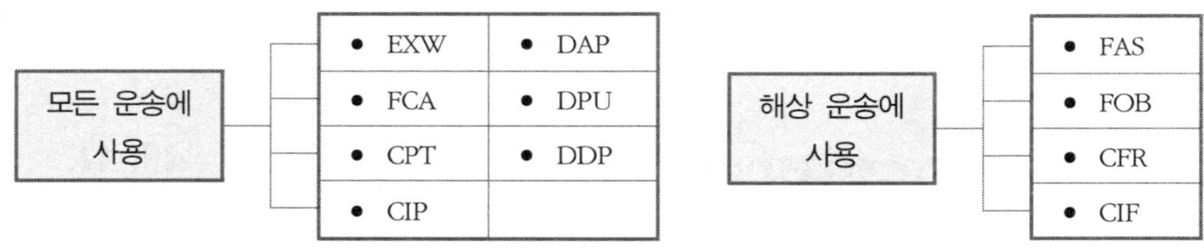

인코텀즈(Incoterms® 2020)	인도, 위험 이전 지점
⁂ 모든 운송방식에 사용할 수 있는 Incoterms	
1) EXW - Ex Works	매도인의 공장
2) FCA - Free Carrier	최초의 운송인
3) CPT - Carriage Paid To	최초의 운송인
4) CIP - Carriage and Insurance Paid To	최초의 운송인
5) DAP - Delivered at Place	최종 목적지 미하역
6) DPU - Delivered at Place Unloaded	최종 목적지 하역
7) DDP - Delivered Duty Paid	수입통관 후 약정지점
⁂ 해상운송방식에만 사용할 수 있는 Incoterms	
1) FAS - Free alongside Ship	본선선측
2) FOB - Free on Board	본선적재
3) CFR - Cost and Freight	본선적재
4) CIF - Cost, Insurance and Freight	본선적재

2) 개정사항 요약

① 개별규칙 내 조항 순서 변경

② CIP 최대부보의무(CIF는 최소부보의무 유지)
③ FCA상 본선적재표기 선하증권 제공의무 추가
④ DAT 조건을 DPU(Delivered at Place Unloaded)로 명칭 변경
⑤ FCA, DAP, DPU 및 DDP에서 매도인/매수인은 자신의 운송수단으로 운송 가능
⑥ 운송/비용조항에 보안관련 의무 삽입
⑦ Incoterms® 2010의 "사용지침(Guidance Note)"을 Incoterms® 2020에서는 "사용자를 위한 설명문(Explanatory Notes for Users)"으로 명칭 및 내용 변경
⑧ 소개문(Introduction) 내용 보강

3. 주요 개정사항 세부내용

1) 개별규칙 내 조항순서 변경

- 주요 규정을 앞쪽에 배치하고
- 비용조항은 중요함에도 불구하고 "비용일람표(ONE-STOP LIST)"를 제공하는 목에서 A9/B9에 배치하였음.

번호	Incoterms® 2010	Incoterms® 2020
A1/B1	General obligations of the seller/buyer	General obligations
A2/B2	Licenses, authorizations, security clearances and other formalities	Delivery/Taking delivery
A3/B3	Contracts of carriage and insurance	Transfer of risk
A4/B4	Delivery/Taking delivery	Carriage
A5/B5	Transfer of risks	Insurance
A6/B6	Allocation of cost	Delivery/transport document
A7/B7	Notice to the buyer/seller	Export/import clearance
A8/B8	Delivery document/Proof of delivery	Checking/packaging/marking
A9/B9	Checking-packaging-marking/Inspection of goods	Allocation of costs
A10/B10	Assistance with information and related cost	Notice

2) CIP 조건에서 최대부보 의무 조항

* CIP의 경우 매도인은 최대부보 의무를 부담하는 ICC (A) 약관으로 부보하여야 하나 CIF는 기존과 같이 최소부보 의무(ICC (C))로 부보하여도 된다.

〈INCOTERMS® 2020 CIP 규칙에서의 보험계약 체결의무 (A5)〉[2)]

① 매도인은 자신의 비용으로 당해 운송수단에 적절한 협회적하약관이나 그와 유사한 약관의 A약관에서 제공하는 담보조건에 따른 적하보험을 취득하여야 한다.
② 보험은 양호한 평판있는 보험사 또는 보험업자와 계약되어야 한다.
③ 보험은 매수인 또는 물품에 대하여 피보험이익을 갖는 자가 직접 보험자에게 청구할 수 있어야 한다.
④ 매수인의 요청이 있는 경우, 매도인은 자신이 요청받은 정보를 매수인이 제공하는 것을 조건으로, 매수인의 비용으로, 가능하다면 협회전쟁약관 및/또는 협회동맹파업약관과 같은 추가 담보를 제공하여야 한다.
⑤ 보험금액은 최소한 계약에서 약정된 금액에 10%를 더한 금액으로 하여야 한다.
⑥ 통화는 매매계약의 통화와 일치하여야 한다.
⑦ 보험은 인도지점으로부터 적어도 지정목적지까지 물품을 담보하여야 한다.
⑧ 매도인은 매수인에게 보험증권이나 보험증명서 기타 부보의 증거를 제공하여야 한다.
⑨ 매도인은 매수인의 요청에 따라 매수인의 위험과 비용(있는 경우)으로 매수인이 추가 보험을 부보하는데 필요한 정보를 제공하여야 한다.

3) FCA상 본선적재표기 선하증권 제시

– FCA 매매에서 해상운송의 경우 매도인/매수인(신용장 개설 시)이 본선적재부기(on-board notation)가 있는 선하증권("선적선하증권" 또는 "본선적재부기 선하증권")이 필요하드라도 실무적으로는 매도인은 물품이 선적되었다는 '통상적인 증거' 서류를 제시하면 충분하였다.
– FCA에서는 물품인도는 본선적재 전에 완료되나 운송인은 운송계약 상 물품이 실제로 선적된 후에 비로소 선적선하증권을 발행할 의무와 권리가 있다.

---

2) Incoterms® 2020, CIP, A5 Insurance.

이번 개정된 FCA A6/B6에서는 본선적재부기가 있는 선하증권에 관한 규정이 되어 있으면 선적 전에라도 매수인은 본선적재 운송서류를 운송인에게 발행하도록 지시할 수 있도록 하였다.

FCA A6 신설규정 (선적선하증권 제공의무)	FCA B6 신설규정 (지시 의무)
A6. 매도인은 자신의 비용으로 매수인에게 물품이 인도되었다는 통상적인 증거를 제공하여야 한다. 매도인은 매수인의 요청에 따라 매수인의 위험과 비용으로 매수인이 운송서류를 취득하는데 협조하여야 한다. 매수인이 B6에 따라 매도인에게 운송서류를 발행하도록 **운송인에게 지시한 경우에 매도인은 그러한 서류를 매수인에게 제공하여야 한다.**[3]	B6. 매수인은 물품이 A2에 일치하게 인도되었다는 증거를 인수하여야 한다. 당사자들이 합의한 경우에 매수인은 물품이 적재되었음을 기재한(**본선적재표기가 있는 선화증권과 같은) 운송서류를 자신의 비용과 위험으로 매도인에게 발행하도록 운송인에게 지시하여야 한다.**[4]

4) DAT 조건에서 DPU(Delivered at place Unloaded) 조건으로 명칭 변경

DAT 조건은 DPU 조건으로 명칭이 변경되었고 반드시 물품을 양하 후 터미널에만 한하지 않고 기타 장소에도 둘 수 있게 하였다.

DAT 규칙(Incoterms® 2010) 삭제[5]	DPU 규칙(Incoterms® 2020) 신설[6]
목적지 터미널에서만 양하 후 인도	목적지 모든 지정장소에서 양하 후 인도

- 실무적으로 많이 사용되지 않아 DAT 규칙을 삭제하였고 사용자들이 '양하한 후' 인도하는 규칙을 신설해 달라는 요청에 따라 DPU 규칙을 신설하였다.
- DAP 규칙과 동일하나, "양하 한 후"에 인도하는 것은 DPU, "양하 준비된 상태에서" 인도하는 것은 DAP로 규정 되었고, 따라서 DAP는 DPU 앞에 위치한다.
- Incoterms 2020에서는 순서가 변경되었다.
  순서 : DAP → DPU → DDP

3) Incoterms® 2020, FCA, A6 delivery/transport document.
4) Incoterms® 2020, FCA, B6 delivery/transport document.
5) Introduction to Incoterms® 2020 62, [e] change in tree-letter Initial for DAT to DPU.
6) Incoterms® 2020 DPU. 1. Delivery and Risk.

5) FCA, D그룹에서 매도인/매수인은 자신의 운송수단으로 운송 가능

FCA의 경우 매수인은 지정 인도 장소에서 물품을 수취하기 위하여 또는 그 인도 장소에서 자신의 영업 구내까지 운송하기 위하여 자신의 운송수단(예 : 차량)을 사용할 수 있다.

DAP/DPU/DDP의 경우 매도인은 지정목적지까지 운송을 제3자에게 아웃소싱하지 않고 자신의 운송수단을 사용하여 운송할 수 있게 하였다.

Incoterms® 2010	Incoterms® 2020
FCA : 매도인 제3자 운송계약 D규칙 : 매도인 제3자 운송계약	FCA : 매수인 스스로 운송 가능 D규칙 : 매도인 스스로 운송 가능[7)]
FCA 매수인은 자신의 비용으로 수입국까지 물품을 반입하기 위하여 운송계약을 체결하여야 한다. (FCA 2010® B3) D규칙 매수인은 자신의 비용으로 지정인도 장소로부터 운송하는 계약을 체결하여야 한다. (D규칙 2010® A3)	FCA 매수인은 자신의 비용으로 물품을 지정 장소로부터 운송하는 계약을 체결하거나 **그러한 운송을 마련하여야 한다.** (FCA 2010® B4) D규칙 매도인은 자신의 비용으로 물품을 지정목적지까지 또는 그 지정목적지에 합의된 지점이 있는 때에는 그 지점까지 운송하는 계약을 체결하거나 **그러한 운송을 마련하여야 한다.** (DAP/DPU/DDP규칙 2020® A4)

6) 운송/비용조항에 보안 관련 의무 삽입

인코텀즈 2010 시행 후 테러 등에 대비한 보안문제에 따른 새로운 선적관행이 이제 상당히 정립되었다.

이러한 보안통관은 운송 및 통관과 직결되기 때문에 각 인코텀즈 규칙의 A4(운송)와 A7(수출 통관)에 보안 관련 의무를 명시하고 있고 보안 관련 비용도 A9/B9(비용분담)에서 한꺼번에 규정하도록 하였다.

7) 사용자를 위한 설명문(Explanatory Notes for User)

INCOTERMS® 2010 "사용지침"(GUIDANCE NOTE)을 INCOTERMS® 2020에서

---

7) Incoterms® 2020 DAP/DPU/DDP A4.

는 "사용자를 위한 설명문"(EXPLANATORY NOTES FOR USERS)으로 개정하였다.

이 설명문에서는 개별 인코텀즈 규칙의 기본적 사항을 설명하고 있으며 사용자들이 거래에 적합한 인코텀즈 규칙을 정확하게 효율적으로 찾을 수 있도록 하였다.

이는 개별 인코텀즈 규칙의 해석이 필요할 때 지침을 제공해 주고 있다.

8) 소개문(Introduction) 내용 보강

Charles Debattista가 작성하였는데 그는

: 인코텀즈 2020 초안그룹의 특별고문이며

: 영국 University of Southampton 상법 교수를 역임하였고

: 현재 국제거래, 해상법 전문가(변호사, 중재인)로 활동하고 있다.

> INCOTERMS® 2010에서의 INTRODUCTION과 비교할 때 구성이 달라짐.
> (소개문) INTRODUCTION은 INCOTERMS® 2020 규칙 자체의 일부를 구성하지 않았으나 이번 개정 소개문에서는 INCOTERMS® 2020 규칙의 기초적 사항들을 비교적 상세하게 설명하고 있다.

4. Incoterms® 2020 주요 개정사항

1) FCA 운송인인도 : 선적선하증권발급 가능

(1) FCA(지정인도장소 기입) Incoterms® 2020

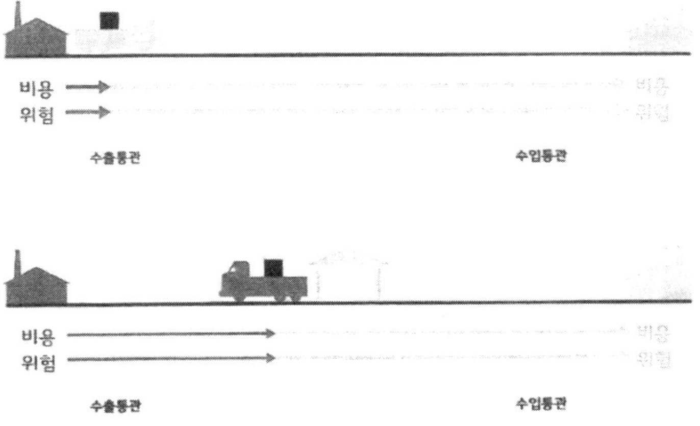

(2) 사용자를 위한 설명문[8)]

① 인도와 위험 이전 – “운송인인도(지정장소)”는 매도인이 물품을 매수인에게 다음과 같은 두 가지 방법 중 어느 하나로 인도하는 것을 의미한다.

▶ 첫째, 지정장소가 매도인의 영업 구내인 경우, 물품은 다음과 같이 된 때 인도된다.

▶ 물품이 매수인이 마련한 운송수단에 적재된 때

▶ 둘째, 지정장소가 그 밖의 장소인 경우, 물품은 다음과 같이 된 때 인도된다.

▶ 매도인의 운송수단에 적재되어서

▶ 지정장소에 도착하고

▶ 매도인의 운송수단에 실린 채 양하 준비된 상태로

▶ 매수인이 지정한 운송인이나 제3자의 처분 하에 놓인 때

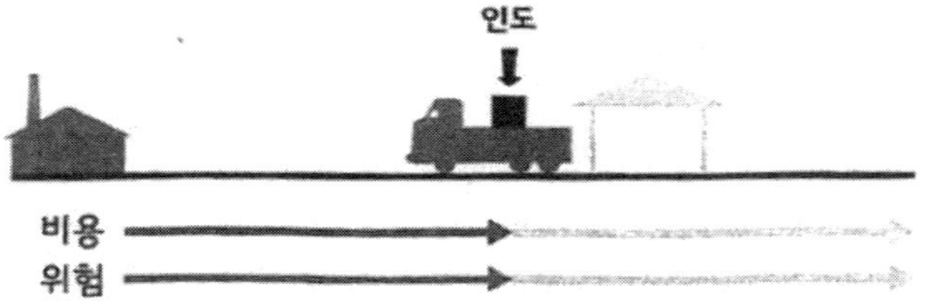

그러한 두 장소 중에서 인도장소로 선택되는 장소는 위험이 매수인에게 이전하는 곳이자 또한 매수인이 비용을 부담하기 시작하는 시점이 된다.

② 운송방식 - 본 규칙은 어떠한 운송방식이 선택되는지를 불문하고 사용할 수 있고 둘 이상의 운송방식이 이용되는 경우에도 사용할 수 있다.

③ 인도장소 또는 인도지점 - FCA 매매는 지정장소 내에 정확한 인도지점을 명시하지 않고서 매도인의 영업 구내나 그 밖의 장소 중에서 어느 하나를 단지 인

---

8) Incoterms® 2020, FCA, B6 Explanatory Notes For Users.

도장소로 지정하여 체결될 수 있다. 그러나 당사자들은 지정인도장소 내에 정확한 지점도 가급적 명확하게 명시하는 것이 좋다. 그러한 정확한 지정인도지점은 양당사자에게 언제 물품이 인도되는지와 언제 위험이 매수인에게 이전하는지 명확하게 하며, 또한 그러한 정확한 지점은 매수인의 비용부담의 기준점을 확정한다. 그러나 정확한 지점이 지정되지 않는 경우에는 매수인에게 문제가 생길 수 있다. 이러한 경우에 매도인은 "그의 목적에 가장 적합한" 지점을 선택할 권리를 갖는다. 즉 이러한 지점이 곧 인도지점이 되고 그곳에서부터 위험과 비용이 매수인에게 이전한다. 계약에서 이를 지정하지 않아서 정확한 인도지점이 정해지지 않은 경우에, 당사자들은 매도인이 "자신의 목적에 가장 적합한" 지점을 선택하도록 한 것으로 된다. 이는 매수인으로서는 매도인이 물품의 멸실 또는 훼손이 발생한 지점이 아닌 그 직전의 지점을 선택할 수도 있는 위험이 있음을 의미한다. 따라서 매수인으로서는 인도가 이루어질 장소 내에 정확한 지점을 선택하는 것이 가장 좋다.

④ '또는 그렇게 인도된 물품을 조달한다.'
여기에 "조달한다."(procure)고 규정한 것은 꼭 이 분야에서 그런 것만은 아니지만 특히 일차산품거래(commodity trade)에서 일반적으로 수차에 걸쳐 연속적으로 이루어지는 매매('연속매매', 'string sales')에 대응하기 위함이다.

⑤ 수출/수입통관
FCA에서는 해당되는 경우에 매도인이 물품의 수출통관을 하여야 한다. 그러나 매도인은 물품의 수입을 위한 또는 제3국통과를 위한 통관을 하거나 수입관세를 납부하거나 수입통관정차를 수행할 의무가 없다.

⑥ FCA 매매에서 본선적재표기가 있는 선하증권 제시
이미 언급하였듯이 FCA는 사용되는 운송방식이 어떠한지를 불문하고 사용할 수 있다. 이제는 매수인의 도로운송인이 라스베이거스에서 물품을 수거(pick up)한다고 할 때, 라스베이거스에서 운송인으로부터 본선적재표기가 있는 선하증권을 발급받기를 기대하는 것이 오히려 일반적이지 않다. 라스베이거스는 항구가 아니어서 선박이 물품적재를 위하여 그 곳으로 갈 수 없기 때문이다. 그럼에도 FCA Las Vegas 조건으로 매매하는 매도인은 때로는 (전형적으로 은행의 추심조건이나 신용장조건 때문에) 무엇보다도 물품이 라스베이거스에

서 운손을 위하여 수령된 것으로 기재될 뿐만 아니라 그것이 로스앤젤레스에서 선적되었다고 기재된 본선적재표기가 있는 선하증권이 필요한 상황에 처하게 된다. 본선적재표기가 있는 선하증권을 필요로 하는 FCA 매도인의 이러한 가능성에 대응하기 위하여 Incoterms® 2020 FCA에서는 처음으로 다음과 같은 선택적 기제를 규정한다. 당사자들이 계약에서 합의한 경우에 매수인은 그의 운송인에게 본선적재표기가 있는 선하증권을 매도인에게 발행하도록 지시하여야 한다. 물론 운송인으로서는 물품이 로스앤젤레스에서 본선 적재된 때에만 그러한 선하증권을 발행할 의무가 있고 또 그렇게 할 권리가 있기 때문에 매수인의 요청에 응할 수도 응하지 않을 수도 있다. 그러나 운송인이 매수인의 비용과 위험으로 매도인에게 선하증권을 발행하는 경우에는 매도인은 바로 그 선하증권을 매수인에게 제공하여야 하고 매수인은 운송인으로부터 물품을 수령하기 위하여 그 선하증권이 필요하다. 물론 당사자들의 합의에 의하여 매도인이 매수인에게 물품의 본선 적재 사실이 아니라 단지 물품이 선적을 위하여 수령되었다는 사실을 기재한 선하증권을 제시하는 경우에는 이러한 선택적 기제는 불필요하다. 또한 강조되어야 할 것으로 이러한 선택적 기제가 적용되는 경우에도 매도인은 매수인에 대하여 운송계약조건에 관한 어떠한 의무도 없다. 그리고 이러한 선택적 기제가 적용되는 경우에 내륙의 인도 일자와 본선적재일자는 부득이 다를 수 있을 것이고, 이로 인하여 매도인에게 신용장상 어려움이 발생할 수 있다.

⑦ 관련 규정[9)]

A THE SELLER'S OBLIGATIONS 매도인의 의무
A6 Delivery/transport document The seller must provide the buyer at the seller's cost with the usual proof that the goods have been delivered in accordance with A2. The seller must provide assistance to the buyer, at the buyer's request, risk and cost, in obtaining a transport document. Where the buyer has instructed the carrier to issue to the seller a transport document under B6, the seller must provide any such document to the buyer.

9) Incoterms® 2020, FCA, B6 Delivery/Transport document.

> 인도/운송서류
> 매도인은 자신의 비용으로 매수인에게 물품이 A2에 따라 인도되었다는 통상적인 증거를 제공하여야 한다.
> 매도인은 매수인의 요청에 따라 매수인의 위험과 비용으로 매수인이 운송 서류를 취득하는 데 협력을 제공하여야 한다.
> 매수인이 B6에 따라 매도인에게 운송서류를 발행하도록 운송인에게 지시한 경우에 매도인은 그러한 서류를 매수인에게 제공하여야 한다.

2) CIP 운송비·보험료지급인도 : 협회약관 A조건으로 부보의무

(1) CIP (지정목적지 기입) Incoterms® 2020

(2) 사용자를 위한 설명문[10]

① 인도와 위험 – "운송비·보험료지급인도"는 매도인이 다음과 같이 매수인에게 물품을 인도하고 그리고 위험을 이전하는 것을 의미한다.

- ▶ 매도인과 계약을 체결한 운송인에게
- ▶ 물품을 교부함으로서
- ▶ 또는 그렇게 인도된 물품을 조달함으로서
- ▶ 매도인은 사용되는 운송수단에 적합한 방법으로 그에 적합한 장소에서 운송인에게 물품의 물리적 점유를 이전함으로써 물품을 인도할 수 있다.

10) Incoterms® 2020, CIP, Explanatory Notes For Users.

물품이 이러한 방법으로 매수인에게 인도되면, 매도인은 그 물품이 목적지에 양호한 상태로 그리고 명시된 수량 또는 그 전량이 도착할 것을 보장하지 않는다. 왜냐하면 물품이 운송인에게 교부됨으로써 매수인에게 인도된 때 위험은 매도인으로부터 매수인에게 이전하기 때문이다. 그러나 매도인은 물품을 인도지로부터 합의된 목적지까지 운송하는 계약을 체결하여야 한다. 따라서 예컨대 (항구인) 사우샘프턴이나 (항구가 아닌) 윈체스터까지 운송하기 위하여 (항구가 아닌) 라스베이거스에서 운송인에게 물품이 교부된다. 이러한 각각의 경우에 위험을 매수인에게 이전시키는 인도는 라스베이거스에서 일어나고 매도인은 사우샘프턴이나 윈체스터로 향하는 운송계약을 체결하여야 한다는 의미이다.

② 운송방식 - 본 규칙은 어떠한 운송방식이 선택되는지를 불문하고 사용할 수 있고 둘 이상의 운송방식이 이용되는 경우에도 사용할 수 있다.

③ 인도장소(또는 인도지점)와 목적지 - CIP에서는 두 곳이 중요하다. 물품이 (위험이전을 위하여) 인도되는 장소 또는 지점이 그 하나이고, 물품의 목적지로서 합의된 장소 또는 지점이 다른 하나이다(매도인은 이 지점까지 운송계약을 체결하기로 약속하기 때문이다. 즉 물품의 인도지와 도착지가 모두 중요하다.

④ 보험 - 매도인은 또한 인도 지점부터 적어도 목적 지점까지 매수인의 물품의 멸실 또는 훼손 위험에 대하여 보험계약을 체결하여야 한다. 이는 목적지 국가가 자국의 보험자에게 부보 하도록 요구하는 경우에는 어려움을 야기할 수 있다. 이러한 경우에 당사자들은 CPT로 매매하는 것을 고려하여야 한다. 또한 매수인은 Incoterms® 2020 CIP 하에서 매도인은 협회적하약관의 C-약관에 의한 제한적인 담보조건이 아니라 협회적하약관의 A-약관이나 그와 유사한 약관에 따른 광범위한 담보조건으로 부보 하여야 한다는 것을 유의하여야 한다. 그러나 당사자들은 여전히 더 낮은 수준의 담보조건으로 부보하기로 합의할 수 있다.

⑤ 정확한 인도장소 또는 인도지점 지정 - 당사자들은 매매계약에서 가급적 정확하게 두 장소(인도장소 및 목적지) 또는 그러한 두 장소 내의 실제 지점들을 지정하는 것이 좋다. 인도장소나 인도지점(있는 경우)을 가급적 정확하게 지정하는 것은 복수의 운송인이 참여하여 인도지부터 목적지까지 사이에 각자 상이한 운송구간을 담당하는 일반적인 상황에 대응하기 위하여 중요하다. 이러한 상황

에서 당사자들이 특정한 인도장소나 인도지점을 합의하지 않는 경우에 본 규칙이 규정하는 보충적 입장은, 위험은 물품이 매도인이 전적으로 선택하고 그에 대하여 매수인이 전혀 통제할 수 없는 지점에서 제1운송인에게 인도된 때 이전한다는 것이다. 그 후의 어느 단계에서 (예컨대 바다나 강의 항구에서 또는 공항에서) 또는 그 전의 어느 단계에서 (예컨대 바다나 강의 항구로부터 멀리 있는 내륙의 어느 지점에서) 위험이 이전되길 원한다면, 당사자들은 이를 매매계약에 명시하고 물품이 실제로 멸실 또는 훼손되는 경우에 그렇게 하는 것의 결과가 어떻게 되는지를 신중하게 생각할 필요가 있다.

⑥ 가급적 정확한 목적지 지정 - 당사자들은 매매계약에서 합의된 목적지 내의 지점을 가급적 정확하게 지정하는 것이 좋다. 그 지점까지 매도인은 운손계약과 보험계약을 체결하여야 하고 그 지점까지 발생하는 운송비용과 보험비용을 매도인이 부담하기 때문이다.

⑦ '또는 그렇게 인도된 물품을 조달함' - 여기에 "조달한다."(procure)고 규정한 것은 특히 일차산품거래(commodity trades)에서 일반적인 수차에 걸쳐 연속적으로 이루어지는 매매('연속매매', 'string sales')에 대응하기 위함이다.

⑧ 목적지의 양하비용 - 매도인이 자신의 운송계약상 지정목적지에서 양하에 관하여 비용이 발생한 경우에 매도인은 당사자 간에 달리 합의되지 않은 한 그러한 비용을 매수인으로부터 별도로 상환 받을 권리가 없다.

⑨ 수출/수입통관 - CIP에서는 해당되는 경우에 매도인이 물품의 수출통관을 하여야 한다. 그러나 매도인은 물품의 수입을 위한 또는 제3국통과를 위한 통관을 하거나 수입관세를 납부하거나 수입통관절차를 수행할 의무가 없다.

⑩ 관련 규정[11)]

A	THE SELLER'S OBLIGATIONS 매도인의 의무
A5	Insurance Unless otherwise agreed or customary in the particular trade, the seller must obtain at its own cost cargo insurance complying with the cover provided by Clauses (A) of the Institute Cargo Clauses (LMA/IUA) or any similar clauses as appropriate to the means of transport used. The insurance shall be contracted with underwriters or an insurance company of good repute and entitle the buyer, or any other person having an insurable interest in the goods, to claim directly

from the insurer.
When required by the buyer, the seller must, subject to the buyer providing any necessary information requested by the seller, provide at the buyer's cost any additional cover, if procurable, such as cover complying with the Institute War Clauses and/or Institute Strikes Clauses (LMA/IUA) or any similar clauses (unless such cover is already included with the cargo insurance described in the preceding paragraph).
The insurance shall cover, at a minimum, the price provided in the contract plus 10% (i.e. 110%) and shall be in the currency of the contract.
The insurance shall cover the goods from the point of delivery set out in A2 to at least the named place of destination.
The seller must provide the buyer with the insurance policy or certificate or any other evidence of insurance cover.
Moreover, the seller must provide the buyer, at the buyer's request, risk and cost, with information that the buyer needs to procure any additional insurance.

보험
특정한 거래에서 다른 합의나 관행이 없는 경우에 매도인은 자신의 비용으로, 사용되는 당해 운송수단에 적절한 (로이즈시장협회/국제보험업협회의) 협회적하약관이나 그와 유사한 약관의 A-약관에서 제공하는 담보조건에 따른 적하보험을 취득하여야 한다. 보험계약은 평판이 양호한 보험인수업자나 보험회사와 체결하여야 하고, 보험은 매수인이나 물품에 피보험이익을 가지는 제3자가 보험자에 대하여 직접 청구할 수 있도록 하는 것이어야 한다.
매수인의 요청이 있는 경우에도 매도인은 그가 요청된 필요한 정보를 매수인이 제공하는 것을 조건으로 매수인의 비용으로, 가능하다면 (로이즈시장협회/국제보험업협회의) 협회전쟁약관 및/또는 협회동맹파업약관 그밖에 그와 유사한 약관에 의한 담보조건과 같은 추가보험을 제공하여야 한다(다만 바로 위의 단락에 규정된 적하보험에서 그러한 보험이 이미 포함되어 있는 때에는 그러하지 아니하다).
보험금액은 최소한 매매계약에 규정된 대금에 10%를 더한 금액(즉 매매대금의 110%)이어야 하고, 보험의 통화는 매매계약의 통화와 같아야 한다.
보험은 물품에 관하여 A2에 규정된 인도 지점부터 적어도 지정목적지까지 부보되어야 한다. 매도인은 매수인에게 보험증권이나 보험증명서 그 밖의 부보의 증거를 제공하여야 한다.
또한 매도인은 매수인에게, 매수인의 요청에 따라 매수인의 위험과 비용으로 매수인이 추가보험을 조달하는 데 필요한 정보를 제공하여야 한다.

3) DPU 도착지 양하인도 신설

(1) DPU (지정목적지 기입) Incoterms® 2020

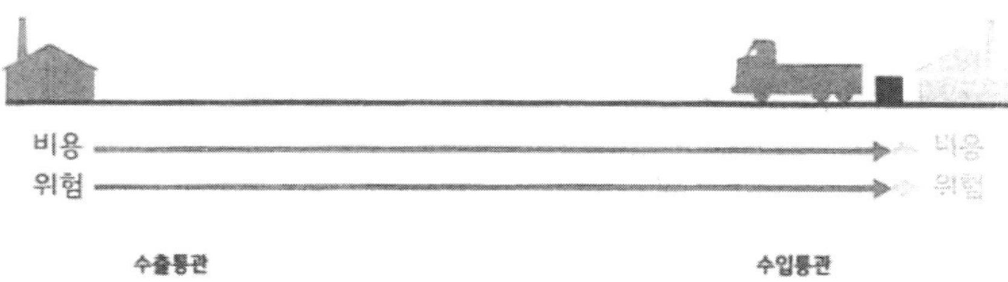

(2) 사용자를 위한 설명문[12)]

① 인도와 위험 – "도착지양하인도"는 다음과 같이 된 때 매도인이 매수인에게 물품을 인도하는 것을 - 그리고 위험을 이전하는 것을 - 의미한다.

- ▶ 물품이
- ▶ 지정목적지에서 또는
- ▶ 지정목적지 내에 어떠한 지점이 합의된 경우에는 그 지점에서
- ▶ 도착운송수단으로부터 양하된 상태로
- ▶ 매수인의 처분 하에 놓인 때

② 매도인은 물품을 지정목적지까지 가져가서 그곳에서 물품을 양하하는 데 수반되는 모든 위험을 부담한다. 따라서 본 인코텀즈 규칙에서 인도와 목적지의 도착은 같은 것이다. DPU는 매도인이 목적지에서 물품을 양하하도록 하는 유일한 인코텀즈 규칙이다. 따라서 매도인은 자신이 그러한 지정장소에서 양하를 할 수 있는 입장에 있는지를 확실히 하여야 한다. 당사자들은 매도인이 양하의

11) Incoterms® 2020, CIP, A5, Insurance.
12) Incoterms® 2020, DPU, Explanatory Notes For Users.

위험과 비용을 부담하기를 원하지 않는 경우에는 DPU를 피하고 그 대신 DAP를 사용하여야 한다.

③ 운송방식 - 본 규칙은 어떠한 운송방식이 선택되는지를 불문하고 사용할 수 있고 둘 이상의 운송방식이 이용되는 경우에도 사용할 수 있다.

④ 정확한 인도장소/목적지 또는 인도/목적지점 지정 - 당사자들은 몇 가지 이유로 가급적 명확하게 목적지나 목적지점을 명시하는 것이 좋다. 첫째, 물품의 멸실 또는 훼손의 위험은 그러한 인도/목적지점에서 매수인에게 이전한다 - 따라서 매도인과 매수인은 그러한 결정적인 이전이 일어나는 지점에 대하여 명확하게 해두는 것이 가장 좋다. 둘째, 그러한 인도장소/목적지 또는 인도/목적지점 전의 비용은 매도인이 부담하고 그 후의 비용은 매수인이 부담한다. 셋째, 매도인은 물품을 합의된 인도장소/목적지 또는 인도/목적지점까지 운송하는 계약을 체결하거나 그러한 운송을 마련하여야 한다. 그렇게 하지 않는 경우에 매도인은 본 규칙상 그의 의무를 위반한 것이 되고 매수인에 대하여 그에 따른 손해배상책임을 지게 된다. 따라서 예컨대 매도인은 추가적인 후속운송(on-carriage)을 위하여 운송인이 매수인에게 부과하는 추가비용에 대하여 책임을 지게 된다.

⑤ '또는 그렇게 인도된 물품을 조달함' - 여기에 "조달한다"(procure)고 규정한 것은 특히 일차산품거래(commodity trades)에서 일반적인 수차에 걸쳐 연속적으로 이루어지는 매매('연속매매', 'string sales')에 대응하기 위함이다.

⑥ 수출/수입통관 - DPU에서는 해당되는 경우에 매도인이 물품의 수출통관을 하여야 한다. 그러나 매도인은 물품의 수입을 위한 또는 인도 후 제3국통과를 위한 통관을 하거나 수입관세를 납부하거나 수입통관절차를 수행할 의무가 없다. 따라서 매수인이 수입통관을 못하는 경우에 물품은 목적지 국가의 항구나 내륙터미널에 묶이게 될 것이다. 그렇다면 물품이 목적지 국가의 입국항구(port of entry)나 내륙터미널에 묶여있는 동안에 발생하는 어떤 멸실의 위험은 매수인이 부담한다. 즉 아직 인도가 일어나지 않았고, B3(a)는 내륙의 지정지점으로의 통과가 재개될 때까지 물품의 멸실 또는 훼손의 위험을 매수인이 부담하도록 하기 때문이다. 그러나 물품의 수입신고를 하고 수입관세나 세금을 납부하고 수입통관절차를 수행하는 것을 매도인이 하도록 하는 경우에는 당사자들은

DDP 조건를 사용하는 것을 고려할 수 있다.

⑥ 관련 규정[13)]

A	THE SELLER'S OBLIGATIONS 매도인의 의무
A1	General obligations The seller must provide the goods and the commercial invoice in conformity with the contract of sale and any other evidence of conformity that may be required by the contract. Any document to be provided by the seller may be in paper or electronic form as agreed or, where there is no agreement, as is customary. 일반의무 매도인은 매매계약에 일치하는 물품 및 상업송장과 그밖에 계약에서 요구될 수 있는 일치성에 관한 증거를 제공하여야 한다. 매도인이 제공하여야 하는 서류는 합의에 따라, 합의가 없는 경우에도 관행에 따라 종이서류 또는 전자적 방식으로 제공될 수 있다.
A2	Delivery The seller must unload the goods from the arriving means of transport and must then deliver them by placing them at the disposal of the buyer at the agreed point, if any, at the named place of destination or by procuring the goods so delivered. In either case the seller must deliver the goods on the agreed date or within the agreed period. 인도 매도인은 물품을 도착운송수단으로부터 양하하여야 하고 또한 물품을 지정 목적지에서, 그 지정목적지에 합의된 지점이 있는 때에는 그 지점에서 매수인의 처분 하에 두거나 그렇게 인도된 물품을 조달함으로써 인도하여야 한다. 각각의 경우에 매도인은 합의된 기일에 또는 합의된 기간 내에 물품을 인도하여야 한다.

13) Incoterms® 2020, DPU, A1, General Obligation A2 Delivery.

5. Incoterms® 2020의 구체적 내용

1) 모든 운송수단에 이용되는 규칙

(1) EXW 조건 매도인공장인도조건

매도인 공장에서 물품인도, 위험이전 및 소유권 이전이 된다.

기타 장소, 작업장, 공장 창고 등도 포함한다. 매수인의 차량에 적재하지 않은 상태에서 인도하며 차량 적재의무 추가 시에 계약서에 명시해야 한다. 기타 운송계약과 보험계약 그리고 수출통관절차 및 비용은 매수인이 부담한다.

총비용 : 제조원가 + 포장 및 점검검사비

(2) FCA 조건 : 운송인 인도조건

최초의 운송인에게 물품인도 시에 물품인도, 위험이전, 소유권이전이 일어난다. 운송계약은 매수인이 체결하고 인도 장소가 매도인 영업장 구내일 경우 매수인 차량에 적재할 의무를 부담하나 기타 장소일 경우 매도인이 운송수단에 적재하고 지정장소에 도착한 후 운송인에게 양하하여 인도할 책임이 없다.

F.C.L(Full Container Load) 즉 컨테이너 만제화물(차급화물)의 경우에는 만제된 컨테이너가 운송인에게 인도될 때 물품의 인도가 이루어지고, L.C.L(Less than full Container Load) 즉 컨테이너 미달화물(소급화물)의 경우에는 물품 자체를 운송인에게 인도할 때 물품의 인도가 이루어진다.

운송화물의 인도와 더불어 매수인의 요청이 있을 경우에는 매도인은 운송인 또는 그 대리인이 발행한 운송서류를 취득하여 매수인에게 제공하여야 하며 또는 운송주선인이 발행하는 수취선하증권인 FCR(Forwarderis Cargo Receipt), FCT (Forwarding Agents Certificate of Transport)을 제시한다. 그러나 매수인이 B6에 따라서 물품이 적재되었음을 기재한 운송서류(본선적재표시 선화증권)를 자신의 비용으로 발행하도록 운송인에게 지시한 경우에는 그러한 서류를 매수인에게 제공하여야 한다.[14] 이 규정이 이번 Incoterms® 2020에서 개정된 규정으로 FCA 조건의 경우에도 본선적재운송서류의 제공을 매수인이 요구할 수 있도록 하였다. 매수인은 매도인의 수출통관에 필요한 보안요건, 선적 전 검사, 통관서류 작성에 협력하여야 하고 통과국 및

14) Incoterms® 2020, FCA, A6.

수입국의 통관절차를 이행하여야 한다. 그리고 매수인은 물품을 수령할 운송인 또는 제3자의 이름 및 수령시기, 지정인도장소 내에서 물품을 수령할 지점을 충분한 시간 전에 매도인에게 통지하여야 한다.

총비용 : 제조원가 + 포장 점검검사비 + 최초 운송인에게까지 운송비 + 통상적 운송서류 작성비 + 수출 허가비 + 수출통관비

(3) CPT 조건: 운임지급조건

물품 인도장소는 최초의 운송인에게 인도하는 장소이다.

도착지까지 운송계약 체결 및 운임지급은 매도인이 하고 보험료는 매수인이 지급한다. 매수인도 매도인에게 보험계약을 체결할 의무는 없으나 자신을 위하여 보험계약을 체결하고 보험료도 부담한다.

복합운송에 필요한 조건으로서 운송계약자는 매도인이고, 보험계약자는 매수인이 된다. 운송계약에 포함된 경우 제3국으로의 통과비용도 매도인이 부담하도록 한다. 그러나 수입통관에 따른 절차 비용을 매수인이 부담한다.

총비용 : 제조원가 + 포장비, 검사비 + 내륙 운송비 + 운송서류 수출허가비, 수출통관비 + 도착지까지 운송비

(4) CIP 조건: 운임, 보험료포함 인도조건

인도장소는 수출지의 최초의 운송인에게 인도된 때이다.

운송계약과 보험계약은 매도인이 체결하고 도착 시까지의 운임과 보험료도 매도인이 부담한다. 그런데 매도인이 보험계약을 체결할 때 Incoterms® 2020 하에서 매도인은 협회적하약관 C약관(ICC, C)에 의한 제한적 담보조건이 아니라 협회적하약관 A약관(ICC, A)에 의하여 부보하여야 한다고 개정되었다. 다만 당사자들이 합의한 경우에는 더 낮은 수준으로 부보할 수 있다.

매도인은 물품에 대한 선적서류를 매수인에게 제공해야 하며 위험부담 시점은 수출지의 최초의 운송인에게 인도된 때이다.

수출 통관비용은 매도인이 부담하고 수입통관비용은 매수인이 부담한다.

총비용 : 제조원가 + 포장비, 검사비 + 내륙 운송비 + 운송서류 작성비, 수출통관비 + 도착지까지 운송비, 보험료

(5) DAP 조건 : 도착지 인도조건

도착지인도조건은 지정된 도착장소에서 하역이 준비된 운송수단 상에서 매수인이 처분 가능한 상태로 물품을 적치한 때에 매도인의 인도의무가 완료되는 조건이다. 따라서 이 조건은 매도인이 도착지의 운송수단에서 물품을 하역하지 아니하고 수입통관되지 아니한 상태에서 매수인에게 화물을 인도하는 조건이다.

매도인은 지정된 장소까지 물품을 운반하는데 관련된 모든 위험을 부담한다.

당사자들은 목적지 합의된 장소 내에서 인도지점을 가능한 한 분명히 특정하여야 하고 매도인은 이 선택된 조건에 정확히 부합될 수 있는 운송계약을 체결하여야 한다.

만약에 매도인이 그 운송계약 하에서 목적지에서 하역에 관련된 비용을 부담해야 한다면 매도인은 당사자 간에 달리 합의된 바가 없으면 매수인으로부터 그러한 비용을 환급받을 수 없다. DAP 조건은 적용 가능한 경우에 매도인에게 물품의 수출 통관을 요구하고 있지만 매도인이 물품을 수입통관하거나 수입관세를 지불하거나 어떤 수입에 관련된 통관절차를 이행할 의무는 없다. 만약에 당사자들이 매도인이 물품을 수입통관하고 수입관세를 지불하고 그리고 수입통관절차를 이행하기를 희망한다면, DDP 조건을 사용해야 한다.

총비용 : 제조원가 + 포장비, 검사비 + 내륙 운송비 + 운송서류 작성비, 수출통관비 + 도착지까지 운송비, 보험료

(6) DPU 조건 : 최종목적지 인도조건

도착지터미널 인도조건은 물품이 도착지의 운송수단에서 하역한 후 도착지의 지정된 지점에서 수입자의 처분 가능한 상태에 둘 때에 인도가 완료되는 조건이다. 여기서 지정지점은 도착지의 부두(Quay), 컨테이너 하치장(Container Yard) 또는 도로, 철도 또는 항공화물터미널을 포함하는 의미이다. 따라서 이 조건은 도착지에서 하역비용 및 지정목적지 특정 지점까지 운반비용을 포함하고 있지만 수입통관 및 수입관세는 매수인이 지급한다. 그러나 수출통관, 수출관세는 매도인이 부담해야 한다. 이 조건(DPU)은 과거 DAT 조건과 달리 하역 후 특정터미널에 입고되는 조건이 아니고 하역 후 목적지의 지정장소까지 운반하는 조건이며 수입통관 전 내륙운송에 의하여 내륙 CY까지 운반하고 거기서 양하비용은 매수인이 부담한다.

총비용 : 제조원가 + 포장비, 검사비 + 내륙 운송 선적비 + 운송서류 작성비, 수출통관비 + 도착지까지 운송비, 보험료 + 하역비, 지정장소 운반비

(7) DDP 조건 : 관세지급 인도조건

"관세지급인도"란 물품이 지정된 목적지에서 양하할 준비가 된 도착된 운송수단 위에서 수입통관을 한 후 매수인의 처분 상태에 적치된 때 매도인이 물품을 인도하는 것을 의미한다. 매도인은 목적지까지 물품을 인도하는데 포함된 모든 비용과 위험을 부담한다. 그리고 매도인은 수출뿐만 아니라 수입을 위해서도 물품을 통관하고 수출과 수입 모두를 위한 모든 관세를 지급하고 그리고 모든 통관 절차를 이행할 의무가 있다. DDP 조건은 매도인에게 최대한의 의무를 부여하고 있다.

당사자들은 목적지의 합의된 지점까지 모든 비용과 위험이 매도인 부담이기 때문에 합의된 목적지 내에서의 그 지점을 가능한 한 정확하게 특정하도록 통지 받는다. 매도인은 이러한 선택된 조건에 정확하게 합치하는 운송계약을 주선하도록 해야 한다. 만약에 매도인이 운송계약서에 목적지에서 하역에 관한 비용을 포함시킨다면 매도인은 달리 당사자 간에 합의가 없는 한 매수인으로부터 그러한 비용을 회수할 수 있는 권한이 없다.

당사자들은 만약 매도인이 직접적으로나 간접적으로 수입통관을 이행할 수 없다면 DDP 조건을 사용하지 않도록 조언을 받아야 한다.

만약 당사자들이 매수인이 수입통관에 대한 모든 위험과 비용을 부담하기를 원한다면 DAP 조건이 사용되어야 한다. 계약서에 달리 표시되어 있지 않다면 수입시에 지불될 수 있는 부가가치세나 다른 조세 등은 매도인이 부담한다.

총비용 : 제조원가 + 포장비, 검사비 + 내륙 운송 선적비 + 운송서류 작성비, 수출통관비 + 도착지까지 운송비, 보험료 + 수입통관비 + 지정장소 운반비

2) 해상과 내지수로운송에 이용되는 규칙

(1) FAS 조건 : 선측 인도조건

물품을 적출지의 본선의 선측에 둘 때 위험이전과 소유권이 이전된다. 운송계약, 수출허가, 수출통관수속은 매수인이 부담한다. 본선 선박이 심해 중에 있을 때에는 예인선에 의하여 본선의 선측까지 운반하여 선적할 수 있는 상태로 두어야 한다. 위

험이전 소유권이전 모두 선측에서 이루어진다. 매도인이 수출통관절차 이행과 수출관세, 조세, 수출국가의 부담금을 지급해야 한다. 주로 원목, 원맥, 곡물 등 수출에 주로 이용된다. 그리고 이 조건은 해상운송이나 내지수로운송에만 사용이 가능한 규칙이다.

총비용 : 제조원가 + 포장비, 검사비 + 선측까지 운송비 + 운송서류 작성비, 수출통관비 + 선측에 하역비

(2) FOB 조건 : 본선 인도조건

물품인도, 소유권이전, 비용부담 및 위험부담의 분기점이 본선에 적재(on board vessel)된 때이다. 본선에 적재되기 전에 운송인에게 인도하고자 하는 경우에는 FCA조건을 이용하도록 권장하고 있다. 그리고 본 조건은 해상운송이나 내지수로운송에만 사용이 가능한 규칙이다.

매수인에 의하여 지명된 본선 상에 물품을 적재하고 매수인의 운송대리인인 선장으로부터 본선수령증을 발급받아 이를 매수인에게 제공함으로써 물품인도의무를 이행하게 된다.

Incoterms 상의 매도인은 지정된 선박에 물품의 적재, 인도를 증명하는 "통상적인 서류"를 매수인에게 제공하여야 한다. 통상적인 서류는 반드시 선하증권일 필요가 없다.

선하증권 대신에 해상화물운송장, 정기선화물운송장, 화물수령증 등 비유통서류도 사용 가능하다. 그러나 매수인의 위임이나 합의가 있을 경우에는 매도인은 매수인의 대리인으로서 매수인의 위험과 비용으로서 선하증권을 발행하여 제시할 수 있다.[15]

선적비용 중에 실재 선적비용(Shipping Charge)은 매도인 부담이며 적재비용(Loading Charge)은 매도인이 부담하고 적부비용(Stowing Charge)은 매수인이 부담한다. 적하보험의 경우 통상 매수인이 자신의 비용으로 보험계약을 체결하고 도착지까지 보험료를 지급해야 한다.

총비용 : 제조원가 + 포장비, 검사비 + 본선까지 운송비, 선적비용 + 운송서류 작성비, 수출통관비

---

15) Incoterms® 2020 FOB A4, B4.

[표 2-5] FOB 조건상 매도인, 매수인의 의무

〈Incoterms 상 매도인의 의무〉
수출허가 취득 본선에 인도할 의무, 수출통관, 통관에 따른 관세와 세금 또는 수수료 지급의무 본선수령증 제공의무 적재비용지급, 운송계약 체결의무
〈매수인의 의무〉
운송계약 체결, 운임지급, 선박지정, 보험료지급, 보험계약 체결 운송계약의 당사자는 매수인이 되고, 보험계약의 당사자도 매수인이 된다.

(3) CIF 조건 : 운임보험료 포함 조건

매도인은 운송계약, 선복지정 및 보험계약을 체결하고 목적지까지 운임, 보험료를 부담한다. 그리고 통상적인 선적서류를 발급받아 제공할 의무가 있다. 그리고 이 조건은 해상운송이나 내지수로운송에만 경우에만 사용할 수 있다.

① 위험부담의 분기점은 본선에 적재(on board vessel)된 때이다.

② 물품인도의무 – 물품을 본선에서 인도하여야 한다.

③ 운송서류제공의무 – 통상적인 운송서류는 본선적재 선하증권, 유통 가능 해상화물운송장, 비유통증권 등을 제공해야 한다.

④ 부보의무 – 협회약관상 최저부보조건(I.C.C. C조건)으로 부보하면 충분하고 송장상 CIF 가격의 110% 부보해야 한다. 최소담보조건 이상의 부보를 원할 경우에는 반드시 매도인과 명시적 합의를 하거나 별도의 보험계약을 체결해야 한다. 기타 추가 부보 조건은 매수인 부담이다.
매도인은 매수인의 대리인으로서가 아니라 본인으로서 운송 및 보험계약을 체결해야 한다.

⑤ 비용 부담
본선에 적재된 후 도착지까지 매도인은 모든 운임을 지급하고 수출통관비용과 선적비용을 지급한다. 운송 계약에 포함된 경우에는 제3국으로의 통과비용도 매도인이 부담한다.

총비용 : 제조원가 + 포장비, 검사비 + 본선까지 운송비, 선적비용 + 운송서류 작성비,
수출통관비 + 도착지까지 운임, 보험료

참고

운송 중의 물품을 전매한 경우 소유권이전 시점이 원 매매계약에 의한 물품이 선적시점이냐, 아니면 매수인과 재구입자 간의 전매계약 체결 시점이냐가 문제이다. 다수 의견은 전매계약 체결 시점에서 물품이 이전한다고 보고 있다.

Incoterms나 CISG(비엔나협약 68조)상에는 전매계약 체결 시 또는 운송인에게 물품인도 시에 매도인에게 고의 또는 과실이 있을 경우에는 매수인은 면책된다고 규정하고 있다.

(4) CFR 조건 : 운임포함 인도조건

위험분기점은 물품이 본선에 적재된 시점이고 운송계약자는 매도인이고, 보험계약자는 매수인이다. 따라서 매도인은 운송계약을 체결하고 운송서류를 매수인에게 제공하여야 한다.

물품인도는 물품의 본선에 적재된 때이고 도착 시까지 운임과 선적 시까지 비용은 매도인이 지급한다.

보험료는 매수인이 지급하고, 보험계약은 매수인이 체결한다.

운송계약에 포함된 경우 제3국으로의 통과비용도 매도인 부담하며 용선계약부선하증권을 제공하는 경우 매도인은 용선계약서 사본을 제출할 의무는 없다.

총비용 : 제조원가 + 포장비, 검사비 + 본선까지 운송비, 선적비용 + 운송서류 작성비, 수출통관비 + 도착지까지 운임

[표 2-6] 각 조건별 비용부담

제조원가 포장, 검사	반출운송	수출허가	수출통관	운송비	보험료	입항허가	하역비	수입통관	반입우송
EXW									
FCA, FAS, FOB									
CFR, CPT									
CIF, CIP									
DAP									
DPU									
DDP									

[표 2-7] CIF 조건과 FOB 조건의 차이

	CIF (서류 인도조건)	FOB (현실적 인도조건)
물품의 인도 위험이전 시점	본선적재 시	본선적재 시
비용부담	도착항구까지	선적지의 본선적재 시까지
소유권이전	선적서류 제출시(대금지급 시)	본선인도 시(대금지급 시 소급)
신용장 보험서류조항	있 다	없 다
보험료지급	매도인	매수인
운임지급방법	Prepaid	Collect
운송계약당사자	매도인	매수인
표시방법	CIF NY(도착지)	FOB 부산(출발지)

참고

소유권 이전(영국식)

┌ 특정물 → 당사자의 소유권 이전 의사가 분명할 경우이다.
└ 불특정물 → 특정하고 당사자의 이전 의사가 분명할 경우이다.

당사자 의사 불분명할 경우

┌ 1. 매도인 지시식 선하증권 → 선적서류를 매수인에 제공 시(서류 제공 시) 소유권이 이전된다.
└ 2. 매도인 기명식 선하증권 → 선적 시에 소유권이 이전된다.

* 하역비 부담관계(선주중심)에 따른 구분

CIF FI(Free In) : 선적비 면제
선적비 : 화주부담, 양륙비 : 선주부담
CIF FO(Free Out) : 양륙비 면제
선적비 : 선주부담, 양륙비 : 화주부담
CIF FIO(Free In Out) : 선적비, 양륙비 : 화주부담
CIF Berth Terms : 선적비, 양륙비 : 선주부담

〈물품이 NY에서 부산으로 운송될 경우〉

FOB 표시방법 : FOB NY Port(선적항 표시) CIF 표시방법 : CIF Pusan Port(양륙항 표시)

제 4 장 국제물품매매계약 통일법

제1절 국제물품매매계약(UN협약)의 개요

1. 국제물품계약의 의의

국제거래는 물품, 기술을 포함한 서비스 및 자본을 대상으로 하는 상거래로서 국제거래의 중심은 물품을 중심으로 하는 거래이며 이는 ① 국제물품매매계약을 기초로 한다고 볼 수 있다. 기술을 포함한 서비스의 이전을 중심으로 하는 계약은 ② 국제기술이전계약이며 자본을 중심으로 하는 계약은 ③ 국제자본금융거래에 대한 계약이라고 할 수 있다.

이러한 국제간 거래에 있어서 물품, 기술, 자본의 이동을 중심으로 하는 계약 중에서 가장 빈번히 일어나는 것이 국제간 물품의 수급불균형에 의한 물품매매계약이라고 할 수 있다.

또한 이러한 국제물품매매계약이 국제무역거래의 중심이 된다고 하여도 과언이 아니다. 이러한 국제물품매매계약의 결과로서 나타나는 거래가 수출, 수입 중개무역 형태로 나타나는 것이다. 이와 같이 국제간 재화의 이동을 중심으로 하는 거래가 무역거래이며, 그 외 재화의 이동을 수반하지 않는 순수한 서비스나 자본의 이동을 중심으로 하는 거래가 무역외 거래라고 한다. 그러나 오늘날 서비스나 용역거래도 수출입거래에 포함시키고 있다.

2. 국제물품매매계약의 체결과정

국제물품매매계약은 수출자와 수입자간에 물품의 매매를 목적으로 하는 양 당사자의 의사의 합치에 의한 계약으로서 이러한 계약이 성립되기 전에 당사자 사이에 물품에 대한 조회, 가격, 대금지불방법, 물품 이전에 대한 상호 합의가 성립된 후에 이에 근거하여 최종적인 계약이 성립되는 것이다.

이러한 과정을 조사해 보면 우선 물건의 사겠다는 사람이나 물건을 판매하겠다는 당사자는 해당 물품에 대한 시장조사를 하여 본인이 원하는 물품이 존재하는지에 대한 사전 조사과정이 있다. 이를 시장조사라고 한다.

그 후 물품에 대한 문의(inquiry)나 견적서(quation of price and quantity)를 요구하여 해당 물품을 결정한다.

그 후 매입·매도의 교섭을 통하여 당사자가 매도·매입의 의사를 표시하게 되는 것이 이 오퍼이다. 이 오퍼에는 매입오퍼 또는 매도오퍼가 있다(buying offer or selling offer).

이러한 당사자의 오퍼에 근거하여 상대방이 그 내용을 수락(acceptance)하게 되면 매매계약이 체결되는 것이다. 이러한 매매계약(sales contract)은 상대방의 오퍼 내용에 대하여 수락하는 사인을 함으로써 성립될 수도 있으나 이러한 구체적 별도의 매매계약서(sales contract)를 작성하는 경우도 있다.

3. 물품매매계약의 내용

물품매매계약의 내용은 단순히 해당 물품의 대상뿐만 아니라 품질, 수량을 확정하고 가격을 확정해야 하며 이에 따른 물품 인도방법으로서 운송조건, 보험조건도 결정해야 하며 대금지급방법으로서 신용장방식에 의할 것인지 송금방식에 의할 것인지 D/A, D/P 방식에 의할 것인지 등등에 대하여도 결정하여야 한다.

또한 해당 물품에 대한 소유권이전방법, 물품의 하자에 대한 담보책임 등도 규정하여야 하며, 해당 물품에 하자가 있을 경우 손해배상방법과 계약해제방안도 규정하며 최종적으로 분쟁이 발생하였을 경우 분쟁해결방안까지 세세히 규정하여야 하는 것이다.

따라서 물품매매계약에 부수하여 발생하는 계약이 많으며 이러한 계약은 물품의 인도에 수반하여 일어나는 운송계약, 운송 도중에 물품의 멸실에 관련하여 일어나는 보험계약, 대금지급방법에 따르는 신용장발행계약 또는 D/A, D/P 계약, 송금계약 등이 있을 수 있다.

4. 국제물품매매계약의 특징

국제물품매매계약은 첫째, 물품을 대상으로 하는 거래이다. 물품이란 외국환거래법상 지급수단, 증권 및 채권을 화체한 서류외의 동산을 말한다고 규정하고 있다. 따라서 동산을 의미하며, 부동산거래는 제외하는 것이다.

그러면 동산이란 무엇이냐 하면 우리 민법상 제98조에 의하면 물건이라 함은 유체물 및 전기 기타 관리할 수 있는 자연력을 말한다.

제99조에 의하면 물건 중에서 토지 및 그 정착물은 부동산이며, 부동산 이외의 물건은 동산이라고 규정하여 두었다. 그러나 영국 물품매매법은 무체동산과 금전을 제외한 유체동산을 물품이라고 규정하고 있다.

U.C.C도 동일하게 물품은 매매계약에 충당될 당시에 이동 가능한 것으로서 금전, 투자증권, 무체동산은 제외한다고 규명하고 있다. 따라서 국제매매거래에 해당되는 물품은 물건 중에서 부동산, 무체동산, 금전, 투자증권을 제외한 이동 가능하고 점유 가능한 유체동산을 의미한다고 할 수 있다.

둘째는, 국제간 거래이다. 따라서 국내에서 매매되는 거래를 제외한다. 국제간 거래이므로 국가와 국가간 국경선을 넘어서 거래되는 격지간 거래를 의미한다. 따라서 국제간 무역거래는 국가간 국경선을 넘어서 거래되는 것이다.

셋째, 매매계약이다. 그러므로 증여나 유증 등의 단독행위가 아니며, 두 당사자간의 의사표시의 합치에 의하여 성립되는 계약인 것이다. 반드시 매도인, 매수인의 두 당사자가 존재하여야 하며, 일방적인 증여성 거래는 제외되는 것이다.

두 당사자는 동일 국가 내 존재하여서는 안 되며 서로 다른 국가내에서 존재하여 거래관계가 성립되어야 한다.

국제물품매매계약의 당사자는 물론 매도인과 매수인이다. 그러나 국제물품매매에서는 물품의 생산자가 직접 해외의 매수인에게 물건을 판매하는 경우는 드물고 대부분 대리인(agents)을 통하여 매매가 이루어진다. 수출입 과정은 어느 나라에서나 마찬가지로 매우 까다로운 절차와 전문적인 시장정보, 자금회전 기술, 운송·보험실무에 관한 약간의 지식 등을 요구하는 복잡한 것이기 때문에 단순히 물건을 국내에서 제조·판매하는 생산·제조업자로서는 해외에 물건판매가 서툴기 마련이다. 따라서 국제거래에서는 대리상 또는 대리인의 존재가 매우 중요한 역할을 하며, 경우에 따라서는 이들이 매매계약의 직접 당사자가 되기도 한다. 대규모회사에서는 자체적으로 수출입 전담부서를 설치, 운영하는 예가 많다.

5. 국제물품매매계약의 통일

1) 국제물품매매계약의 통일의 필요성

국제물품매매법은 국제거래법의 중심분야 이므로 이 분야에서 법규의 통일은 매우 중요하다. 국제물품매매는 각각 다른 나라에 위치하는 매도인과 매수인 사이의 매매계약을 기초로 하여 이루어지는 거래이다. 계약은 원칙적으로 당사자간의 합의를 기초로 하는 것이지만, 매매거래관계의 모든 사항을 완전히 합의하여 계약서에 문서화하기는 곤란하므로, 사전에 합의가 이루어지지 않았던 부분에 관하여는 당해 계약에 적용될 법률이 중요한 역할을 한다.

그러나 매매에 관한 각국의 법규가 서로 상당한 차이를 보이고 있고, 동일한 용어에 대한 해석에서도 많은 차이가 있을 수 있다. 따라서 매매계약의 당사자는 당해 계약에 적용될 법규의 내용을 알지 못하고서는 자신의 계약상의 권리·의무의 구체적인 내용을 파악할 수 없다. 그러므로 계약에 적용될 법률을 사전에 확정하는 것이 매우 중요하다.

세계적으로 물품매매계약을 지배하는 계약법이 주요한 법원(法源)에는 다음과 같은 것들이 있다.

① 영국물품매매법(SGA, 1898 ALC 1979)

② 미국 통일매매법(Uniform Sale Act : USA 1906)

③ 미국 통일상법전(Uniform Commercial Code. 1952)[16)]

④ 미국 리스데이트먼트(Restatement of Contract, 2d)[17)]

⑤ 헤이그협약 : 1964년에 헤이그 외교회의에서 미·영 등 서구제국, 그리고 약간

16) 미국의 경우 루이지에나주를 제외한 모든 주에서 물품의 매매는 UCC에 의해 지배되고 있으며 UCC에서 규정하고 있지 아니한 사항은 英美의 보통법(Common Law)이 여전히 적용된다.

17) 원래 이것은 판례법을 재술한 것으로서 학설 보다는 상위개념이고 법전 보다는 하위개념이다. 따라서 법적 구속력이 없으며 제정법이나 판례법이 없는 경우에 이용되는 법원이다.

이 동구제국 및 일본, 콜롬비아, 이스라엘, 베네주엘라 등 27개국에 의해 작성·조인된 2개의 국제물품매매에 관한 통일법을 말한다. 그 하나는 「국제물품매매에 관한 통일법(유체동산)」(Uniform Law of the International Sale of Goods : Corporeal Movables : ULIS)이며, 다른 하나는 「국제물품매매의 계약성립에 관한 통일법(유체동산)」(Uniform Law on the Formation of the Contracts for International Sale of Goods ; Corporeal Movables ; ULFCIS)이다[18]. 전자는 국제물품매매의 실체법의 통일을 목적으로 하며, 후자는 국제물품매매계약의 성립을 위한 Offer와 Acceptance에 관한 영미법주의와 대륙법주의의 조화를 기도한 것이다.

⑥ 비엔나협약(UN Convention on Contracts for the International Sale of Goods ; UNCCISG, 1980) ; 이 협약은 ULIS와 ULFCIS를 통합한 것이며 「국제물품매매계약에 관한 UN협약」이라고도 한다.

2) 헤이그협약의 성립

국제통일매매법 초안은 1951년 11월 헤이그에서 열린 국제사법회의(The Hague Conference of Private International Law)에서 재검토의 대상이 되었으나, 동회의에서는 1939년의 초안을 토대로 새로운 초안을 만들기로 결의하고 전문위원회도 새로 구성하였다. 이 전문위원회는 1956년에 새로운 초안을 완성하여 이를 각국 정부와 국제기구에 배포, 의견을 구하는 과정을 거쳐 1963년 최종안을 확정하였다.

한편 1951년 회의는 계약의 성립에 관한 초안도 마련할 것을 아울러 권고하였고, 이에 따라 UNIDROIT(유엔국제사법회의)는 1956년 계약의 성립에 관한 초안을 작성하기 시작하여 1958년 이를 완성하였다. 이 두 협약, 즉 ① "국제물품매매에 관한 통일법을 위한 협약"(The Hague Convention Relating to a Uniform Law on the International Sales of Goods of 1964)과 ② "국제물품매매계약의 성립에 관한 통일법을 위한 협약"(The Hague Convention Relating to a Uniform Law on the Formation of Contracts for the International Sale of Goods of 1964)은 1964년 4월 네덜란드의 헤이그에서 28개국의 대표들이 참석한 가운데 최종 확정, 성립되었다.

그러나 이 회의에 참석한 국가가 서유럽을 중심으로 하는 28개국에 지나지 않았고, 1972년 발효된 이래, 영국, 독일 등 9개국만 가입함으로써 세계적인 통일법으로

18) John O. Honnold, Uniform Law for International Sale under the 1980 United Nations Convention, Kluwer Law and Taxation Publishers, 1982, p.5.

정착되는 데에는 실패하고 말았다.

이 협약은 적용범위가 너무 광범할 뿐만 아니라 당사자자치를 허용하지 않는 엄격함으로 인하여 유연성이 크게 떨어진다는 비판을 받았다. 또한 지나치게 서유럽국가의 법을 기초로 선진국들의 이익(매도인의 보호)만 반영하여 제3세계국가 및 사회주의국가의 이익이 제대로 반영되지 않았다는 한계를 보이고 있다.

1968년 제1회 UNCITRAL회의에서는 그때까지 겨우 3개국만이 비준안 헤이그협약 대신에 새로운 국제통일매매법을 제정하기로 결의하였다. 따라서 UNCITRAL은 실무위원회(working group)를 구성하여 새통일법 제정에 착수하도록 하는 한편, 국제매매에 있어서 제한기간에 관한 협약의 작성을 위한 실무위원회도 구성하였다. "국제매매에서 제한기간에 관한 협약"(The Convention on the Limitation Period in the International Sale of Goods)은 1972년에 그 작성이 완료되어 1974년 6월 14일 뉴욕에서 열린 외교회의에서 채택되었다. 통일매매법 초안은 1976년에 완성되어, 1978년에 완성된 매매계약의 성립에 관한 협약 초안과 함께 1978년 6월 UNCITRAL 회의에 검토를 위하여 상정되었다. UNCITRAL은 이들 두 협약을 하나의 협약으로 통합하기로 결의하고, 이 통합된 초안을 새로운 통일매매법 초안으로 채택하였다.

새로운 통일매매법 초안은 1980년 3월 10일 비엔나에서 개최된 외교회의에서 토의를 거쳐 많은 규정이 수정·보완된 후 1980년 4월 11일 7개 공용어(아랍어, 중국어, 영어, 불어, 노어, 스페인어)로 된 협약이 확정됨으로써 현재의 비엔나협약이 성립되었다. 1996년까지 40개국 이상이 가입하였다.[19)]

3) 비엔나협약과 헤이그협약의 비교

비엔나협약은 헤이그협약이 도그마(dogma) 중심의 경직성을 띠고 있었던 것에 비하여 실용적이고도 유연한 태도를 취하고 있는 것으로 평가되고 있다.[20)]

첫째, 헤이그협약은 매매계약 당사자의 계약위반이 있는 경우 계약이 자동적으로 해제되도록 규정하고 있는 경우가 많은데 비하여 비엔나협약은 계약위반이 있더라도 계약의 자동적 해제는 인정하지 아니한다.

둘째, 비엔나협약은 제37조와 제48조에서 매도인의 하자보완권을 인정하여 매매

19) Hans Van Houtte, op. cit., p.125.

20) E rsi, "A Propose the 1980 Veinna Convention on contracts for the International Sales of Goods," 31 Am. J. Comp. L. (1983). pp.334～335; 김건식. 전게논문, 38면.

의 목적물 인도기일 경과 전은 물론이고 인도기일이 경과된 후에도 매수인에게 특별한 불이익이 없는 한 다시 한 번 계약을 완전히 이행할 수 있는 기회를 줌으로써(이른바 매도인의 제2의 이행제공권 : das Recht des Verkäufers zur zweiten Andienung) 가급적 계약의 해제를 통한 계약의 소멸을 지양하고 계약을 유지하고자 한다.

셋째, 헤이그협약은 상대방이 '즉시' 회답하거나 조치를 취한 것을 요구하는 경우가 많은데 비하여, 비엔나협약은 '즉시'의 회답이나 조치를 요구하는 대신 '상당한 기간 내'에 회답 또는 조치를 요구한다.

넷째, 헤이그협약에 의하면 물품의 가격에 대한 합의가 없는 경우 매수인은 매도인이 계약체결시 일반적으로 청구하던 가격을 지급하여야 한다(헤이그협약 제57조). 그러나 비엔나협약에 의하면 이 경우 매수인은 계약체결시 그 물품이 "당해 거래분야에서 유사한 상황하에서 매매될 때 일반적으로 처우되는 가격"을 지급하여야 하므로(비엔나협약 제56조) 반드시 매도인측의 가격에 구속되는 것은 아니라 가격산정의 객관화를 기하고 있다.

다섯째, 헤이그협약은 당사자들은 "당사자들과 같은 처지에 있는 합리적인 자들이 통상 계약에 적용될 것으로 보았을 관행"의 적용을 받는다고 하고 있으므로(헤이그협약 제9조 제2항) 당사자들이 예상하지 못하였던 관행의 적용을 받을 가능성이 컸다. 그러나 비엔나협약은 그러한 관행이 적용되는 경우를 보다 제한적으로 인정하고 있다(비엔나협약 제9조).

여섯째, 목적물의 검사와 관련하여서도 헤이그협약에 의하면 매수인은 매매의 목적물을 수령하는 '즉시' 검사를 하여야 하나(헤이그협약 제38조 제1항), 비엔나협약에 의하면 "그 상황하에서 가능한 한 짧은 기간 내에" 검사를 하면 충분하다(비엔나협약 제38조 제1항).

일곱째, 헤이그협약에 의하면 매수인이 물품수령의무를 이행하지 아니하는 등 매수인이 대금을 지급하지 않을 것이라고 볼 상당한 이유(good grounds)가 있는 경우에는 매도인은 계약을 해제할 수 있다(헤이그협약 제66조). 그러나 비엔나협약에 의하면 "상대방이 의무의 중요한 부분을 이행하지 않을 것이 명백해진 경우"에만 자신의 의무이행을 보류할 수 있다(비엔나협약 제66조). 따라서 비엔나협약에 의하면 헤이그협약하에서와는 달리 매도인뿐만 아니라 매수인도 보호되며 계약해제가 쉽사리 인정되지 않는다.

끝으로 비엔나협약은 헤이그협약과는 달리 '신의성실'(good faith)에 대한 규정을 포함하고 있다(비엔나협약 제7조 제1항).

외르시(Eörsi) 교수는 비엔나협약이 이와 같이 헤이그협약에 비하여 유연성을 띠게 된 이유는 헤이그협약의 경우와는 달리 비엔나협약의 제정작업에는 서방 선진국들 외에도 사회주의국가들이 다수 참여하였기 때문이라고 한다. 즉, 헤이그협약의 경우에는 서방 선진국들이 그들의 앞선 법적 기술을 동원하여 선진국 기업에 유리하게 작용하는 경직된 규정들을 다수 동협약의 규정에 반영하였었으나, 비엔나협약에서는 후진국 내지 사회주의국가들의 반대로 그러한 규정이 줄어들게 되었기 때문이라는 것이다.

이하 국제물품매매계약에 대하여 비엔나협약에 준하여 설명하기로 한다.

6. 비엔나협약의 적용범위

1) 비엔나협약의 직접 적용

비엔나협약의 직접적용의 요건은 다음과 같다. 첫째, 당사자가 상이한 국가에 영업소 내지 일상의 거소가 있을 것. 둘째, 국제성에 대한 인식가능성이 있을 것. 당사자의 본거지가 있는 국가가 체약국일 것. 그리고 셋째, 비엔나협약의 배제에 관한 당사자간의 합의가 없을 것 등이다(비엔나협약 제1조).

(1) 서로 다른 국가에 소재하는 영업소

비엔나협약은 계약 당사자가 상이한 국가에 영업소를 가지거나, 당사자가 영업소를 가지지 아니하는 경우에는 그 일상의 거소를 가지는 경우에 적용된다(비엔나협약 제1조 제1항 본문 제10조 b호). 어느 당사자가 하나 이상의 영업소를 가지는 경우 영업소는 계약의 체결시 또는 그 이전에 당사자들에게 알려지거나 또는 그들이 고려한 상황을 참작하여 계약 및 그 이행과 밀접한 관계를 갖는 곳을 기준으로 한다(비엔나협약 제10조 a호). 계약 당사자의 국적이나 상인자격 등은 불문한다.

영업소는 비엔나협약의 적용에 있어 중심적 역할을 하고 있음에도 동협약은 그 정의를 하지 않고 있다. 우리 상법에 따르면 영업소란 상인의 영업활동의 중심인 일정한 장소로서, 영업에 관한 지휘, 결정이 이루어지고, 그 활동의 결과가 보고·통일되는 장소적 구심점을 말한다. 이 점은 비엔나협약에서도 꼭 같이 해석하여야 할 것으로 본다. 비엔나협약 제10조 b호에서 일상의 거소를 영업소로 참조하도록 한 것은 당사자가 영업소 밖에서 법률행위를 한 경우에 동협약이 적용되지 아니할 우려가 있기 때문이다.

(2) 국제거래에 대한 인식가능성이 있을 것

당사자가 상이한 국가에 영업소를 가지고 있다는 사실이 계약의 체결시 또는 그 이전에 당사자가 행한 계약 또는 거래에서 또는 당사자가 제시한 정보로부터 드러나지 않는 때에는 이를 무시한다(비엔나협약 제1조 제2항). 즉, 계약의 당사자가 상이한 국가에 영업소를 가지고 있어서 당해 계약이 국제물품매매계약이라는 사실을 당사자가 알고 있어야만 한다. 이는 국내매매계약인 줄 알고 있었다가 추후 국제물품매매계약으로 밝혀진 경우, 예기치 못한 비엔나협약의 적용으로부터 당사자를 보호하기 위한 것이다.

(3) 체약국간의 적용

비엔나협약은 당사자가 상이한 국가에 영업소 내지 일상의 거소를 가지는 경우에, 또 이들 상이한 국가가 비엔나협약의 체약국일 경우에 한하여 적용된다. 구체적으로 비엔나협약은, 계약의 성립에 관하여는 계약 청약의 시점에 당사국이 체약국일 경우에(비엔나협약 제100조 제1항), 그리고 매매의 효력에 관하여는 당사국이 계약체결의 시점에 체약국일 경우에 한하여 적용된다(비엔나협약 제100조 제2항). 이 때 당사자는 당해 국가가 비엔나협약의 체약국인지를 어느 시점에서 알았는지는 불문한다.

(4) 협약의 배제에 관한 당사자간의 합의가 없을 것

당사자는 비엔나협약 또는 동협약의 일부 규정의 적용을 배제하거나 그 효력을 변경할 수 있다(비엔나협약 제6조, 제12조). 이와 같은 합의가 있으면 비엔나협약은 적용되지 않는다. 이는 비엔나협약의 적용면에서 당사자 자치의 원칙을 인정한 것이다. 적용배제나 효력변경의 의사표시의 방식은 불문한다. 표준계약조건(standard contract terms)에 의하여 그 계약에 관한 별도의 준거법을 선정함으로써 비엔나협약을 배제할 수 있다.[21]

---

21) Huber, Ulich, "Der UNCITRAL-Entwurf eines Übereinkommens über internationale Warenkaufveräge," RabelsZ 43, 1973, 4239.

2) 비엔나협약의 간접적용

비엔나협약은 비체약국의 국민에게 간접적용될 수도 있다. 이에 관하여는 비엔나협약 제1조 제1항 b호에 규정되어 있다. 그 요건을 보면 첫째 계약의 당사자가 상이한 국가에 영업소를 가지되, 둘째 그 당해 국가가 비체약국인 때에는 법정지국의 국제사법의 규칙에 의하여 체약국의 법률이 적용되어야 하며, 셋째 비엔나협약 제95조에 의한 유보가 없어야 한다.

(1) 계약의 당사자가 상이한 국가에 영업소를 가질 것

계약의 당사자가 상이한 국가에 영업소를 가져야 한다(비엔나협약 제1조 제1항 본문). 비엔나협약이 간접적으로 적용되는 경우에도 "당사자가 상이한 국가에 영업소를 가지고 있다는 사실이 계약의 체결시 또는 그 이전에 당사자가 행한 계약 또는 거래에서 또는 당사자가 제시한 정보로부터 드러나지 않는 때에는 이를 무시한다."는 규정(비엔나협약 제1조 제2항)은 마찬가지로 타당하다. 즉, 국제거래에 대한 인식가능성이 있어야 한다.

(2) 법정지국법의 국제사법의 규정이 체약국의 법률을 지정할 것

비엔나협약이 직접 적용되지 않는 국제매매에 관하여 곧바로 법정지국법의 섭외사법이 문제가 되고, 그 섭외사법의 규정에 의하면 체약국의 법률이 준거법으로 지정된 경우에 한하여 동협약이 간접적으로 적용된다(비엔나협약 제1조 제1항 b호).

(3) 협약 제95조에 의한 유보가 없을 것

비엔나협약의 체약국은 비준서, 수탁서, 승인서 또는 가입서를 기탁할 때에 동협약 제1조 제1항 b호의 규정에 구속되지 않는다는 것을 선언할 수 있다(비엔나협약 제96조). 즉, 비체약국과의 거래에서는 비엔나협약의 적용을 배제할 것인지의 여부를 각 체약국의 임의에 맡기고 있다. 따라서 체약국의 법률이 당해 거래의 준거법으로 지정되어 있다고 하더라도 비엔나협약 제95조에 따라 그 체약국이 비체약국과의 거래에서는 동 협약의 적용을 배제한다는 선언을 한 때에는 동 협약이 간접적으로도 적용되지 않는다. 미국과 중국은 비엔나협약 가입시에 위 유보를 선언하였다.

3) 비엔나협약의 적용제한

(1) 비엔나협약의 적용에 관한 당사자 합의

비엔나협약은 그 적용에 있어서 이른바 당사자 자치의 원칙을 인정하였다(비엔나협약 제6조). 즉, 당사자는 비엔나협약의 적용을 배제하거나 또는 동 협약 제12조에 의하여 동 협약의 일부 규정의 적용을 배제하거나 그 효력을 변경할 수 있다. 비엔나협약 제6조의 규정은 동 협약이 임의법규임을 명백히 한 것이다.

헤이그협약은 제3조에서 당사자의 명시적(express) 또는 묵시적(implied) 의사표시에 의하여 헤이그협약 전체 또는 부분적 적용배제를 할 수 있도록 하였으나 비엔나협약은 묵시적 적용배제에 관한 규정은 삭제하였다. 그러나 그렇다고 반드시 명시적 적용배제만을 인정하는 것은 아니다. 따라서 이 문제는 계약해석에 관한 일반원칙에 따라 해결할 수밖에 없다.[22)]

비엔나협약 규정은 표준계약조건(standard contract terms)에 의하여도 변경될 수 있다.

그러나 인코텀즈에 의한 정형거래조건을 약정한 경우라고 하더라도 비엔나협약의 적용이 배제되지 않는다.

인코텀즈는 물품의 선적, 위험이전에 대한 당사자의 권리, 의무 관계를 규정한 것으로서 계약의 성립, 불이행의 법적 효과 등에는 비엔나협약이 적용되어야 하는 것이다.

따라서 인코텀즈와 비엔나협약은 상호보완적인 관계가 있다고 볼 수 있다.[23)]

(2) 비엔나협약상 특수거래의 적용제한

비엔나협약 제2조와 제3조는 동 협약 적용 제한에 관하여 상세한 규정을 두고 있다. 즉, 일부 특수한 종류의 매매에 관하여는 비엔나협약은 적용을 배제하고 있다(비엔나협약 제2조). 비엔나협약상 적용이 제한되는 거래는 다음과 같다.

① 소비자의 매매행위

비상업용 매매행위, 즉 개인, 가족 또는 가정용으로 매입한 물품 등 개인소비용매매(Verbraucherkauf)에 관하여는 비엔나협약의 적용이 없다(비엔나협약 제2조 a호 본문). 다만 매도인이 계약의 체결시 또는 그 이전에 물품이 그와 같은 용도로 매

22) Honnold, Uniform Law for International Sales under the 1980 United Nations Convention, p.106. ; Schlechtriem, op. cit., S. 21 ; R. Herber, op. cit., S. 10.
23) Honnold, ibid. p.106.

입된 것을 알지 못하였거나 또는 반드시 알았어야만 할 의무가 없었던 경우에는 비엔나협약이 적용된다(비엔나협약 제2조 a호 단서).

이 규정은 개인의 소비용 물품 매매에 대해서는 적용을 제한하고 있으며 법인거래나 상거래용으로 물품을 매입할 경우에만 적용하도록 하였다. 따라서 개인이 해외여행 중 개인소비용으로 물품을 구입하는 경우에는 비엔나협약이 적용되지 않는다. 즉, 비엔나협약은 국제적으로 상인간 무역거래에 적용되는 규정이라고 할 수 있다.

② 경매, 강제집행, 기타 법률에 의한 매매의 경우와 증권, 주식, 투자증권, 유통증권 또는 통화의 매매

경매, 강제집행, 기타 법률에 의한 매매에 관하여는 비엔나협약이 적용되지 않고 각 체약국의 국내법이 적용된다(비엔나협약 제2조 b호, c호). 이들 거래는 경매나 강제집행 등이 행하여지는 곳의 법률에 의하는 것이 적당하기 때문이다.

또 주식, 지분, 투자증권, 유통증권 또는 통화의 매매는 대개 각국의 경제정책상 강행법으로써 규율하는 분야이므로 비엔나협약을 적용하는 것이 적당하지 않기 때문에 동 협약의 적용이 없다.

③ 선박, 부선, 수상비행기 및 항공기의 매매

선박, 부선(艀船), 수상비행기 및 항공기는 그 범위, 법적 성질 등에 관하여 각국마다 그 법적 처리가 상이하고, 국내 선박법·항공법 등으로 그 거래절차, 등기·등록을 규정하는 경우가 대부분이므로 비엔나협약의 적용대상에서 제외시켰다(비엔나협약 제2조 e호).

④ 전력의 매매

전력의 공급 등에 관하여는 각국의 국내특별법으로 규제를 하는 경우가 많기 때문에, 전력의 매매는 일반적으로 국제무역거래의 대상이 될 수 없다(비엔나협약 제2조 f호). 이는 전력 자체의 공급에 관한 계약을 말하며 전력생산을 위한 전력생산시설의 공급계약에는 비엔나협약이 적용된다.

(3) 임가공계약

비엔나협약에 의하면 물품을 제조하거나 생산하여 공급하는 계약은 매매로 본다(비엔나협약 제3조 제1항 본문). 그러나 그 물품을 주문한 당사자가 그 제조 또는 생산에 필요한 재료의 중요한 부분을 제공하는 경우에는 그러하지 아니하다(비엔나협약 제3조 제1항 단서). 즉 물품의 구매하기로 한 당사자가 물품생산에 필요한 주요

원자재를 공급하여 제조된 물품을 구매하는 임가공무역에는 적용하지 않는 것이다. 따라서 요즈음 대중국과의 무역거래에서 많이 발생되는 임가공무역이나 임가공무역을 포함하는 중개무역 등에는 본 비엔나협약이 적용될 수 없는 것이다.

(4) 서비스 노무 등 용역 포함 거래 제외

오늘날 국제거래 형태가 복잡해지면서 물품의 매매와 기술 또는 용역거래가 결합된 형태의 매매가 성행하는데 이러한 복합거래에는 비엔나협약이 적용되지 않는다.

비엔나협약에 의하면 물품을 제공하는 당사자의 의무 중에서 중요한 부분이 노무 기타 서비스의 공급으로 구성된 계약에 관하여도 비엔나협약의 적용이 없다(비엔나협약 제3조 2항)라고 규정되어 있다. 즉 plant 수출과 같은 복합거래에는 동 협약의 적용이 배제된다고 할 수 있다.

(5) 계약의 유효성 및 소유권의 이전

비엔나협약은 매매계약 성립과 그 계약상의 매도인과 매수인의 권리와 의무에 관하여만 규율하고 있다(비엔나협약 제4조 본문). 따라서 비엔나협약에서 달리 명시적인 규정이 있는 경우를 제외하고, 협약의 규정은 계약 또는 그 조항 또는 관례의 효력, 매매의 목적물의 소유권에 관하여 계약이 가지는 효과에 대하여는 적용이 없다(비엔나협약 제4조 a·b호). 비엔나협약에 명시되어 있지 않은 계약의 효력 등의 문제에 관하여서는 당사자 자치의 원칙(비엔나협약 제6조), 신의성실의 원칙(비엔나협약 제7조 1항) 등 비엔나협약의 기초를 이루는 일반원칙에 적합하도록 해결하여야 한다. 그러한 원칙도 적용시킬 수 없는 경우에는 국제사법의 원칙에 따라 적용될 준거법에 적합하도록 해결하여야 한다(비엔나협약 제7조 제2항).

즉, 계약의 객관적인 성립 및 그에 따른 효력인 매도인과 매수인의 권리의무에 대하여서는 비엔나협약이 적용되지만 계약 자체의 유효성에 대해서는 적용될 준거법에 따라서 처리되어야 할 것이다.

계약이 성립되었으나 당사자의 권리능력이나 행위능력의 흠결에 의하여 무효가 되거나 취소될 수 있는 계약인지 유무는 적용될 준거법에 의하여 해석되어야 하며, 또한 성립된 계약이 공서양속에 반하거나 소비자보호법 등과 같은 사회정책적 내지 경제적 통제법에 저촉되어 유효한지 여부도 준거법에 의하여 처리되어야 할 것이다.

매매계약의 성립에 따른 소유권이전 여부에 관하여는 각국의 동산물품의 소유권

이전에 관한 법률이 다양하므로, 일률적으로 결정하기가 곤란하므로 그 계약이 적용될 준거법에 의하여야 할 것이다.

(6) 비엔나협약상 제조물에 의한 불법행위책임

비엔나협약은 물품의 제조·판매 또는 공급으로 인하여 사람을 사상(死傷)케 하는 사고에 대하여 그 제조자, 매도인, 공급자에게 손해배상책임을 묻는 이른바 제조물책임(product liability)에 관하여도 적용이 없다(비엔나협약 제5조). 제조물책임은 그 법적 성질이 계약책임인지 불법행위책임인지 논쟁의 여지가 있으며(세계적으로 보면 프랑스의 경우를 제외하고 불법행위책임설이 다수설이며, 우리나라의 학설과 판례도 불법행위설이 다수설이다). 또 책임의 인정범위에 관하여 학설이 다양하고 각국의 법제가 상위하다. 따라서 이에 관하여는 섭외사법의 원칙에 따른 준거법에 의하여야 할 것이다(비엔나협약 제7조 제2항 참조).

제조물책임을 불법행위라고 하는 견해는 이를 민법 제750조의 일반불법행위책임으로 파악하는 입장과 민법 제758조(공작물 책임)의 특수불법행위책임으로 파악하는 입장으로 나뉘는데, 전자가 다수설이다.

(7) 적용유보 또는 합의에 의한 적용배제

① 거래당사자에 의한 배제

거래 당사자는 계약상 합의에 의해 비엔나협약의 적용을 전체적으로 배제하거나 조항 중 일부의 내용을 변경하여 적용할 수 있다(비엔나협약 6조). 이에 따라 무역거래의 관행으로 확립되어 온 인코텀즈와 같은 무역규칙이나 표준계약 등이 비엔나협약에 우선하여 거래관계에 적용되게 된다. 가령 국제곡물협회(Grain and Feed Trade Association : GAFTA)의 표준계약서에는 비엔나협약의 적용을 배제하는 명문의 규정이 삽입되어 있다.

② 가입국에 의한 적용유보

비엔나협약은 제4편 최종조항에서 각종 유보조항을 규정하여, 가입국으로 하여금 협약의 일부 규정의 적용을 배제할 수 있도록 하고 있다. 이러한 유보조항 중 가장 중요한 것은 비엔나협약 제95조와 제92조이다. 제92조는 협약의 제2편 또는 제3편 중 어느 한 쪽을 적용하지 않을 수 있도록 허용하고 있는데, 이는 비엔나협약의 전신이었던 헤이그매매협약이 계약의 성립과 효력의 두 개의 협약으로 되어 있던 것에 기인한다. 이 중 어느 한편만 채택할 필요는 없기 때문에 대부분의 국가들은 이 조항에 의한 유보를 하지 않고 있다. 현재 미국은 가입시 이 유보를 하였다.

(8) 국내거래적용 배제

비엔나협약은 국제적인 매매에 대하여만 적용된다. 매매계약의 국제성은 계약체결시 당사자의 영업소(place of business)가 서로 다른 국가에 소재하고 그 국가들이 모두 이 협약의 체약국인 경우에 인정된다. 이와 같이 당사자의 영업소 소재지에 따라 비엔나협약이 자동적으로 적용되기 때문에 계약체결에 즈음하여 당사자의 영업소 소재지가 상대방에게 명확히 고지될 필요가 있다(비엔나협약 제1조 제2항). 이와 같이 매매의 국제성은 당사자의 영업소 소재지만 서로 다르면 인정되기 때문에 실제로 국경을 넘어 물품인도가 이루어졌는가, 청약과 승약이 서로 다른 국가에서 행하였졌는가는 관계없다.

비엔나협약은 당사자가 복수의 영업소를 가지는 경우에 당해 계약 및 그 이행에 가장 밀접한 관계를 가지는 곳을 영업소로 하고 있다. 다만 이를 판단함에 있어서는 계약체결시나 그 이전에 양당사자가 알았거나 알 수 있었던 사정이 고려되어야 한다(비엔나협약 제10조 a).

당사자가 이러한 영업소를 가지지 아니하는 경우에는 그 일상의 거소(habitual residence)를 영업소로 한다(비엔나협약 10조 b). 상거소(常居所)라고 함은 일정기간 이상 체제가 전제로 되기 때문에 상담을 위한 일시적인 체재장소도 상거소로 되는 경우가 많다. 결국 그 판단은 '계약 및 그 이행'이 일반적으로 행하여질 수 있는 장소이냐 여부에 따라 결정되어야 할 것이다.

7. 비엔나협약의 해석 원칙

비엔나협약은 협약의 적용이 각국별로 구구하게 됨으로써 발생하게 될 분쟁을 방지하기 위해 협약의 해석과 당사자의 의사해석에 관한 여러 원칙들을 제7조에서 제13조까지 규정하고 있다.

1) 협약해석의 기준

비엔나협약 제7조는 해석의 기준으로서 첫째, 협약의 국제적인 성격(international character) 둘째, 적용상의 통일성 촉진(uniformity in application) 셋째, 신의성실원칙 준수(observance of good faith)라는 세 가지를 제시하고 있다. 또 협약의 규율대상에 대해 협약에 명시적인 규정이 없을 경우에는 이 협약의 기초가 되고 있는 일반원칙(general principles)에 의하고, 이러한 원칙도 없는 경우에는 국제사법에 의해 적용될 준거법에 따르도록 규정하고 있다. 여기에서 말하는 일반원칙으로는 계약상대방에 대한 충실성, 협력의무, 손해경감의무, 계약유지 등을 들 수 있다.

2) 의사해석의 기준

비엔나협약 제8조는 당사자의 의사를 해석함에 있어서는, 상대방이 그러한 의도를 알았거나 알 수 있었을 경우 당사자의 진술 기타 행위(statement or conduct)에 따라 해석하도록 하고 있다. 그러나 이에 의할 수 없는 경우에는 당사자의 진술 기타 행위는, 상대방이 속하는 부류의 합리적인 사람이 그러한 상황에서 이해한 바에 따라 해석한다. 당사자의 의도 또는 합리적인 사람이 이해한 바를 결정함에 있어서는 당사자간의 교섭내용이나 당사자간에 확립된 관행 기타 관련 사항을 고려하여야 한다. 이 조항은 제6조에서 표명된 당사자 자치원칙을 계약의 해석원칙으로 하고 있는 점을 명시한 것이다. 즉, 당사자의 주관적 의사를 제1의 해석기준으로 하고, 그에 의할 수 없을 경우에는 객관적, 합리적 의사를 추정하여 이를 해석기준으로 하도록 한 것이다.

3) 관습과 관행의 존중

비엔나협약 제9조는 당사자들의 합의가 있으면 그들간에 확립된 관습(usage)과 관행(practices)에 구속받도록 하고, 이러한 합의가 없는 경우에도 당사자들이 알았거나 알 수 있는 국제거래상 주지되고 준수되는 관습과 관행의 적용을 받도록 하고 있다. 이는 당사자간에 합의된 관습과 관행뿐 아니라 '一般的으로 承認된 國際規則이나 慣行(generally accepted international rules or practices)은 모두 계약 당사자를 구속하는 효력이 있음을 인정하는 것이다.

4) 계약의 요식성

비엔나협약 제11조 매매계약의 체결이나 그 존재의 입증을 위해서는 어떠한 서면의 존재를 요하지 아니한 것으로 규정하여 대륙법상 낙성계약(諾成契約)의 원칙을 받아들이고 있다. 이에 따라 영미법상 계약의 성립에 요구되는 엄격한 요식성이나 증거법상의 구두증거배제의 원칙(parol evidence rule)을 배척함으로써 계약서에 기재된 것 이외의 어떠한 증거에 의해서도 계약의 존재나 계약내용에 대한 입증을 할 수 있도록 하였다. 다만 국제거래실제에 있어서는 당사자간의 권리관계를 명확히 하기 위해 계약서의 작성을 계약성립의 요건으로 하고, 계약서에 기재된 내용 이외의 일체의 증거를 허용하지 않는 경우가 많다. 이에 대한 대책으로 비엔나협약에 가입하는 국가에게는 계약의 청약, 승낙, 계약내용의 변경 또는 계약의 해제 등에는 반드시 서면을 필요로 한다는 취지의 유보선언을 할 수 있는 길을 여러 놓고 있다(비엔나협약 12조, 96조).

제2절 국제매매계약의 성립

1. 국제매매계약 성립의 의의

국제매매계약도 일반계약과 마찬가지로 매도인, 매수인의 두 당사자간의 물품을 매도하겠다는 청약과 물품을 매수하겠다는 승낙의 의사표시의 합치에 의하여서 성립한다. 이러한 청약과 승낙의 두 의사표시는 국제적으로 격지간 계약이므로 그 효력의 발생 시점이 국가에 따라서 상이하게 나타날 수 있다.

즉, 계약의 성립 시점에 관한 문제로서 영미법 국가의 약인이론(約因理論), 대륙법계 국가의 법률이론 사이에 차이로서 국제적으로 통일된 비엔나협약에서 이를 해결하고 있다고 할 수 있다.

계약성립의 요소인 청약의 유효성, 효력발생 시점, 청약의 방식, 청약의 철회 등에 관하여 규정하고 있으며 동시에 승낙의 유효성, 승낙의 효력발생 시점, 승낙의 방식 등도 규정하고 있다.

계약의 체결방식에 대한 불일치도 규정하여 계약체결방식의 차이에서 또는 불일치도 해소하고 있다고 할 수 있다. 이하 비엔나협약을 중심으로 계약성립에 관하여 설명키로 한다.

2. 계약의 청약

1) 청약의 의의

청약이란 계약의 일방 당사자가 상대방에 대하여 계약을 체결하고자 하는 의사표시다.

청약이 성립하기 위해서는 ① 상대방이 특정되어야 하고 ② 청약의 내용이 충분히 확정적이고 명확하여야 하며 승낙이 있으며 ③ 계약성립에 구속되겠다는 의사표시이어야 한다(비엔나협약 제14조 제2항).

청약은 상대방이 특정되어야 하므로 상대방이 특정되지 않은 불특정 다수인을 상대로한 의사표시인 청약의 유인과 구별되어야 한다. 請約의 誘引은 불특정다수인을 상대로 단순히 가격목록이나 물품의 카다로그 등을 우송하거나 광고를 게재하는 행위로서 청약으로 볼 수 없다.

청약의 유인에 의한 상대방의 의사표시는 승낙이 아니고 새로운 청약이 된다. 그러나 승낙에 따른 상대방의 의사표시는 승낙이 된다는 데 차이가 있다.

청약의 성립요소로서 청약의 내용이 확정적이고 명확해야 한다. 이러한 청약의 내용이 확정되기 위해서는 청약의 목적물과 그 수량 및 그에 대한 대금이 확정되어야 한다.

따라서 어떤 제안이 목적물을 나타내고 명시적 또는 묵시적으로 그 수량과 대금을 정하거나 또는 이를 정하는 조항이 있는 경우에는 내용이 충분히 확정되고 있는 것으로 볼 수 있다(비엔나협약 제14조 제1항 제2문). 다만 대금에 관한 사항이 결여되어 있는 경우에는 당사자는 다른 정함이 없으면 계약체결시에 당해 거래와 유사한 상황하에서 매도되는 물품에 관하여 일반적으로 청구되는 가액을 묵시적으로 계약대금으로 정한 것으로 본다(비엔나협약 제55조). 따라서 대금에 관한 사항이 결여된 청약은 예외적으로 그 유효성이 인정된다.

2) 청약의 효력발생 및 소멸

청약은 피청약자에게 도달된 때에 그 효력이 생긴다(비엔나협약 제15조 제1항). 즉 도달주의 원칙을 채택하고 있다. 이 점에 관하여는 우리 민법을 비롯하여(민법 제111조 제1항) 세계 각국의 법률이 일치되고 있다.

여기서 피청약자에게 도달된 때란 무엇을 의미하느냐가 문제되고 있으나 피청약자가 요지(了知)된 상태를 의미한다고 해야 할 것이다.

청약은 당사자의 의사표시에 의한 소멸과 의사표시에 의하지 않는 소멸이 있다.

① 당사자의 의사표시에 의한 소멸은 청약의 철회, 취소, 피청약자의 청약의 거절에 의하여 소멸될 수 있다. 그러나 당사자의 의사표시에 의하지 않고 일정한 사유의 발생으로 소멸하는 경우가 있다. 이러한 청약의 소멸사유로는 기간의 경과, 당사자

의 사망 또는 행위능력상실 등이 있다.

먼저 ② 기간의 경과에 관하여는 비엔나협약에는 명문의 규정이 없지만 승낙의 기간을 정한 계약의 청약은 청약자가 그 기간 내에 승낙의 통지를 받지 못한 때에는 그 효력을 잃고, 승낙기간을 정하지 아니한 계약의 청약은 청약자가 상당한 기간 내에 승낙의 통지를 받지 못한 때에는 그 효력을 잃는다고 해석하여야 할 것이다.[24)]

다음, ③ 당사자의 사망에 관하여도 비엔나협약에 명문의 규정이 없으나, 표의자가 그 통지를 발한 후 사망하거나 행위능력을 상실하더라도 의사표시의 효력에 영향을 미치지 아니하는 것으로 해석하여야 할 것이다. 국제물품매매의 당사자는 대부분 법인 기타 기업이므로 당사자의 사망이나 능력상실 등의 개인적인 능력상실이 문제되지 않는 경우가 많다.

우리 민법에 의하면 표의자가 그 통지를 발한 후 사망하거나 행위능력을 상실하더라도 의사표시의 효력에 영향을 미치지 아니하므로(민법 제111조 제2항). 당사자의 사망이나 행위능력의 상실 등은 청약의 실효사유가 될 수 없다. 이에 대하여 영미계약법에서는 청약자 또는 피청약자의 사망 또는 행위능력상실을 청약의 실효사유로 하고 있다(미국 제2차 계약법 리스테이트먼트 제48조(청약자 또는 피청약자의 사망 또는 무능력). 피청약자의 승낙의 권능은 피청약자 또는 청약자가 사망하거나 또는 제기된 계약을 체결할 법적 능력을 박탈당한 때에는 소멸한다.

3) 청약의 구속력

(1) 청약의 철회

청약은 그 의사표시가 상대방에게 도달한 때에 효력이 생기므로, 청약자는 청약이 피청약자에게 도달하기 전에 또는 그 도달과 동시에 철회의 의사표시가 도달할 것을 조건으로 이를 철회(withdrawl)할 수 있다(비엔나협약 제15조 제2항).

다만 승낙기간의 설정 또는 다른 방법으로 청약이 철회불능(irrevocable)인 것임을 표시하고 있는 경우, 또는 상대방이 청약을 철회불능인 것으로 신뢰함이 합리적인 경우로서, 상대방이 그 청약을 신뢰하여 이미 행동한 경우에는 청약의 철회는 인

---

24) 우리 민법에서도 승낙의 기간을 정한 계약의 청약은 청약자가 그 기간 내에 승낙의 통지를 받지 못한 때에는 그 효력을 잃는다(민법 제528조 제1항). 그리고 승낙기간을 정하지 아니한 계약의 청약은 청약자가 상당한 기간 내에 승낙의 통지를 받지 못한 때에는 그 효력을 잃는다(민법 제529조). 다만 상법에서는 이 경우 발신주의를 취하여 상당한 기간 내에 승낙의 통지를 발송하지 아니한 때에 그 효력을 잃는다(상법 제52조 제1항)라고 규정하고 있다.

정되지 않는다(비엔나협약 16조). 대륙법계 국가는 청약의 철회를 인정하지 않으며, 영미법계에는 청약의 철회를 인정하고 있다.

(2) 청약의 취소

피청약자가 승낙의 통지를 발하기 전에 청약의 취소의 의사표시가 피청약자에게 먼저 도달하는 경우에는 청약을 취소(revocation)할 수 있다(비엔나협약 제16조 제1항). 그러나 예외적으로 ① 청약이 승낙기간을 정하고 있거나 혹은 ② 그것이 취소불능임을 나타내고 있는 경우와, ③ 피청약자가 청약을 취소불능으로 믿는 것이 합리적이고 또 피청약자가 그 청약을 신뢰하여 행동한 경우에는 이를 취소할 수 없다(비엔나협약 제16조 제2항 (a)(b)).

최소의 효력은 의사표시에 관한 일반원칙에 따라 피청약자에게 도달한 때에 생기나, 그 취소의 의사표시는 피청약자가 승낙의 통지를 발송하기 전에(before he has dispatched an acceptance) 도달하여야 한다(비엔나협약 제16조 제1항).

(3) 청약의 거절

청약은 취소불능이든 아니든, 또 승낙기간이 있든 없든 불문하고 피청약자가 이를 거절하면 그 효력을 잃는다(비엔나협약 제17조). 청약은 당사자가 미리 정한 기간 또는 상당한 기간이 지나거나 피청약자가 적극적으로 이 기간 내에 청약을 거절하면 효력을 잃는다.

청약의 거절은 청약에 대하여 계약을 성립시킬 의사가 없다는 뜻을 청약자에게 통지하는 것이므로, 그 법률적 성질은 의사의 통지이다. 이 청약거절의 통지도 청약자에게 도달한 때에 효력이 생긴다(비엔나협약 제17조). 그러나 피청약자가 일단 청약을 거절한 후에 보다 빠른 통신수단을 이용하여 승낙의 의사표시를 청약자에게 도달시킨 경우에는 승낙은 효력이 발생하고 계약은 유효하게 성립한다(비엔나협약 제22조 유추해석).

3. 계약의 승낙

1) 승낙의 의의

승낙(acceptance)이란 "청약에 대한 동의를 나타내는 뜻을 표시한 피청약자의 진술 기타의 행위"를 말한다(비엔나협약 제18조 제1항 본문). 승낙의 핵심은 청약에 대하여 내용적으로 일치하는 그 의사표시가 청약자에게 전달되어야 한다는 것이다.

(1) 청약에 대한 내용적 일치

승낙은 청약과 그 내용적으로 일치해야 한다.

비엔나협약은 원칙적으로 우리 민법 제534조와 같이, 승낙을 의도한 청약에 대한 응답으로서 청약에 부가, 삭제 기타의 변경을 가하고 있는 것은 청약에 대한 거절(rejection of the offer)이면서 새로운 청약을 한 것(이른바 반대청약 : counter-offer)으로 본다고 정한다(비엔나협약 제19조 제1항). 그러나 한편 승낙을 의도한 청약에 대한 응답으로서 청약에 부가조건 또는 상이한 조건(additional or different terms)을 가한 경우에도 청약 중의 조건을 실질적으로(materially) 변경하지 아니하는 경우에는 그 응답은 승낙으로 한다(비엔나협약 제19조 제2항 제1문). 다만 청약자가 지체없이(without undue delay) 구두로 그 상위(discrepancy)에 대하여 이의를 제기하거나 또는 그러한 취지의 통지를 발송한 때에는 승낙으로 보지 않는다(비엔나협약 제19조 제2항 제2문). 청약자가 아무런 이의를 제기하지 아니하는 경우에는 계약의 조건은 승낙의 수정사항을 포함한 청약조건이 된다(비엔나협약 제19조 제2항 제3문).

비엔나협약상 실질적 청약조건변경의 예로는 대금과 그 지급, 목적물의 품질과 수량, 인도의 장소와 시기, 당사자의 상대방에 대한 책임의 범위 또는 분쟁의 해결에 관한 것 등을 들고 있다(비엔나협약 제19조 제3항).

(2) 승낙의 전달

승낙의 의사표시가 청약자에게 전달되어야 한다.

승낙의 방법은 서면에 의한 형식적인 통지 외에도 '기타의 행위'에 의하여도 승낙을 할 수 있는데, 여기서 기타의 행위란, 청약의 성질 또는 당사자간에 확립된 관행 또는 거래관습에 의하여 물품을 발송(dispatch of the goods)하거나, 대금의 지급(payment of price)과 같은 이행행위의 일부 또는 청약자가 요구하는 일정 조건의 충족 등을 의미한다(비엔나협약 제18조 제3항 본문).

단순한 침묵 또는 아무런 행동도 하지 않는 것(silence or inactivity)은 그 자체만으로는(in itself) 승낙이 되지 않는다(비엔나협약 제18조 제1항 단서). 단순한 침묵 또는 부작위 '그 자체만으로는' 승낙이 되지 않으나, 이에 부가하여 승낙의 존재를 인정하기에 충분한 사유 또는 사정이 있으면 단순한 침묵 또는 부작위도 승낙으로 인정할 수 있는 여지가 있다. 이는 결국 청약의 성질 또는 당사자간에 확립된 관행 또는 거래관습에 의하여 판단할 수밖에 없다(비엔나협약 제9조 참조). 이와 관련하여 우리 상법에서는 상시 거래관계가 있는 상인간의 계약에 있어서는 청약에 대한 승낙의 통지의무가 있는 것으로 하여 이러한 통지를 해태하여 단순한 침묵이나 부작위에 의한 승낙해태는 승낙으로 본다는 승낙의제제도를 인정하고 있다.

이는 기본적으로 비엔나협약상 승낙의제제도를 인정하지 않는 것과 배치되는 것이다.

(3) 승낙의 통지의 상대방

승낙의 통지의 상대방은 청약자에게 하여야 한다.

승낙의 통지를 청약자 이외의 자에게 할 경우 승낙통지로 인정받을 수 없다.

2) 승낙의 효력방생 및 소멸

(1) 승낙의 효력발생

승낙은 승낙적격의 기간, 즉 승낙기간 내에 동의의 의사표시가 청약자에 도달한 때에 그 효력이 생긴다(비엔나협약 제18조 제2항 제1문). 그리고 승낙의 효력이 발생함으로써 계약이 성립한다(비엔나협약 제23조).

승낙은 동의의 의사표시가 승낙기간이 미리 정하여져 있는 경우에는 그 기간 내에, 승낙기간의 정함이 없는 때에는 청약자가 사용한 통신수단의 신속성도 포함한 거래의 상황을 충분히 고려하여 합리적인 기간 내(within a reasonable time)에 도달하지 아니하면 효력이 생기지 않는다(비엔나협약 제18조 제2항 제2문). 다만 구두에 의한 청약(oral offer)에 대하여는 특별한 사정이 없는 한, 즉시 승낙하지 않으면 승낙의 효력이 생기지 않는다(비엔나협약 제18조 제2항 제3문).

우리 상법에서도 대화자간에는 계약의 청약을 받은 자가 즉시 승낙을 하지 아니한 때에는 그 효력을 잃는다고 되어 있고(상법 제51조), 민법에서도 해석상 대화자간의 청약의 효력은 대화가 계속되는 동안에만 존재한다고 보므로(곽윤직, 채권각론, 1984. 50면), 이 점은 우리의 민법·상법과 비엔나협약의 규정이 동일하다고 할 수 있다.

승낙기간의 계산과 관련하여서는 청약자가 전보 또는 서신중에 정한 승낙기간은 전보를 배달하기 위하여 교부한 때, 서신에 기재된 날짜, 혹은 서신에 날짜의 기재가 없는 경우에는 봉투에 기재된 날짜로부터 진행한다고 정하고 있다(비엔나협약 제20조 제1항 제1문). 그러나 격지자간의 계약에 관한 청약이라고 하더라도 청약자가 발신과 수신간의 시간적 간격이 없는 전화 텔렉스 기타 동시적 통신수단에 의하여 승낙기간을 정할 때에는 그 기간은 청약이 피청약자에게 도달한 때로부터 진행한다(비엔나협약 제20조 제1항 제2문).

그리고 승낙기간의 만료시점과 관련하여서는, 승낙기간 중 공휴일(official holiday) 또는 비거래일(non-business day)은 기간에 산입되나, 기간의 말일이 청약자의 영업소 소재지의 공휴일 또는 비거래일에 해당되어 승낙의 통지가 기간의 말일에 청약자에게 도달하지 못한 경우에는 기간은 이에 이은 제1의 거래일(the first business day)까지 연장된다(비엔나협약 제20조 제2항). 이는 우리 민법 제161조(공휴일과 기간의 만료점)의 내용과 같은 취지이다.

(2) 승낙의 소멸

승낙은 그 의사표시의 발송 후 효력발생 전(즉, 도달 전)에는 이를 철회할 수 있음은 당연하다. 따라서 비엔나협약은 승낙의 효력발생 전에 또는 승낙의 효력발생과 동시에 그 철회가 청약자에게 도달하는 때에는 이를 철회할 수 있다고 정하고 있다(비엔나협약 제22조).

비엔나협약은 승낙이 지연된 경우 청약자에게 일종의 선택권을 인정한다. 즉, 청약자는 지연된 승낙이더라도 유효한 승낙으로 취급한다는 뜻을 지체 없이 피청약자에게 구두로 알리거나 또는 그 뜻의 통지를 발송한 경우에는 그것은 승낙으로서 효력을 가진다(비엔나협약 제21조 제1항). 또 지연된 승낙을 포함하고 있는 서신 기타 서면으로 미루어 보아, 통상의 통신상황이면 지연 없이 승낙기간 내에 도달할 수 있었던 상황에서 승낙을 발송한 것이 인정되는 경우에는 지연된 승낙일지라도 승낙으로서 효력을 가진다(비엔나협약 제21조 제2항 제1문). 다만 이 경우에도 청약자가 지체 없이(without delay) 피청약자에 대하여 청약이 효력을 상실하였다는 뜻을 구두로 통지하거나 또는 그 뜻의 통지를 발송한 때에는 승낙으로서 효력이 없다(비엔나협약 제21조 제2항 제2문).

3) 승낙의 통의의무

청약을 받은 자에게 승낙 수락 여부를 통지할 의무가 없는 것이 일반적인 원칙이지만, 예외적으로 통지의무가 부과되는 경우가 있다. 가령 우리 상법 제53조에 의하면 상인이 통상거래를 행하고 있는 자로부터 그 영업부류에 속하는 계약의 청약을 받은 때에는 지체 없이 낙부의 통지를 발송하는 것을 요구하고, 이것을 해태하면 승낙한 것으로 간주된다. 그러나 비엔나협약은 앞에서 본 바와 같이 침묵을 승낙으로 간주하지 않고 있으며(비엔나협약 제18조 제1항), 다만 당사자간에 명시적 승낙이 없더라도 계약이 성립한다는 취지의 관행이 존재하는 경우에만 이를 인정한다(비엔나협약 9.1).

무역관리제도

제1절 무역관리의 필요성 및 관련법규

1. 무역관리의 필요성

무역은 한나라의 경제발전에 많은 영향을 미치며 이는 시대가 발전되고 국가간의 거래가 긴밀해질수록 더 커진다고 할 수 있다. 자유무역이론에 의하면 국가간에 인위적인 간섭 없이 무역이 이루어지면 양국경제에 이익을 주기 때문에 통제나 간섭을 할 필요가 없다고 하였다. 그러나 현실적으로 세계 각국에서 완전 자유무역을 실현하고 있는 국가는 찾아볼 수 없으며 그 방향이나 정도에서 차이가 있을지라도 무역관리를 행하고 있으며 이는 각국이 그 필요성을 인식하기 때문일 것이다.

무역관리는 무역정책에 따르는 법규 등의 수단으로 무역거래에 대한 국가의 통제나 간섭을 의미한다. 일반적으로 무역의 기능을 순기능적인 측면과 역기능적인 측면으로 고려했을 때 무역관리의 목적은 전자를 최대화시키고 후자를 최소화하고자 하는데 있다고 할 수 있다. 예를 들면 수출하는 국가에서 희소한 재원을 보존해야하거나 자국과 대립 또는 경쟁관계에 있거나 정치적으로 적대적 관계에 있는 경우에 이들 국가로의 수출을 관리하지 않을 수 없을 것이다. 또한 수입의 경우에는 국민의 보건, 외국환의 보유정도, 국가의 세입원 등을 고려하여 관리·통제·간섭이 필요하다. 특히 부존자원이 빈약하거나 개발도상 국가에 있어서는 국제수지의 개선 및 유치산업의 보호를 위해서 수출진흥, 수입제한 등과 같은 정책을 통해서 무역관리를 이행함으로써 경제발전을 꾀하고 있다. 또한 선진국에 있어서도 공정한 수출입거래 질서를 확립하기 위해서 대외무역을 조정하고 있다.

그러나 최근 국제무역의 자유화라는 전제하에 WTO같은 국제무역기구를 통해 무역 자유화가 보편화되고 있다. 이에 각국은 가급적 무역관리를 최소화하려고 노력하고 있으며 통제나 제한보다는 공정거래질서유지에 목적을 두는 경향이 보여 지고 있다.

2. 무역관련 법규

우리나라의 대외무역은 다음과 같은 법률적 근거에 의거하여 이루어지고 있다.

첫째로, ① 헌법, ② 대외무역법, 동(同) 시행령 및 동(同) 관리규정 등에 그 근원을 두고 있다. 둘째로, 대외무역과 직접 관련되는 법으로는 ① 수출품 품질향상에 관한 법률, ② 수출보험법, ③ 수출자유지역설치법, ④ 무역금융취급세칙, ⑤ 관세법, ⑥ 관세환급특례법, ⑦ 외국환거래법, ⑧ 외자도입법, ⑨ 상사중재법 등이 있다. 셋째로, 이들 외에 특별법에 근거한 무역거래관계법들이 있다. 이 중에서도 대외무역법, 관세법, 외국환거래법은 무역의 3대 기본법이라고 하고 우리나라 무역관리제도의 근간을 이루고 있다.

1) 대외무역법

대외무역관리를 위한 기본법인 대외무역법은 자유롭고 공정한 무역을 통하여 산업의 능률성을 높이기 위하여 종래의 여러 가지 법률(무역거래법, 수출조합법, 산업설비수출촉진법 등)을 통합하고 미비한 내용을 보완하여 1986년 12월 31일 제정·공포하고 익년 7월 1일부터 시행하게 되었다.

대외무역법은 시행 후 1989년 12월, 1990년 1월, 1992년 12월, 1993년 3월 및 1996년 11월 등 5차에 걸쳐 개정되었다. 이 중 1차부터 3차까지의 개정은 소폭개정에 불과하였으나, 4차 및 5차 개정은 그간의 무역환경의 변화를 수용하고 우리나라의 전반적인 무역관리제도의 시행과 관련한 제반 문제점을 보완한 대폭적인 개정이었다.

그 후 2000년 12월 대폭 개정되어서 무역업 및 무역대리업의 신고제가 폐지되고 무역업은 무역협회에 무역업 고유번호를 신청하여 부여받으면 누구나 할 수 있게 자유화되었다. 무역대리업은 신고 없이 누구나 자유롭게 할 수 있으며 갑류, 을류 구분도 폐지되었다. 그리고 불공정무역 및 산업피해조사를 위한 산업피해구제법이 새로이 제정되었다.

2003년 9월에 다시 대외무역법이 개정되어 지식서비스거래를 무역범위에 포함시키고 전문무역상사 지정제도 도입, 수입원료 사용, 국내생산물품 원산지 판정기준 도입 등 실무사항에 맞게 개정되었다. 그 후 2007년에 전면 개정되고 2008년도에 일부 개정 되었다.

현행 대외무역법령은 대외무역법 → 대외무역법시행령 → 대외무역관리규정으로 체계화되어 있으며, 대외무역법은 전문 제7장 제59조와 부칙으로 구성되어 있다. 즉 총칙, 통상의 진흥, 수출입거래, 수입에 대한 수량제한조치 등 수출입의 질서유지, 불공정 수출입 행위금지 분쟁해결 위한 조정명령, 수출입관련 조합 등 보칙 및 벌칙으로 구성되어 있다.

국내법상으로 대외무역법은 특별법이면서 다른 한편으로는 일반법이라는 측면을 지니고 있다. 즉, 대외무역법은 민법·상법 등 일반사법에 대하여는 특별법이면서도 대외무역거래에 관하여는 일반법·기본법이 되는 것이다. 한편, 대외무역법은 국제간의 상거래를 대내적 측면에서 규율한다는 특성을 지니고 있다. 이에 따라 일국의 대외무역거래를 규율하는 각종의 관련법령에 의한 규제를 받는 이외에 국제상거래라는 별개의 행위를 영위함에 있어서 국제사법과 국제상관습에 의한 적용을 받아야 한다.

2) 외국환거래법

우리나라는 지속적이고 누적적인 국제수지 적자로 인하여 외국환이 늘 부족하여 왔다. 외국환거래법은 외국환과 그 거래 기타 대외거래를 관리하여 국제수지의 균형, 통화가치의 안정과 외화자금의 효율적인 운용을 기함을 목적으로 하고 있으며[1], 대외국환에 있어서 외국환에 의한 대금결제방법 등을 규제하고 있다. 외국환 거래법 체제하에서는 외국환결재방법을 허가제에서 신고제로 변경하였다.

현행 외국환관리의 법제는 기본법규로 외국환거래법 → 외국환거래법 시행령 →

1) 외국환거래법의 목적은, 제1조에 「이 법은 외국환과 그 거래 기타 대외거래를 합리적으로 조정 또는 관리함으로써 대외거래의 원활화를 기하고 국제수지의 균형과 통화가치의 안정을 도모하여 국민경제의 건전한 발전에 이바지함을 목적으로 한다」고 규정하고 있다.

외국환거래규정으로 체계화되어 있다.

외국환거래법은 1998년 9월 16일 법률 제5550로 제정되어 2005년도에 2차 개정되고 오늘에 이르고 있는데 총 6장 32조 부칙으로 되어있다. 즉 총칙, 외국환은행 및 환전상, 외국환평형기금, 지급 등과 지급방법, 보칙 및 벌칙 등으로 구성되어 있다.

외국환거래법의 주요내용은 환율제도, 선물환거래, 외국환은행, 지급과 영수 및 지급 등의 방법 등을 들 수 있다.

3) 관세법

관세법은 관세의 부과, 징수 및 수출입 물품의 통관을 적정하게 하여 국민경제의 발전에 기여하고 관세수입의 확보를 목적으로 하고 있다. 즉, 우리나라의 관문인 세관을 통하여 물품이 국내외간에 이동하는 것을 통관절차에 따라 최종적으로 규제하고 있으며, 수입물품에 대한 과세절차를 정하고 있다.

관세에 관한 기본 법령은 관세법 → 관세법시행령 → 관세법시행규칙의 체계와 관세청고시 및 관세청훈령으로 되어 있다.

1967년 11월 29일 법률 제1976호로 제정되어 수차의 개정을 거쳐 2004년에 대폭 개정되어 오늘에 이르고 있다. 그 구성은 총 12장 제282조와 부칙으로 되어 있으며 그 주요 내용은 과세와 징수, 국제관세협력, 운송기관, 보세구역, 통관, 관세사, 세무공무원의 직권 등에 관하여 규정하고 있다. 먼저, 과세절차에 관한 관세법상의 주요내용은 관세감면제도, 관세환급제도, 관세평가제도 및 보세제도 등이 있다.

제2절 무역관리의 수단

1. 무역업 주체에 대한 관리

1) 무역업

수출입행위의 주체인 무역업자는 대외무역법에 의한 한국무역협회에 신청하여 무역업고유번호를 부여받아야 한다.

무역업고유번호를 부여받지 아니한 업체는 고유번호를 부여받은 업체를 통해서만 수출입을 할 수 있다.

2) 무역대리업

무역대리업은 외국의 수입업자 또는 수출업자의 위임을 받은 자가 국내에서 수출물품을 구매하거나 수입계약의 체결 및 기타 관련된 행위를 업으로 하는 것을 의미하며 종전에는 산업통상자원부장관에게 신고하였으나 2000년 1월부터 완전 자유화되었으며 갑류 을류 무역대리업 구분도 없어졌다. 따라서 무역대리업은 누구나 신고없이 자유롭게 할 수 있게 되었다.

3) 종합무역상사

산업통상자원부장관은 해외시장의 개척 및 무역기능의 다양화를 기하고 중소기업과 계열화 등을 통한 중소기업의 무역활동을 지원하기 위해 무역업자 중에서 종합무역상사를 지정할 수 있도록 규정하고 있다.

종합무역상사로 지정 받을 수 있는 자는 자본시장 육성에 관한 법률 규정에 의한 상장법인으로서 전년도 수출통관액이 우리나라 전체 수출통관액의 2% 이상을 점유하고 있는 자이어야 한다. 그리고 전년도 수출실적이 1백만 달러 이상인 국가가 30국 이상이고 외국에 현지법인, 영업소가 20개 이상 소유한 법인이어야 한다.

종합무역상사에 대하여 산업통상자원부장관은 종합무역상사와 중소기업과의 계열화를 통한 중소기업의 무역활동을 지원하기 위한 방안으로 종합무역상사별로 중소기업의 사업영역 보호 및 기업간 협력증진에 관한 법률에 의한 수탁기업체협의회를 구성 및 운영하게 할 수 있지만, 지정을 받은 종합무역상사가 2년 이상 계속하여 수출통관액의 2%를 기록하지 못하여 종합무역상사로서의 무역활동이 심히 곤란하다고 인정되는 경우에는 그 지정을 취소할 수 있다(대외무역법 시행령 제18조의 2).

2. 거래물품에 대한 관리

수출입 물품에 대한 관리제도는 수출입에 대한 직접적인 규제 방식으로서 개별품목의 수출입 제한 여부에 대한 종합관리체계이다. 이에 따라 수출 또는 수입을 하고자 하는 자는 해당 품목이 수출입이 규제되는지 여부에 대하여 점검한 후 제한내용이 있는 경우 이를 충족해야 한다. 수출입 물품 관리체계는 대외무역법에 근거한 수출입공고, 각종 개별법 등에 의한 제한내용을 취합해서 공고하는 통합공고로 이루어져 있다.

1) 수출입공고

수출입공고란 종전의 수출입공고와 수출입별도공고를 통합하여 2002년 1월부터 수출입공고라고 하며 개별적인 수출입 물품에 대한 제한 여부에 관한 종합계획으로 수출입에 관한 직접규제방식의 하나이다. 산업통상자원부장관이 수출입공고를 통하여 고시하는 물품에는 다음과 같은 것들이 포함된다.

① 세계무역기구협정 등 다자간 협정 또는 양자간 협정의 의무를 이행하기 위하여 지정고시한 물품
② 일반적으로 승인된 국제법규에 의한 의무를 이행하기 위하여 지정고시한 물품
③ 생물자원보호를 위하여 지정고시한 물품
④ 양국간 경제협력 증진을 위하여 수출입 제한이 필요하다고 인정되어 지정고시한 물품

수출입공고에는 수출입 승인대상품목, 승인기관이 명시되어 있고 승인신청과 변경신청절차는 대외무역법시행령 및 규정에 규정되어 있다.

2) 통합공고

대외무역법 외에 약사법, 마약법, 식품위생법, 검역법 등 개별법에 의하여 물품의 수출입요령을 정하는 경우에는 산업통상자원부장관은 그 법령에 의하여 규정된 물품의 수출입요령을 통합하여 공고한다. 통합공고는 국민보건, 환경보호, 사회질서유지, 규격 및 안전성 확보 등 경제외적 목적을 달성하기 위한 규정이다. 또한 이는 개별법상의 규제와 이원적으로 운용되고 있다는 점에 유의해야 한다.

3) Quota 제도

Quota 제도라 함은 수입상품을 일정한 기준에 따라 국가별 혹은 수입업자별로 물량 또는 금액을 할당하는 수입할당제도이다.

미국이나 EU 등 선진국은 자국의 무역수지적자, 실업률 증가를 억제하고 자국내 사양산업을 보호하기 위하여 각종 비관세장벽을 강화하여 수입을 규제하고 있다. 이 중에서 사용되는 비관세장벽 중의 하나가 Quota 제도이다.

그러나 UR 협상결과에 따라 생겨난 WTO 협정문에는 이러한 Quota 제도는 협정문 발표 후 4년 이내에 철폐하도록 규제함에 따라 주요 수출국들이 그 동안의 쌍무협정에 의한 규제장벽에서 벗어날 수 있게 되었다.

4) 품목분류의 기준

이제까지 무역거래나 통계작성 등에 있어서 국제적으로 많이 사용되었던 품목분류기준은 표준국제무역분류(Standard International Trade Classification : SITC)와 CCCN (Customs Cooperation Council Nomeniature)으로서 국제 무역 통계에는 SITC, 그리고 관세부과시에는 CCCN이 자주 이용되었다. 그러나 SITC와 CCCN으로 이원화된 상품분류상의 문제점을 고려하여 관세협력이사회가 중심이 되어 이들을 통합한 조화제도(Harmonized System)를 제정하였다.

(1) SITC

이는 UN통계분과위원회의 추천으로 1950년에 UN경제사회이사회에서 표준국제무역분류(Standard Innternational Trade Classification)으로 선포했으며 1960년에 다시 전면 개정되었다. SITC는 경제분석과 상품별 무역자료의 통계를 내는 데 편리하게 엮어져 있으며 10 Section, 56 Division, 177 Group, 1,312 Basic Item 등으로 된 총 4,5000여 개의 품목을 구분하고 있다.

(2) CCCN

이는 세계 각국의 관세행정을 개선하고 통일을 도모하고자 1952년에 설립된 관세협력이사회(Customs Cooperation Council : CCC)가 상품분류의 국제적 통일을 기하기 위해 1937년에 제정된 제네바 관세품목분류집(Geneva Tariff Nomenclature)을 기초로 하여 1955년에 작성되어 CCC가 자리 잡고 있는 Brussels의 이름을 따서 Brussels Tariff Nomenclature(BTN)으로 명명되어 사용되어 오다가 세계 130여 개국이 사용하게 된 오늘에 아직도 품목분류집을 Benelux 3개국이 사용하던 당시의 특정 도시 이름을 계속 사용한다는 것은 불합리하다는 CCC회원국 대표들의 의견을 받아들여 1977년 1월 1일부터는 관세협력이사회 품목분류집(Customs Cooperation Council Nomenclature : CCCN)으로 개칭 사용하게 되었다.

이 CCCN은 관세를 부과하기 위한 과학적 방법으로 ① 재료를 중심으로 한 분류, ② 제조과정을 중심으로 한 분류, ③ 노동과정을 중심으로 한 분류, ④ 용도를 중심으로 한 분류 등을 종합적으로 고려하여 21Section, 99Chapter, 1,010Heading으로 총 60,000여 개의 상품을 분류하고 있다.

(3) HS

1970년대에 국제적으로 사용되고 있던 상품의 품목분류기준은 사용목적이나 국가에 따라 서로 다르게 운영되어, 이로 인해 보이지 않는 무역장벽이 형성되기도 하고 경제 분석(經濟分析)에 있어서도 국제간의 객관적 비교가 어려운 실정이었다. 이러한 점들을 감안하여 관세협력이 사회가 새로운 국제통일품목분류제도의 마련을 위하여 10여 년간의 작업 끝에 드디어 기존의 품목분류 기준들을 하나로 통합한 HS(Harmonized Commodity Description and Coding System), 즉 조화된 품목분류제도(調和 品目分類制度)를 제정하였다. 이는 원래 1987년 1월 1일부터 시행되고 있다.

HS는 여러 가지 기준을 통합하고 있지만 근본적으로는 CCCN체계를 따르고 있어 신(新)CCCN이라고도 불린다. 그러나 HS는 21 Section, 97Heading의 기본분류를 중심으로 10단위까지 분류가 가능하여 지구상에 존재하는 거의 모든 상품(약 10만 종류)을 망라할 수 있도록 되어 있다. 특히 HS는 CCCN에는 나와 있지 않은 기술개발에 따른 새로운 상품뿐 아니라 주식·공사채 등 금융상품, 프로그램·녹음테이프 등 정보재, 지적소유권 등의 권리재도 포괄하고 있다.

우리나라의 HS품목분류체계는 세계 공통의 6단위 분류에다 국내의 제반 사정을 감안한 자체분류 4단위를 합해 모두 10단위로 품목을 분류해 놓고 있다.

3. 수출입행위에 대한 관리

1) 수출입승인

물품의 수출입 및 수출입대금의 영수 또는 지급은 원칙적으로 자유로워야 하며, 무역거래자는 자유무역질서의 유지를 위하여 자기책임하에 성실하게 무역거래를 이행하여야 한다.

그러나 헌법에 의하여 체결·공포된 조약과 일반적으로 승인된 국제법규에 의하여 부과된 의무를 이행하고, 생물자원의 보호 등을 위하여 지정하는 물품 및 무역균형을 촉진하기 위하여 필요한 경우 물품의 수출입을 제한할 수 있으며 이에 따라 수출입이 제한되는 품목(수출입공고 등 품목)에 한하여 사전에 수출입승인을 받는다.

종래에는 원칙적으로 모든 수출입물품에 대하여 수출입을 이행하기 전에 지식경제부 장관으로부터 수출승인, 수입승인 또는 수출입승인을 받도록 하였으나, 1997년부터는 수출입승인대상의 관리체계를 Negative List System으로 전환하여 극히 소수의 수출입이 제한되는 물품에 한하여 사전에 수출입을 승인 받도록 하였다.

2) EDI시스템에 의한 수출입관리

수출입승인대상을 극소수의 수출입공고 등에 의한 제한품목으로 한정하여 사실상 대부분의 수출입물품에 대하여 수출입승인제도를 폐지함에 따라 사전적으로 무역거래자의 수출입이행사항을 제한하거나 점검할 수 없게 되었다.

그러나 수출입거래가 질서 있고 효율적으로 이루어지는지 여부에 대하여 사후적으로 확인할 필요성이 있다. 이에 따라 전자문서교환체제 등 과학적인 무역업무 처리기반을 구축할 필요성이 대두하였다. 이와 같은 질서 있고 효율적인 무역업무 처리가 가능하도록 산업통상자원부장관은 전산관리체계를 개발·유지하도록 하면서 개발·유지에 필요한 경비의 일부를 위하여 필요한 정보를 제공한 기관에 지원할 수 있도록 하고 있다.

4. 수출입지역에 대한 관리

원칙적으로 수출입은 세계 어느 지역과도 할 수 있으나, 교역상대국이 국제협정에서 정한 우리나라의 권익을 부인하거나, 우리나라의 무역에 대하여 부당하거나 차별적인 부담 또는 제한을 하거나, 인간의 건강과 안전, 동·식물의 생명 및 건강, 환경보전 또는 국내자원보호를 위하여 특정지역과의 수출입을 제한할 수 있도록 대외무역법 제5조에 명시하고 있다. 이외에도 수출입공고(대외무역법 제11조, 12조), 전략적수출입공고(대외무역법 제19조) 등에 의하여 특정 지역과의 교역을 제한하거나 금지할 수 있는 근거를 마련해 두고 있으며, 이를 특정 국가나 지역과의 교역을 제한하는 구체적 수단으로서 산업통상자원부 장관이 필요하다고 인정하는 경우 교역상대국의 수출입허가서, 최종소비증명서 및 검정증명서 등을 제출하도록 하는 제도를 마련해 두고 있다.

5. 수입에 의한 산업피해조사와 수출입 질서유지

1) 수입에 의한 산업피해조사

우리나라는 국내산업의 경쟁력 강화와 통상마찰 해소를 위하여, 수입규제제도를 수입관리제도로 전환하고 있는데, 그중 대표적인 것이 수입에 의한 산업피해조사제도이다. 이는 국내산업이 특정한 물품의 수입급증 등에 의하여 실질적인 피해를 받거나 받을 우려가 있을 때에 이해관련자는 미국의 국제무역위원회(International

Trade Commission : ITC)와 유사한 기능을 갖는 무역위원회에 일정의 절차를 밟아 그 피해조사를 신청할 수 있도록 한 제도이다(불공정무역행위조사 및 산업피해구제에 관한 법률 제15조~24조).

피해조사 신청서가 접수되면 무역위원회는 당해 산업을 관장하는 관계행정기관의 장과 협의하여 그 신청일로부터 30일 이내에 조사 여부를 결정하고 그 조사의 개시일로부터 120일 이내에 그 피해 유무를 결정하여야 한다. 무역위원회가 피해가 있다고 결정한 때에는 수입제한 또는 관세율조정 등의 구제조치를 관계행정기관의 장에게 건의할 수 있게 된다.

하지만 이러한 국내산업피해에 대한 구제조치는 한시적이다. 이렇기 때문에 무역위원회는 매년 구제조치의 효과분석을 하고, 이의 연장 또는 폐지를 검토한 후 결과에 따라 구제조치의 필요성이 없거나 완화할 필요성이 있을 경우에는 관계행정기관의 장에게 건의하여 무역위원회의 심의·의결을 거쳐 이를 폐지하거나 완화하는 조치를 취한다. 수입에 의한 산업피해조사제도는 대외무역법이 아니고 별도로 제정된 산업피해구제에 관한 법률에 근거하여 실시되고 있다.

2) 수출입의 질서유지

무역업자, 무역대리업자 또는 물품의 수출 또는 수입을 위탁하는 자는 교역상대국의 법령에 의하여 보호되는 특허권, 상표권(商標權), 의장권(意匠權), 실용신안권, 저작권, 저작인접권 및 프로그램저작권을 침해하는 물품과 원산지를 허위로 표시한 물품, 수출입계약을 현저하게 위반한 물품을 수출·수입하거나, 기타 무역에 있어서 공정한 상관습(商慣習)에 반하여 물품을 수출입해서는 안 되도록 되어있다.

또한 무역업자 등은 외화를 도피할 목적으로 수출입물품의 가격을 조작해서도 안 되며, 수출입과 관련하여 관계당사자간에 분쟁이 발생한 때에는 이를 신속히 해결하여야 한다. 또한 무역업자(貿易業者) 등은 동일한 국가에 특정한 물품을 수출입하는 경우 수출입의 질서유지를 위해 상호간에 당해 물품의 가격, 수량, 품질 및 기타 거래조건에 관한 협약(協約)을 체결할 수 있으며, 무역업자 또는 물품의 제조업자는 수출하는 물품 중 디자인의 개발을 촉진하고 그 모방을 방지하기 위하여 필요하다고 인정하는 물품을 산업통상자원부 장관에게 디자인을 보호하기 위한 대상이 되는 물품으로 지정하여 줄 것을 신청할 수 있다. 이상에서 원산지 규정위반 외 지적재산권 침해에 대한 구제방법은 불공정무역행위조사 및 산업피해구제법에 규정되고 있다.

3) 수출조합 및 수입조합

동종 또는 유사 물품의 수출입에 따른 질서유지와 조합원의 공동이익을 도모하기 위하여 무역업자 및 물품의 수출입의 위탁자는 산업통상자원부 장관의 인가를 받아 수출조합 또는 수입조합을 설립할 수 있게 된다. 이때 수출조합 또는 수입조합은 다음과 같은 사업을 수행할 수 있다.

- 물품의 수출입의 질서유지를 위한 협약에 관한 사업
- 불공정한 물품의 수출입의 방지를 위한 사업
- 물품의 수출입에 관한 홍보 및 시장조사, 거래알선 및 애로의 처리에 관한 사업
- 수출입하는 물품의 품질 및 디자인 등의 개선에 관한 사업
- 조합원의 공동이익을 증진하기 위한 공동시설의 설치 및 융자의 알선에 관한 사업
- 조합원의 공동이익을 증진하기 위하여 필요한 범위 안에서의 물품의 수출입에 관한 사업
- 산업통상자원부 장관이 물품의 수출입의 질서유지를 위해 위탁한 사업
- 기타 각 조합원의 정관(定款)이 정하는 사업

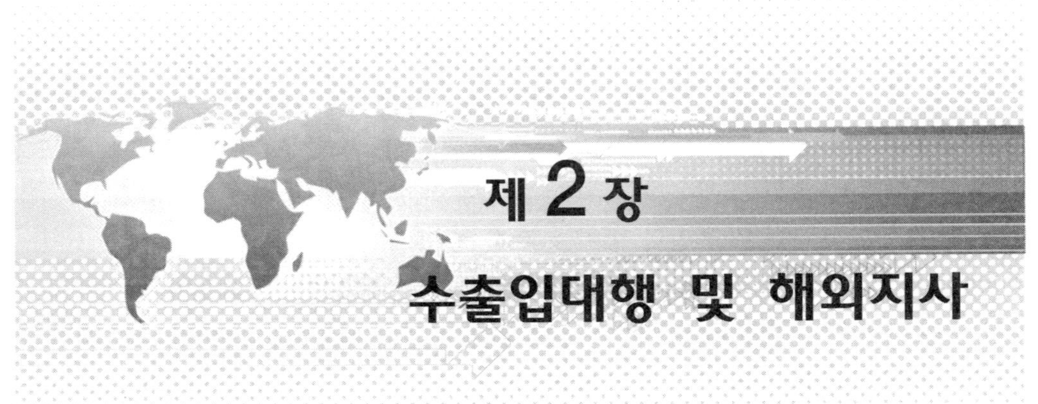

제2장 수출입대행 및 해외지사

제1절 수출입대행

수출이나 수입을 하려는 자가 무역업 고유번호를 부여받지 않은 업체는 무역업 고유번호를 부여받은 업체에게 수출 또는 수입을 위탁해야만 한다.

수출입대행시 대행자는 반드시 무역업 고유번호를 부여받은 무역업자이어야 하며, 대행의뢰자는 통상 무역업 고유번호를 부여받지 아니한 실수요자인데, 무역업 고유번호를 부여받은 자일지라도 특수한 상품이나 거래처의 권유 등의 관계로 자기보다 전문적인 지식과 경험이 있는 자에게 대행시키는 것이 유리한 경우에는 대행을 위탁할 수 있다.

수출입대행의 범위는 대행계약의 형태에 따라 다양한데, 일반적으로 대행계약 체결시에 포함되는 주요 내용은 다음과 같다.

① 당사자의 표시

대행자와 대행의뢰자의 성명 및 주소를 명확히 표시한다.

② 수출입절차의 이행관계

수출 또는 수입과 관련된 모든 절차를 대행자가 이행할 것인가 아니면 대행자의 이름으로 의뢰자가 할 것인가를 구체적으로 표기하여야 한다. 또한 그 내용에 따라 대행수수료가 결정되므로 대행업무의 범위를 명확하게 약정해야 한다.

③ 수수료에 관한 사항

대행수수료는 당사자간에 합의로 결정되며 일반적으로 수출보다 수입이 높은 편이다.

④ 클레임에 관한 사항

해외거래 상대방으로부터 클레임이 제기될 경우나 클레임을 제기할 때 누가 그 당사자가 될 것인가 하는 문제와 또한 대행자가 당사자가 된 경우 손해를 배상하거나 배상 받았을 때 그 배상문제 또는 배상금의 귀속문제 등은 분쟁의 초점이 될 수 있으므로 가능한 한 거래상대방과 특약을 통하여 사전에 책임소재를 명백히 해야 한다.

⑤ 관세환급에 관한 사항

현재 우리나라에서는 원자재를 수입하여 제조한 물품을 수출하였을 경우에는 수입시에 납부한 관세 등을 환급하여 주고 있으므로 환급신청에 관한 문제 및 환급금의 귀속문제 등을 명확히 할 필요가 있다.

1. 수출대행

1) 수출대행의 의의

수출대행은 대행의뢰자가 해외에 있는 거래상대방, 즉 매수인(buyer)으로부터 신용장을 받거나 수출계약을 체결하였는데, 자기 이름으로 직접 수출이 불가능한 경우에 대행자와 대행계약을 체결하여 자기가 수출하려는 물품을 대행자의 이름으로 수출하는 것을 말한다.

신용장에 의한 수출인 경우에는 양도가능신용장(transferable credit)이어야만 수출대행이 가능하므로 대행의뢰자는 이 점에 유의하여 해외거래선과 계약을 체결해야 하며, 대행계약을 체결한 후 신용장을 대행자에게 양도해 주어야 한다.

2) 수출대행의 종류

(1) 단순수출대행

단순수출대행은 대행자로부터 서류상의 명의만 빌리고 실제 모든 수출행위는 대행의뢰자가 하는 형태이다. 대행의뢰자가 수출신용장을 자기 이름으로 수취한 후 대행계약에 따라 동 신용장을 대행자에게 양도한 후 대행의뢰자가 일체의 책임을 지고 수출물품을 제조·가공하여 신용장 양수자인 대행자의 명의로 수출하는 방식이다.

따라서 이러한 경우에는 수출 및 선적에 따른 모든 실질적인 절차는 신용장을 양도한 대행의뢰자가 맡아서 처리하고 신용장을 양수한 대행자는 단순히 서류상의 수출자 역할만 하는 것이다. 즉, 일종의 창구역할을 하는 것이다. 그렇다고 해서 대행자가 거래 상대방에 대하여 아무런 책임을 지지 않는 것은 아니고 신용장 양수자로서 신용장조건에 따른 책임을 져야 하므로 주의를 기울여야 한다.

(2) 금융지원방식의 수출대행

대행자가 서류상의 수출자가 되는 단순수출대행에서 진보하여 대행의뢰자를 위하여 자기 이름으로 수출금융의 융자를 받아 주는 등 여러 가지 수출에 대한 지원혜택을 받는데 명의를 빌려주고 선적절차도 맡아서 이행하고 대행위탁자는 단순히 수출품만 제조·가공하여 공급하는 방식이다.

이 방식에 따르면 대행자가 여러 가지 위험부담을 지게 되는데, 특히 수출금융수혜시에는 자본이 빈약한 의뢰자를 위하여 대행자 소유의 담보를 제공해야 하므로 대행자와 위탁자 사이에 긴밀한 관계가 없는 경우 대행자는 이러한 방식의 대행에 응하려 하지 않는다. 이 방식의 대행은 그 수수료도 가장 비싸며, 금융에 따른 이자는 대행의뢰자가 부담하는 것이 일반적이다.

(3) 내국신용장 개설방식의 수출대행

이 방식은 대행의뢰자가 수취한 수출신용장을 대행자에게 양도하면, 대행자는 양수 받은 신용장을 근거로 하여 대행위탁자에게 완제품 내국신용장을 개설하는 방식이다. 대행위탁자는 이 내국신용장을 근거로 수출품을 제조·가공하여 대행자에게 공급하는 방식인데, 이 경우에도 수출에 따른 제반 절차는 양자간의 계약에 따라 대행의뢰자 또는 대행자가 이행하게 된다.

이 방식의 경우 대행의뢰자는 내국신용장을 근거로 하여 자기 명의로 무역금융을 융자받아 수출용원자재를 수입하거나 국내 구매할 수 있다.

(4) 신용장 직접수취방식의 수출대행

이 방식은 대행의뢰자가 해외의 거래 상대방과 자기 명의로 수출계약만 체결하고 신용장은 직접 대행자 앞으로 개설하게 하는 방식이다.

이 방식에 의하면 신용장의 양도절차가 생략되는 이점이 있는데, 이 경우 대행의뢰자가 수출품목을 제조·공급한다면 양자간의 계약체결에 따라 대행관계가 성립되지만, 의뢰자가 단순히 신용장개설의 중개인 역할만을 하고 물품을 공급하지 않으면 양자간의 관계를 수출대행이라고 보기는 어렵다.

3) 수출대행의 절차

수출대행의 절차는 대행의 종류에 따라 차이가 있으나 일반적인 절차는 다음과 같다.

① 양도가능신용장의 수취
② 수출대행계약의 체결
③ 신용장을 대행자 앞으로 양도
④ 수출절차의 이행
⑤ 대금회수

수출신용장에 의한 선적서류매각시 수출대금 회수액에서 대행수수료 등을 공제하고 대행자가 대행위탁자에게 지급하는 것이 일반적 처리절차이다.

4) 수출대행에 관련되는 부수사항

(1) 수출실적

대행자가 자기 이름으로 수출을 하게 되므로 직수출실적(통관기준)을 인정받지만, 대행의뢰자는 대행자로부터 내국신용장이나 구매승인서를 발급 받는 경우에 한하여 공급물품에 대한 수출실적을 인정받게 된다.

(2) 무역금융

대행자와 의뢰자간에 내국신용장이 개설되었느냐의 여부에 따라 무역금융의 수혜자가 달라진다. 즉, 양자간에 완제품 내국신용장이 개설된 경우에는 의뢰자가 생산자금과 원자재자금을 사용할 수 있으나 내국신용장이 개설되지 않은 경우에 의뢰자는 자기 이름으로 금융을 수혜 받을 수가 없고 대행자가 금융을 수혜 받아서 의뢰자에게 주어야 한다.

(3) 관세환급

관세환급 특례법상 환급청구권자는 원칙상 수출자로 제한되어 있다. 그러나 수출대행인 경우에는 대행자와 대행의뢰자 양자중 누구의 이름으로 관세환급을 신청해도 관계없으나, 다만 의뢰자 명의로 신청하는 경우에는 대행자와 의뢰자가 모두 관세체납 사실이 없어야 하며, 환급신청에 필요한 기본서류 이외에 대행계약서와 대행자 및 대행의뢰자의 인감증명서를 추가하여 제출하여야 한다.

(4) 클레임에 대한 책임

수출을 대행하는 경우 대행을 의뢰한 자는 해외거래 상대방과 무역계약을 체결한 계약 당사자이므로 클레임의 당사자가 되는 것이 당연하다. 그러나 단순히 대행계약에 의하여 신용장을 양수 받은 대행자도 클레임의 당사자가 되느냐에 관하여는 문제가 있다.

대행자는 신용장의 양수자로서 신용장상에 규정되어 있는 선적서류의 제시 등 신용장 조건을 준수해야 할 의무를 지게 되므로 그 의무의 범위 내에서 클레임의 당사자가 되는 것은 당연하다.

따라서 대행자와 의뢰자 사이에 책임이 분명치 않은 경우에는 매수인인 해외의 거래 상대방이 누구를 상대로 하여 클레임을 제기하느냐에 따라 결정된다. 다만 이러한 경우라 하더라도 대행자가 부담하여야 할 책임은 신용장에 의한 책임으로 제한되므로 주의하여야 한다.

수출대행자가 클레임에 의한 손해를 면하기 위해서는 대행계약서상에 매수인의 지급거절이나 클레임으로 인하여 손해를 입었을 때는 대행의뢰자에게 구상할 수 있도록 구상권 조항을 두거나 또는 매수인과 특약을 하여 클레임의 대상을 의뢰자로 한다는 것을 명확히 해야 한다.

(5) 세제상의 혜택

수출에 대한 세제상의 혜택으로는 부가가치세의 영세율 적용, 법인세의 손실준비금 인정 등이 있는데, 이 혜택은 사실상의 수출자인 대행의뢰자가 받는다. 즉, 수출대행계약서 사본과 당해 수출신고필증 사본을 부가가치세 예정(확정) 신고서에 첨부하여 제출하면 세제상의 혜택을 누릴 수가 있다. 그러나 대행자가 대행의뢰자로부터 받은 대행수수료에 대하여는 부가가치세가 정상적으로 과세된다.

2. 수입대행

1) 수입대행의 의의

수입대행이라 함은 수입대행자가 대행의뢰자와의 수입대행계약에 의하여 대행의뢰자가 수입하려는 물품을 자기 이름으로 수입하는 것인데, 수출대행과 마찬가지로 무역업 고유번호 신고를 하지 아니한 자가 수입을 하거나, 내국신용장을 받고 당해 물품제조에 필요한 원자재를 수입코자 할 때에 대행자와 의뢰자 양자간에 수입대행계약을 체결하는 것이 보통이다.

실제 수입자의 자격에는 아무런 제한이 없으나 당해 수입품이 수출입공고 등 또는 통합공고에 의하여 수입주체가 제한되어 있는 경우에는 그 규정에서 정하는 조건을 충족하는 자만이 수입할 수 있다.

2) 수입대행의 종류

(1) 수출용 원자재의 수입대행

내국신용장을 받았으나 무역업 고유번호 신고를 하지 아니한 경우에는 내국수출물품의 제조가공에 필요한 수입원자재를 자기가 직접 수입할 수 없으므로 무역업고유번호 부여받은 자에게 의뢰하여 대행수입을 하여야 하는데, 이러한 경우에도 수출용원자재수입에 따른 여러 가지 혜택(수출입공고 적용제외, 관세환급, 무역금융지원 등)은 수입대행의뢰자 즉, 무역업등록을 하지 아니한 자도 수혜 받을 수 있다.

수입대행수수료는 수출대행수수료와 마찬가지로 수입에 따른 여러 가지 절차를 누가 이행하느냐 또는 수입에 따른 담보의무를 누가 부담하느냐에 따라 차이가 나는데 수출의 경우보다 대행수수료가 높은 것이 보통이다.

(2) 내수용 물품의 수입대행

내수용, 즉 국내소비용 물품의 수입대행은 위탁자의 수입목적에 따라 자기가 제조하는 물품의 원료로 사용하기 위한 경우와 단순히 판매를 목적으로 하는 경우 또는 자기가 직접 사용하기 위한 경우 등으로 구분된다.

(3) 수입대행의 절차

먼저 대행자와 대행의뢰자 사이에 수입대행계약을 체결해야 하는데 대행계약의 주요내용은 물품의 명세, 수입시기, 수입상대방, 가격, 수입대행수수료 및 기타 거래조건 등이다.

수입절차는 일반 수입절차와 동일하다고 보면 되고, 만일 수입하고자하는 물품이 수출입공고 대상품목일 경우에는 수입승인신청서에 대행위탁자를 실수요자로 기재하고 수입대행계약서를 첨부하여 수입승인신청을 해야 하며, 수입보증금의 적립 등 수입에 따른 담보 및 자금은 대행의뢰자가 부담하는 경우가 대부분이다.

3) 수입대행에 관련된 부수사항

(1) 납세의무

수입시 납부하는 관세 및 부가가치세의 납세의무자는 대행자나 대행의뢰자자 협의하여 결정할 수 있는데, 수입신고시 명시한 자가 납세의무자가 된다. 다만, 수입대행 의뢰자가 수출용 원재료를 수입하여 수출물품을 제조·가공하여 수출하고 관세를 환급 받으려면 수입대행을 의뢰한 자를 납세의무자로 하여야 한다.

(2) 수출용원자재 수입에 따른 금융

수출용원자재 수입에 대한 무역관련 대출의 채무자는 수입의뢰자인 실수요자와 대행자 모두 될 수 있으나 동 수입분에 대한 융자한도 및 수출의무액은 실수요자(대행의뢰자)에게 계상된다.

(3) 사후관리

수출용원자재를 수입대행한 경우의 사후관리 의무자는 수입을 의뢰한 대행의뢰자가 되며, 수입원재료를 사용하여 제조·가공한 물품을 수출자에게 공급한 후 사후관리 은행에 공급이행 신고를 함으로써 종결된다.

제2절 해외지사

1. 해외지사의 의의

해외지사는 지점, 지사, 출장소, 사무소, 지부, 주재소, 현지법인 등 여러 명칭으로 호칭되고 있으나, 외국환거래법상 국내업체가 외국에서 설치하여 운영하는 해외지사를 해외지점과 해외사무소로 구분하여 관리하고 있다.

해외지점이라 함은 독립채산제를 원칙으로 하여 외국에서 영업활동을 영위하고자 설치하는 지사를 의미하며, 해외사무소는 직접 L/C 개설 등 영업활동은 하지 않고 업무연락, 시장조사, 연구개발 활동 등 비영업적 기능만을 수행하거나 비영리단체가 국외에 설치하는 지사이다.

한편, 외국에 진출한 해외지사가 현지 주재국의 법률에 따라 법인격을 갖추었을 때 이를 현지법인이라 하며 해외직접투자 허가를 받아 합작법인을 설립한 경우가 대부분이다. 이러한 현지법인은 본사와 독립된 현지국가의 법인으로 자격을 취득하게 된다.

지사설치 초기에는 유지 및 운영에 필요한 제반 경비를 본사로부터 공급받을 수 있는 사무소로 인가를 받아 설치한 다음, 일정기간 동안 현지에서 영업기반을 굳혀 독립채산제로 직접 영업활동을 할 수 있는 단계에 이르면 지점설치허가를 받아 지사를 운영하는 것이 바람직할 것이다.

사전검토 과정을 거친 다음 지사설치 계획이 확정되면 거래 외국환은행을 선정, 동 은행을 통하여 설치인증, 영업기금 및 유지경비의 대외 송금, 사후관리를 받게 되며, 주재원의 출국수속을 거쳐 지사설치가 완료된다.

2. 해외사무소

1) 활동범위와 금지활동

[표 3–1]

구 분	내 용
활동범위	직접적인 영업활동을 제외한 단순 세일즈업무, 시장조사, 본·지사간 업무연락 등(직접 L/C 개설 등 수출입활동 불가)
금지사항	• 본사의 해외사무소에 대한 대리점 수수료, 대행지급금, 중개수수료 등의 지급 • 해외사무소가 현지에서 금융을 받기 위한 지급보증행위 • 해외사무소와 국내 본사와의 계정간 이체 등 상호계산

2) 설치비 및 유지활동

[표 3-2]

구 분	내 용
조달 및 송금방법 설치비	• 영업활동이 없으므로 본사에서 지정은행의 인증을 받아 송금 • 사무실 임차보증금, 주재원 주택임차보증금, 동산 및 집기류 구입비, 영선비, 통신비, 통신관계설치비 등 설치에 소요되는 제 비용 • 설치비를 증빙서류에 의해 지급하기 곤란한 경우 해외사무소 설치계획서에 의해 사전 계산 지급하고, 설치인증일로부터 360일 이내에 정산하여야 하며, 정산잔액은 유지활동비로 전용가능
유지활동비 –기본경비 –기타경비 –정 산	• 외국환은행의 인증을 받아 송금 • 전기, 가스, 수도, 전신전화, 임차료, 제세공과금 등 해외사무소 운영에 정기적, 필수적으로 소요된다고 지정은행의 장이 인정하는 경비 • 사무소당 월 미화 2만 불 및 주재원 1인당 월 미화 1만 불로 하며, 사후관리 또는 경비용도 등에 관한 확인은 요하지 않음. • 지급인증일로부터 180일 이내에 정산

※ 상기 한도를 초과하여 경비를 송금하고자 할 경우에는 한국은행 총재의 허가를 받아야 함.

3) 설치인증

(1) 인증대상

– 과거 1년간 외화획득실적이 미화 30만 불 이상인 자
– 외화획득실적이 미화 30만 불에 미달하는 자로서 2인 이상이 공동으로 하나의 사무소를 설치하고자 하는 자
– 회화획득업자나 수출품 또는 군납품 생산업자로서 구성된 협회 또는 조합
– 중소기업협동조합
– 과거 1년반간 유치한 관광객수가 8천 명 이상인 국제여행알선업자
– 주무부장관(비영리단체 등 포함) 또는 한국무역협회장(무역업체)이 불가피하다고 인정하여 추천한 자
– 대외무역법령에 의하여 무역업을 영위하는 법인으로서 설립후 1년을 경과한 자
– 주무장관 또는 한국무역협회장이 해외사무소설치가 불가피하다고 인정한 자(비영리단체 포함)

[한국무역협회장 추천기준]

- 사업계획서를 검토하여 설치의 필요성이 인정되는 경우
- 구비서류
  - 추천서(소정양식 2부)
  - 외화획득증명서 또는 L/C사본 1부
  - 사업계획서 1부
  - 무역업 고유번호 사본 1부

(2) 인증기관 : 외국환은행장

[구비서류]

- 해외사무소설치인증 신청서
- 외화획득실적증명서(과거 1년간)
- 해외사무소 설치계획
- 주무부장관 또는 한국무역협회장의 추천서 또는 설치타당의견서(외화획득실적에 미달하는 경우)
- 다른 법령의 규정에 의하여 허가, 승인 또는 신고 등을 요하는 경우에는 이를 필한 사실을 증명하는 서류
  - 해운업자의 경우 해운항만청장의 허가서
  - 남방지역(라오스, 캄보디아, 쿠바)의 경우 「남방국가와의 통상에 관한 요령」에 의거 외교통일부장관의 승인서
- 각서(해당 법인 대표자 명의)

3. 해외지점

1) 활동범위와 금지사항

[표 3-3]

구 분	내 용
활동범위	• 주재국의 법률에 따라 본·지사간의 독립채산제에 의거 해외영업기금을 바탕으로 자유롭게 영업활동 • 본국으로부터 대리점수수료, 대행지급, 기타 중계수수료 등을 지급받을 수 있음

	• 본국의 외국환은행 및 본사의 지급보증에 의거 현지에서 금융지원(현지금융)을 받을 수 있음
금지행위	• 부동산에 관한 거래행위(단, 영업기금 및 이익금 유보액 범위내에서 인정된 영업 활동에 직접 필요한 부동산 취득과 관련한 부동산 거래는 할 수 있음 • 증권에 관한 거래행위(단, 해외지점 영업활동과 직접 관련하여 주재국 법령에 규정한 의무이행과 주재국 정부기관 또는 금융기관이 발행하고 즉시 환금 가능하며 시장성 있는 증권거래는 할 수 있음 • 비거주자에 대한 상환기간이 1년을 초과하는 대부행위

※ 상기 금지행위 및 거래는 한국은행 총재의 허가를 받으면 할 수 있음.

2) 영업기금

해외지점의 설치비, 유지운영비 및 영업활동을 위한 운전자금 등 영업기금 지급은 외국환은행장의 인증을 받아야 한다(단, 2백만 불을 초과하는 경우 외국환은행 본점의 장의 인증).

다만, 해외운송업자 및 원양어업자, 해외건설 및 용역사업자 등은 독립채산제를 적용하지 않으며 이러한 독립채산제 예외적용을 받은 해외지점을 대하여는 영업기금을 지급할 수 없다.

3) 결 산

해외지점을 설치한 본사는 매 회계기간별로 해외지점의 결산재무제표 등을 결산일로부터 6월 이내의 지정외국환은행장에게 제출하여 그 결과 및 손익상황에 대한 확인을 받아야 하며 결산 순이익금은 다음 방법에 의하여 처분한다.

- 전기이월결손에 충당
- 국내에 회수하여 원화로 매각 또는 거주자계정(외화예금)에 예치
- 당해 해외지점의 영업기금으로 운용

4) 설치인증

(1) 인증대상

- 과거 1년 간 외화회득 실적이 미화 100만 불 이상인 자
- 한국무역협회장이 외화획득 전망 등을 고려하여 필요하다고 인증하여 추천한 자

[한국무역협회회장 추천기준]

무역업 신고업체로서 다음 중 어느 하나의 요건을 충족하는 자

- 과거 1년간 외화회득실적 10만 불 이상
- 5만 불 이상의 수출신용장 수취
- 사업계획서를 검토하여 설치의 필요성이 인정되는 경우

(2) 인증기관 : 외국환은행장

[구비서류]

- 해외지점설치인증 신청서
- 외화획득 실적증명서(과거 1년간)
- 해외지점 설치계획서
- 해외지점의 3개년간 사업계획서(예상손익포함)
- 주무부장관 또는 한국무역협회장의 추천서(실적요건 등 미달의 경우)
- 다른 법령의 규정에 의하여 허가, 승인 또는 신고 등을 요하는 경우 이를 필한 서류
  - 해운업자 : 해운항만청장의 허가서
  - 남방지역(캄보디아, 라오스, 쿠바)에의 지사설치 : 외교통일부장관의 승인서
- 각서(당해 법인 대표자 명의)

제 4 편

수출입 절차

제1장 무역회사 설립
제2장 수출절차
제3장 수입절차
제4장 EDI방식의 수출입 절차

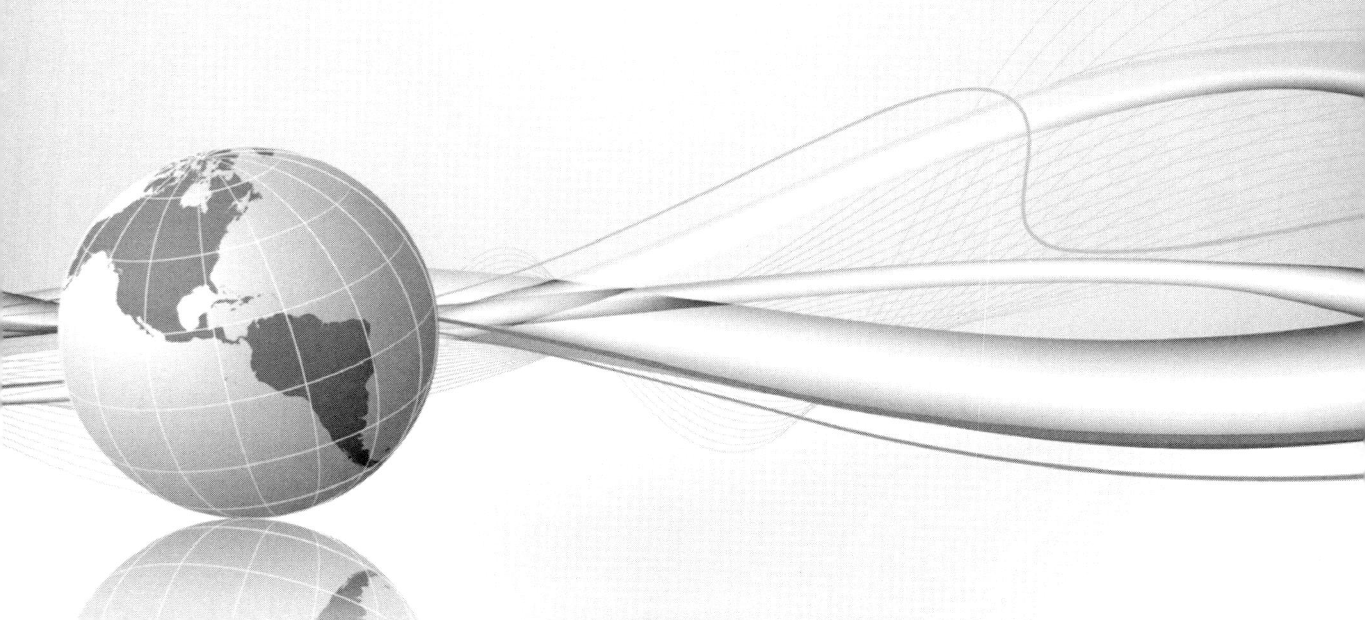

제 1 장 무역회사 설립

1. 회사의 설립과 종류

회사란 상행위 또는 기타 영리를 목적으로 하여 상법의 규정에 따라 설립된 사단법인을 말하는 것으로 본점소재지를 관할하는 법원(상업등기소)에 설립 등기를 함으로써 성립되게 되는데 외국 회사가 국내에서 영업을 하고자 하는 경우에는 국내에서 대표자를 정하고 영업소를 설치해야 하며 국내에서 설립되는 동종의 회사 또는 가장 유사한 회사의 지점과 동일한 등기를 하여야 한다.

따라서 회사를 새로 설립하는 경우에는 기본적으로 여러 가지 관계 법령에 의한 각종 인·허가 절차를 거쳐야 한다. 또한 업종관련 개별법령에 인·허가를 받도록 규정된 경우에는 주무관청으로부터 별도의 인·허가 또는 등록을 받아야 하며 이전촉진지역, 제한정비지역내에 공장을 건설하고자 하는 경우나 공해가 발생하는 공장을 건설하고자 하는 경우에는 개별법령, 공업배치법, 환경관계법 등에 의한 특별절차를 거쳐야 하기 때문에 회사설립에는 많은 절차와 6개월 내지 1년 이상의 시일이 소요되기도 한다.

한편, 정부에서는 중소기업창업자를 지원하기 위하여 1986년 5월 18일 "중소기업창업지원법"을 제정하여 농어촌지역 및 기술집약적 창업을 하는 중소기업자에게 절차간소화와 자금 및 세제 지원을 해주고 있으며, 우리나라 상법에 규정된 회사의 종류에는 개인기업과 법인회사인 합병회사, 합자회사, 유한회사, 주식회사의 형태가 있으며, 회사 종류의 법적 기준은 출자자 등의 책임한계에 있다. 즉 회사의 종류는 회사의 채무에 대한 출자자 등의 책임이 일정액을 한도로 하는 유한책임인가 무한책임인가 하는 점과 출자자 등의 책임이 회사채권자에 대한 직접 책임인가 또는 회사재산만 책임을 지는 간접 책임인가에 따라 구별된다.

1) 개인기업

영업행위 등 회사의 제반행위로부터 발생하는 권리의무가 자연인에게 귀속되는 기업을 말한다.

장 점	단 점
• 전 이윤을 독점할 수 있다. • 창업이 용이하고 창업비가 거의 들지 않는다. • 신속한 경영활동이 가능하다. • 조직내에서 의사결정과정이 원활하다. • 기업비밀 유지가 용이하다. • 회사자금의 사용이 용이하다.	• 사업주는 무한책임을 진다. • 기업 영속성이 결여되어 있다. • 사업주 개인은 경영 능력에 한계가 있다. • 대규모 회사로의 성장이 어렵다. • 법인에 비해 세율이 높다. • 외부 자금 조달이 어렵다.

2) 법인기업

법인 자체가 독립된 인격체를 가지고 있고, 출자자와 회사는 별개의 실체이다.

(1) 주식회사

대규모의 기업을 설립하기 위하여 소요되는 거액의 자본을 조달하고 보다 효과적인 경영활동을 하기 위한 법인체로써 주주의 유한책임제도, 자본의 증권화제도, 소유와 경영의 분리 등의 특징을 가진다. 주주의 유한책임제도는 자본조달을 용이하게 하고, 주주의 재산과 회사의 재산을 명백하게 구별되게 하고, 출자자와 자본의 운용을 분리할 수 있게 한다.

① 특징

- 법인기업의 99%
- 주주만으로 구성된 회사

- 자본주의 사회에서의 전형적인 자본단체(대기업에 적합)
- 주주는 주주총회를 통하여 경영자를 선정하고, 회사의 중요사항의 결정에 참여할 뿐이고, 직접적인 경영은 주주총회를 통해 선정된 경영자, 즉 이사회와 대표이사가 담당하게 됨
- 주식의 양도가 자유롭다.
- 설립 출자요건 : 1주에 5,000원 이상, 자본금 5천만 원 이상(벤처기업 인증을 받은 경우 2,000만 원)

② 주식회사 개념의 3요소

- 자본 : 발행주식의 액면총액, 회사등기부에 등기하여 공시함
- 주식 : 자본과 주주를 결부시키는 역할을 함
- 주주의 유한책임 : 주주는 회사에 자기가 인수한 주식의 인수가액을 한도로 재산상의 출자의무를 지는데 불과하며, 아무런 의무도지지 않는다(단, 과점주주 등은 세법에 의해 2차 납세의무 등 일부 의무조항이 있음).

(2) 유한회사

출자액의 한도 내에서 채무변제책임을 지는 2인 이상의 유한책임사원으로 구성되는 회사이다. 사원의 총 수는 50인을 초과하지 못하며 회사의 자본총액은 1,000만원이상 이어야 하고 1좌당 금액은 5,000원 이상이어야 한다.

- 사원이 균등액을 출자함으로써 성립됨
- 자본출자의무를 가지나, 회사 채권자에 대한 책임을 지지 않는 유한책임사원만으로 구성된 회사
- 가족회사의 경우 적절

(3) 합명회사

2인 이상의 무한책임사원만으로 구성되는데, 무한책임사원은 회사의 경영과 채무에 대해서 연대무한책임을 짐으로써 경영에 직접 참가하게 된다.

- 회사의 재산으로 회사채무를 완전히 변제할 수 없는 경우 회사 채권자에 대하여 직접, 연대, 무한의 변제책임을 지는 무한책임사원만으로 구성됨.
- 인적 신뢰관계를 바탕으로 한 소수인의 공동기업에 적합한 회사형태임.

(4) 합자회사

무한책임사원과 유한책임사원으로 구성되는 기업형태로 1인 이상의 유한책임사원과 1인 이상의 무한책임사원으로 이루어진다. 구성유한책임사원은 그의 출자액을 한도로 하여 회사의 채무를 변제할 의무가 있고, 무한책임 사원은 그의 출자액을 초과하는 채무에 대해서도 변제할 책임을 진다. 유한책임사원은 출자는 하되 경영에 참가하지 않고, 무한책임사원은 출자를 하는 동시에 경영에 참여하되 업무를 집행할 권리와 의무가 있다. 또한 무한책임사원은 재산 이외의 노무(서비스) 또는 신용만을 제공하여 사원이 될 수 있으며 합자회사는 정관작성 및 설립등기시에는 합명회사의 규정을 준용하되 각 사원의 무한책임 또는 유한책임을 구분하여 등기하여야 한다.

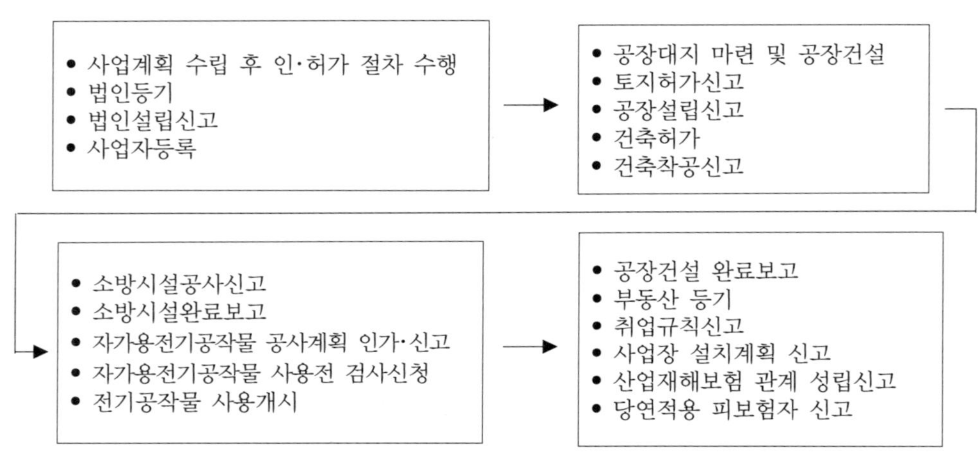

[그림 4-1] 회사설립의 기본절차

2. 수출입부서의 조직

기업이 수출입 업무를 원활히 수행하기 위해서는 무역에 대한 지식이 충분한 사람을 확보하여야 하는데 기업에 따라서는 인적구성이 다양할 수 있다. 소규모 업체에서는 한사람이 수출뿐만 아니라 수입 업무를 함께 담당하고 있을 수도 있으며 대기업에서는 수출업무만 해도 많은 사람이 세부적으로 업무를 구분하여 수행할 수도 있다. 일반적으로 기업이 성장함에 따라서 개인이 담당한 업무는 점차 좁아질 것으로 예상된다.

1) 수출부

일반적으로 많은 기업에서 수출은 영업부 또는 마케팅부서에서 담당하고 있는데 해외에서 주문이 들어오면 그 부서에서 국내거래와 다른 절차를 거쳐 업무를 수행하여야 한다. 즉, 제조과정이나 상대방에 대한 신용파악, 보험절차, 포장, 선적절차, 대금수취절차 등에 대해서 국내 상거래에서 고려하지 않았던 사항까지도 파악하여야 할 것이다. 이와 같은 해외의 수입주문량이 증가함에 따라서 수출에 관련된 업무는 정해진 방식으로 일괄되게 처리되며 기업주의 입장에서도 그 분야에 전문성을 갖춘 사람에게 수출업무를 수행하도록 하거나 전문적으로 이를 처리할 수 있는 부서를 만들어 업무의 효율성을 증가하려 한다.

또한 수출부서는 관련업체간에 상호 유기적인 관계의 유지가 필요하다. 예를 들면 운송주선업자, 은행, 포장회사, 해운 및 항공회사, 운송업자, 정부기관, 국내운송업체 등과 무역업무를 처리하기 위해서는 정보교환이나 협력관계를 유지하여야 할 것이다.

2) 수입부

기업의 수입부서는 공장에서 원료수입을 담당한 사람이 후에 수입업무를 맡게 되는 경우가 있으며, 본국에 주둔하는 해외기업에 근무하던 사람이 그 기업이 철수한 후 그 나라에서 물품을 수입하여 판매하는 경우 수입업무에 종사하게 되는 경우도 발생한다.

거래조건이 FOB 조건이거나 EX Work 조건일 경우 수입하고자 하는 기업은 수입에 관련된 업체나 기관과 유기적 관계가 있어야 하며 수입의 모든 절차에 숙련되어 있어야 가능할 것이다. 왜냐하면 수출허가, 통관, 선적업무, 보험업무 등의 현재업무를 수입자가 수행하여야 하는 경우가 많기 때문이다.

3) 수출·수입부

현실적으로 대부분의 기업에서는 수출과 수입부서를 별도로 분리해서 운영하지 않고 있으며, 특히 중소기업이나 수출입 물량이 적은 대기업에서는 한두 명이 수출입업무를 통괄해서 처리하고 있다. 기업이 성장하거나 수출입 물량이 증가함에 따라서 이와 같은 업무가 좀 더 세분화되며 수출입업무를 분할하여 처리하게 된다.

4) 수출입 절차에 대한 매뉴얼

한 기업이 수출입부서에 수출입 절차나 서류준비에 관련된 사항을 사전에 매뉴얼로 준비해 놓는다면 업무를 처리하는데 상당한 도움을 줄 것이다. 예를 들면 거래상대방의 이름이나 전화번호, 운송주선인의 계약자, 해운회사 등 관련 당사자에 관한 정보를 관련 소프트웨어 등에 입력하여 데이터를 구축해 놓는다면 업무의 효율성을 증가시킬 것이다.

3. 무역업 및 무역대리업

수출입행위의 주체인 무역업자는 대외무역법에 의한 무역업 고유번호 신청은 무역협회장에 하여 무역업 고유번호를 부여받아야 한다. 무역업 고유번호 부여권한은 현행 대외무역법상 산업통상자원부장관에게 있으나, 그 권한이 한국무역협회장에게 위임되어 있다.

1) 무역업의 고유번호 부여

무역업 고유번호신청은 대기업 및 중소기업, 또는 법인, 개인, 외국인의 구별없이 구비서류를 갖추어 한국무역협회 본·지부에 신청을 하여야 하는데, 업체의 소재지에 관계없이 편리한 곳에서 신청할 수 있다.

무역업 고유번호 신청과 부여는 신청서에 의하여야 하며 우편, 팩시밀리, 전자메일(E-mail), 전자문서교환체제(EDI) 등의 통신수단을 이용할 수 있다. 무역업 고유번호 신청시 자격요건은 별도로 없고 관할세무소나 등기소에 사업자등록을 한 개인이나 법인이면 누구나 할 수 있다.

2) 무역대리업

외국의 수입업자 또는 수출업자의 위임을 받은 자가 국내에서 외국업자의 대리인의 자격으로 판매계약 또는 구매계약을 체결하고 이에 부대되는 행위를 업으로 영위하는 자이다. 현행 대외무역법하에서는 신고 없이 자유롭게 사업자등록을 한 개인 또는 법인이면 누구나 할 수 있고 갑규, 을류 구분도 폐지되었다.

[표 4-1] 무역업과 무역대리업의 비교

	무 역 업	무 역 대 리 업
개 념	자기명의로 자기책임하에 물품의 수출과 수입을 업으로 영위하는 것 ① 대행수출, 대행수입의 위탁은 무역업의 범주에 포함안됨 ② 상품의 소유권이전을 전제로 한다는 의미에서 "무역대리업"과 구분됨 ③ 대외무역법상 무역업의 신고면제에 의한 수출입행위는 무역업으로 볼 수 없음	외국의 수입업자 또는 수출업자의 위임을 받은 자가 국내에서 수출물품의 구매 또는 수입계약의 체결과 이들에 부대되는 행위를 업으로 영위하는 것(계약대리권만 행사) ① 자기명의로 소유권 이전을 전제로 한 수출입을 할 수 없다는 점에서 무역업과 구분됨 ② 물품매도확약서 발행 및 수출품의 구매알선으로 영업범위가 한정된다는 점에서 무역중개업과 구분됨
관리체계	무역 고유번호 신청	자 유
업무범위	• 수출, 수입 취급품목의 범위를 제한하지 않음. (단, 약사법등에서 이중적으로 무역업 영위조건을 정하고 있는 경우는 예외) • 수출입 대행 가능	• 외국수출업자를 대리하여 물품매도확약서(offer sheet) 발행 • 국내에서 수출할 물품의 구매 또는 구매와 관련하여 부수되는 행위를 업으로 함

제 2 장 수출절차

수출절차라 함은 일반적으로 수출계약이 체결되고 이에 따라 수출신용장의 내도된 이후에 수출추천, 수출승인, 수출품검사, 수출통관 및 선적, 그리고 수출대금의 회수에 이르기까지의 수출에 따른 일련의 절차를 말한다.

수출을 규제하는 법규로서는 수출입거래를 대상으로 한 대외무역법, 수출품의 품질을 대상으로 한 수출검사법, 수출물품의 통관을 규제하는 관세법, 수출대금의 결제를 규제하는 외국환거래법 등이 있다. 또한 이러한 법규는 수출이 국제수지의 균형과 국민경제의 발전에 기여하도록 한 입법목적에 따라 상호보완적으로 운용되어 수출품의 대외거래를 관리하고 있다.

1. 수출계약의 체결

수출을 하고자 하는 자는 취급하고자 하는 물품에 대하여 국내무역관련법규에 의해 수출이 허용되는 물품인지 여부를 확인한 다음, 거래시장을 탐색하여 이를 결정하고 시장조사단계를 거쳐 그 시장에서 가장 적절한 거래선을 물색한 후, 그와의 거래를 제의하여 거래선 동의를 얻게 되면 거래관계 개설을 위한 수출계약을 체결하게 된다.

수출계약은 거래상대방이 확정되면 신용조회를 거쳐 거래상대방에 거래제의를 하고 이에 대한 상대방의 승낙이 있으면 계약이 성립된다. 일반적으로 무역거래는 수출자가 수입자에게 수출에 따른 무역거래조건을 제시한 청약(offer)에 대하여 수입

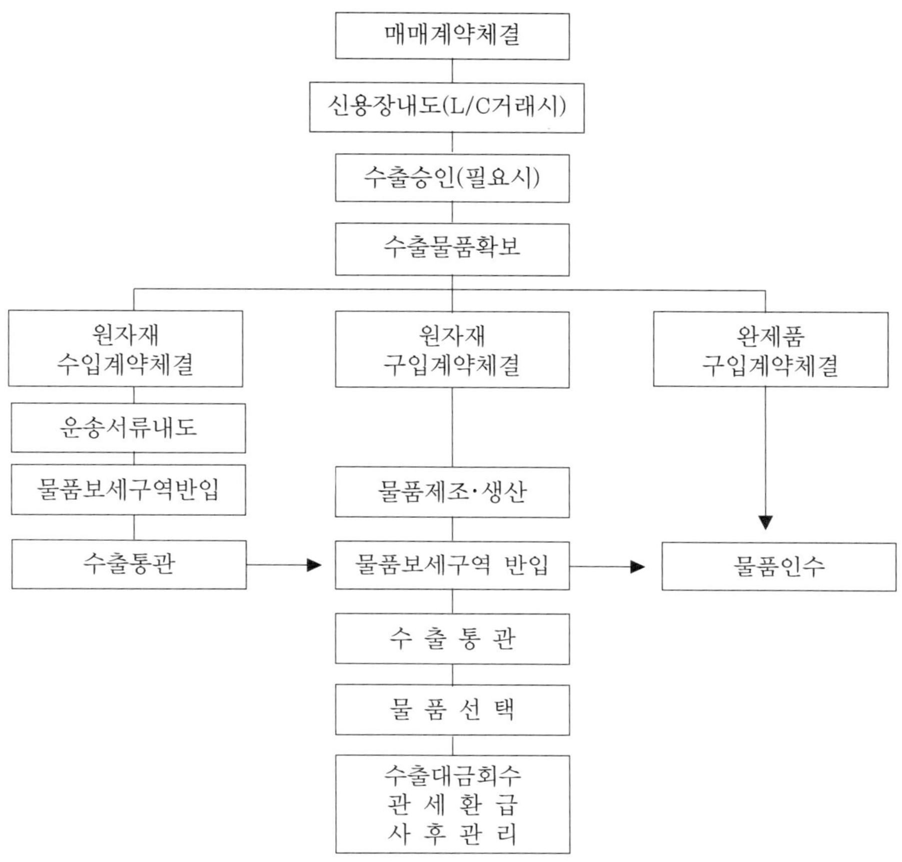

[그림 4-2] 수출절차(한국무역협회)

자가 이를 승낙(acceptance)하는 과정 또는 수입자의 주문(order)을 수출자가 승낙(acknowledge)하는 과정에 의하여 계약이 체결된다.

2. 신용장 내도

1) 신용장의 의의

신용장(Letter of Credit : L/C)이란 무역거래의 대금지급 및 상품수입을 원활히 하기 위하여 수입상을 신용장개설의뢰인으로 하고 수출상을 수익자로 하여 수입상의 거래은행인 신용장개설은행이 수입상의 요청과 지시에 따라 수출상 또는 그의 지시인으로 하여금 신용장에 명기된 조건과 일치하는 운송서류(Transport Document)를 제시하면 신용장대금을 틀림없이 지급하겠다고 약속하는 증서이다.

2) 신용장 접수 후 확인 사항

(1) 계약내용과의 대조

수출신용장(輸出信用狀)은 수출입당사자간의 계약서에서 합의한 조건에 따라 외국환은행을 통하여 개설되는 것이므로 계약조건, 특히 가격, 단가, 보험조건, 포장방법, 선적기일, 분할선적, 환적조건 등에 상이한 점이 있는가를 검토하여야 하며, 상이한 점이 있는 경우에는 곧 당해 신용장조건을 변경하도록 상대방 신용장 개설의뢰인에게 요구하여야 한다.

(2) 신용장양식의 확인

신용장은 그 용도에 따라 종류가 다양하다. 우리나라에서는 취소가능신용장이 허용되지 않으므로 신용장에 '취소가능'(revocable)이란 표시가 있는지, 또한 수출입업고유번호가 없는 자는 원칙적으로 자기 명의로 수출할 수 없으므로 이런 경우 '양도가능'(transferable)의 표시가 있는지, 혹은 신용장의 효력에 대한 특별한 유보조건(견본확인, 대리인의 검사 등)이 있는 조건부신용장(conditional L/C)은 아닌지 등을 확인하여야 한다.

(3) 개설은행의 신용 확인

수출업자가 대금결제를 신용장으로 정하는 이유는 신용장 개설은행의 신용을 믿고 하는 것인데, 만일 신용장 개설은행이 신용 없는 은행이면 대금지급에 문제가 생긴다. 그러므로 개설은행의 신용을 믿을 수 없는 경우에는 보다 공신력 있는 제3의 은행의 확인(confirm)을 받도록 해야 한다. 또 결제은행(reimbursing bank)이 제3국에 있을 경우 그 은행과의 코레스계약(Corres)관계도 확인해 보아야 하며, 신용장의 진정성 유무는 전자비밀번호(SAK)에 의해서 확인된다. 이러한 진정성 유약의 확인은 통지은행의 책임이다.

(4) 신용장통일규칙의 적용확인

외관상으로는 신용장같이 보이나 신용장이 아닌 A/P(Authority to Purchase)같은 지급수단도 있으며, 또 신용장통일규칙에 준한다는 문언이 없는 유사지급수단이 있으므로 반드시 신용장거래는 신용장통일규칙에 따른다(Subject to the Uniform

Customs and Practice for Documentary Credits, 2007 Revision, I.C.C Publication No. 600)는 문언(文言)의 기재 여부를 확인하여야 한다.

3. 수출승인

1) 수출승인

(1) 수출 가능 여부의 확인

물품의 수출이 가능하기 위해서는 ① 대외무역법이나 개별법상 수출제한품목인 경우 당해 물품에 대한 수출추천이나 신고를 하여야 하며, ② 당해 수출거래형태에 대해 인정을 받아야 하며, ③ 당해 수출대금결제방법에 대해서도 한국은행의 승인을 받아야 하는 경우도 있다.

그런데 1997년 1월 1일 이후 수출입의 자유화원칙에 따라 계약이행의 사전허가절차인 승인제도가 폐지됨에 따라 대금결제사항은 외국환거래법에 일임하고 대외무역법상의 수출입공고 등에 근거한 물품에 대한 관리만을 하는 것을 원칙으로 함에 따라 수출승인의 개념이 과거의 추천 등과 같은 성격으로 변경되었다.

따라서 과거에는 수출이 가능한 경우에 한해 수출승인을 하였으므로 수출이행이전에 계약수정이나 미비사항의 보완 등이 가능하였으나, 수출승인이 폐지된 이후에는 적법하지 않은 수출이행에 따른 책임은 전적으로 수출자에게 귀속되므로 사전에 수출가능여부를 확인하는 것이 매우 중요하다.

(2) 대외무역법상 수출신고

대외무역법상 물품의 수출입제한은 수출입공고, 통합공고, 전략물자수출입공고 등에 의하여 이루어지고 있는데, 크게 수출입금지품목과 제한품목으로 나누어지며, 후자의 경우 관련 부처나 단체에서 수출추천을 받거나 신고를 함으로써 수출이 가능하다.

(3) 개별법상 수출허가

물품의 수출입에 대해 대외무역법상 수출입공고 등 이외에 다른 법령에 특별한 규정이 있는 경우 당해 개별법에 따른 별도의 제한을 받는다. 이러한 개별법은 약 50개가 있으며, 이러한 개별법에 의한 각종 수출입 제한내용을 산업통상자원부장관은 통합하여 공고하는데, 이를 “통합공고”라고 한다.

따라서 통합공고상의 수출제한품목을 수출하고자 하는 경우 주무부장관이나 주무부장관이 지정하는 기관의 사전수출승인이나 추천 등을 받아야 한다.

2) 수출거래형태의 인정

대외무역법상 거래형태는 L/C방식, 추심결제방식(D/A, D/P) 등 물품의 이동과 대금의 결제가 반대방향으로 이루어지는 정형화된 수출거래형태와 수출제한을 회피하거나 국내산업보호에 지장을 초래할 우려가 있는 경우가 있다. 그리고 외국에서 외국으로 물품의 이동이 있고 그 대금의 지급이나 영수가 국내에서 이루어지는 거래로서 물품의 이동상황의 확인이 곤란한 경우 및 대금결제가 수반되지 아니하고 물품의 이동만 이루어지는 특정거래형태로 나뉘어지는데 이중 특정거래형태는 산업통상자원부 장관의 인정범위에 속하지 않는 것은 현행 대외무역법상 특별한 규제를 하지 않고 있다. 즉 특정거래형태 중 산업통상자원부 장관의 인정대상을 제외하고는 자유로운 거래가 가능하다. 그러나 인정대상이 아니라고 하여 외국환거래법까지 배제되지는 않으므로 대금결제에 대해서는 별도로 외국환거래법의 적용을 받게 된다.

3) 수출승인시 구비서류 및 대상

(1) 구비서류

① 수출승인신청서 4부
② 수출신용장 또는 계약서 사본 1부
③ 기타 수출승인기관에서 요구하는 서류

(2) 승인대상

수출입공고, 통합공고에 의해 수출이 제한되는 품목으로 일부 섬유류와 환경보호관련 동·식물 및 유해화학물질 등이 해당된다. 이러한 제한품목에 대해서는 수출입공고상 승인 또는 추천기관의 추천을 받아야 한다.

4. 수출품확보

1) 수출물품의 확보방법

수출물품을 확보하기 위해서는 수출업체가 직접 제조·생산하거나 완제품을 구매하는 방법이 있으며, 동 물품의 제조·생산을 위해 소요되는 원재료의 확보는 국내에서 구매하거나 외국으로부터의 수입에 의한다.

2) 완제품 및 원재료의 국내구매

(1) 내국신용장에 의한 구매

내국신용장이란 수출업자가 수취한 수출신용장 등을 근거로 수출이행에 필요한 원자재 또는 완제품을 국내에서 원활히 조달하기 위하여 국내 공급업자(제조·생산자)를 수혜자로 하여 개설된 국내신용장을 말한다.

또한 내국신용장의 수익자는 공급물품을 제조·가공하는데 필요한 원자재를 구매하기 위하여 해외에서 발행된 신용장이나 원내국신용장(1차 내국신용장)을 근거로 하여 2차 내국신용장을 개설할 수 있으며, 1차 내국신용장이 완제품구매를 위한 내국신용장인 경우에는 원자재를 구매하기 위한 2차 내국신용장을 근거로 3차 내국신용장을 개설할 수 있다.

(2) 구매승인서에 의한 구매

구매승인서는 무역금융한도 부족, 비금융대상 수출신용장 등으로 인하여 내국신용장 개설이 어려운 상황에서 국내에서 외화획득용 원료 등의 구매를 원활하게 하고자 외국환은행장이 내국신용장 취급규정에 준하여 발급하는 증서이다.

구매승인서의 발급은 내국신용장 발급근거와는 상이하고 매건 별 발급근거를 전제로 발급되며 실적기준으로는 발급되지 않는다. 이와 함께 구매승인서가 내국신용장과 구별되는 가장 큰 차이점은 은행이 계약당사자간의 거래사실을 확인하는데 그치고 대금지급에 대한 지급보증을 하지 않는다는 점이다.

3) 외화획득용 원료의 수입

외화획득용 원료에 대한 지원에 대해서 우리나라는 수출물품 생산에 공여되는 원료 등에 대해서는 최대한 부담을 줄여줌으로써 우리 수출상품의 국제경쟁력을 제고시키기 위한 정책수단으로서 외화획득용 원료 등의 조달에 대하여는 내수용과 비교하여 통관, 금융, 세제상의 지원정책을 견지해오고 있다.

(1) 수출입공고 등 적용 배제

물품의 수출입은 수출입공고, 통합공고 등의 내용에 따라 수출입이 제한되고 있으나, 외화획득용 원료 등에 대해서는 동 원료를 사용하여 제조·가공되는 물품이 수출이 가능하면 특별한 경우를 제외하고는 수출입공고 등에서 수입금지나 제한규정에도 불구하고 수량 제한 없이 수입이 가능하다.

(2) 무역금융의 지원

수출물품의 제조·가공에 소요되는 자금부담을 완화시켜 주기 위하여 수출용 원자재의 수입 및 국내 구매시 필요한 자금에 대하여는 무역금융의 수혜를 받을 수 있다.

(3) 관세환급

우리나라 관세법은 수입물품에 대하여 관세(관세, 특별소비세, 부가가치세) 등을 징수한 후 수입면허하는 것을 원칙으로 하고 있으므로 외화획득용 원료의 경우도 일단 관세 등을 납부하고 수입통관하게 되나, 동 원료를 사용하여 제조·가공된 물품의 수출이 완료된 후에는 원료수입시 납부한 관세 등을 환급하여 주고 있다.

물론 이와 같은 외화획득용 원료 등에 대한 각종 지원제도는 대응수출 등 외화획득행위를 전제로 하여 부여하고 있는 것이므로 대응수출 등 외화획득행위가 이루어졌는지 여부에 대하여 사후관리한다.

4) 원산지증명서 발급기관

원산지증명서는 수출 해당 물품이 한국산임을 증명하는 제도로서 해당 물품의 품질을 증명하는 자료로 이용된다.

원산지증명서(C/O)는 상공회의소에서 발급하며, GSP원산지증명서는 각 시·도청에서 발급한다.

5. 운송 및 보험계약의 체결

1) 해상운송

해외에 거래선이 확보되고 관련 매매계약, 신용장 등이 개설되면 수출업자는 계약에 의거 수출상품을 확보하고 기일 내에 선적을 하여야 한다. 선적을 하기 위해 선박회사와 접촉하기에 앞서 기본적으로 이해하고 있어야 할 사전지식은 다음과 같다.

① 매매조건과 선적의무

통상 화물을 운송할 선박을 수배하는 자는 해당 선박회사에 운임을 지급하는 화주이다. 상품의 매매조건이 CIF(또는 CFR) 조건일 때는 수출업자가, FOB 또는 FCA 조건일 때는 수입업자가 운송선박을 수배하여야 한다. 예외적으로 수출업자와 수입업자의 거래관계, 상황에 따라 상대의 요청에 위해 선박수배를 주선해 주는 경우도 있다.

② 선적선박

선박을 수배하는 경우는 상품의 수량·종류에 따라 운송 선박이 다르다. 즉, 일반 완제품, 기계류 등과 같이 포장된 개품(個品)은 일반 잡화선(general cargo carrier) 또는 컨테이너 전용선(full container ship)에 선적되며, 쌀, 옥수수, 밀 등의 곡물이나 광석, 석탄 등의 이른바 살화물(撒貨物, bulk cargo)은 곡물, 광석류 운반 전용선에 선적한다.

③ 서비스 항로

우리나라를 중심으로 현재 형성되어 있는 항로(또는 노선)는 한·일항로, 동남아항로, 북미항로, 호주항로, 중동항로, 구주항로 등이 있으며, 이들 항로에는 일정한 주기를 유지하며 계속적으로 취항하는 정기선(liner)과 화물에 따라 그때그때 원하는 곳까지 화물을 운송하는 부정기선(tramper)이 있다.

④ 운임부과기준

운임은 통상해당물의 중량과 용적을 비교하여 많이 산출되는 톤수를 운임의 기준으로 삼는다(이를 revenue ton이라고 함). 주요 정기항로에 취항하고 있는 선박회사, 특히 운임동맹가맹 선사들은 운임율(tariff)을 갖고 있어, 운임의 적용 기준과 화물별 운임율은 관련 선박회사에 문의하면 정확히 알 수 있다. 운임은 통상 기본요금과 제할증료(CAF, BAF) 및 취급수수료(THC), 제공과금으로 구성되므로 하주가 지불하는 총운임은 제부과요금을 합산하여 산출해야 한다.

⑤ 선박회사와의 접촉

정기선이 취항하지 않는 지역으로 화물을 보내고자 할 때에는 일반 잡화의 경우 충분한 사전기간을 두고 선박회사와 접촉을 시작해야 한다. 정기선의 경우는 지역에 따라 다르나 선적일자(L/C상의 shipment date) 기준 약 2주 전에만 접촉하여도 무방하지만, 부정기선 편으로 선적운송해야 할 경우는 가급적 1~2개월 전부터 선박을 물색하기 시작하여야 한다. 물론 어느 경우나 하주 입장에서는 충분한 시간을 갖고 임하면 그만큼 유리한 입장에서 선박을 물색할 수 있으므로 상황이 허락하는 한 선박회사의 접촉은 조기에 시작하여야 한다.

⑥ 운송계약의 형태

① 일반잡화를 운송하는 정기선의 경우는 별도로 운송계약서를 작성하는 것이 아니고 선박회사에서 정형화된 양식인 선하증권(Bill of Lading : B/L)을 발급함으로써 운송계약에 갈음하고 있다. 동 증권에는 화물의 행선지, 선적지, 명세(용적, 중량. 마크 등), 운임지불관계(선불 또는 도착지 후불), 선적일자, 발급일자 등이 기재되며, 뒷면에는 운송과 관련한 당사자간의 권리의무 관계를 기술한 약관이 인쇄되어 있다. 약관의 내용은 이해당사자간 책임과 의무를 명기하여 분쟁이 발생할 경우 기준이 되므로 하주는 동 내용을 정확히 숙지할 필요가 있다.

② 부정기선화물, 즉 곡물·광석·석탄 등의 화물을 운송할 때에는 용선계약서(charter party)가 작성되며, 이에 의거 선하증권이 별도로 발급된다. 용선계약서는 정기선의 경우와 달리 일방적으로 인쇄된 양식을 사용하는 것이 아니고 당사자간에 충분한 합의를 거쳐 계약서가 작성된다. 특히 유의할 것은 화물수량의 표시, 선적일시, 하역일시, 체선관계 등 상당히 전문적인 지식이나 경험을 필요로 한다. 따라서 초심자는 직접 계약에 임하는 것보다는 관련 해운회사의 조언을 받거나 용선중개인(chartering broker) 또는 변호사의 협조를 받는 것이 좋다.

2) 항공운송

(1) 항공운송의 개요

항공화물운송은 하주가 직접 항공회사와 거래하지 않고 항공화물 대리점 또는 혼적업자(consolidator)를 이용하여 기적(機積)·운송(運送)을 하고 항공화물운송장(air waybill)을 발급 받는다. 일반적인 절차는 하주가 화물의 내용(품목, 수량, 중량 등) 및 출하예정일, 비행편 등을 예약하면 항공화물 대리점은 항공사와 space booking을 하고, 해당화물을 지정된 일시에 인수하여 세관까지 운송한 뒤 통관절차를 거쳐 수출면허가 발급되면 보세구역에서 일시 장치 후 기적(機積)되도록 한다.

(2) 항공화물운송장

항공화물운송장은 항공운송에 있어 가장 기본적인 서류로서 해상운송의 B/L과 같은 성격을 띠고 있다. 항공화물대리점은 하주로부터 화물을 인수함과 동시에 air waybill을 발급할 수 있으며 air waybill은 3통의 원본과 6부 이상의 부본(副本)이 1set로 발행된다. 3통의 원본은 항공사용, 송하인용, 수하인용으로 사용되며 부본은 항공사간 운임정산용 및 대리점용으로 활용된다.[2)]

– Air Waybill의 기능은 다음과 같다.

① 화물의 운송계약을 체결하였다는 증거서류가 되며

② 하주로 부터 화물을 수령하였다는 수령증 역할을 하며

③ 운임, 제요금의 명세 겸 청구서로 사용된다.

3) 해상보험

(1) 해상보험의 개념

해상적하보험이란 선박이나 항공기로 운송되는 화물이 통상적인 운송과정에서 발생한 사고로 손상을 입었을 경우에 그 손해를 보상하는 보험이며 해상적하보험증권은 선하증권, 상업송장과 함께 환어음에 첨부되어 국제무역거래계약의 이행수단으로 이용된다.

(2) 해상적하보험의 가입

모든 해상 및 항공운송 화물은 해상적하보험의 가입대상이 된다. 해상적하보험은 무역조건에 따라 보험계약자가 다르다. 즉, CIF·CIP 조건인 경우에는 매도인인 수출업자가 해상적하보험에 부보하고, FOB·FCA 또는 CFR 조건인 경우에는 매수인인 수입업자가 해상적하보험에 부보하여야 한다.

6. 수출통관

수출통관절차라 함은 수출하고자 하는 물품에 대해 세관에 수출신고를 하고 필요

---

2) B/L과 airwaybill의 차이점은 airwaybill은 화물의 수취증권이며 요식증권인 점에서 B/L과 같으나, 화물의 수령 및 운송계약 체결을 증명하는 단순한 증거서류에 지나지 않고 유통이 금지된 비유통증권이며 유가증권이 아니라는 점이 다르다.

한 검사 및 심사를 거쳐 수출신고수리를 받아 물품을 선박 또는 비행기에 적재하기까지의 절차를 말한다. 세관에서는 이러한 관세법의 규정에 의한 일련의 절차를 통해서 관세법은 물론 대외무역법, 외국환거래법 등 각종의 수출규제에 관한 법규의 이행사항을 최종적으로 확인하게 된다.

1) 수출품의 장치

(1) 일반물품

수출물품은 수출자의 제조공장 또는 제품창고 등 세관검사를 받고자 하는 장소에 장치하고 수출신고를 한다. 따라서 수출물품의 제조가 완료되기 이전이라도 수출신고는 가능하다. 다만 수출신고가 수리된 물품은 수출신고 일로부터 30일 이내에 선(기)적항의 보세구역에 반입하여야 한다.

(2) 신고전 선(기)적 물품

활어와 같이 신속통관을 요하거나 물품의 성질상 수출신고 수리 전에 선적이 불가피한 물품에 대하여는 선(기)적지 신고수리 전 선(기)적 승인을 받아 수출신고 전에 선적할 수 있으며 다음과 같은 물품이 이에 해당된다.

① 선적한 후 공인검정기관의 검정서(survey reports)에 의거 수출품의 수량을 확인할 수 있는 물품
② 신선도를 유지하기 위하여 필요한 경우의 물품
③ 기타 세관장이 신고수리전에 선적할 필요가 있다고 인정하는 물품

2) 수출신고

수출신고는 원칙적으로 EDI(Electronic Data Interchange : 전자문서교환방식)에 의해 진행되고 있으며 예외적인 경우에 한해 서류에 의한 수출신고서 및 증빙서류를 세관장에게 제출하도록 하고 있다.

(1) 수출신고시 구비서류

① 수출신고서(EDI 신고)
② 수출승인서(해당되는 경우)
③ 상업송장 및 포장명세서
④ 기타 수출통관에 필요한 서류

(2) 수출대금 회수시 구비서류

① 수출환어음 매입 신청서
② 환어음
③ 수출신용장 원본(L/C방식의 경우)
④ 선하증권(B/L)
⑤ 상업송장(Commercial Invoice)
⑥ 포장명세서(Packing List)
⑦ 보험증권, 원산지증명서(수입자 요구시)
⑧ 기타 신용장이나 수출계약에서 요구하는 서류

7. 수출대금의 회수(선적서류의 매각 또는 추심)

수출통관 과정을 거쳐 선적이 완료되면 수출업자는 제반 선적서류를 갖추어 수출대금의 회수단계에 이르게 된다.

수출대금을 회수하기 위해서는 먼저 거래외국환은행과 화환어음거래약정을 체결(최초 거래시)하고, 선적을 이행한 후 수출신용장 또는 계약서의 조건에 따라 환어음과 선적서류를 작성하여 거래외국환은행에 환어음의 매입 또는 추심을 의뢰하게 된다.

외국환은행은 환어음을 지급인(주로 수출신용장 개설은행 또는 수입자) 앞으로 송부함으로써 수출대금의 회수가 이루어진다. 수출대금은 수출승인된 결제방법에 의하여 유효기간 내에 전액을 회수하도록 의무화하고 있다(외국환거래법 제7조).

8. 관세환급 및 기타 절차

이상과 같은 일련의 절차를 거치게 되면 사실상 수출절차는 완료가 된 것이며, 남은 것은 수출용 원재료를 수입할 때 납부한 세금의 환급, 수출물품의 확보를 위해 사용한 수출금융의 상환, 기타 대외무역법상의 사후관리를 받아야 하는 경우 필요한 제반 의무의 이행 등 부수적인 절차를 이행하여야 한다.

관세환급을 위한 수출이행과 환급신청기간은 수출용 원재료를 국외 또는 내수용으로 수입하였는지 여부에 불문하고 수입면허일로부터 2년 이내에 수출해야 하며, 환급신청기간 또한 수출신고수리일로부터 2년 이내에 환급신청 해야 한다.

제 3 장 수입절차

수입(Import)이라 하면 외국의 물품이 우리나라 세관을 통하여 들어오는 것을 말하며 일반수입과 원자재수입으로 구분할 수 있다. 원자재 수입은 우선적으로 허가되며 금융·행정 등의 면에서 여러 가지 특혜가 주어진다.

수입절차는 수입상이 수출상과 수입계약을 체결하고 수입계약서인 물품매도확약서에 의하여 수입승인을 받고 외국환은행에 수입신용장을 발행한 후 수입화물과 선적서류가 신용장발행은행에 내도되면 수입화물을 통관하는 일련의 절차를 말한다. 이러한 수입절차는 수출절차의 경우와 마찬가지로 대외무역법, 외국환거래법, 관세법 등 각종 법규에 의하여 규제를 받는다.

물품의 수출입을 업으로 하고자 하는 자는 무역협회로부터 수출입 고유번호를 신청하여 부여받아야 하며 고유번호가 없는 자가 수입하고자 하는 경우에는 수출입업 고유번호를 가진 자에게 수입대행을 의뢰하여야 한다. 한편, 수입승인 여부는 수출입공고에 규정되어 있으며, 수입제한승인품목은 주무관서의 수입추천을 얻거나 제한조치에 합당한 것에 한하여 수입을 승인해 준다. 외국환거래규정에서는 수입대금의 결제방법에 대하여 규정하고 있으며, 관세법에서는 수입통관절차가 규정되어 있다.

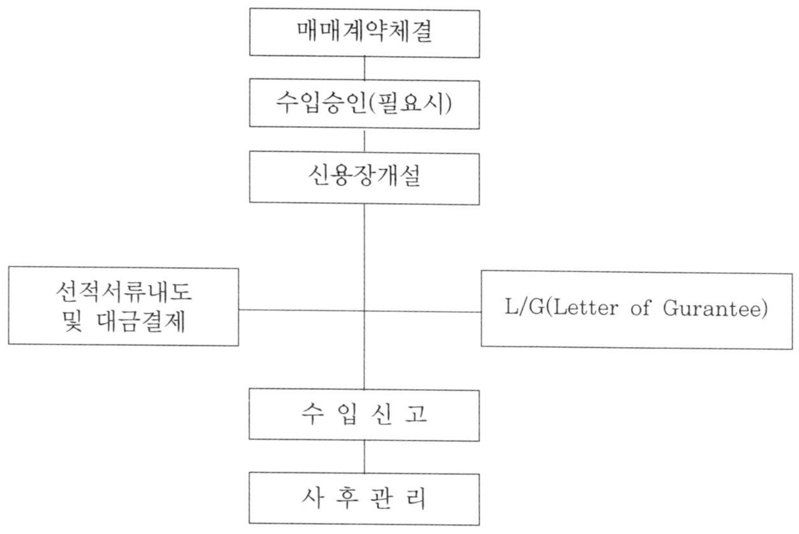

[그림 4-3] 수입절차(한국무역협회)

1. 수입계약의 체결

수입상은 해외시장조사 및 시장조회(Inquiry) 등을 통하여 거래선을 선정하고 해외 조사기관들에게 신용조사를 의뢰해 가장 적합하다고 판단되는 수출자와 수입계약을 체결한다. 수입계약은 통상 물품매도확약서의 발급으로 대체되고 있는데, 물품매도확약서는 국내의 무역대리업자(오퍼상)로부터 받든지, 외국의 수출상으로부터 직접 받을 수 있다. Offer Sheet의 가격과 선적, 결제조건 등의 제조건이 상담했던 내용과 맞으면 오퍼의 하단에 수입상이 "Accept"라고 표시하고 서명하여 한 부를 수출상에게 보냄으로써 계약은 성립된다. 물품매도확약서는 물품에 대한 거래조건이 명시되어 있기 때문에 수입승인 및 신용장개설 신청시에 요구되는 서류이다.

2. 수입승인

수출의 경우와 마찬가지로 수입의 경우에도 수출입 공고에서 고시하는 특정 물품에 대해서는 개개의 수입 거래별로 산업통상자원부 장관이 위탁하는 관련 단체의 장의 승인을 받아야 한다.

과거에는 모든 수입행위에 대해 매계약 건별로 물품의 이동과 대금결제를 결부시켜 수입승인을 받도록 하여 물품에 대한 규제는 물론 외환의 지급까지도 관리하였으나 97년부터는 대금결제는 외국환거래법에 위임하고 오직 물품에 대한 관리만을 원칙으로 함에 따라 수입승인의 개념이 물품의 이동만을 관리하는 추천과 같은 성격으로 바뀌었다. 즉 수입승인은 국내로 이동이 제한되는 물품을 이동될 수 있도록 허가해 주는 절차인 것이다.

수입하려는 물품이 수출입공고, 통합공고 등에서 수입이 허용되는 품목인지를 검토하여 관련기관, 협회의 수입승인을 받아야 한다. 한편 수입하고자 하는 물품이 통합공고상 수입이 제한되는 품목인 경우에는 보건복지여성부, 환경부 등 주무부처의 수입요건 확인 또는 허가를 받아야 한다.

수입승인을 받으려면 수입계약서 또는 물품매도확약서(Offer Sheet), 수출입공고 등에서 규정한 요건을 충족하는 서류를 수입신청서와 함께 관련 기관(협회)에 제출하여 수입물품의 명세, 선적항, 당사자, 유효기관 등에 대한 승인을 받아야 한다.

수입승인의 유효기간은 1년인데 수입자는 이 기간내에 수입물품을 통관하여야 하나 필요한 경우 연장할 수 있다. 한편, 수입승인을 받은 후 상대방과의 계약내용이 변경되거나 기타사유로 인하여 원래 수입승인을 받은 조건대로 수입을 이행할 수 없는 사정이 생긴 때에는 수입승인사항의 변경을 신청하여야 한다.

1) 수입승인의 유효기간 및 구비서류

(1) 수입승인의 유효기간

수입승인의 유효기간은 승인일로부터 원칙적으로 1년이다.

(2) 수입승인신청시 구비서류

① 수입승인신청서
② 수입계약서 또는 물품매도확약서
③ 수입대행계약서(대행시)
④ 기타 수출입공고 등에서 규정한 요건을 충족하는 서류

2) 신용장 개설시 주의사항 및 구비서류

(1) 신용장 개설시 주의사항

① 대금결제방법, 선적항, 도착항의 계약서와의 일치 여부 확인

② 품목, 규격, 단가, 원산지, 가격조건의 계약서와의 일치 여부 확인
③ 선적기일과 유효기일이 계약서상의 유효기일 이내라야 한다.
④ 분할선적과 환적의 허용 여부

(2) 신용장 개설시 구비서류

① 수입신용장 개설신청서
② 외국환거래 약정서 체결
③ 수입승인서(필요시)
④ 물품매도 확약서
⑤ 기타 필요한 서류 : 담보제공증서 등

3. 수입신용장의 개설

수입계약서에서 대금결제를 신용장에 의한다고 약정되어 있는 경우에는 유효기한 내에 수입업자는 거래은행에 신용장의 발행을 의뢰하여야 한다.

수입자는 수입물품에 대한 수입승인을 받은 다음 그 유효기간 내에 신용장 개설을 신청하게 된다. 신용장을 개설해주는 외국환은행으로 보면 신용장개설은 일종의 여신(與信)행위이므로 수입상 및 수출상의 신용상태와 해당 수입상품의 시장성 등을 고려하여 발행하며 일반적으로 충분한 담보를 확보하고서 신용장을 개설한다.

신용장개설은행은 신용장개설에 관한 심사 및 기타의 절차를 완료하고 개설의뢰인이 제출한 의뢰서의 내용을 점검하고 타당하다고 인정되면 신용장을 개설하여 준다. 신용장의 개설방법은 선적기일, 시황, 자금사정 등을 고려하여 다음과 같은 두 가지 방법이 있다.

1) 우편에 의한 개설(mail credit)

개설신청서의 내용에 따라 소정의 신용장양식 한 세트를 작성하여 원본 1매는 통지은행에 발송하고, 결제은행에는 사본 1매를 수입대금 결제의뢰서(reimbursement request)와 함께 발송한다.

2) 전신에 의한 개설(cable credit)

금융비용절약, 납기단축 등을 위하여 신용장 개설사실을 신속히 통지할 필요가 있

을 경우 전신으로 신용장을 개설하게 되며 종전에는 cable이나 telex에 의해서 신용장을 개설하였으나 요즘은 대부분의 국가는 SWIFT방식을 사용하고 있다.

3) 'SWIFT'에 의한 개설

신용장의 모든 내용을 'SWIFT'를 통하여 지정된 Format으로 전송한 후, 통지은행으로 하여금 이를 출력하여 통지하도록 하는 개설방법을 말한다.

SWIFT 신용장의 진위는 'SAK(Swift Authenticated Key)'에 의하거나 또는 'BKE(Bilateral Key Exchange)' Process에 의하여 시스템상에서 자동적으로 확인·판별된다.

(1) SWIFT의 개요

SWIFT(Society Worldwide Inter-bank Financial Telecommunication)란, 금융기관간에 교환되는 각종 메시지를 업무별로 표준화하여 이를 전 세계적으로 구성된 자체 통신망을 이용하여 송수신할 수 있도록 조직된 금융정보통신망을 말한다. TELEX에 비하여 보완성이 뛰어나고 비용이 매우 저렴하며, 전문내용이 표준화되어 있어 전산에 의한 업무자동화를 용이하게 하는 등의 많은 장점을 지니고 있다. 또한 전문발송 후 30초 이내에 수신자에게 전문 전달이 가능한 매우 신속한 통신수단이다.

참고적으로 SWIFT는 TELEX와는 달리 아무나 가입할 수 없으며, 각국의 우량 금융기관들을 위주로 하는 회원제로 운용되고 있다. 또한 SWIFT로부터 수령한 Login Key 및 Select Key를 입력해야만 SWIFT 망과의 접속이 가능하며, SAK 또는 BKE에 의해 전문내용의 진위(眞僞)가 자동적으로 판별되므로 매우 안전한 통신수단이라고 할 수 있다.

이러한 SWIFT만의 여러 가지 장점으로 인하여 현재 대부분의 금융기관에서는 당·타발 고객송금, 송금수표, 추심업무, 신용장업무, 은행간 자금이체 등을 모두 SWIFT에 의하여 처리하고 있다.

(2) SWIFT 신용장의 개설

SWIFT 신용장의 개설은 'MT(Message Type) 700'과 'MT 701'을 사용한다. 'MT 700'은 신용장 개설을 위한 기본 Format이며, 서류명세 및 물품명세 등의 내용이 많아 'MT 700'으로 부족할 경우에는 'MT 701'을 추가로 사용하게 된다.

'MT 700'에서는 신용장의 필수 내용들을 주요 항목별로 코드화하고 각각의 Tag에 들어갈 내용들을 명확히 규정함으로써, 전문 송수신자 간의 신용장조건 해석에 따른 오해의 소지를 제거시키고 있다.

(3) SWIFT Message Category의 분류(대분류)

[표 4-2]

- MT 0XX : System Message
- MT 1XX : 고객송금(당·타발) 및 송금수표 관련 메시지
- MT 2XX : 은행간 자금이체 관련 메시지
- MT 3XX : 국제금융 관련 메시지(대출 및 예금, FX Dealing · Forward · Option · Swap 등)
- MT 4XX : 추심업무 관련 메시지(D/P, D/A, 수표 등)
- MT 5XX : 유가증권 관련 메시지
- MT 6XX : 귀금속 및 차관(신디케이션) 관련 메시지
- MT 7XX : 화환신용장 및 보증서 관련 메시지
- MT 8XX : 여행자수표 관련 메시지
- MT 9XX : 입출금 통보 및 대사자료, 기타의 메시지

(4) 화환신용장 및 지급보증 관련 Message Type의 분류(소분류)

- MT 700/701 : Issue of Documentary Credit(신용장 개설)
- MT 705 : Pre-Advice of a Documentary Credit(예비통지문)
- MT 707 : Amendment to a Documentary Credit(신용장 조건변경)
- MT 710/711 : Advice to(of) a Third Bank's D.C.(L/C Relay 통지 : 확인신용장 등)
- MT 720/721 : Transfer if a Documentary Credit(신용장 양도)
- MT 730 : Acknowledgement(신용장 메시지의 접수·통지에 관한 확인회신)
- MT 732 : Advice of Discharge(하자의 수락 통보 : 개설은행 ⇒ 매입은행)
- MT 734 : Advice of Refusal(지급거절통지 및 자금반환요청 : 개설은행 ⇒ 매입은행)
- MT 740 : Authorization to Reimburse(상환수권 : 개설은행 ⇒ 상환은행)
- MT 742 : Reimbursement Claim(상환청구 : 매입은행 ⇒ 상환은행)

- MT 747 : Amendment to an Authorization to Reimburse(상환수권 조건변경)
- MT 750 : Advice of Discrepancy(하자수락 여부에 관한 전신조회 : 매입은행 ⇒ 개설은행)
- MT 752 : Authorization to Pay · Accept · Negotiate(MT 750에 대한 동의 회신)
- MT 754 : Advice of Payment · Acceptance · Negotiation(지급·인수·매입 통보)
- MT 756 : Advice of Reimbursement or Payment(대금상환 통보 : 상환은행 ⇒ 매입은행)
- MT 760 : Guarantee(보증서 발행)
- MT 767 : Guarantee Amendment(보증서 조건변경)
- MT 768 : Acknowledgement of a Guarantee Message(보증서 접수·통지에 관한 회신)
- MT 769 : Advice of Reduction or Release(감액 또는 제한해제 통지)
- MT 790 : Advice of Charges, Interest and Other Adjustments(이자 및 수수료 등의 통지)
- MT 791 : Request for Payment of Charge, Interest and Other Expenses (이자 및 수수료 등의 통지)
- MT 792 : Request for Cancellation(신용장 취소 동의 요청)
- MT 795 : Queries(화환신용장과 관련한 각종 조회)
- MT 796 : Ansews(MT 795 및 792 등에 대한 답변)
- MT 798 : Proprietary Message(User 간의 메시지)
- MT 799 : Free Format Message(자유 형식의 모든 메시지 교환)

【예시 4-1】 MT700 Issue of Documentary Credit

M/O	Tag	Field Name	Content/Option
M	27	Sequence of Total	In/In
M	40A	Form of Documentary Credit	24x
M	20	Documentary Credit Number	16x
O	23	Reference to Pre-Advice	16x
O	31C	Date of Issue	6n
M	31D	Date and Place of Expiry	6n29x
O	51a	Applicant Bank	A or D
M	50	Applicant	4*35x
M	59	Beneficiary	[/34x]4*35x
M	32B	Currency Code, Amount	3a 15number
O	39A	Percentage Credit Amount Tolerance	2n/2n
O	39B	Maximum Credit Amount	13x
O	39C	Additional Amounts Covered	4*35x
M	41a	Available with··· By···	A or D
O	42C	Drafts at···	3*35x
O	42a	Drawee	A or D
O	42M	Mixed Payment Details	4*35x
O	42P	Deferred Payment Details	4*35x
O	43P	Partial Shipments	1*35x
O	43T	Transshipment	1*35x
O	44A	Place of Taking in Charge/Dispatch from···/Place of Receipt	1*65x
O	44B	Place of Final Destination/For Transportation to···/Place of Delivery	1*65x
O	44C	Latest Date of Shipment	6n
O	44D	Shipment Period	6*65x
O	44E	Port of Loading/Airport of Departure	1*65x
O	44F	Port of Discharge/Airport of Destination	1*65x
O	45A	Description of Goods and/or Services	50*65x
O	46A	Documents Required	50*65x
O	47A	Additional Condtions	50*65x
O	71B	Charges	6*35x
O	48	Period for Presentation	4*35x
M	49	Confirmation Instructions	7x
O	53a	Reimbursement Bank	A or D
O	78	Instructions to the Paying/Accepting/Negotiationg Bank	12*65x
O	57a	“Advise Through” Bank	A, B or D
O	72	Sender to Receiver Infotmation	6*35x

참고
- M은 Mandatory, O는 Optional의 약어임
- n: 숫자로만 작성 가능 / a : 알파벳으로만 작성 가능 / x : 어떤 형태의 문자도 가능
- nn*nn : 작성 가능한 최대 행수 및 최대 자릿수

  예) 4*35x : 최대 4줄, 각 행당 35자리 이하의 숫자·알파벳 등의 문자로 구성

4. 선적서류내도와 대금결제

1) 선적서류의 내도

신용장의 수익자인 수출업자는 상품을 선적한 후 신용장에서 요구하고 있는 서적서류와 함께 환어음을 발행하여 매입은행에 매각하여 수출대금을 회수하면 매입은행은 매입한 환어음 및 선적서류를 개설은행 앞으로 송달하게 된다.

매입은행으로부터 선적서류를 접수한 개설은행은 자기가 개설한 신용장 조건대로 선적서류가 내도되었는지를 심사하여 수입대금 결제 여부를 확인한 후 개설의뢰인에게 선적서류를 인도하고 수입대금을 결제 받는다.

(1) 선적서류의 검토 및 결제

발행은행은 선적서류가 환어음과 함께 내도하게 되면 선적서류 매입통지서(covering letter)[3], 선적서류(shipment document), 환어음(bills of exchange) 등의 기재사항과 부속서류에 대하여 확인하여야 한다. 매입은행에서 매입한 환어음 및 선적서류는 통상 원본(original set)과 부본(duplicate set) 두 세트로 나누어져 발행은행에 송달된다. 이 경우 원본과 부본은 효력면에서 동일하므로 발행은행은 먼저 도착된 서류를 가지고 심사하여도 무방하다. 이는 선적서류 중 먼저 도착한 것이 인도되면 다른 하나는 효력을 상실하기 때문이다.

매입은행으로부터 서류를 접수한 발행은행은 먼저 매입은행의 선적서류 매입통지서(covering letter)을 면밀히 검토하게 된다. 특히 매입은행이 하자 있는 선적서류를 매입한 경우에는 신용장조건과의 불일치 내용과 처리전말이 기재되어 있으므로 이를 검토한 후 수입상의 동의를 받아 인수가 가능한지 여부를 결정하여 전신 등으로 지급지시 또는 지급거절의 통지를 하여야 한다.

선적서류 매입통지서를 점검한 발행은행은 접수한 환어음과 선적서류를 점검하여야 한다. 즉, 신용장의 조건과 선적서류가 일치하는지, 또한 환어음의 필수적·임의적 기재사항이 명확하게 기재되었는지 확인하여야 한다. 이는 발행은행이 신용장의 발행이라는 형식으로 지시한 사항들이 완전히 이행되었는지를 확인하는 행위이기 때문이다. 발행은행은 매입은행에서 송달된 환어음 및 선적서류가 신용장조건과 일

---

3) covering letter란 환어음 및 선적서류를 발송할 때 그 위에 첨부된다는 의미에서 그렇게 불리우고 있으며, 이에는 첨부서류의 종류, 통권, 지급·인수 및 매입은행명, 대금결제방법, L/C금액, 은행수수료, 신용장 조건의 불일치 내용 및 해당서류 처리에 관한 지시 등이 기재되어 있다.

치하면 개설의뢰인으로부터 수입대금을 결제받고 환어음 및 서적서류를 개설의뢰인에게 인도하여야 한다.

(2) 선적서류의 수리거절

선적서류의 심사결과 어떤 선적서류의 하자가 발견될 경우 이는 신용장 상에서 요구하고 있는 조건과의 불일치를 의미하므로 발행은행은 임의로 해당 선적서류를 인도할 수 없게 된다.

발행은행은 일단 개설의뢰인에게 이러한 하자에도 불구하고 선적서류를 인도 받을지의 여부를 문의하고, 거절할 경우에는 신속히 선적서류 송부은행으로 이 사실을 통보하게 된다. 이와 같은 조치를 통해서 당해 선적서류는 신용장 조건에 일치되도록 보정되거나 어음의 상환조치가 취해진다.

제6차 개정 신용장통일규칙 16조 b항에서는 선적서류를 접수한 발행은행이 이를 점검한 결과 문면상 신용장조건과 일치하지 않는다고 판단되는 경우 개설의뢰인과 선적서류의 수리여부를 교섭할 수 있다고 규정하고 있다.

또한 UCP600 16조 d항에서는 발행은행이 서류를 거절하기로 결정한다면 그 사실을 제시일 익일로부터 5 영업일이내에 전신으로 만일 그것이 불가능하다면 기타 신속한 방법으로 그 서류를 송부해 온 은행 또는 그 서류를 수익자로부터 직접 접수했을 경우에는 수익자에게 통보해야 한다. 그러한 통보에는 그 서류를 제시인의 처분권하에 보관하고 있는지 또는 제시인에게 반송되고 있는지를 명시해야 한다.

따라서 신용장통일규칙에 의거 발행은행의 수리거절시에는 다음과 같은 조치가 취해져야 한다.

- 선적서류상에 지면상 신용장조건과 불일치한 점이 명백히 존재해야 한다.
- 선적서류 제시 후 5영업일 이내에 점검하여 거절 여부를 결정해야 한다.
- 거절통지는 전신 또는 기타 신속한 방법에 의해 취해져야 한다.
- 서류의 처분관계를 분명히 하여야 한다.

(3) 수입화물 선취보증

수입화물선취보증서(L/G : Letter of Guarantee)란 수입화물은 이미 도착하였으나 선적서류가 도착하지 않았을 경우 선적서류 도착이전에 수입상과 발행은행이 연대보증한 보증서를 선박회사에 선하증권의 원본대신 제출하고 추후 원본선적서류를 인도하겠다는 수입화물을 인도 받는 보증서이다.

수입화물선취보증서를 발급 받아 수입화물을 인도 받은 수입업체는 동 L/G 발급일에 수입대금을 외국환은행에 예치하여야 한다. 다만, 연지급수입인 경우에는 L/G 발행일에 연지급 수입기간을 가산한 기간이내에 수입대금을 적립하여야 한다.

이러한 수입화물선취보증서는 형식적으로 수입업자가 선박회사 앞으로 발행하는 것으로서 인도 받을 화물의 명세를 기재하고 화물선취에 관한 약정을 하며, 발행은행은 보증인으로 서명하는데 불과하다. 금전채무의 보증과는 달리 원본서류의 추후 제출에 대한 확약에 불과하다.

수입화물선취보증서를 발급 신청하고자 할 때는 일반적으로 다음의 서류를 발행은행에 제출해야 하며, 발행은행은 각 서류의 기재내용과 신용장과의 일치 여부를 확인한 후 보증서를 발급하게 된다. 다만 수입화물선취보증서가 발급된 경우에는 차후에 내도되는 서류에 하자가 있더라도 클레임을 제기할 수 없다.

- L/G발급시 유의사항

① L/G발급 후에는 도착하는 서류에 하자가 있더라도 클레임을 제기할 수 없다.
② 일람후 정기출급조건의 기한부 신용장인 경우 기간개시의 기산일이 L/G발급일이 된다.

- L/G발급신청시 구비서류

① 발급은행소정의 선취보증서 및 보증서 발행신청서 각1부
② 선하증권 사본
③ 상업송장 사본
④ 화물도착통지서(Arrival Notice)
⑤ 기타 필요하다고 인정되는 서류(각서 등)

(4) 선적서류의 대도(貸渡)

기한부신용장(usance L/C)에 의한 수입일 경우는 수입상이 환어음을 인수함으로써 선적서류를 인도 받아 수입화물을 처분하여 그 판매대금으로 만기일에 어음을 결제할 수 있으나, 일람불신용장방식(at sight L/C)인 경우는 수입상이 어음대금을 결제하지 않으면 선적서류를 인도 받을 수 없다.

선적서류의 대도(Trust Receipt : T/R)란 수입상이 어음대금을 결제하기 전이라도 수입화물을 처분할 수 있도록 하는 동시에 발행은행은 그 화물에 대한 담보권을 상실하지 않도록 하는 제도이다. 즉, 일람출급어음조건인 경우 개설의뢰인이 발행은

행에 대해 수입화물을 대도하여 줄 것을 신청하고, 발행은행은 자기 소유하에 있는 수입화물을 수입상에게 대도하여 그 화물을 적기에 처분하도록 함으로써 그 판매대금으로 수입대금을 결제할 수 있도록 하는 제도이다.

또한 발행은행측으로 보면 수입대금결제가 지연될 경우 화물자체를 소유하고 있다 하더라도 큰 실익이 없기 때문에 수입상이 화물을 빨리 인도하고자 요구할 때 은행은 그 화물에 대한 담보권을 상실하지 않고 수입상에게 화물을 인도할 수 있도록 편의를 제공하는 것이다. T/R에 의해 발행은행이 수입상에게 대도할 경우 수입화물의 점유는 발행은행으로부터 수입상으로 이전되지만, 소유권은 이전되지 않으므로 이러한 사실을 알지 못하는 선의의 제3자는 보호된다. 즉 발행은행이 T/R을 내세워 선의의 제3자에게 대항할 수 없기 때문에 은행은 T/R을 취급함에 있어 신중을 기해야 한다.

따라서 이러한 대도행위가 이루어지려면 위탁자인 은행은 수탁인 수입업자를 전적으로 신뢰하는 경우라야 가능하다. 화물을 인수받은 수입업자는 그 화물을 신속하게 처분하여 대금을 은행에 변제해야 하므로 그 화물을 타인에게 판매할 수 있는 자이어야 하며, 그것을 다시 다른 사람에게 담보로 제공해서는 안된다.

2) 선적서류의 인도와 대금결제

물품의 수입행위에는 그 대금의 지급이 수반되는데 수입승인시에는 외국환거래법령에 따라 수입대금 지급방법에 대하여 별도의 검토를 받아야 한다.

수입대금 결제방법도 수출대금 결제방법과 마찬가지로 92년 9월 1일 positive system에서 negative system으로 바뀌었다. 따라서 결제방법이 한국은행총재 또는 재정경제부장관의 허가사항 등 negative list에 해당되지 않은 경우에는 별도의 신고나 허가 없이 자유롭게 거래할 수 있다.

【예시 4-2】

수입 인지

담 당	대 리	차 장	부점장

수입화물대도(T/R)신청서

은행 앞

본인은 아래 신용장 등에 의하여 도착된 수입화물을 대도신청함에 있어서 은행여신거래 기본약관, 따로 제출한 수입거래약정서 및 양도담보계약서의 모든 조항에 따를 것을 확약합니다.

<table>
<tr><td>선 하 증 권
기 타</td><td colspan="8">번 호 : 발행일 :
금 액 :</td></tr>
<tr><td>대도(T/R)금액</td><td colspan="8">금 액 : (원화 : ₩)</td></tr>
<tr><td>신용장등</td><td colspan="8">번 호 : 발행일 :
금 액 :</td></tr>
<tr><td>물 품</td><td colspan="8">물품명 : 화물표시 및 번호 :
수 량 :
단 가 :
금 액 :</td></tr>
<tr><td>명 세</td><td colspan="8">선적항 : 선 명 :
도착항 :
도착(예정)일 :</td></tr>
<tr><td>선 적 서 류</td><td>선 하
증 권</td><td>항공화물
운송장등</td><td>상 업
송 장</td><td>보 험
서 류</td><td>포 장
명세서</td><td>중 량
증명서</td><td>검 사
증명서</td><td>기 타</td></tr>
<tr><td></td><td></td><td></td><td></td><td></td><td></td><td></td><td></td><td></td></tr>
</table>

19 년 월 일

인감대조

신 청 인 ㊞

주 소

5. 수입통관

외국에서 우리나라에 도착된 물품은 원칙적으로 보세구역에 반입하여 장치한 후 세관에 수입신고 한다. 수입신고란 외국으로부터 반입되는 물품을 수입하겠다는 의사표시를 세관장에게 하는 것이며, 세관에서는 수입신고한 물품과 현품이 일치하는지의 여부와 수입과 관련하여 제반 법규정을 충족하였는지 여부를 확인한 후 수입신고 수리하고, 납세자는 수입물품을 인수한 후 15일 이내에 관세 등을 납부하면 된다.

1) 타소장치신청 및 보세운송

(1) 타소장치신청

거대중량이나 기타의 사유로 보세구역에 장치하기 곤란하거나 부적당한 물품, 재해 기타 부득이 한 사유로서 임시 저장할 물품, 검역물품, 압수물품, 우편물품 등은 선박명(항공기명)과 입항년월일, 선하증권 번호, 품명, 수량, 가격, 포장의 종류, 기호, 번호, 개수 등을 기재한 타소장치허가 신청서를 세관장에게 제출하여 허가를 받아야 한다.

(2) 보세운송

보세운송은 통관지세관의 변경 등을 위해 보세구역간, 개항간, 세관관서간에 외국물품인 상태에서 허용되고 있으며, 운송수단의 종류 및 명칭, 선하증권의 번호, 운송기간, 품명, 규격, 수량 그리고 가격 등을 기재한 보세운송신고서를 제출하여 세관장의 승인(신고수리)을 받아야 한다. 수출입금지품, 검역미필물품, 위험물품, 비금속설, 귀석, 반귀석, 귀금속, 시계, 한약재, 의약품, 향료 등과 같이 부피가 적고 고가인 물품으로서 감시단속이 곤란하거나 화주 미확정물품, 무환물품 등은 보세운송이 제한된다.

2) 수입신고

수입신고는 외국으로부터 보세구역에 반입되어 장치된 물품을 수입하겠다는 의사표시를 세관장에게 하는 것으로 수입신고를 함으로서 적용법령 및 과세물건 그리고 납세의무자가 확정된다. 즉, 적용법령은 신고당시의 법령이 적용되고 과세물건 역시 수입신고시의 물품의 성질과 수량에 따라 확정된다.

따라서 보역구역 장치 중 손상이나 변질된 경우에는 손상이나 변질된 상태대로 관세가 부과된다. 납세의무자는 일반적으로 송장상의 수하인이 납세의무자가 되며 대행의 경우에는 실화주, 수입신고수리에 보세구역 장치한 채 양도한 경우에는 양수인이 화주로서 납세의무자가 된다.

3) 제출서류 심사

(1) 심사사항

- 수입신고시 제출서류 구비 여부
- 세번의 정확여부(세액, 세율은 면허 후 심사)
- 분석의뢰의 필요성 여부
- 사전세액 심사대상 물품인지 여부
- 기타 수입물품 통관을 위하여 필요한 사항

(2) 보완요구

심사와 관련하여 심사사항의 확인이 곤란한 경우에는 보완요구서가 발부되며, 통관이 보류되고 지정된 기간 내에 보완에 응하지 않을 경우에는 신고가 각하 된다.

4) 수입물품 검사

수입물품에 대한 검사는 수입물품의 규격과 수량을 확인하고 그 물품의 HS번호를 확인하여 세율을 결정하고 밀수품이 수입되는 것을 막는데 그 목적이 있다. 검사장소는 지정 장치장이나 세관검사장에서 하는 것이 원칙이나 세관장의 허가를 받아 지정보세구역 이외의 장소, 즉 타소장치장이나 선상에서도 할 수 있다.

5) 관세 등 제세납부

원칙적으로 신고납부제이며 납세신고 일로부터 15일 이내에 납부하여야 한다. 다만, 수입신고수리 허용여부의 결정이 7일 이상 소요되는 경우에는 허용여부 결정 일로부터 15일 이내에 납부하여야 한다.

수입물품에는 관세, 특별소비세, 주세, 교육세, 농어촌특별세, 부가가치세 등의 제세가 부과된다.

6) 부두통관 및 보세운송

수입화물의 경우 대부분 도착된 부두에서 직접 통관되거나 부두밖에 소재한 CY 또는 보세장치장으로 다시 이동된 후 통관되거나 보세운송을 하여 내륙통관 기지에서 통관되는데 수입화물이 부두에 하역된 후 수입신고 후 보세운송신고를 할 수 있기까지 10~15일 이상이 소요되고 있다.

이에 따라 1992년 7월 1일 부산항, 1993년 10월 1일 인천항에서 부두 내에서 컨테이너 화물을 직접통관하거나 보세운송절차를 완료하도록 하여, 부두에서 직접 통관 반출하거나 화주가 희망하는 목적지로 보세운송 할 수 있는 컨테이너화물의 부두직통관제를 실시하고 있다.

부두직통관을 채택한 경우 수입컨테이너화물(FCL화물)은 부두에 하역되기 전에 수입신고 또는 보세운송신고를 할 수 있도록 하여 하역 즉시 부두 내에서 세관검사, 세금납부 등 관련절차를 완료할 수 있게 하는 제도이다.

즉, 수입컨테이너 화물이 하역된 후 48시간 이내에 통관 반출되거나 제조공장으로 보세운송 할 수 있으며, 수출컨테이너화물은 수출면허를 받은 후 바로 선박에 적재할 수 있게 하여 수출물품이 적기에 선적될 수 있도록 하였다.

제 4 장 EDI방식의 수출입 절차

1. 수출입승인

대외무역법에 명시하고 있는 제한승인품목에 한해 기존의 추천기관에서 수출입승인을 받도록 규정하고 있다.

1) 수출승인

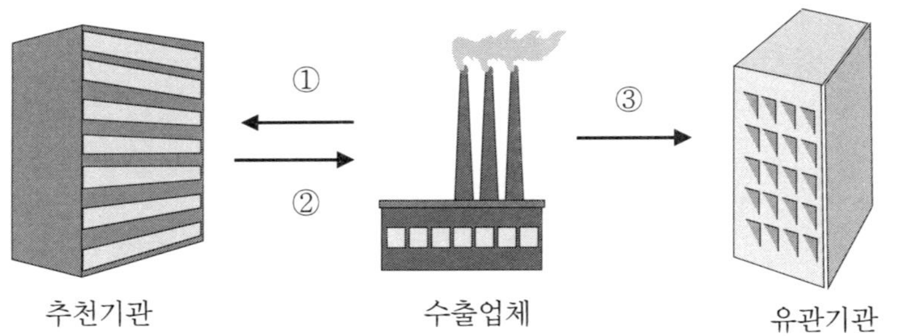

[그림 4-4] EDI방식의 수출승인

EDI방식에 의한 수출승인 절차를 살펴보면 다음과 같다.

① 수출업체는 수출승인/변경신청서를 작성하여 EDI방식을 이용하여 추천기관에 전송한다.

- 첨부서류는 승인기관과의 협의에 따라 처리한다.

② 추천기관은 관련서류를 확인한 후 수출승인/변경신청서를 수출업체에게 전송한다.

③ 수출업체는 필요의 경우 유관기관에 EDI방식으로 전송하거나 출력본을 제출한다.

현재 EDI서비스를 시행하는 수출승인기관은 한국섬유직물수출조합, 한국의류산업협회, 한국생활용품수출조합, 한국신발산업협회, 한국강관협회, 한국타이어공업협회 등이며 기존 은행의 수출입승인 부분은 폐지되었다.

2) 수입승인

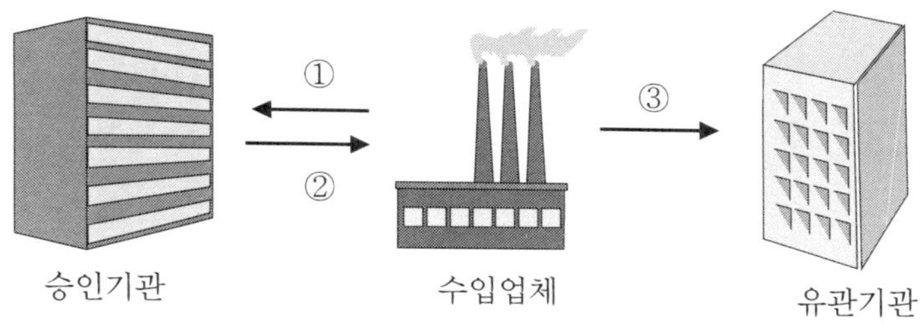

[그림 4-5] EDI방식의 수입승인

EDI방식에 의한 수입승인절차를 살펴보면 다음과 같다.

① 수입업체는 EDI방식의 전자문서로 작성한 수입승인신청서/외화획득용 원료수입승인신청서를 승인기관에 송부한다.

② 승인기관은 신청서와 관련서류의 확인 후 수입승인신청서/외화획득용 원료수입승인신청서를 수입업체에 송부한다.

- 수입승인신청시의 첨부서류는 승인기관과 협의하여 처리한다.

③ 수입업체는 이 서류를 EDI방식으로 전송하거나 출력본을 제출한다.

현재 EDI서비스를 시행하는 수입승인기관은 한국동물약품협회, 한국의약품수출입협회 등이며 변경신청은 수출입승인사항변경신청서를 사용해야 한다.

2. 수출입통관

1) 수출통관

수출업체는 내국물품의 해외반출시 관세법에 의한 통관서류를 아래와 같이 처리해야 한다.

① 수출업체는 EDI, Fax, 그 밖의 방법 등을 통하여 수출신고서류를 관세사 등에 송부한다. 단, 수출자가 직접 신고할 경우에는 생략된다.

② 신고인(관세사)은 수출신고서류를 바탕으로 수출신고서를 작성하여 EDI방식으로 세관에 전송한다.

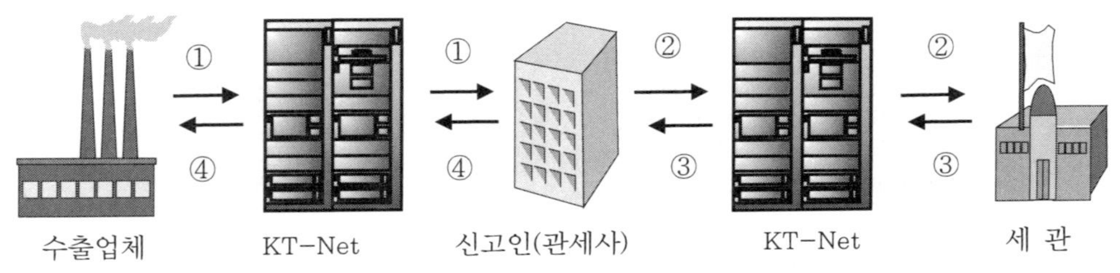

[그림 4-6] EDI방식의 수출통관

③ 세관시스템은 수신된 수출신고를 검증한 후 오류발생 신고서에 대해서는 오류통보 전자문서를 신고인에게 전송하고, 신고인은 오류사항을 정정한 후 최초전송과 동일한 제출번호로 세관에 재전송한다.

④ 세관원은 단말기에서 신고건을 조회·확인한 후 수리 key를 입력하고, 자동으로 세관시스템은 신고인에게 수리통보 전자문서를 전송한다. 신고인은 수출신고필증을 출력하여 신고인의 확인도장을 날인한 후 수출신고필증으로 사용한다.

2) 수입통관

수입업체는 해외로부터의 물품 반입시 관세법에 의한 통관서류를 아래와 같이 처리해야 한다.

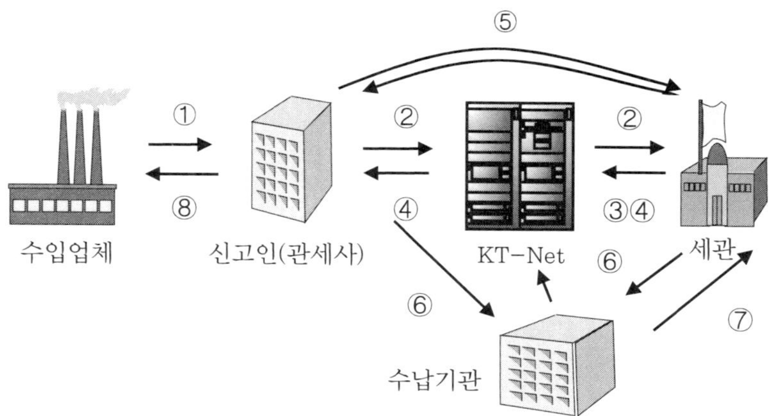

[그림 4-7] EDI방식의 수입통관

① 수입업체는 EDI, Fax, 그 밖의 방법을 통하여 수입신고서류를 관세사 등에 전송한다. 단 수입업자가 직접 신고할 경우에는 생략된다.

② 신고인(관세사)은 수입신고서류를 바탕으로 수입신고서를 작성한 후 EDI방식으로 세관에 전송한다.

③ 세관시스템은 수신된 수입신고를 검증한 후 오류발생 신고서에 대해서는 오류통보 전자문서를 신고인에게 전송하고, 신고인은 오류사항을 정정한 후 최초전송과 동일한 신고번호로 세관에 재전송한다.

④ 세관은 해당 신고에 대한 시스템오류 검증 후 이상이 없을시 신고인에게 접수통보문서를 전송한다.

⑤ 신고인은 접수통보를 받은 후 수입신고서를 출력하여 첨부서류와 함께 세관에 제출한다.

⑥ 신고인은 해당 신고건의 납부고지서를 출력하여 관세 등을 수납기관(국고수납기관)에 납부하고, 수납기관은 수납사실을 통보하는 영수필통지를 세관에 전송한다.

⑦ 세관은 수납기관이 전송한 영수필통지를 검증하여 정상·오류의 여부를 수납기관에 통지한다.

⑧ 세관은 내부처리 심사·검사 절차를 거친 후 신고수리요건이 충족되면 수납사항의 확인 즉시 신고필증을 신고인에게 발급한다.

국제운송 및 해상보험

제1장 국제운송

제1절 국제운송의 개요

1. 운송의 개념

운송(transportation)이란「사람이나 물건을 어떤 장소에서 다른 장소로 이동하는 것으로서, 그 사이 재화의 형태나 성질을 물리적 또는 화학적으로 변화시키지 않는 것」이라고 규정할 수 있다. 따라서 국제운송(international transportation)이라 하면 사람이나 재화의 이동이 국제간에 이루어지는 것을 의미하게 된다.

그런데 사람과 재화를 이동하는 데에는, 그 행위가 경제적 의미를 갖지 않으면 안 된다. 다시 말하면 사람과 재화를 이동하는 행위에 대한 대가가 발생하지 않으면 안 된다. 무상의 경제행위는 경제현상이 아니므로 경제학의 일부분으로서의 운송론의 대상이 되지 못한다. 따라서 유상의 운송행위만이 운송론의 대상이 된다.

운송과 유사한 개념으로서「유통」 또는「물적유통」(PDM : physical distribution management)이 자주 사용되고 있다.「물적유통」이란 재화, 정보가 제공자(생산자)로부터 수요자(최종소비자)에 이르는 실물적(physical)인 흐름으로서, 여기에는 포장, 하역, 보관 및 통신 등의 제활동이 포함된다.

즉, 유통활동은 생산자와 소비자를 연결하는 경제활동으로서 공간극복뿐만 아니라 시간극복(재화가치의 보존, 저장)을 포함한다. 운송은 공간극복의 기술시스템을 그 내용으로 하고 있는데 반해 물적유통은 생산물의 흐름시스템을 내용으로 하고 있다. 따라서 운송은 유통과정의 일부를 담당하는데 지나지 않으며 사람의 이동은 포함되지 않는다.

국제운송이란 국제간에 재화의 위치변화를 통해 가치형성에 기여한 용역이다. 따라서 운송도 생산과 마찬가지로 중요한 경제행위이다. 운송은 교환경제가 시작되면서 한 지역 내에서 다른 지역으로 재화를 이동해야 할 필요성 때문에 자연발생적으로 생겨난 것이다. 여기에 국제교역의 발달 및 운송수단의 발전에 의해 국제 운송의 기틀이 잡혀졌으며, 오늘날의 고도산업사회에 와서는 물적유통(PDM)이란 개념으로 발전하여 경영학 분야에서도 깊게 다뤄지고 있다.

2. 운송의 기능

(1) 경제적 기능

① 물품교환촉진

운송은 교환경제가 발달하면서 자연발생적으로 생겨났다고 앞에서 언급한 바와 같이 한 지역이 필요로 하는 모든 재화와 용역을 자급자족한다는 것은 불가능한 일이다. 따라서 그 지역에서 생산되지 않는 재화나 용역에 대해서는 타지역에서 반입해 들여와야 한다. 그럴 때 저렴한 운송수단이 없다면 그 지역은 높은 운송비를 감당할 수 있는 재화만을 타지역으로부터 운송해 와야 한다.

하지만 저렴한 운송수단이 있다면 각 지역은 필요로 하는 재화나 용역을 싼값으로 교환을 할 수 있기 때문에 용이하게 구매할 수 있게 되므로 물품교환을 촉진하게 된다.

② 지역적 분업화

지역적 분업이란 각 지역이 제한된 종류의 제품생산에만 전문적으로 종사하는 생산제도를 의미한다. 여러 지역이 지역적 분업을 함으로서 얻는 이익을 각 지역이 비교우위를 가진 부문에 특화(specialize)함으로써 최소의 자본 및 노동의 투입으로 최대의 산출을 얻을 수 있기 때문이다. 그러나 이와 같은 지역적 분업은 저렴한 운송수단의 발달에 따라 각 지역간에 재화의 이동이 원활하게 이루어질 것을 전제조건으로 하는 것이다.

생산된 제품의 판매시장을 확보할 수 없고, 필요한 제품을 타지역으로부터 구입해 올 수 없다면 지역적 분업화는 불가능하게 된다. 또한 특정지역이 가지고 있는 생산상의 우위는 높은 수송비 부담으로 결국은 생산비가 높아져 상계되어 버리는 수도 있다. 그러므로 지역적 분업은 시장범위에 의해 제한을 받고 시장범위는 운송비에 결정되므로 저렴한 운송수단이 지역적 분업의 전제조건이 된다.

③ 규모의 경제효과

저렴한 운송비는 대량생산을 가능하게 함에 따라 규모의 경제에 의해 제품가격이 인하되는 효과를 가져온다. 대량생산은 저렴한 운송수단에 의존함이 없이도 이루어질 수 있으나 대부분의 경우에 있어서 생산은 원재료 또는 완제품을 원거리 운송에 의존함으로서 규모의 경제를 달성할 수 있고 대량생산이 가능하게 된다. 따라서 운송비 부담이 클 때는 대량생산이 불가능하다.

④ 가격안정과 평준화

운송의 발달은 재화의 지역간 이동을 원활하게 하여 공급조절을 통해 가격을 평준화시키는 경향이 있다. 예를 들어 특정지역에 흉년이 들면 타 지역으로부터 부족량을 반입해 들여옴으로써 양곡가격의 상승을 막을 수 있다. 또한 어떤 지역에는 공급초과일 때에는 다른 지역으로 반출을 시킴으로써 그 지역내의 가격폭락을 막을 수 있다.

⑤ 경쟁조장

운송비와 공급자의 숫자는 상관관계에 있다. 운송비가 인하되면 공급자의 숫자가 늘어나고 경쟁이 치열하게 되어 가격의 인하를 가져온다. 그러나 높은 운송비는 제품의 분배지역을 축소시키고 특정시장에 대한 경쟁자의 수를 제한시키므로 가격을 인상시키는 경향이 있다. 그러므로 저렴한 운송비는 특정시장에서의 경쟁성을 불러일으킴으로서 구매자에게 저렴한 가격에 제품을 구매할 수 있도록 해준다.

⑥ 도시화

저렴한 운송비는 대량생산을 불러일으키므로 지역분업을 가능하게 함으로써 대부분의 경제활동을 소규모 산업도시에 집중시키는 경향이 있다. 지역적 분업과 대규모 산업도시의 발달은 상호간에 교역을 형성시키며, 교역과 관계가 깊은 창고업, 가공업, 포장업, 도매업, 금융업, 보험업 등이 대도시에 집중하게 된다.

이에 의해 대도시는 1차적으로 경제와 교통의 중심지로서 2차적으로는 정치, 문화, 교육 등의 중심지로 발달하게 된다. 그러므로 도시화는 저렴한 운송수단이 지역적 분업과 대량생산 및 지역간의 교역을 촉진시키게 되는 간접적인 결과로 나타난다고 할 수 있다.

(2) 사회 · 문화적 기능

운송은 공간적 격리에 의해 닫혀진 비사회적 개인을 사회적 접촉이 가능케 하고 집단적 사회조직의 형성을 촉진한다. 그리고 운송의 발달은 이러한 사회관계를 내부적으로 긴밀화·고도화함으로서 대외적으로도 지역간의 관련을 드높여 사회생활의 지역적 기반의 크기를 확대하는데 특히 후자의 지역간·국가간의 유대를 긴밀화하는 기능을 갖는다.

인간의 인력의 한계를 초월하고 다른 물리적 수단을 이용하여 생활공간을 확대하려는 노력은 유사 이래부터 시도되었다고 할 수 있겠다. 따라서 운송은 문명으로의 첫걸음이었고 문명발달은 곧 운송발달이라고 해도 과언이 아니다.

사실 고대 문명들은 하천을 중심으로 번성하였고, 근접제국 또는 멀리 대양을 사이에 두고 여러 나라들과의 해상운송이 성행했었다. 그러므로 운송은 인류사에 있어 생활수준의 향상에 공헌하고 동시에 타국과의 교류를 통해서 기술, 지식 및 사상의 보급, 거기에 정보, 풍속, 예술 및 종교의 전파 등에 중요한 역할을 수행해 왔다. 그러므로 인간의 사고와 행동범위를 범세계적인 규모로 확대시켰다.

한편 운송의 발달은 사회적인 동류성을 높이고 국가통합을 유지하고 발전시키도록 한다. 운송이 발달하면 각 지역간의 사회적인 접촉이 많아지게 되고 풍습, 언어, 복장 등이 하나로 통일되는 현상을 가져온다.

지리적인 거리가 운송수단에 의하여 극복이 되고 각 지역이 하나의 생활공간으로 결속되게 되면 각 지방의 문화권이 형성되어 간다. 여기에 사람들의 사고방식도 유사하게 되어 공동의식이 높아지게 되는 것이다. 1860년대에 건설된 미국의 대륙횡단 철도는 캘리포니아를 포함한 태평양 연안을 미합중국으로 통합하는데 중요한 역할을 담당하였다.

철도가 개통되기 전에는 동부와 서부를 연결하기 위해 남미주의 최남단인 케이프혼을 돌거나, 역마차를 이용하는 불편을 겪었지만, 대륙횡단철도가 개통이 됨으로써 왕래가 손쉬워졌으며 켈리포니아가 미합중국에 통합될 수 있었고 미시시피강의 서부지역개발이 가능하게 되었다고 할 수 있다.

또한 운송발달은 국방력을 강화한다. 로마의 도로는 군사적 측면을 고려하여 건설되었음은 의심의 여지가 없다. 수송과 보급은 군사활동의 전략적 핵을 이룬다. 독일의 경우에도 치밀한 철도망을 통해 1차 세계대전에서 승리하였고, 또한 잘 닦여진 도로망을 이용하여 자동차와 전차대를 앞세운 번개작전으로 2차대전 초기의 승리를 거둘 수 있었다. 그렇지만 나중에는 이런 자동차나 전차대가 소련의 진흙길에 빠져 기동력을 잃게 되므로 참패하는 원인이 되었다. 반면에 연합군 측은 1, 2차 대전에 걸쳐 우세한 해군력을 밑바탕으로 한 해상운송 및 보급에 의해 최후의 승리를 얻을 수 있었던 것으로 분석되고 있다.

제2절 해상운송

해운(shipping, carriage by sea, ocean transportation) 이란 「바다를 따라 선박을 이용하여 사람이나 재화를 장소적·공간적으로 이전하는 현상」을 가리킨다. 해운이 타운송 부문과 구별되는 점은 「운송로」와 「운송수단」이 다르다는 데에 있다. 따라서 운송로인 「바다」와 운송수단인 「선박」이 해운의 개념을 규정하는 중요한 요소가 된다.

일반적으로 원양해운이 아닌 비교적소규모인 내륙수상운송은 해운의 개념에서 제외시킨다. 그리고 선박에 대해서는 상선(merchant ship) 만을 대상으로 한다. 따라서 어선, 준설선, 창고선, 시추선 등은 해운의 개념에서 제외된다.

1. 해상운송의 개요

해외에 거래선이 확보되고 관련 매매계약, 신용장 등이 개설되면 수출업자는 계약에 의거 상품을 확보, 기일 내에 선적을 하여야 한다. 선적을 하기 위해 선박회사와 접촉하기에 앞서 기본적으로 이해하고 있어야 할 사전지식은 다음과 같다.

(1) 매매조건과 선적의무

통상 화물을 운송할 선박을 수배하는 자는 해당 선박회사에 운임을 지급하는 화주이다. 상품의 매매조건이 CIF(또는 CFR) 조건일 때는 매도인이 FOB 조건일 때는 매수인이 운송선박을 수배하여야 한다. 물론 매도인과 매수인의 거래관계나 상황에 따라 상대의 요청에 의해 선박수배를 주선해 주는 경우도 있다.

(2) 선적선박 수배

선박을 수배하는 경우는 상품의 수량·종류에 따라 운송 선박이 다르다. 즉, 일반 완제품, 기계류 등과 같이 포장된 개품(個品))은 일반화물선(general cargo carrier) 또는 컨테이너 전용선(full container ship)에 선적되며, 쌀, 옥수수, 밀 등의 곡물이나 광석, 석탄 등의 이른바 살화물(撒貨物 : bulk cargo)은 곡물, 광석류 운반 전용선에 선적한다.

(3) 서비스 항로 선정

우리나라를 중심으로 현재 형성되어 있는 항로(또는 노선)는 한·일 항로, 한·중 항로, 동남아 항로, 북미항로, 호주항로, 중동항로, 구주항로 등이 있으며, 이들 항로에는 일정한 주기를 유지하며 계속적으로 취항하는 정기선(liner)과 화물에 따라 그때그때 원하는 곳까지 화물을 운송하는 부정기선(tramper)이 있다.

(4) 운임부과기준

운임은 통상 해당화물의 중량과 용적을 비교하여 많이 산출되는 톤수를 운임의 기준으로 삼는다(이를 revenue ton이라고 함). 주요 정기항로에 취항하고 있는 선박회사, 특히 운임동맹 가맹 선사들은 운임율표(tariff)을 갖고 있어, 운임의 적용 기준과 화물별 운임율은 관련 선박회사에 문의하면 정확히 알 수 있다. 운임은 통상 기본요금과 할증료(CAF, BAF) 및 취급수수료(THC), 공과금으로 구성되므로 하주가 지불하는 총운임은 부과요금을 합산하여 산출해야 한다(기본요금+할증료+수수료).

(5) 선박회사와의 접촉

정기선이 취항하지 않는 지역으로 화물을 보내고자 할 때에는 일반 잡화의 경우보다 충분한 사전기간을 두고 선박회사와 접촉을 시작해야 한다. 정기선의 경우는 지역에 따라 다르나 선적일자(L/C상의 shipment date) 기준 약 2주전에만 접촉하여도 무방하지만, 부정기선 편으로 선적 운송해야 할 경우는 가급적 1~2개월 전부터 선박을 물색하기 시작하여야 한다. 물론 어느 경우나 하주 입장에서는 충분한 시간을 갖고 임하면 그만큼 유리한 입장에서 선박을 물색할 수 있으므로 상황이 허락하는 한 선박회사의 접촉은 조기에 시작하여야 한다.

(6) 운송계약의 형태

일반잡화를 운송하는 ① 정기선의 경우는 별도로 운송계약서를 작성하는 것이 아니고 선박회사에서 정형화된 양식인 선하증권을 발급함으로써 운송계약에 갈음하고 있다. 이 선하증권에는 화물의 행선지, 선적지, 명세(용적, 중량, 마크 등), 운임지불관계(선불 또는 도착지 후불), 선적일자, 발급일자 등이 기재되며, 뒷면에는 운송과 관련한 당사자간의 권리의무 관계를 기술한 약관이 인쇄되어 있다. 약관의 내용은 이해당사자간의 책임과 의무를 명기하여 분쟁이 발생할 경우 기준이 되므로 하주는 동 내용을 정확히 숙지할 필요가 있다.

② 부정기선 화물, 즉 곡물·광석·석탄 등의 화물을 운송할 때에는 용선계약서(charter party)가 작성되며, 이에 의거 선하증권이 별도로 발급된다. 용선계약서는 정기선의 경우와 달리 일방적으로 인쇄된 양식을 사용하는 것이 아니고 당사자간에 충분한 합의를 거쳐 계약서가 작성된다. 특히 유의할 것은 화물수량의 표시, 선적일시, 하역일시, 체선관계 등 상당히 전문적인 지식이나 경험을 필요로 하는데, 초심자에게는 직접 계약에 임하는 것이 바람직하지 못하므로 관련 해운회사의 조언을 받거나 아니면 용선중개인(chartering broker) 또는 변호사의 협조를 받는 것이 좋다.

2. 선적절차

(1) 선적협의

관련 정보를 통해 자신이 원하는 시기 및 장소에서 화물을 운송해 줄 수 있는 선박회사를 물색했으면 이제는 직접 해당 선박회사 또는 운송중개인(forwarder)과 접촉하여 구체적인 선적협의를 한다. 협의는 서면으로도 가능하겠으나 유선으로 하는 것이 보통이며 신속하고 정확하다. 협의시는 자신의 요망사항 즉,

- 언제
- 어디서
- 무슨 화물을
- 얼마나(중량 또는 용적 아니면 개략적인 수량을 설명한다)
- 어느 곳까지
- 누구에게 운송하고자 한다는 것을 알리면 선박회사측에서는 구체적으로 선적가능시기, 운임 등 화주의 요구사항에 대한 질의에 응하고 상호요건이 충족되

면 구두로 선적예약(space booking)을 한다.

(2) 선적요청서 제출(S/R)

구두계약이 이루어진 다음 정식으로 선적요청서(S/R : shipping request)를 제출해야 한다. 첨부되어야 할 서류는 상업송장 사본, 포장명세서 사본, L/C 사본, 수출승인서 사본 등인데, 실제업무에서는 S/R 양식에 선적에 필요한 모든 정보를 상세히 기입해 넣으므로 이런 서류를 생략하기도 한다. S/R은 공식적인 양식이 있는 것이 아니고 운송인마다 서로 다른 양식을 사용하는데 S/R은 대부분 FAX를 통해 운송인에게 제출한다.

(3) 화물포장 및 출고준비

포장되어 있는 화물의 상태가 운송에 적합할 정도로 견고한지 확인해야 한다. 선박은 일반 철도나 트럭에 의한 운송과는 달리 선박 자체가 해상에서 심하게 요동을 할 우려가 있으므로 백화점에 전시할 정도의 포장, 견물생심을 유발시키기 위한 미관위주의 포장만으로는 해상에서의 위력을 감당할 수 없고, 화물의 손상원인이 포장불량에 있을 시는 선박회사로부터 보상도 받지 못한다. 포장 및 출고준비는 선적 협의시 요청된 시간 내에 선박회사가 지정한 창고까지 운송보관 시킬 수 있도록 여유를 두고 착수한다.

(4) 컨테이너 화물

화물을 컨테이너에 적입(stuffing)하여 컨테이너 전용선에 선적 운송될 경우는 하주 자신이 선박회사에 빈 컨테이너를 요청하여 컨테이너에 화물을 적입시켜야 한다. 컨테이너는 길이에 따라 20ft, 40ft, 35ft, 45ft 등의 규격이 있다. 선박회사에서는 일단 컨테이너를 기준으로 운임을 산정하는바 소량의 화물을 수출코자 하는 하주로서는 비싼 운임을 부담하면서까지 굳이 컨테이너 한 개를 독자적으로 사용할 필요는 없다.

선적 협의시 자신의 화물량을 알려주면 선박회사로부터 컨테이너 한 개를 독자적으로 사용해도 좋은지 또는 타화주의 동일 목적지로 가는 소량 화물과 혼적(混積)(consolidation)하는 것이 경제적인지를 안내 받을 수 있다.

전자의 경우 하주는 필요한 수량의 빈 컨테이너를 생산공장 또는 창고로 보내줄 것을 선박회사에 요청하고, 이 경우 생산스케줄 및 창고사정을 충분히 감안, 화물의 정확한 적입 시간을 제시, 선사로부터 확실한 다짐을 받아두고 재차 확인을 해야 한다.

후자의 경우는 선박회사 또는 forwarder가 지정한 혼적창고까지 화물을 운송해주면 선박회사 책임 하에 그곳에서 타화물과 함께 컨테이너에 적입 된다.

(5) 출고 및 육상운송

화물의 출고준비가 끝나면(컨테이너에 하주 자신이 직접 적입하였을 때는 세관검사를 필하고 봉인이 된 상태) 선박회사가 지정한 창고까지 운송을 한다.

컨테이너 화물의 경우는 하주의 요청에 의해 선박회사가 육상구간 운송도 담당한다. 육상운송은 화물이 항구에 있는 보세구역까지 연결되므로 어느 운송업자나 취급할 수 있는 것이 아니고 보세화물운송면허를 취득한자 만이 할 수 있다.

(6) 화물입고 및 인도

컨테이너 화물인 경우 선박회사 측에 화물을 인도하는 장소는 컨테이너 선박이 접안하는 부두인근에 있는 컨테이너 전용 야드(yard)의 정문(gate)이다. 물론 선박회사가 하주 창고에서 직접 화물을 인수해 가는 경우도 있다. 정문을 통과할 시점(gate in)에서 선박회사 측과 하주 사이에 상호 인수도 이루어지게 되므로 컨테이너의 외관과 봉인(seal)에 이상이 없으면 화주에게 인수증, 즉 부두수취증(dock receipt : D/R)을 발급한다.

(7) 선하증권 발행

화물을 선박회사 측에 인도하고 나면 선박회사는 화물을 인수하였다는 증거로 하주가 요청한대로 운송하여 지정된 자에게 인도할 것을 약속하는 내용의 선하증권(B/L : Bill of Lading)을 하주에게 발행한다. 선하증권은 통상 3통(original, duplicate, triplicate)을 하주에게 발행하며, 그 효력은 동일하다. 선하증권은 법적으로 화물 그 자체를 대표하는 대표증권으로서의 유가증권이며 물품대금을 수취하는데 필요한 선적서류 중 가장 중요한 서류이다.

(8) 선하증권 수취

선박회사가 화물을 인수한 즉시 발급하는 수취증(컨테이너 화물일 때는 D/R, 재래선 화물일 경우는 본선수취증(mate receipt : M/R)과 상환하여 B/L을 발급하는 것이 원칙이나 실무에서는 D/R이나 M/R은 선박회사 내부에서 왕래되고 있으며, 특별한 요청이 없는 한 하주에게 직접 교부하는 일은 거의 없다. 즉, 선박회사에서는 화물의 인수·선적 사실을 내부 업무 시스템을 통해 직접 확인할 수 있으므로 하주에게 D/R이나 M/R 제시를 요구하지 않고 하주의 요청에 따라 즉시 B/L을 발급한다.

(9) 선적서류의 양도

B/L을 교부받으면 매매조건, 신용장조건 등에 부합하는지 여부를 확인하고, 이상이 있으면 즉시 정정을 요청하여야 한다. B/L에 이상이 없으면 상업송장(commercial invoice), 보험증권(insurance policy) 등 필요한 선적서류일체를 첨부하여 환어음을 발행하여 외국환은행에 매입을 요청한다.

3. 선하증권

1) 선하증권의 개념

선하증권(bill of lading : B/L)이란 해상운송인이 송하인으로부터 위탁받은 운송품을 선적 또는 선적을 위해 수취한 사실을 증명하고 동시에 운송품을 지정된 목적지항까지 운송하여 증권의 정당한 소지인(보통 수하인)에게 증권과 상환으로 당해 화물을 인도할 것을 약속하는 유가증권이다.

선하증권은 운송인이 운송계약과 약정된 운임을 전제로 운송품을 선적한 후에 송하인의 요청에 따라 발급하게 되는 것이므로, 운송계약의 당사자인 운송인과 송하인, 그리고 운송계약의 목적물인 운송품이 선하증권 발행의 기본요소가 된다.

여기서 말하는 운송인(carrier)은 선박으로 물품의 해상운송을 업으로 영위하는 선박소유자(shipowner), 선박운항인(operator) 등을 총칭하며, 송하인(shipper)은 화물의 운송을 위탁하는 항해용선인(charter) 또는 실제의 화주(cargo owner)를 의미한다. 운송품은 반드시 상품이 아니라도 상관이 없으나 운송의 목적에 수반하는 어떤 가치를 가진 화물이어야 한다.

선하증권은 운송품의 수령 및 선적을 확인하는 증거문서이므로 증권에 운송당사자 사이에 협정된 운송조건이 기재되어 있어도 그 자체를 계약서로 볼 수는 없다. 선하증권은 증권에 기재된 운송품에 대한 재산상의 권리가 법률적으로 인정되어 있는 권리증권(document of title)이다. 그러므로 운송중인 화물도 증권의 인도나 배서에 의해 소유권이 이전될 수 있고 운송물을 처분할 때는 반드시 선하증권이 사용되어야 한다.

그러나 운송계약서는 운송인과 송하인 사이에 운송에 관한 약정사항을 열거한 계약 당사자간의 증거서류에 불과하여 제3자에게 양도할 수 있는 물권적 권리가 설정될 수 없으므로 운송계약서를 선하증권에 대용할 수는 없다.

국제무역에서 대금결제 수단은 실질적으로 화환어음이며 선하증권은 이 화환어음의 결제시에 상업송장, 보험증권 등과 함께 없어서는 안 되는 중요한 서류이다. 따라서 국제무역의 중요성에 따라 선하증권의 건전한 유통과 거래당사자들을 보호할 필요성도 절실해졌다. 여기에 선하증권의 유통성을 확보하고 증권소지인을 보호하기 위해 선하증권의 기재사항(상법 제820조)과 그러한 기재사항에 대한 증거력(상법 제820조·131조)이 법률로 정해져 있다. 한편 선하증권약관의 국제적 통일을 기하기 위하여 각종 조약이 체결되어 있는데, 이중 선하증권과 직접 관련된 국제조약으로는 1924년의 헤이그규칙과 헤이그 규칙의 개정의정서인 1968년 헤이그-비스비 규칙, 1978년의 함부르크 규칙 등이 있다.

2) 선하증권의 기능

국제간의 상품거래가 대부분 해상운송을 매개로 하여 이루어지고 있기 때문에, 선하증권은 국제무역의 전형적인 도구의 하나로 등장했다. 그러므로 오늘날 무역거래는 선하증권 없이는 거의 생각할 수 없다. 선하증권의 주된 목적은 이미 화주로부터 떠나 해상운송인 곧 선주의 수중에 있는 상품을 간편하고 신속하게 처분할 수 있도록 하자는 데에 있다. 이로써 선하증권이 곧 해상운송의 목적물인 상품을 대표하여 유통전전 하는 것이다. 이러한 측면에서 선하증권은 운송물의 인도청구권을 상징하는 채권적 유가증권으로 파악되고 있는데, 영미법적인 접근에 의해 그 기능을 다음의 세 가지로 나눌 수 있다.

① 선하증권의 소유자나 피배서인이 선하증권이 대표하는 상품의 인수를 주장할 수 있는 권리증권(document of title)이다.

선하증권의 기능 가운데 가장 중요한 것은 선하증권 그 자체가 화물을 대신하는 권리증권이라는 데에 있다. 이러한 권리는 선하증권의 소지인에게 당해 화물이 양도되는 것과 함께 선하증권에 배서(endorsement)함으로써 그 권리가 제3자에게 양도되는 것으로 확인된다. 다시 말하면 B/L은 송하인이 수하인에게 배서하여 양도되고, 수하인은 다시 다른 제3자에게 배서함으로써 재양도(再讓渡) 될 수 있다.

그러나 B/L은 수표나 어음과 같은 하나의 완전한 유통증권(negotiable instrument)

이 되지 못한다. 그러므로 B/L을 훔친 자나 정당한 권리를 갖지 못한 자로부터 선의의 양수인(bona fide transferee)이라 하더라도 그 화물의 진정한 소유자(true owner)에게 대항할 수 없다. 즉 B/L은 그 B/L에 대해 정당한 권리자에게 양도되고 유통되어야 한다.

이점에서 B/L은 어음과 다르다.

이처럼 B/L은 완전한 유통증권은 아니라 하더라도 다음의 조건하에서 자유로이 유통될 수 있다. 우선 B/L상에 양도가능성(transferable) "order or assignee of the shipper or of the consignee"라는 표기가 있으면 자유로이 양도될 수 있다. 그리고 선하증권의 권리가 양수인에게 양도되려면 양도인의 의사가 분명히 나타나야 한다.

요컨데 선하증권의 양도방법이 사기가 아닌 정당한 것이었다면 그 증권의 현소지인이 곧 화물을 소유할 수 있는 법적권리를 갖는 것이다. 그러므로 화물의 운송을 맡은 선박회사는 반드시 정당한 선하증권을 제시하는 자에게만 화물을 인도해 주어야 하며 비록 수하인(consignee)이나 그 대리인이라 하더라도 B/L의 제시 없이 화물을 인도하여 문제가 생기면 선박회사는 그 책임을 면할 수 없다. 또한 단순한 보증장(letter of guarantee)만을 믿고 선하증권의 제시 없이 화물을 양도하는 선박회사도 책임을 면치 못한다.

② 상품이 선박에 인도되었음을 증명하는 수령증(receipt of goods)이다.

선하증권은 선주가 선하증권에 표기된 화물을 영수하였다고 인정하는 서류이다. 즉 화주로부터 화물을 인수하고 선박측이 발급하는 B/L은 그것에 반하는 특정 유보조항이 없는 한 B/L에 명시되어 있는 내용의 화물을 운송인이 인수하였다는 가장 훌륭한 증거서류가 된다.

③ 선주와 화주간에 운송계약이 체결된 것을 증명하는 계약증서(evidence of contract)의 역할을 한다.

그런데 대다수의 영국 법조인들은 선하증권 자체는 계약서라 할 수 없고 다만 제시될 수 있는 계약의 가장 훌륭한 증거에 불과한 것으로 인식하고 있다. 그러나 현실적으로 선하증권은 선행계약이 없는 한 운송계약을 증명하는 가장 근거 있는 증거서류가 된다.

3) 선하증권의 종류

(1) 발행시기에 따른 분류

① 선적선하증권(Shipped B/L)

화물이 본선상에 선적된 뒤에 "Shipped or On Board"라고 기재하여 발행되는 것으로 화물이 실제로 특정 선박에 적재되었음이 기재된 것으로 On Board B/L이라고도 한다. FOR조건이나 CIF조건일 경우에는 원칙적으로 선적선하증권을 요구하고 있다.

② 수취선하증권(Received B/L)

화물을 선적할 선박이 항내에 정박 중이거나 아직 입항되지 않았지만 선박이 이미 지정된 경우에는 선박회사가 CY에 화물을 수령해 놓고 선적전에 발행하는 선하증권이다.

컨테이너 화물은 지정창고에 반입된 후나 컨테이너에 적입된 후 발행된 부두수령증(D/R)과 교환으로 선적전에 선하증권이 발행되기 때문에 수취선하증권이 된다.

(2) 화물의 사고유무에 따른 분류

① 무사고선하증권(Clean or Uncaused B/L)

Clean B/L은 Foul B/L에 대응하는 것으로 선하증권상에 포장이나 수량 등에 대해 특정 단서, 부가조항 또는 유보사항 등이 기재되지 않는 선하증권을 말한다.

선적시 화물의 상태를 점검한 일등항해사는 선적 완료 후 본선수취증(mate's receipt)의 비고란(remark)에 화물의 사고나 흠결 유무를 기재하게 되며, 선하증권은 이를 근거로 발행되므로 선적시 화물에 이상이 없으면 통상 증권면에 "Shipped on board in apparent good order and condition"이라고 표시되어 발행된다. 이것을 무사고선하증권이라 한다.

② 사고부선하증권(Foul, Caused, Unclean, Dirty B/L)

선적당시 선적서류상의 화물을 실제 조사해서 포장상태나 수량 등에 어떤 결함 또는 이상이 있어서 이러한 사실이 본선수취증 비고란에 기재되어 있는 경우 그대로 기재되어 발행되는 선하증권을 말한다.

(3) 수하인의 표시방법에 따른 분류

① 기명식선하증권(Straight B/L)

화물의 수취인, 즉 수입자의 주소, 성명이 명백히 기재된 선하증권으로서, 예컨대 Consignee란에 "M/S. Al Gosaibi Trading Co., Ltd. P.O. Box 100, Dammam, Saudi, Arabia"라고 쓰여 있으며 수하인이 특정인으로 한정된다.

일반적으로 운송기간이 짧아서 증권의 유통이 실효가 없는 항공운송에서의 항공화물운송장(Air Waybill)은 기명식으로 발행되어 원본 1부가 화물과 함께 수하인에게 보내어진다. 기명식선하증권은 배서에 의하여 양도할 수 없고 양도인, 양수인, 발행인의 3자 합의에 의하여서만 양도가 가능하다.

② 지시식선하증권(Order B/L)

수하인의 주소, 성명을 기재하지 않고, Consignee란에 단순히 "Order", "Order of ××Bank"라고 기재하는데 전자는 'Order of Shipper'의 준말로서 이는 곧 송하인이 지정하는 사람에게 화물을 인도하라는 의미이고, 후자는 신용장 발행은행으로서 동은행이 지정하는 당사자에게 화물을 인도하라는 의미가 있다.

지시식선하증권은 송하인 또는 은행이 뒷면에 백지배서(blank endorsement)만 하면 이증권의 소지인이 화물에 대한 소유권을 갖도록 자유롭게 양도·양수할 수 있는 선하증권이다.

(4) 유통성여부에 따른 분류

① 유통가능선하증권(Negotiable B/L)

선박회사는 보통 3통의 선하증권 원본을 발행하는데, 이들 원본만이 화물과 상환이 가능하며 은행 또한 이들 원본만을 정당한 선하증권으로 인정하여 매입을 하게 된다. 영국계통에서는 양도가능한 지시식 선하증권, 즉 "or his or their assigns"와 같은 형식의 선하증권을 Negotiable B/L이라 한다.

② 유통불가능선하증권(Non-Negotiable B/L)

선박회사는 원본 이외의 모든 선하증권을 발급할 때 이미 Non-Negotiable이라는 표시를 하기 때문에 이들 사본으로는 화물상환이 되지 않을 뿐만 아니라 은행에서도 매입되지 않는다. 영국에서는 유통이 되지 않는 기명식 선하증권을 의미하기도 하며, 이러한 선하증권은 대개 무역화물이 아닌 이삿짐 같은 것을 운송할 때 사용된다.

수하인을 기명식으로 발행한 선하증권으로서 항공화물운송장, 기타 기명식 선하증권이 있다.

(5) 계약의 성격에 따른 분류

① 용선계약선하증권(Bill of loading cender c/p)

용선계약선하증권은 석유, 곡물, 석탕, 철광석, 기타 살화물(散貨物)을 운송하는 경우에 운항선사가 본선을 정기용선하거나 선복전체를 항해용선하여 다수의 소량화물 화주에게 선복을 재용선할 경우 운송계약서는 용선계약서가 되고 B/L은 단지 화물수령의 영수증의 기능으로서 발행된다.

그리고 이 때 B/L 자체는 용선계약 약관(C/P)의 약관이 B/L에 편입된다는 문언과 선하증권통일조약이 B/L에 편입되어 원용된다. 이러한 용선계약선하증권은 부정기선 운송의 경우에 주로 사용되고 신용장거래의 경우 용선계약선하증권도 가능하다는 조건이 있을 경우에만 수리될 수 있다.

② 정기선선하증권(Liner Bills of Lading)

정기선운항선사가 발행하는 선하증권은 운송계약의 유일한 증거가 된다. 그리고 부정기선에서 발행되는 B/L보다 훨씬 포괄적인 내용을 포함하고 있다. 그럼으로 정기선사가 B/L을 발행하는 경우에는 별도의 운송계약을 체결할 필요가 없이 B/L이 운송계약을 대신하게 된다.

(6) 특수선하증권

① 통선하증권(Through B/L)

통선하증권은 복수의 운송인이 관여한 선하증권으로서 한 사람의 운송인이 둘 이상의 수송수단으로 운송하는 경우와 둘 이상의 운송인이 공동으로 수송할 경우 운송업자간에 연결운송계약이 체결되기 때문에 최초의 운송인이 전구간의 수송에 대하여 발행하는 선하증권이다. 운송중 사고가 발생된 경우 그 사고구간의 운송인이 책임을 진다.

② 복합운송증권(Combined, Multimodal, Internodal Transport Document)

수출국의 화물 인수장소로부터 수입국의 인도장소까지 육상, 해상, 항공 등 적어도 두 가지 이상의 다른 운송방법에 의해 일관운송(Multimodal Transportation) 되는 경우에 발행되는 증권으로 복합운송인이 전구간의 운송에 대하여 책임을 지고 발행하는 운송증권을 말한다. 복합운송증권은 문전에서 문전까지(door to door)의 일관운송 되는 컨테이너 화물에 주로 사용된다.

③ 집단선하증권(Groupage B/L)과 혼재선하증권(House B/L)

집단선하증권은 수송할 화물이 한 컨테이너분이 안 되어(LCL cargo) 포워더가 같은 목적지로 가는 화물을 모아서 하나의 운송화물을 형성하여 선적해 보낼 때 선주가 포워더에게 발행하는 선하증권을 말한다. 이것을 혼재(consolidation)라 하는데 이것을 화주에게 포장비의 절감, 신속한 수송, 저렴한 운임, 손상감소 등의 이점이 있다.

따라서 이같은 혼재를 주선한 포워더는 선사로부터 정상적인 Groupage B/L을 받고 각각의 화주들에게는 일종의 선적증명서(certificate of shipping)를 발급해주는데 이것이 바로 House B/L이다. 이 House B/L은 신용장에서 특별히 허용되지 않는 한 은행에서 수리되지 않는다.

④ 운송주선인선하증권(Freight Forwarder's B/L)

운송주선인(Freight Forwarder)이 발행한 B/L를 말한다. 운송주선인은 계약운송인으로서 운송수단(선박·항공기·철도·트럭 등)을 보유하지 않으면서도 실재운송인(actual carrier)처럼 운송주체로써 행동하고 책임도 진다. House B/L은 LCL화물에 한정되지만 이 포워더 B/L은 FCL 및 LCL을 모두 포괄하므로 House B/L은 포워드 B/L의 일부이다. 그리고 국제운송주선인협회(FIATA)에서 발행하는 FIATA FBL도 포워드 B/L의 일종이다. 운송주선인이 발행하는 B/L은 운송주선인이 운송인 또는 대리인일 경우에만 은행에서 사용가능하다(UCP600 19조 a항, 14조 l항).

⑤ 입항 후 미선적(Port B/L)과 미입항(Custody B/L) 상태

Port B/L은 선적될 화물이 운송인에게 인도된 상태에서 지정된 선박이 입항은 되어 있으나, 화물이 본선에 적재되지 않은 경우에 발행되는 수취선하증권의 일종이다.

한편 Custody B/L은 화물은 운송인에게 인도되었지만 본선이 아직 입항하지 않았을 때 발행되는 수취선하증권의 일종이다.

⑥ 제3자 선하증권(Third Party B/L)

선하증권상에 표시되는 송하인(shipper)은 일반적으로 신용장의 수혜자가 되는 것이 보통이나, 수출입거래의 매매당사자가 아닌 제3자(third party)가 송하인이 되

는 경우가 있는데 이를 제3자 선하증권이라고 한다. 주로 중계무역 등에서 주로 이용되는데 신용장에 별도의 명시가 없는 한 은행은 이를 수리하도록 신용장 통일규칙은 규정하고 있다(UCP600 14조 K항). 중계무역거래에 있어서 수출국에서 실제 송하인(제품제조업자) 이름으로 발행되는 B/L로서 중계무역국으로 서류를 보내서 중개무역자 이름으로 다시 받는 B/L을 Switch B/L이라고 한다. 이 경우 수입자와 중계무역자가 매매거래당사자로서 매매당사자가 아닌 수출국의 송하인은 제3자가 되는데 이 수출국의 원수출자를 송하인으로 하여 발행하는 B/L이 제3자 B/L이 된다.

⑦ 환적선하증권(Transshipment B/L)

화물을 목적지까지 운송하는 도중 중간항에서 다른 선박에 환적하여 최종목적지까지 수송할 때 발생되는 선하증권을 환적선하증권이라 한다. 이때 각 구간의 운송인은 증권에 연서하여 수하인 또는 선하증권 소지자에 대하여 연대책임을 진다. 그런데 컨테이너 운송시의 Feeder Service는 환적이 아니므로 동증권을 발행할 필요가 없다. 운송의 전 구간이 동일한 하나의 선하증권으로 사용될 경우에는 환적표시가 있더라도 사용가능하다. 다만 신용장에 환적금지문언이 있더라도 컨테이너선이나 래쉬선 또는 바지선으로 운항될 경우에는 환적이 가능하다.

⑧ 약식선하증권(Short Form B/L)

약식선하증권이란 일단 선하증권으로서의 필요한 기재사항은 갖추고 있다. 그러나 일반선하증권(long form B/L)에서 볼 수 있는 이면약관이 없는 간이식으로서 최근 미국을 중심으로 많이 이용되고 있다. 그러나 일단 분쟁이 생기면 일반선하증권(Long Form B/L)사의 화주 및 선주의 권리나 의무에 준거하도록 되어 있다. 이 같은 약식선하증권은 때때로 용선계약부 선하증권을 발행할 때 많이 이용되고 있다.

⑨ 적색선하증권(Red B/L)

이는 전체가 적색으로 인쇄된 증권이며 선하증권과 보험증권을 결합시킨 것으로 증권에 기재된 화물에 사고가 발생하면 선박회사가 이를 보상해 주는 선하증권이다. 적색선하증권에 대한 운임은 보통선하증권의 경우 보다 고액이고 선박회사는 보험회사에 일괄하여 부보하게 되므로 송하인이 결과적으로 보험료를 지불하게 되지만 운송화물에 대한 보험사고 발생시에 수속이 간편하여 보험지식이 없는 지방화주들이 이용하는 예가 많다.

⑩ 부서부선하증권(Countersign B/L)

도착된 화물에 운임 또는 다른 채무가 미해결 상태에 있을 경우 화물을 인수하는 자는 채무를 해결하고 화물을 인도받게 되는데, 이때 선박회사는 채무의 해결을 증명하기 위해 선하증권에 부서(countersign)하여 화물을 방면(release)한다. 이처럼 선박회사의 Countersign 되어 있는 선하증권을 말한다.

⑪ 해상화물운송장(Sea waybill)

화물의 신속한 운송과 통관을 위해 권리증권이 아니면서 단순한 화물을 수취했다는 수취증권의 성격을 가진 운송증권이 해상화물운송장이다. 이 해상화물운송장은 수하인 기명식으로 발행되며 화물수령시에 수하인 본인임을 확인한 경우에는 증권의 제시를 요구하지 않는다. 이 증권의 근거규정은 국제해사법위원회(CMI) 통일규칙과 UCP에서도 규정되어 있다. 이는 화물의 신속한 통관을 요구하는 경우에 많이 이용되며 향후 전자선하증권의 사용의 경우에 편리한 제도이다.

4. 선하증권에 관한 국제조약

해상운송은 손해가 발생하더라도 손해액의 전액을 보상하지 않고 포장당, kg당 일정액 이상은 보상하지 않는다는 선주책임제한제도(limitation of liability)에 의해 보호를 받고 또한 계약자유의 원칙에 의거하여 B/L에 이른바 면책약관(exceptions claime)을 삽입함으로서 선주의 책임을 경감 또는 면제받을 수 있었다.

운송인의 면책약관(exception clause)를 규제하기 위해서 국제해사법회의(ILA : International Law Association)는 리버풀회의에서 B/L에 관한 표준양식(conference Form B/L)을 1882에 제정하였다.

국제해사법회의는 감항성 결여, 화물취급과실, 선원 등 고용인의 중과실, 선주 및 선장의 과실 등에 대해서 면책금지를 규정하였다. 이러한 면책약관에 대응하여 화주 책임을 강화하기 위하여 국제조약을 제정하였다.

(1) 미국의 하터법(Harter Act, 1893년)

미국의 화주들 중심으로 제정된 것으로서 면책약관에 대해서 향해 과실과 상사과실을 명확히 구분하고 항해과실에 대해서는 선주의 면책 상사과실에 대해서는 귀책을 규정하였다.

① 항해과실

선주는 항해 또는 본선관리 중에 선장이나 선원이 저지른 과실은 면책이며 천재·화물고유의 성질, 포장의 불비, 화주 및 그 대리인의 작위, 부작위에 의한 손해, 인명 또는 재산구조를 위한 이로(離路, deviation)도 면책으로 규정하였다.

② 상사과실

화물의 선적, 적부, 운송, 보관 또는 양륙에 관한 운송인의 과실은 선주의 귀책으로 규정하였다. 감항성유지, 화물의 선적, 적부, 운송, 보관 약륙에 관한 주의의무, 물품불인도책임, 선원 등 직원관리에 대한 선주의 과실책임도 인정하였다.

운송인은 선하증권을 발행해서 교부할 의무가 있다고 규정하고 있다.

선하증권상에 화인, 포장개수, 용적 및 중량, 외관상태를 기재하여야 하고 선하증권은 화물수령의 우선적 증거가 된다고 인정하였다.

(2) 헤이그규칙(Hague Rules, 1921년 제정)

국제법 회의(ICA)가 1921년 9月 헤이그규칙 채택하였고 1924년 선하증권통일조약(Internal convention for uniform of certain Rules of Law Relating to B/L)으로 성립되었고 1931년부터 발효하였다.

이 조약에는 영국, 미국, 독일, 프랑스, 일본 등 26개국이 가입하였다.

① 내용

과실책임주의 원칙하에서 상사과실에 대해서는 면책금지, 항해과실에 대해서는 면책을 인정하였다. 운송인의 책임 한도를 규정하여 운송물 1포장 1단위에 대해서는 100S￡ 한도로 책임을 지도록 하였다.

② 적용범위

개품우송(정기선운송)에만 적용된다고 규정하고 있다.

부정기선(용선계약)의 경우에는 B/L이 발생된 경우, 그 증권이 운송인과 증권소지인과의 관계를 규정하면 그 B/L에는 헤이그규칙이 적용된다.

③ 상사과실(운송인의 의무) 규정

가. 감항성 유지의무(선적개시시~출항시까지)

나. 선원관리, 선용품 보급

다. 화물 운송창고의 관리, 화물취급 보관시 주의 의무

라. B/L를 교부해야 하며 부당한 면책이 없는 B/L 발행을 요구하였다.

- 이 헤이그규칙은 1936년 미국 해상화물운송법으로 대체(USCOGSA Carriage of Goods by Sea Act, 1936)되었고 1924년 영국 해상화물운송법(UKCOGSA 1924)으로 입법화되었다.

(3) 헤이그-비스비규칙(Hague-visby Rules, 1968 제정, 1977년 발효)

헤이그규칙을 개정해서 발표하면서 이를 선하증권조약 개정의정서 일명 헤이그-비스비규칙이라고 하였다. 비스비항은 스웨덴령 북해 고틀랜드섬의 비스비항은 과거 한자해상동맹의 중심지로서 그 이름을 따서 헤이그-비스비규칙이라고 하였다.

이 국제해사위원회가 선하증권약관소위원회(1950~1959)를 구성하여 헤이그규칙의 수정안을 연구하게 하였고 1968년 브뤼셀회의에서 선하증권조약개정의정서 즉 헤이그-비스비규칙이 채택되어 1977년부터 발효되었다.

- 주요 개정사항

① 운송인의 책인한도 인상, 중량제겸용

포장당 100스털링 파운드(S£)에서 10,000 포앙카레 프랑(poincare Franc)으로 인상하였고 동시에 화물의 총중량 1kg당 30 포앙카레 프랑으로 산출하여 이 중에 많은 것을 운송인의 책임으로 한다.

1poincare Franc은 순도 $\frac{900}{1000}$ 인 금 66.5mg (0.0655g)으로 금가격과 연계하였다.

② 화물손해산정기준

손해액은 운송물의 양륙장소를 일시기준으로 하고 이것을 알 수 없을 때는 상품거래 가격으로 하고 기타는 통상가격기준으로 한다.

③ 컨테이너 약관

B/L에 그 용기속의 포장물의 포장 또는 단위의 기재가 있으면 그것이 기준이 되고 없으면 컨테이너를 포장기준으로 하나의 포장으로 본다.

④ 적용범위의 확장

가. B/L이 체약국에서 발행된 경우

나. 운송이 체약국의 항구로부터 개시된 경우

다. B/L에 지상약관이 비스비규칙으로 규정된 경우
라. 원자력 손해에 대한 책임조약에도 적용되는 것으로 확장되었다.

- 지상약관(paramount clause)

B/L상에 헤이그-비스비규칙이나 미국해상화물운송법 적용의 작용규정이 없으면 헤이그규칙이 적용되다는 약관이다.

⑤ 책임제한배제사유

운송인이 의도적으로 손해를 일으키거나 손해가 일어날 것을 알면서 행한 작위 또는 부작위로 인해 발생한 손해에 대해서는 운송인은 책임제한의 혜택을 받지 못한다는 규정이다.

⑥ 선하증권의 증거력 강화

B/L의 증거력을 강화하기 위하여 선의의 증권소지인에 대해서는 증권의 절대적 증거력을 인정하였다. 선하증권은 운송인이 화물을 수행하였다는 것에 대한 증거가 되므로 증권소지인은 운송인에게 동 화물의 인도를 청구할 수 있다.

(4) 헤이그-비스비규칙 개정의정서(1979 제정, 1984 발표)

책임제한한도를 포앙 카레프랑에서 SDR로 변경해서 적용하고 포장당 666.67SDR와 총중량 kg당 2SDR 중 많은 것을 적용한다고 규정하였다.

(5) 함부르크규칙(Hamburg Rule, 1978년 제정, 1992년 발효)

유엔산하 무역개발회의(UNCTAD : UN Commussion on International trade Law)에서 개발도상국을 주체로 하여 개정하였다. 1978년 3월 함부르그회의에서 개정조약안을 채택하였다.

① 조약적용범위 확대 및 운송인의 책임가중

함부르크규칙은 용선운송을 제외하고 모든 운송에 적용된다. 즉 B/L이 발행되지 않는 운송, 생동물, 갑판적 운송, 특수화물운송에도 적용된다. 그리고 운송인 책임도 가중되었다.

② 운송인의 책임 기간 확대

해상운송에서 복합운송으로 확대하였으며(컨테이너 운송), 해상운송뿐만 아니라 집하와 인도를 위한 육상운송까지 확대하도록 하였다.

③ 책임한도액 인상

운송인의 책임한도액은 멸실, 손상의 경우 포장당 835SDR과 kg당 2.5SDR 중 많은 것으로 하고 지연손해에 대해서는 지연화물의 2.5배로 하였다.

④ 면책카다로그의 폐지

헤이그규칙은 항해과실의 면책카다로그(17개)를 해상고유위험, 천재, 전쟁, 공권력작용, 검역, 송하인 측의 작위 부작위, 동맹파업, 직장폐쇄 등은 통상면책사항으로 규정하였으나 본 규칙은 과실추정주의를 채택하였고 해난구조행위를 제외한 종전 면책카다로그 중 항해과실, 선박화재에 대한 면책을 폐지하였다.

⑤ 지연손해에 대한 운송인 책임

화물인도예정일 후 60일이 경과하면 운송물의 멸실로 본다고 규정하고 지연인도의 경우 지연화물운임의 2.5배 배상을 규정하고 있다.

⑥ 손해통지기한 제소기한

지연인도시 인도일로부터 60일 내 서면통지가 없으면 지연손해청구권은 상실된다. 그리고 제소기한을 1년에서 2년으로 연장하였다. 외관상 또는 인도 당시 나타나지 않는 손해는 인도일로부터 3일내에 손해의 개황을 통지해야 한다.

⑦ 보상장(Letter of Indemmnty) 효력

보상장은 운송인과 송하인 간에는 유효하지만 제3자에 대해서는 무효라고 규정하였다.

⑧ 선하증권의 기재사항 증가 및 증거력 강화

화물의 외관상태에 대한 기재가 없으면 외관상 양호한 상태로 간주하고 당해 운송조약의 규제를 받는다는 사실을 B/L에 기재하지 않은 경우 운송인은 불기재로 인해 발생한 소송비용을 포함한 화주의 손해를 배상해야 한다.

⑨ 재판 관할권 신설

재판 관할권은 다음과 같다.

a. 피고의 주영업소 주소지

b. 계약체결지

c. 선적항 또는 양륙항
d. 계약상의 합의지
e. 본선과 그 자매선의 압류지 중 원고에게 선택권 부여하였다.

(6) 로테르담규칙

유엔국제무역법위원회(UNCITRAL)에서 새로운 국제화물운송협약을 2008년 12월에 유엔총회에서 18장(98)개항)으로 통과시켰다. 전자선하증권, 해상화물운송장, 복합운송증권 등의 새로운 업계의 요청을 반영하여 국제운송조약을 마련하였는데 그 내용은 다음과 같다.

① 정기선운송뿐만 아니라 용선계약운송에서도 운송증권을 발행하면 이 협약이 적용된다.
② 선주의 항해과실면책 조항이 폐지되고 선박의 화재면책도 크게 축소되었다.
③ 화주에게 화물의 감항성 의무를 부과하고 수령의무를 부과하였다. 선박의 감항성 의무가 종전에는 항해전에 한정되었으나 본 규정은 전 항해기간으로 확대하였다.
④ 선사의 손해배상책임 한도가 인상되어 포장단위당 875SDR과 중량당 3SDR 중 높은 금액으로 배상해야 한다.
⑤ 기존협약이 해상운송과 항만지역까지만 적용되었는데 도로, 철도 등의 복합운송까지 확대되었다.
⑥ 손해구간이 밝혀진 화물손해는 당해구간의 법규를 적용하고 불명손해 때는 해상운송에서 발생한 것으로 간주한다.
⑦ 전자적운송기록은 협약이 규정한 운송증권의 발행, 소지, 이전과 동일한 효과가 있다.
⑧ 항만내의 하역업자, 터미널업자 등도 협약의 적용을 받아 운송인과 같은 책임을 부담하고 항변권을 행사할 수 있다.
⑨ 선사와 화주의 책임을 규정한 이 협약의 규정은 당사자의 합의로 배제할 수 있다.
⑩ 클레임은 화물인도 후 7일 이내에 제기하고 2년 내에 제소해야 한다.

5) 선하증권의 기재내용

(1) 선하증권의 구성

선하증권은 그것을 발행하는 선박회사별로 독자적인 외관을 갖는 양식을 만들어 사용하고 있으나 그 본질상 어쩔 수 없이 기재되어야 할 일정한 내용이 있으므로 그 구분에 대해서는 어떠한 선하증권에도 그 내용을 동일하게 하여야 한다. 그밖에 선하증권에는 계약당사자 간의 특약에 의해 임의로 여러 가지 사항이 기재될 수 있는데, 여기서 우선 선하증권의 형식을 보면 대개 선하증권임을 표시하는 문자, 전문, 주체, 임의기재사항으로 구성된다.

(2) 법정기재사항

상법 제814조에 의하면 선하증권에는 다음 사항을 기재하고 운송인이 기명날인 또는 서명해야 한다고 규정하고 있다.

- 선박의 명칭, 국적과 톤 수
- 송하인의 서면으로 통지한 운송물의 종류, 중량 또는 용적, 포장의 종별, 개수와 기호
- 운송물의 외관상태
- 용선자와 또는 송하인의 성명 또는 상호
- 수하인 또는 통지수령인의 성명 또는 상호
- 선적항
- 양륙항
- 운임
- 발행지와 그 발행년월일
- 수통의 선하증권을 발행한 때에는 그 수

(3) 임의기재사항

선하증권에는 법정기재사항 이외에 많은 사항이 인쇄되어 있거나 추가로 기입된다. 이러한 사항은 결국 운송인과 송하인간의 특약사항으로서 당사자간에 법적 구속력을 갖는다. 임의기재사항은 선박회사나 선하증권의 종류에 따라 달라지지만 대부분은 책임면제에 관한 사항으로 구성되고 있는데, 여기서 일반적으로 선하증권에 기

재되는 임의기재사항은 다음과 같다.

- 항차번호(voyage No.) : 본선이 특정항로에 취항을 개시하고 난 후의 항해차수
- 직전 운송수단(pre-carriage by) : 주된 운송에 앞서 화물을 운송한 운송수단 또는 형태
- 물건의 인수지(place of receipt)
- 인도지(place of deliver)
- 선하증권번호(B/L No.)
- 최종목적지(final destination)
- 컨테이너 번호(container No.)
- 봉인번호(seal No.)
- 운임지급지(freight payable at)
- 일반약관 또는 면책약관
- 기타 필요에 따라 삽입되는 임의기재사항

5. 정기선과 부정기선 운항

1) 부정기선 운항

(1) 부정기선의 의의

부정기선은 원유, 석탄, 광석, 곡물, 원목, 철강 등 대량의 화물을 화주의 요구가 있을 때 그 시기, 장소에 맞춰 불규칙적으로 운항하는 운송형태를 말한다.

(2) 부정기선계약(항해용선계약)

영국 Baltic거래소의 항해용선계약의 표준양식인 Gencon계약서에 의하여 선박을 용선하여 운행한다.

① 항해용선계약

선사가 선복의 전부 또는 일부를 차용하여 용선인에게 화물을 운송해 주기로 약정하는 운송계약이다. 항해용선은 선주가 일체의 운항비, 연료비, 항비를 부담하고 하역비는 약정에 따라서 선주가 부담하기도 하고 화주가 부담하기도 한다.

화물의 양에 따라 운임을 계산하는 물량용선(freight charter)과 화물의 양과는 관계없이 본선의 선복을 기준으로 운임을 결정하는 목돈용선(lumpsum charter)이

있다. 그리고 운임을 1일 얼마로 계산하는 일부용선(Daily charter)도 있다.

② 정기용선계약

기간용선계약이라고 하여 운항선사가 일정기간 타선사의 선박을 빌려 운항하는 방식으로 선박의 점유권은 선주에게 있고 선장은 용선인의 지시를 받아야 하므로 선박 임대차와 노무공급계약의 혼합계약으로 본다. 용선인은 선주에게 용선료(Charterage)를 지불하고 연료비·항비 등 운항비를 부담하며 선주는 선원의 급료, 식품료, 선체 보험료, 수리비, 제세공과금을 부담한다.

③ 선박임대차 또는 나용선계약

운항선사가 선복을 보충하면서 선대를 늘리는 일종의 선박할부제도 내지 리스제도로서, 통상 10년 내지 20년 장기임대차계약을 체결하고 용선계약이 만료되면 선박의 소유권이 선주로부터 용선인에게 이전된다.

선주는 선박만 대여하여 임차료만 받고 용선인이 선비 및 운항비를 부담할 뿐 아니라 선박의 감가상각비, 재산세, 선체보험료, 선원비 등을 부담하여 실제 선박의 소유주 같이 행세한다.

(3) 부정기선의 운임 형태

① 목돈 운임 : 물량이 아닌 선복을 기준으로 결정되는 운임

② 부적 운임 : 선복의 빈 공간에 대해서도 지급되는 운임

③ 장기예약 운임 : 일정 기간 예약하여 장기운항 시 지급되는 운임

2) 정기선운항

(1) 정기선의 의의

정기선이란 특정항로를 화물의 유무에 관계없이 규칙적으로 반복, 운항하는 운송형태를 말한다.

주로 공산품등의 일반화물 또는 포장화물을 운송하며 부정기선에 비해서 거대한 육상조직이 필요하며 그 규모가 훨씬 크고 복잡하다.

(2) 정기선과 부정기선의 차이점

[표 5-1]

	정기선	부정기선
① 항로	지정된 항로로 일정한 시차를 두고 반복운항	항로가 일정치 않고 동일항로를 반복 운항하지 않는다.
② 운송인	- 일반 공중운송인이다 - 일반 잡화화물에 동일 양식의 B/L 발급	- 사적계약운송인이다 - 벌크화물 일회만선 (한 종류 화물로 선적된다. 다양한 용선예약서(C/D)발급)
③ 운임	- 소량화물로서 화물이 고가 - 운임이 높다 - 하역비는 운송인이 부담	- 저가의 벌크화물로서 정기선보다 운임이 낮다. - 하역비는 용선인이 부담
④ 운송증권	- 모든화주에게 동일한 계약서인 선하증권(B/L) 발급	- 표준 용선계약서(C/D)사용 - 화주교섭력에 따라서 내용변경이 가능
⑤ 운임율표	- 동일한 운임율표(tariff) - 동일화물에는 동일운임이 적용	- 일정한 운임률표가 없다 - 물동량과 선복량에 의해서 운임이 결정
⑥ 동맹	- 동맹선사에 의하여 운임과 서비스가 조정, 감독이 필요	- 동맹조직의 공동이익을 위한다. - 감독이 불필요
⑦ 선박	- 특정항로에 맞게 선박이 건조된다. - 건조비 비싸다	- 벌크화물에 맞게 단순설계된다. - 건조비가 싸다
⑧ 육상조직	- 정기선 사는 육상조직이 크다 - 화주접촉, 육상운송, 집하장관리, 인원조직이 방대	- 육상조직은 소규모조직으로 운영
⑨ 화물집하	- 화물집하를 위하여 화주접촉 - 광고, 서비스 홍보가 필요	- 선주와 화주의 대리점간에 상담으로 집하 - 광고, 홍보 불필요하다
⑩ 여객운송	- 여객운송과 화물운송을 겸한다	- 여객운송은 금지된다

(3) 정기선의 운임형태

① 품목별 운임

- 화물의 가치에 따라서 차등적용(Commodity Rate)되는 운임을 말한다. 고가품에 대해서는 높은 운임을 저가품에 대해서는 낮은 운임을 적용하는 종가운임제이다.

② 무차별 운임(Freight all kinds rate)

- 화물의 가치에 불문하고 용적이나 중량에 근거하여 운임을 부과한다. 적임된 화물의 종류에 상관없이 컨테이너 1개당 얼마라는 식의 포장단위당 운임을 부과하는 것이다.

③ 품목별 박스운임(Commodity Box rate)

- 무차별 운임과 품목별 운임의 절충 방식을 적용함. 품목별 운임이 너무 세분화되어서 선주, 화주에게 모두 복잡하므로 품목을 그룹화 단순화하여 품목별 표준적임율이 설정되어 운임을 계산한다.

④ 할증운임

- 중량화물, 양륙지 미지정 화물, 전쟁지역 화물에 할증운임 적용한다.

⑤ 특별운임

- 맹외선에 대항하기 위하여 그 항로에 적용되는 운임에 할인 운임 적용한다.

⑥ 최저운임

- 소화물운임. ton 이하 화물은 최저운임을 동일하게 적용한다.

⑦ 경쟁운임

- 운임율에 Rate open으로 표시된 것은 각 선사에 의한 자율운임을 적용할 수 있다.

(4) 정기선운임의 결정방법

① 품목별 운임(Commodity rate)

- 화물의 가치에 따라 차등운임을 적용된다.
- TV가 타이어보다 높다.
- 값이 싼 화물을 저렴한 운임으로 많이 유인하였다.

② 무차별 운임(Freight all Kinds rate)

- 화물의 가치를 불문하고 용적이나 중량에 근거하여 적용되는 운임으로서 T.V와 타이어 (컨테이너당 운임 동일)
- 컨테이너등장 Tariff의 적용의 복잡성 탈피하였다.

- Tariff은 품목별 분류운임으로 산정하기가 복잡하다.

③ 품목별 박스운임(Commodity Box rate)

- 품목별 운임과 무차별 운임의 절충형태이다.
- 품목을 그룹화(classify) 단순화(Simplify)하였다.
- 컨테이너화물일 경우 명세서에 의해 운임 박스당 결정한다.

④ 할증운임(Additional Freight or surcharge)

가. 3톤 이상 중량화물, 장측화물(lengthy cargo)
나. 양륙지 미지정화물
다. Base port 이외에 out port에서 선적 양륙하는 화물.
라. 체선이 심한 항구에 정박하는 화물.
마. 연료, 통화량, 인플레이션, 전쟁이 심한 중동항이나 전쟁지역에 양륙하는 화물

⑤ 특별운임 : 맹외선 대항하기 위한 할인 운임을 적용한다.

⑥ 최저운임 소화물 운임 : ton 이하 화물은 최저운임을 적용하여 동일하게 운임을 부과한다.

⑦ 경쟁운임(open rate cargo)

- 최저도입이하는 소포 소화물 운임에 적용
- 맹외선 대책, 멤버간 과당 경쟁으로 표정운임 이하로 적용한다.

5. 해운동맹

1) 해운동맹

특정항로에 취하는 둘 이상의 정기선사가 상호 독립성을 유지하면서 과당경쟁배, 독점력 강화, 회원들간에 경제적 이익 목적, 운임, 적취량, 배선 등 운송조건에 대하여 계약을 체결한 국제카르텔조직이다. 운임동맹, 항로동맹이라고 한다.

현재 세계 260개 해운동맹이 있다.

- 폐쇄동맹 : 가입과 탈퇴가 엄격하다. 극동-유럽간해운동맹이 예이다.
- 개방동맹 : 가입과 탈퇴가 자유롭다. 미주항로가 개방동맹이다.

2) 운영방법

동맹선사간 협정에 따라서 운영된다.

(1) **운임혁명** : 테리프를 준수해야 하고 변경시 다른 선사의 동의를 얻어야 한다.

(2) **적하 및 항해제한**(Sailing agreement)

선사별로 물량을 할당하고 초과분에 대하여 벌금을 과하고 기항지제한, 항차수, 최고적취량을 협정에 의하여 정한다.

(3) **공동계산** : 일정 기간, 특정 항로의 순운입수입을 각 선사마다 배분한다.

(4) **공동운항** : 특정 항로의 경영을 일시적으로 통합운영한다.

(5) **중립감시기구**(Neutral Body : N/B)

회원사의 부당행위에 대하여 감독 벌칙금을 부과한다.

(6) **운임 적용방법의 다양화**

① 운임할루제도(Freight Rebate System)
일정기간동안 동맹선을 이용할 경우 rebate(운임의 일정율)제도를 적용하여 환불하는 제도이다.

② 2중운임제도 : 동맹선에만 선적하면 표정 운임률보다 낮은 운임을 적용한다.

③ 일회만선의 경우 : 운임율을 개방한다.

3) 정기선동맹헌장

- 해운동맹에 관한 유엔헌장(1974 초 74개국)은 정기선동맹헌장(code of conduct for Conference)이라고도 한다.
- 그러나 미국, 일본이 불서명하였고 개발도상국 주도로 제정하였는데 주요내용은 다음과 같다.

(1) 동맹가입가입자유화

(2) 화물적취비율 결정. 당사국간 50 : 50

(3) 개도국 수출촉진운임. 제3국 40 : 40 : 20

(4) 화주, 선주 협의기구에 당사국 정부가 참여할 수 있다.

(5) 운임인상에 대한 구체적 절차 및 유예기간 인정하였다.
(6) 국제중재 : 강제중재도입함.

4) 해운동맹의 장단점

(1) 장점

① 무역거래에 편리(정확, 규칙적 운항)
② 서비스개선(안정적 투자)
③ 생산, 판매계획 수립이 용이하다.
④ 운임이 화주에게 공평하게 적용된다.
⑤ 낭비방지, 원가절감
⑥ 영세선사의 생존이 가능

(2) 단점

① 독점에 의한 과대이윤, 서비스저하, 클레임회피, 보복적 차별, 우대제도.
② 운임율은 동맹정책에 따라 불합리하게 책정됨.
③ 기항수가 줄어들어 화주들에게 불편하다.
④ 선사의 일방적 통제(운임할려제, 계약운임제)가 있다.

5) 해운동맹의 향후방향

공정경쟁을 지향하는 시대정신에 따라서 해운동맹은 머지않아 사라질 전망이다. 유럽항로는 물론 미주항로도 독자행동권으로 해운동맹이 많이 약화되었고 과당경쟁이 만성화된 근해시장에서는 운임협의체가 없어질 경우 중소 선사간 경쟁이 치열해질 것이다. 대형선사의 출현으로 동맹운임에 대항하는 독자적인 노선을 표명함으로써 동맹의 독자노선이 어렵게 되었다.

제3절 항공운송

1. 항공운송의 의의

항공운송이란 항공기의 항복(planes space)에 여객과 화물을 탑재하고 국내외의 항공에서 공로(air route)로 다른 공항까지 운항하는 최신식수송시스템이다.

2. 항공화물의 특성

1) 적시성

① 발착시간 정시운항, 운항횟수가 정확하다.
② 변질성화물 : 꽃게, 갯지렁이, 송이버섯, 꽃, 활어 등에 적용한다.
③ 소량고가품 : 의류, 전자제품, 카메라 등에 적합하다.

2) 서비스의 완벽성

- 픽업, 인도, 화물추적이 완벽하다.
- 위험품, 귀중품, 중량물품, 보험클레임, 문전서비스 등이 확실하다. 통관절차를 포함하여 복잡한 수출입수속과 특수취급을 요하는 물품의 처리능력 등 서비스의 제공이 있다.

3. 항공화물대상

① **긴급품** : 생화, 동식물, 송이버섯, 신문, 잡지, 뉴스, 필름, 샘플
② **고가 귀중품** : 모피, 미술품, 시계, 전자제품, 반도체, 광학기기, 반도체, 의약품
③ **창고시설 부족 보완이 가능하다** : 자사제품의 경쟁력 향상이나 물류관리상 창고시설 및 재고에 투자절감을 위한 경우에 사용된다.
④ **도로항만 불비지역** : 이디오피다, 소말리아 등으로 가는 화물

4. 항공화물의 장점

① 포장비절감
② 포장비무게만큼 운임 절감
③ 신속, 안전이 확실하므로 보험료가 싸다.
④ 운송 중 상품 자본비용이 줄어든다.
⑤ 발착양지(發着兩地), 중개지 등에 보관이 필요없으므로 보관비가 싸다.
⑥ 도난훼손이 적다.
⑦ 재고품이 줄어든다.
⑧ 선도(鮮度) 유지, 생선, 버섯, 갯지렁이 등의 수출에 유용하다.
⑨ 상기적기판매가 가능하다. 원격지시장에 대한 유행품, 계절품의 판매경쟁력이 높아진다.

5. 항공화물운송장의 법적성질

(1) 비유통증권이다(non negotiable document)

항공화물이 신속하게 운송되기 때문에 운송 중 전매의 필요성이 없으므로 바르사샤조약 15조에서 항공운송장의 유통을 금지시켰다. 실질적으로 L/C 거래에서 수하인인 은행의 배서에 의하여 수입상에게 화물을 인도하는 방법으로 은행 매입이 가능하다. 은행의 담보권 보호와 항공화물의 긴급·신속한 처리가 가능하다.

(2) 기명식증권

수하인의 성명을 기재하고 지시인에게 양도하지 못하게 한 것이다.
양도를 위해서는 송하인 수하인 양수인 3자 합의가 필요하다.

(3) 불완전처분증권

- 송하인은 권리행사시 반드시 운송장의 제시를 요한다.
- 수하인은 본인 확인만 되면 운송장 원본이 없어도 화물인도청구가 가능하다.
- 수하인의 권리는 계약상 청구권이고 송하인만 화물의 처분권을 갖는다.

(4) 증거증권이다

- 운송인이 화물을 수령했다는 증거가 되는 증권이다. 운송계약이 존재한다는 것으로 화물운송계약에 관한 증거가 된다.

(5) 면책증권이다

- 항공사는 정당한 증권소지인에게 화물을 인도하면 그 책임을 면한다.
- 수하인용 운송장을 제시하는 자에게 화물을 인도하면 책임을 면한다.

(6) 불요식증권이다

- 운송장의 작성이 항공화물 운송계약의 성립요건은 아니다.
- 불요식 증권으로 어떤 형식이나 형태가 없이 자유롭게 작성할 수 있는 증권을 말한다.

6. 항공화물운송장과 선하증권의 비교

[표 5-2]

	항공화물운송장(AWB)	선하증권(B/L)
1	운송계약 체결증거	운송계약 체결증거
2	운송인의 화물수령증거	운송인의 화물수령증거
3	원본 3통 6통 부본(copy)	3통 원본 여러통의 비본
4	상환증권이 아니다 AWB과 교부하지 않고 수하인에게 화물인도 가능	상환증권이다 B/L과 교부. 화물인도
5	수취식운송증권	선적식운송증권 또는 수취식운송증권
6	기명식증권 배서양도가 안 된다	지시식 또는 기명식증권 배서양도된다
7	비유통증권	유통증권
8	비권리증권(증거증권)	권리증권
9	송하인의 작성	운송인이 작성
10	송하인용 서명(원본 중) 환적허용이 원칙	원본 3통 전부 서명 환적금지 예외허용
11	FCA 계약, CIP 계약 CPT 계약에 사용	FOB, FAS에 사용, CIF CIP. CPT에 사용
12	Warsaw Convention 헤이그 협약, 몬트리올 협정	Hauge Rule, Hage visby Rule Hamburg Rule.

7. 항공화물의 운송절차

1) 수출화물 운송절차

(1) 항공사예약 : 매매계약 체결, 항공사 선정
(2) 지정항공편 예약 : 출발지, 도착지, 포장개수, 중량부피 상품명 결정
(3) 통관절차 :
① 화물포장(식별표기, 화인)
② 보세지역반입
수출신고서 작성 → 수출신고필증 작성(통관절차 이행)
③ 항공운송장 발행
④ 적하목록기재 - 화물반출허가 취득
⑤ 컨테이너 또는 팔레트에 적재
⑥ 탑재계획 작성 후 화물 탑재
⑦ 탑재내용 수출자에 통보

2) 수입화물 통관절차

(1) 수하인에게 화물도착통지
(2) 하기지시서에 의한 하기작업
(3) 화물분류 → 보세창고에 입고 - 보세운송
자가보세창고 도착 수하물은 → 자가보세장치에 입고한다.
(4) 수입신고서 - 세관에 제출 - 수입허가(수입신고 필증) 취득한다.
(5) AWB를 운송회사에 제출하고 반출허가증 취득

8. 항공운송에 관한 통일조약

1) 와르쇼 협약(Warsaw Convention) 1929년 10월 12일 제정

(1) 항공운송인의 책임제한 규정
(2) 공중에 관한 주권 인정함
(3) 승객의 사망·부상시 책임(17조)진다.
(4) 화물파괴, 멸실, 회손에 대한 배상(18조 1항)한다.

(5) 화물 및 수하물의 연착으로 인한 손해배상한다. 손해배상액은 다음과 같다.
- 여객 : 1인당 125,000FGF(US$10,000)
- 위탁화물 : kg당 250FGF(US$20)
- 휴대화물 : 1인당 5,000FGF(US$400)
- 일반화물 : kg당 250FGF(US$20)

2) 헤이그 의정서(Hague Protocal) : 1955년 제정

(1) 한국 1967년 10월 11일 가입하며 효력 발생하였다.
(2) 체약국공항에서 다른 체약국공항이나 제3국 공항으로 비행하는 경우에도 적용한다. 손해 배상액은 다음과 같다.
- 여객 : 1인당 250,000FGF(US$20,000)
- 위탁화물 : kg당 250FGF(US$20)
- 휴대화물 : 1인당 5,000FGF(US$400)
- 일반화물 : kg당 250FGF(US$20)

3) 몬트리올 협정(Monteal Agreement) 1966년 5월 16일 제정

(1) 미국을 경유 출입하는 항공기에 적용한다. 손해배상액은 다음과 같다.
- 여객 : 소송비 재비용 포함 US$75,000(기타 소송비 불포함 시 US$58,000)

(2) 절대적 책임조항 규정
(3) 승객의 기여과실에는 절대적 책임을 인정하였다.

- 현재는 1인당 100,000SDR/1인당 IATA 표준
- ICAO : 국제민간항공기구 1947. 4. 창설, 체약국간의 분쟁해결 기구이다.
- IATA : 국제항공운송협정 1945. 4. 창설

제4절 복합운송

1. 복합운송 : Multimodal Transport의 의의

복합운송은 하나의 계약에 의해 운송의 시작으로부터 종료에 이르기까지 전 과정에 걸쳐 복합운송인이 전책임을 지고 운송물을 적어도 두 가지 이상의 서로 다른 운

송수단으로 운송되는 방식이다.

① 하나의 운송 계약
② 하나의 책임 주체
③ 단일운임
④ 운송수단의 다양화
⑤ 복합운송증권 발행
⑥ 컨테이너운송과 복합운동은 동일하지 않다.

- 복합운송인(M.T.O)은 복합운송조약(GCM, 1980년 제네바회의)에 의하면 복합운송인 대리인, 사용인, 그리고 운송주선인(Forwarder), 운송인도 복합운송인이 된다.
  선박회사·철도회사·트럭회사·항공사를 보유하는 실제 운송인(VOCC)과 해상운송주선인·항공운송주선인 등 계약운송인(NVOCC)도 복합운송인이 된다.

2. 복합운송증권 통일규칙

(1) I.C.C 복합운송증권통일규칙(1973년 제정)

국제상공회의소가 제정한 복합운송증권통일규칙으로 1973년에 제정된 후 1991년 까지 적용되었다.

- 손해구간이 불명한 경우는 기본책임을 진다. 즉 kg당 30포앙 카레프랑(kg당/30FGF)로 책임을 진다.
- 손해구간이 분명할 경우는 분할책임을 진다.

(2) UNCTAD 복합운송통일규칙(1980년 제정)

변형된 통합운임체계를 채택하여 판명손해에 대해서는 국내법, 국제조약의 책임한도 중 가장 높은 금액으로 하고 불명손해는 해상구간이 포함되면 함부르규칙의 110%를, 해상구간이 포함되지 않으면 SDR 8.33/kg(CMR)를 적용한다.

(3) UNCTAD/ICC 복합운송증권통일규칙(1992년 제정)

UNCTAD 해운위원회가 1988년 합동작업반을 조직하여 3년동안 작업과정을 거쳐 헤이그-비스비규칙, ICC통일규칙 등을 기초로 복합운송증권에 관한 국제규칙을 제정하여 1992년 1월 1일부터 시행하였다.
이 규칙에 의하면 항해과실 / 본선관리상 고의과실 책임은 면책이고 그 외에 상사과실 및 감항성 과실책임은 인정하였다. 책임한도는 포장단 종가운임외에 포장당 666.67SDR 또는 2SDR/kg 책임 한도를 인정하였다.

[참고] FIATA FBL

= 국제복합운송주선인의 복합운송증권
FCR : Freight Forwarder Certification of Receipt.
⇒ 운송인의 대리인 또는 운송인 자격으로 발행되어야 한다.
FCA, CPT, CIP 조건에 사용된다.
보험은 최초의 운송인에게 화물을 수탁할 때부터이다.

3. 복합운송의 주요경로

① SLB(Trans Siberian Rail Road) 시베리안랜드브릿지는 극동과 유럽간의 컨테이너 복합운송경로를 말한다.
② TCR, TKR ⇒ Trans China Rail Road 중국횡단철도
Trans Korea Rail Road ⇒ 한국과 TCR, TSR와 연결된 복합운송경로이다.
③ TAR = Trans Asian Rail Road – 아시아횡단철도
④ 미국 ALB(America land Bridge)는 뉴욕과 LA간 운항노선이다. 극동과 유럽간의 화물수송에 있어서 미대륙을 통과하는 복합운송을 말한다.
⑤ MLB(Mini Load Bridge)는 극동과 미동안 및 걸프지역을 연결한 복합운송경로이다. 유럽과 미국서안까지 대서양, 태평양과 미국대륙의 철도로 연결하는 복합운송 경로이다.

4. 복합운송증권의 내용

그 명칭에 불구하고 상품의 발송, 수탁 또는 선적이 명시되어 있고 운송인 또는 그 대리인이 발행한 한 개 이상의 운송수단에 의하여 운송되는 것을 표시한 운송서류를 말한다. 발행자인 운송인이 운송물품을 수령하고 운송계약의 증거가 되는 권리증권(document of title)으로서 유가증권의 성격을 갖는다.

UNCTAD/ICC 통일규칙에 의하면 복합운송증권은 유통성(negotiability)을 갖고 있으며 지시식 또는 무기명식일 때에는 배서 또는 백지배서로서 양도할 수 있으며 기명식일 때에는 지정된 수하인이나 수하인이 지정한 당사자에게만 화물을 인도할 의무가 있다.

5. 복합운송인의 책임

운송물의 멸실, 훼손, 지연, 손해가 복합운송의 어느 구간에서 발생하였느냐를 묻지 않고 복합운송인은 동일한 기준에 따라 책임을 진다. 이를 통합책임주의라고 하는데 그 책임의 기준을 해상 또는 철도, 도로의 책임 중 어디에다 맞추느냐에 따라서 책임의 범위가 달라질 수 있다.

분할책임주의란 불명손해에 대해서는 그 손해가 해상구간에 발생한 것으로 추정하여 헤이그/비스비규칙을 적용하든가 또는 별도로 정한 기본책임을 적용한다. 판명손해에 대해서는 그 구간에 적용될 국내법이나 국제조약을 적용한다. 실무계에서 많이 적용되는 주장이다.

변형통합책임제란 분할체계와 통합체계의 절충방식으로 유엔조약이 채택하고 있다. 손해 발생구간에 관계없이 동일한 책임을 적용하되 유엔조약의 책임한도보다 높을 때는 그 책임을 적용한다.

6. 컨테이너 운송

1) 컨테이너선의 장단점

- 하역비부담 감소
- 평균속도 22~23노트 운항속도 증가

(1) 장 점

① 문전서비스 가능
② 환적시 편리
③ 화물 파손·분실위험 감소
④ 포장비 절감
⑤ 운송속도 증가

(2) 단 점

① 거대자본을 요한다.
② 소량화물의 경우 혼재해야 하므로 불편하다.
③ 거대투자를 요한다.
④ 공컨테이너 회수 문제가 있다.
⑤ 컨테이너의 유휴, 고가설비의 효율적 활용이 요구된다.

2) 컨테이너운송시 운임

컨테이너의 운임은 정기선 운임을 기초로 하여 컨테이너 처리비용 등 부대비용이 추가된다.

(1) 컨테이너선의 기본운임

① 품목별 운임률(Commodity Rate)

화물의 가액, 성질, 운임부담능력 등을 고려하여 품목별로 차등을 두는 운임률이다. 분류품목수가 많아서 운임을 결정하기가 복잡한 것이 단점이다.

② 무차별 운임률(Freight All Kinds Rate : FAK)

컨테이너에 적임된 화물의 가액, 성질 등에 관계없이 컨테이너 1개당 얼마라는 식으로 운임을 산정한다. 1982년 에버그린사가 처음으로 도입한 운임률이다.

③ 품목별 박스 운임률(Commodity Box Rate : CBR)

컨테이너당 품목그룹별 표준적임률(Standard packing factor)이 설정되어 컨테이너에 적임된 화물에 적임률을 계산하여 운임을 산출한다.

(2) 컨테이너 화물 부대비용

① 부두사용료(Warfage)

부두사용료는 해운항만청의 고시에 의해 부과되며 부산항의 경우는 2010년 현재 20피터 컨테이너는 4,200원, 40피터 컨테이너는 8,400원을 부과한다.

② 터미널 취급수수료(Terminal Handling Charge : THC)

THC는 FCL이 CY에 반입되는 순간부터 본선 선측까지 또는 본선 선측에서부터 CY에 반출될 때까지의 모든 비용을 말한다. 따라서 THC는 선적항과 양륙항 두 곳에서 발생되며 보통 수출화물은 B/L 발행시 송하인이 지불하고 수입화물은 수하인이 화물수취시 지불한다.

③ 컨테이너 서비스 비용(Container Service Charge)

선사가 CFS에서 수령, 인도하는 LCL 화물에 대하여 부과하는 요금으로서 컨테이너 적입, 인출 비용 및 CFS와 CY간의 운송비용으로 징수한다. 선사가 소량화물을 수령하여 여러 화주의 화물을 합쳐서 한 컨테이너 화물(FCL)로 만드는 비용을 말한다.

④ 피더요금(Feeder Charge)

모선이 부두에 직접 점안하지 않은 지역에서 주기항지까지의 해상운임 또는 육상운임을 징수한다. 부두에서 심해의 본건까지 운반비용 및 다른 항구에서 기항지까지의 해상운임을 포함한다.

⑤ 컨테이너 반환 지체료

화주가 컨테이너 또는 트레일러를 대여 받은 후 무료기간 내에 반환하지 않을 경우에 지체료를 지불해야 한다.

⑥ 컨테이너 보관료

CFS 또는 CY로부터 화물 또는 컨테이너를 무료기간내에 반출해가지 않으면 보관료를 징수한다.

제5절 전자식 선하증권

1. 전자식 선하증권의 개념

인터넷의 발전과 함께 시작된 전자상거래에 맞추어 해상법분야에서도 고속컨테이너선의 출현 및 통신기술의 발달에 따라 전통적인 종이선하증권을 전자적인 메시지에 의하여 대체하려는 움직임 강하게 나타남으로써 이러한 시대적 흐름에 발맞추어 전자식 선하증권이 등장하게 되었다. 전자식 선하증권(Electronic Bill of Lading)은 컴퓨터간의 통신을 통하여 행하여지는 소위 EDI(Electronic Data Interchange :

전자자료교환)방식에 의하여 종전의 선하증권을 대체하고자 하는 것으로서 새로운 유형의 선하증권이라기보다는 EDI메시지에 의하여 운송물을 인도하는 방법을 말하는 것이다. 특히 국제해상위원회(Committee Maritime International : CMI)는 1990년 6월 전자식 선하증권에 관한 CMI규칙(CMI Rules for Electronic Bills of Lading)을 채택하여 전자식 선하증권에 관한 법률적 근거를 제시함으로써 전자식 선하증권의 운용방안에 관한 논의가 본격화되었다.

2. 전자식 선하증권의 배경

1) 선하증권의 위기

선하증권은 전통적으로 물품수령증으로서의 기능과 운송계약의 증거로서의 기능 및 권리증권으로서의 기능을 수행하여 왔다. 특히 선하증권은 화물에 관한 권리를 나타내는 권리증권으로서의 기능을 수행하고 있다는 점에서 오랜 시간 국제무역거래 및 결제에 있어 중요한 역할을 수행하여 왔다. 이런 선하증권은 권리증권으로서의 기능 때문에 선하증권소지인은 선주에게 화물인도청구권을 행사할 수 있으며 선하증권은 양도가능한 유통성이 부여되어 화환신용장 거래방식에 의한 무역대금의 결제에 널리 활용 가능하게 되었다.

그러나 최근에 들어서 고속선(Fast Ships), 고속컨테이너선의 출현은 선박이 선하증권보다 목적지에 먼저 도착하는 경우가 자주 발생하는 등의 국제무역환경이 크게 변화하게 됨에 따라 전통적인 선하증권의 기능에도 변화를 가져오게 되었다. 즉 선하증권이 도착하기 전까지는 화물을 인도할 수 없는 상황이 되어서 물품인도에 많은 불편을 초래하고 있었다. 이는 선하증권의 위기(Bill of Lading Crisis : B/L Crisis)라고 불리는데 이러한 현상은 선하증권에 의한 화물인도를 어렵게 함으로써 선하증권의 권리증권으로서의 기능에 큰 문제로 작용하여 수정을 해야 하는 상황을 만들었다.

2) 전자식 선하증권의 등장

선하증권의 위기를 해결하기 위한 방안으로 운송인이 선하증권 대신 화물선취보증서(Letter of Guarantee : L/G)를 받고 운송물을 인도하는 보증도의 관행이 생겨나게 되었고 경우에 따라서는 선하증권을 수하인에게 직송하는 방식을 활용하게 되었다. 하지만 보증도는 선하증권의 제시 없이 운송물을 인도하게 됨으로써 운송인에게

과도한 위험부담을 안겨주는 결과를 야기시키며, 선하증권을 수하인에게 직송하는 방법은 당사자간에 깊은 신뢰관계가 없으면 이용될 수 없다는 사용상의 제약을 가지고 있다. 그리하여 선하증권의 위기를 회피하기 위한 또 다른 방법으로 선하증권대신 해상화물운송장(Sea Waybill)이나 스탠드바이신용장(Stand-by Letter of Credit)을 이용하는 방안을 모색하였다. 해상화물운송장은 선하증권과는 달리 권리증권이 아니므로 이의 제시 없이도 운송물을 수하인에게 인도 가능하도록 한 것으로 운송중 전매의 필요성이 없거나 신속하게 수하인에게 인도할 것이 요구되는 거래에서 그 이용가치가 크다. 또한 스탠드바이신용장은 화환신용장을 사용하지 않는 일반 물품매매계약에서도 얼마든지 이용가능하기 때문에 해상화물운송장이나 스탠드바이 신용장은 선하증권이나 화환신용장을 대체하여 사용할 수 있으므로 이를 이용함으로써 어느 정도 선하증권 위기를 극복할 수 있다. 이 중에 스탠드바이 신용장의 경우에는 물품가액에 대한 지급보증을 하므로써 운송서류에 대해서는 특별히 선하증권의 제시를 요구하지 않고 있으므로 수출자 편에서는 운송방법의 선택이 쉬워진다고 할 수 있다.

그러나 선하증권의 위기는 컴퓨터통신의 발전과 이에 따른 전자식 선하증권의 보편화로 위기의 완전한 해소를 기대할 수 있다. 이는 전자식 선하증권은 종래의 어떠한 서면서류의 제시도 요구하지 않음으로 컴퓨터통신 등 EDI의 기술적 문제점만 보완한다면 서류의 도착지연으로 인하여 야기될 수 있는 문제를 가장 확실하게 해결할 수 있을 것이기 때문이다.

이러한 전자식 선하증권의 본격적인 논의는 1971년 세계 최대 컨테이너운송업체중 하나인 Atlantic Container Lines가 시도하였던 "Data Freight Receipt" 및 Gothenberg 대학과 스웨덴해운회사 등이 공동개발한 "Cargo Key Receipt" 그리고 1986년 설립된 SeaDocs Registry Limited에 의한 원유 및 원유제품에 대한 선하증권을 전기통신방식으로 하기 위한 시도를 통해 논의되었다. 뿐만 아니라 미국 무역절차간소화위원회(NCITD)의 UN/EDIFACT에 따른 전자식 선하증권의 운용방안과 1990년 성립된 전자식 선하증권에 관한 CMI규칙이 비로소 전자식 선하증권의 근거를 마련하였다.

3. CMI규칙하에서의 전자식 선하증권

1) CMI규칙의 기본구조 및 특성

1990년 6월 파리에서 1주일간 개최된 CMI 제34차 국제회의에서 채택된 CMI규칙은 이를 적용하려는 어떠한 계약당사자에게도 개방되어 있는 개방형의 시스템이다. CMI규칙은 기존의 선하증권을 발행하지 않고 운송중 물품에 대한 권리를 전자식으로 이전하는데 중점을 두고 운송인이 관리의 중심이 되는 소위 개인키(Private Key)개념을 도입하여 송하인 또는 이 개인키의 유효한 소지인이 운송인에게 지시하여 물품에 대한 인도청구권과 운송 중 물품에 대한 지배, 처분권을 행사할 수 있는 권리를 부여함으로써 선하증권의 유통 가능성을 보장하고자 하였다. 따라서 개인키는 NCITD가 사용하는 개인인증코드(IAC), BIMCO에서 채택한 디지털서명(Digital signature)과 같이 기존의 선하증권상의 서명과 같은 기능을 하는 것이지만 암호화기법을 당사자의 선택으로 남겨두었다. 개인키는 종래의 서면 선하증권의 물리적 점유에 대응하는 것으로서 이 개인키의 이전에 의해서 전자식 선하증권의 유통성이 보장되는 것이다.

CMI규칙하에서의 전자식 선하증권은 운용에 필요한 EDI메시지에 의한 통지·확인 시스템을 운송인이 선하증권의 등록기관으로서 직접 관리 또는 통제하도록 함으로서 별도의 중앙통제기관(Central control party)을 설정하는 NCITD와 BIMCO와는 또 다르다.

2) 전자식 선하증권에 의한 거래구조

전자식 선하증권에 의한 거래구조를 살펴보면 다음과 같다.

① 송하인과 운송인은 전자적으로 송신하기로 합의하고, CMI규칙에 따라 서면 선하증권 대신 전자식 선하증권을 사용하기로 합의한다.

② 운송인은 송하인의 선복예약사항(booking note)을 확인하고, 송하인이 운송인에게 화물을 인도하면, 운송인은 화물에 대한 수령사실을 송하인에게 통지한다. 이 물품수령메시지(Receipt message)에는 물품에 대한 수량, 품질, 상태 등에 관한 명세가 포함되며, 운송인은 송하인에게 물품수령메시지와 함께 개인키(Private Key)를 부여한다.

③ 송하인은 물품수령 메시지에 기재된 물품명세에 동의한다는 것을 운송인에게 확인한다.

④ 송하인이 운송인에게 물품에 관한 지배, 처분권을 다른 사람에게 이전하고자 하는 경우 송하인은 권리이전의 의사를 운송인에게 통지한다.

⑤ 운송인은 이 통지를 확인한다.

⑥ 운송인은 새로이 개인키 소지인으로 예정된 자에게 물품의 명세를 전송한다.
⑦ 개인키소지인으로 예정된 자는 운송인에게 물품명세에 관하여 확인하다.
⑧ 운송인은 현재(송하인)의 개인키를 폐기하고 새로운 소지인에게 새로운 개인키를 발급한다. 새로운 개인키소지인도 위와 같은 방식으로 물품에 관한 권리를 다시 타인에게 이전이 가능하다.
⑨ 도착항에서 운송인은 개인키에 의하여 확인되는 화물인도지시에 의하여 물품을 인도한 후 개인키를 폐기한다.

CMI규칙하의 화환신용장의 거래방식도 신용장개설은행을 수하인의 대리인으로 지정하는 방식과, 동 은행을 수하인으로 하는 방식의 두 가지가 사용되나 은행이 신용장당사자 및 화물에 대한 권리자로서로서 운송인으로부터 개인키를 부여받아 화물인도를 지시하는 것에 차이가 있을 뿐 기본적인 권리이전절차와 구조는 같다.

4. 전자식 선하증권의 문제점

1) 전자식 선하증권에 의한 선하증권원본대체에 따른 문제

선하증권은 원칙적으로 유통가능한 권리증권이며 이러한 선하증권의 유통에는 선하증권 원본의 존재가 필요하다. 그러나 실체가 존재하지 않는 EDI환경에서는 선하증권의 기재내용을 EDI메시지로 대체하여 동메시지를 적용할 수 있는 것이며 이에 착안하여 CMI규칙은 개인키에 의한 전자식 선하증권으로 선하증권원본을 대체하도록 시도하는 한편 EDI메시지에 의한 전자식 선하증권의 운용에 필요한 통지·확인시스템의 관리를 위하여 운송인에게 이에 대한 관리유지의무를 부과하여 운송인으로 하여금 개인키의 적법한 소지인인지여부를 최종 확인하여 화물을 인도하도록 요구하고 있다. 그러나, 이러한 운용방법은 지나치게 운송인에게 의존하여 다음과 같은 문제점을 쉽게 예견할 수 있다.

(1) 운송인의 신뢰성담보 및 관리책임의 문제

개인키에 의한 전자식 선하증권의 이전은 반드시 운송인을 통하여 이루어진다는 점에서 일단 발행된 후에는 운송인의 권리를 떠나 운송인의 개입 없이 유통되는 서면 선하증권과 다르다. 그러나 이것은 운송인의 신뢰성과 성실성을 전제로 하여서만 가능한 유통방법일 뿐만 아니라 운송인의 입장에서도 개인키의 관리책임을 맡게 되어 결과적으로 물품거래에 따른 관리책임을 부담하게 되는 문제점을 내포하고 있는 것이다. 따라서 운송인의 입장에서는 운송의무와는 전혀 관련이 없는 추가적인 의무와 책임 부담이 가중되어 기존 운송인의 권리의무의 변화를 초래할 우려가 있으며, 송하인의 입장에서도 물품매매의 과정을 전적으로 운송인의 성실성과 신뢰성에 의존하여야 하는 불합리성이 발생한다.

(2) 경비부담문제

운송인이 개인키의 관리를 위한 시스템을 구축하는 데는 상당한 경비가 부담되는데 이를 누가 부담할 것인가 하는 것도 문제점으로 대두된다. 이러한 경비부담문제에 대한 다른 이해당사자의 해결방안이나 적절한 분담보장 없이는 운송인이 CMI규칙하에서의 전자식 선하증권의 운용에 참여할 것을 기대하기는 어렵다.

(3) 개인키의 원본기능의 문제

CMI규칙하에서 전자식 선하증권의 이전은 운송인으로부터 전송되어온 물품수령메시지에 대한 지배, 처분권의 승낙과 개인키의 취득이라는 두 단계의 과정을 거치며, 여기서 물품수령메시지는 종래의 선하증권에서의 기재내용에 해당되고 개인키는 발행인의 서명에 해당된다고 할 수 있다. 그러나 이러한 개인키의 이전방식은 위장운송인이나 위장양수인의 개입으로 인하여 양수인과 운송인이 각각 다른 물품수령메시지를 승낙하고 확인하는 등의 상황이 발생하는 경우에 선의의 전자식 선하증권양수인에게 확정적 증거력 보장의 문제가 발생한다.

(4) 입법적 뒷받침의 미흡

CMI규칙은 당사자간에 합의한 경우에 언제든지 적용될 수 있는 것으로 규정하고 있으나 불특정 다수가 널리 이용할 수 있는 개방형의 유통시스템을 전제로 하고 있으므로 과연 당사자간의 약정만으로 유통가능한 권리증권을 창출할 수 있는가 하는 의문이 야기된다. 실제로도 유통가능한 권리증권의 창출은 제정법에 의해서만 가능하다는 견해가 지배적이므로 권리증권으로서의 선하증권의 기능이 오랜 상관습과 입법에 의하여 확립되었던 경우를 살펴보더라도 전자식 선하증권에 대한 입법적 뒷받침이 미흡한 상황에서 이것이 실거래에서 활용되기에는 무리가 있다.

2) 물품수령과 운송계약의 증거로서의 기능에 따른 문제점

(1) 운송계약의 청약과 승낙의 문제

CMI규칙은 전송내용이 외관상 완전하고 적정하다고 통지하는 전송을 확인(confirmation)이라고 정의하고 있을 뿐 무엇이 운송계약의 청약과 승낙을 구성하는 가에 관하여 규정하고 있지 아니하다. 따라서 계약의 일반원칙상 운송계약의 성립 여부 또는 시기 등이 문제가 될 수 있으므로 당사자간의 EDI거래약정 등에서 이를 분명히 합의할 필요가 있다. 이러한 이유로 UNCITRAL보고서도 이러한 약정체결을 권장하고 있다.

(2) 운송인에 의한 물품수령메시지의 변경가능성

종래의 선하증권은 일단 운송인이 선하증권을 발행하면 동 기재사항에 대하여는 운송인의 통제를 벗어나므로 기재사항의 변경가능성이 전혀 없었으나 CMI규칙하에서의 전자식 선하증권은 운송인이 물품수령 메시지를 지배, 관리하게 되므로 운송인이 이를 일방적으로 변경이 가능하다. 이에 CMI규칙은 UNCID가 당사자간의 행위를 규율하도록 하고 UNCID는 전자적 거래자료의 변경을 금지하고 있지만, 만약 운송인이 이를 무시하고 자료를 변경할 경우 이를 막을 방법은 없다.

(3) 편입조항의 유효성문제

CMI규칙은 용선계약 등 운송계약의 내용을 선하증권에 편입하는 오늘날의 해운실무관행을 고려하여 전자식 선하증권의 경우에도 편입조항이 송하인에게 용이하게 입수될 수 있는 것이면 이를 유효하게 운송계약의 조건으로 편입할 수 있도록 하고 있다. 그러나, 실제로 편입조항의 유효성과 관련하여 분쟁이 발생하는 경우 이에 대한 입증책임은 운송인이 부담하게 된다.

3) 화환신용장거래에서의 이용가능성 문제

신용장거래의 준칙이 되고 있는 신용장통일규칙(UCP600)은 EDI시스템의 적용 및 전자방식의 인증에 의한 서명이 가능하도록 규정하고 있으므로 당사자간의 합의에 의하여 화환신용장거래에서도 전자식 선하증권의 이용이 가능하며, 이 경우 만일 은행이 CMI규칙하에서의 개인키방식을 수용한다면 개인키의 취득을 통하여 물적담보의 문제를 해결할 수 있으므로 은행의 전자식 선하증권의 수용이 가능하다. 그러나 실제운용에 있어서는 메시지표준의 통일문제, 개인키의 보안, 안전성 확보 문제 등이 해결되지 않는 한 은행이 이를 수용하기에는 무리가 따른다.

4) 소유권 이전시기문제

CMI규칙은 물품의 지배, 처분권 및 이전절차에 관하여만 규정하고 있을 뿐 구체적으로 어느 시기에 소유권이 매도인으로부터 매수인에게 이전되는가하는 문제에 관하여 침묵하고 있어 이 부분의 분쟁발생 소지가 있다.

5) 메시지표준통일의 문제

전자식 선하증권이 현실적으로 활용되기 위해서는 컴퓨터간에 교환되는 자료에 관한 표준인 메시지표준(message protocol)과 상이한 시스템을 가진 격지자간의 컴퓨터들의 상호통신을 가능하게 하기 위한 각 시스템간의 접속방법에 관한 표준인 통신표준(communication protocol)이 모두 표준화·통일화되어야 한다.

6) 전자식 선하증권의 통신참여자의 책임문제

EDI방식에 의한 거래는 우발적인 사고, 범죄 등으로 인하여 메시지가 변경되거나 멸실 될 수 있으므로 통신참여자 중 누가 그 책임을 질 것인가 하는 문제가 발생한다. 또한 EDI통신의 전형적인 참여당사자는 메시지의 송신자, 통신망서비스업자 및 수신자이기 때문에 이들간의 책임 문제를 구체적으로 규정하여야 할 것이다.

제1절 해상보험의 개념

1. 해상보험의 의의

해상보험이란 해상운송 도중에 일어나는 사고에 대해서 보험자(insurer)가 보험금(insured amount)의 지급을 통해 손해를 보상하여 줄 것을 약속하고, 피보험자(insured)는 그 대가로서 보험료(insurance premium)를 지불할 것을 약속하는 손해보험의 일종이다. 영국해상보험법 제1조에는 "해상보험계약은 보험자가 피보험자에 대하여 그 계약에 의해 합의된 방법과 범위 내에서 해상손해, 즉 해상위험에 수반하는 손해를 보상할 것을 약속하는 계약이다."라고 되어 있으며, 제2조에는 "해상보험계약은 그 명시된 특약 또는 상관습에 의해 그 담보의 범위를 확장해서 해상항해에 수반하는 내륙수로 또는 육상위험의 손해에 대하여서도 피보험자를 보호할 수 있다."라고 규정하여 사고가 발생하는 지점이 반드시 해상이 아니어도 됨을 시사하고 있다.

해상보험에서 말하는 위험이란 우연한 사고를 말하며 우연이란 그 발생이 가능하지만 불확실한 것을 말한다. 해상에서의 위험은 과거의 사건일지라도 계약당사자가 계약체결시 그 발생 여부에 대해서 알지 못하였다면 유효하다고 해석된다.

2. 해상보험의 당사자

1) 보험 당사자

(1) 보험자(insurer)

보험자는 보험을 인수하는 자로서 보험계약자로부터 보험료를 받는 대신 일정한 위험을 담보하고 그 위험을 원인으로 해서 생긴 손해에 대해 보험기간 중 보험사고가 발생할 경우 보험금을 지급할 것을 약속한 자를 말한다.

실무적으로는 보험회사 또는 로이즈 보험조합 가입의 보험 인수업자(underwriter)가 이에 해당된다.

(2) 보험계약자(policy holder)

보험계약자는 보험계약의 당사자로서 보험자와 보험계약을 체결하고 보험료를 지급하기로 약속한 자를 말하는데, 보험계약시에 보험금의 지급의무, 고지의무 등을 가진다.

(3) 피보험자(insured, assured)

피보험자는 피보험이익의 주체로서 보험자에 대하여 보험금 청구권을 가지는 보험계약상의 수익자, 즉 보험사고의 발생으로 인하여 손해를 입는 경우에 보험자로부터 손해보상을 받을 권리를 갖는 자를 말한다.

CIF계약에서는 매도인이 보험계약자가 되고 매수인이 피보험자가 된다. 그러나 실제로는 매도인(수출업자)이 자기를 피보험자로 하여 보험계약을 체결하여 보험자로부터 보험증권을 입수한 후 배서(背書)하여 수입업자에게 양도하는 형식을 취한다.

한편 CFR이나 FOB계약인 경우에는 처음부터 매수인이 자기를 피보험자로 하여 보험자와 보험계약을 한다. 그러므로 수입자가 보험계약자인 동시에 피보험자가 된다. 그러나 이 경우에도 수입자가 수출업자에게 해상보험을 위탁하는 수가 있다. 그러면 수출자가 보험계약자가 되고 수입자가 피보험자가 될 수 있으며, 보험료는 도착지에서 지불된다.

2) 보험대리점(insurance agent, agent for the insurer)

보험회사를 위하여 계속적으로 보험계약체결의 대리 또는 소개를 업으로 하는 자를 말한다.

3) 보험중개인(insurance broker)

보험자와 보험계약자 또는 피보험자 사이에서 보험계약체결의 중개를 업으로 하는 독립된 상인을 말한다.

보험대리점이 보험회사를 위하여 보험회사로부터 대리권을 행사하는 것임에 비해, 중개인은 보험계약자를 위하여 보험자로부터 유리한 보험조건·요율(rates, terms and conditions of insurance)을 취득하도록 활동한다. 영국에서는 거의 대부분의 해상보험계약이 보험중개인에 의해서 체결되고 있다.

제2절 해상보험의 부보절차와 구비서류

1. 수출적하보험의 부보절차

수출적하보험의 계약을 위해서는 다음과 같은 서류를 구비하여야 하며 보험금은 다음의 요율에 의해 적용된다.

1) Certificate of Insurance를 준비하여야 하며 기재사항은 다음과 같다.

① Certificate No.
② Open Cover Policy No.
③ Reference No.
④ Assured
⑤ Amount Insured
⑥ At and from/Arrived at
⑦ Ship or Vessel
⑧ Sailing on or about
⑨ Conditions
⑩ Goods and merchandise
⑪ Place and Date Signed in
⑫ Authorized Representative 등이다.

2) 요율적용

가. Basic Rate

적용요율에는 Basic Rate, War/Strike Rate, Vessel Penalty 등이 있으며, 최종 적용시에는 이 세 가지를 합산한다.

나. Basic Rate Table

지역별, Item별의 Rate Table을 참조하면 된다.

다. War/Strike Rate의 적용

분쟁이 없는 지역이면 War & SRCC Rate는 0.01%가 적용되나, 분쟁지역일 경우에는 London의 고지율이 적용된다.

라. Vessel Penalty Rate

Vessel Penalty를 참조한다.

마. Rate 적용의 예

가정용전자제품을 컨테이너에 적재하여 중국으로 수출하는 경우 보험조건이 ALL RISK, WAR/SRCC이며 선령은 22년인 정기선일 경우이다.

TOTAL RATE	=	BASIC RATE	+	WAR RATE	+	VESSEL PENALTY
(0.195%)		(0.085%)		(0.01%)		(0.1%)

2. 수입적하보험의 부보절차

수입적하보험계약의 경우를 살펴보면 구비해야 할 서류의 내용과 정산시 적용률은 다음과 같다.

1) Certificate of Insurance를 준비하여야 하며 기재사항은 다음과 같다.

① Certificate No.

② Open Cover Policy No.

③ Reference No.

④ Assured

⑤ Amount Insured

⑥ At and from/Arrived at
⑦ Final Destination
⑧ Ship or Vessel
⑨ Sailing on or about
⑩ Conditions
⑪ Goods and merchandise
⑫ Insurance premium
⑬ Endorsement Bank
⑭ Place and Date Signed in
⑮ Authorized Representative 등이다.

2) 요율적용

① Basic Rate

수출적하보험과 같이 적용요율에는 Basic Rate, War/Strike Rate, Vessel Penalty 등이 있으며, 최종 적용시에는 이 세 가지를 합산한다.

② War/Strike Rate의 적용

분쟁이 없는 지역이면 War & SRCC Rate는 0.01%가 적용되나, 분쟁지역일 경우에는 London의 고지율이 적용된다(수출적하보험의 경우와 같음).

③ Vessel Penalty Rate

Vessel Penalty를 참조한다.

④ Rate 적용의 예

Paper carton으로 포장된 전자부품을 유럽에서 수입하는 경우 보험조건이 ALL RISK, WAR/SRCC이며 선령은 21년인 정기선일 경우이다.

TOTAL RATE = BASIC RATE + WAR RATE + VESSEL PENALTY
(0.205%)　　(0.095%)　　(0.01%)　　(0.1%)

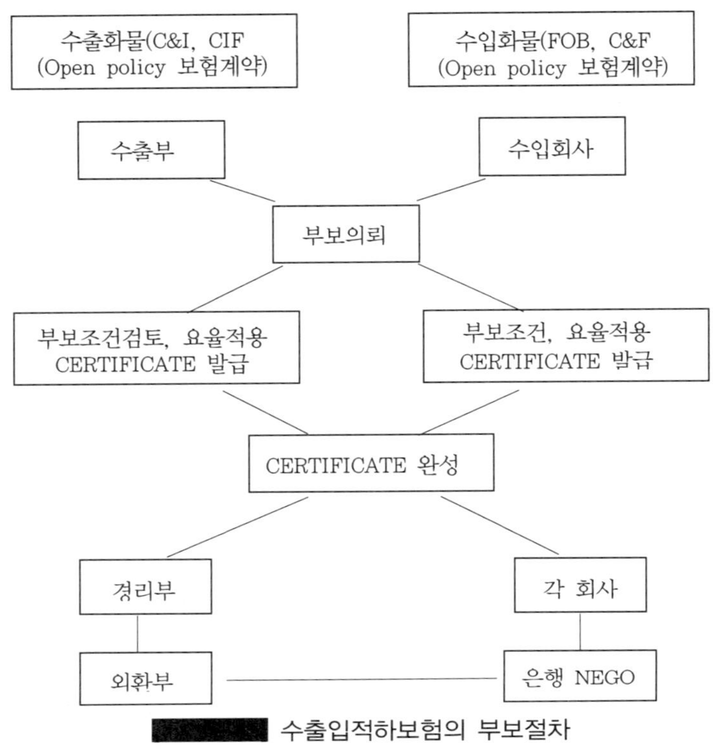

수출입적하보험의 부보절차

제3절 해상보험증권

1. 해상보험증권 내용

해상보험증권(marine insurance policy)은 보험자와 보험계약자 사이에 보험계약이 체결되었음을 증명하는 증거서류이다. 해상보험증권은 1779년 로이즈 보험자(Lloyd's Underwriters) 총회에서 그때까지 사용되어 오던 여러 가지 양식의 보험증권을 통일한 Ship and Goods Form의 보험증권이 영국 해상보험법(The Marine Insurance Act, 1906) 부록에 표준해상보험증권으로 채택됨으로써 공식적으로 사용되었으며, 이 보험증권에 포함된 내용은 오늘날까지도 해상보험의 골격을 이루고 있다.

그동안 영국의 로이즈 보험에서는 표준 S. G. Form 보험증권(Standard S. G. Policy Form), 그리고 회사형태의 보험회사들은 주로 런던 보험자협회(The Institute of London Underwriters : I. L. U.) 회사용 보험증권(The Institute of London

Underwriters Companies' Combined Policy)을 사용해 왔다. 그러나 기존의 해상보험증권은 그 약관의 문장이나 단어가 고어체와 낙후된 부분이 많아 이용자들에게 많은 불편을 주는 관계로 I. L. U.와 L. U. A.(Lloyd's Underwriters Association)에서는 런던의 보험업자와 로이즈 보험업자 및 해손정산인(海損精算人) 등으로 구성된 I. L. U.의 기술약관위원회(Technical and Clause Committee)에 의뢰하여 내용이 간단명료하고 세계 각국에서 공통으로 사용할 수 있는 새로운 양식의 해상보험증권을 마련하고, 1982년부터는 이러한 신양식증권을 사용하기로 합의하였다. 신양식은 기존의 해상보험증권에 있던 본문약관 중에서 담보위험 등 주요내용을 개정된 협회약관(Institute Clause)에 포함시키고, 현재는 피보험자의 성명, 선적항과 도착항, 선박명, 보험금액 등 계약체결시의 기재사항과 몇 개의 일반적인 약관만을 담고 있다.

따라서 종래의 해상보험계약은 본문약관 등을 기초로 하여 개별적으로 필요한 약관을 증권에 첨부 또는 기입하여 실제거래에 맞게 체결할 수 있었으나, 해상보험증권 양식의 개정으로 해상보험증권은 단순히 해상보험계약의 성립을 확인하는 문서에 불과하고 해상보험계약의 내용은 모두 협회약관에 의해서 결정되도록 되어 있어 반드시 담보위험란에 협회약관 중 어느 조항을 적용하는지를 명시하여야 완벽한 보험증권이 되는 것이다.

2. 협회적하약관 내용

보험계약 체결의 기본이 되는 여러 가지의 협회약관 중에서도 협회적하약관(Institute Cargo Clauses : ICC)이 가장 중요하며 1982년도에 개정된 협회적하약관은 ① Institute Cargo Clauses (A) : A Clause, ② Institute Cargo Clauses (B) : B Clause, ③ Institute Cargo Clauses : C Clause의 세 가지 기본약관과, 협회전쟁약관(Institute War Clauses) 및 협회동맹파업약관(Institute Strikes Clauses) 등으로 구분된다.

협회적하약관의 세 가지 기본약관은 구협회약관상 전위험담보(All Risks : A/R), 분손담보(With Average : WA) 및 단독해손불담보(Free from Particular Average : FPA)조건이 그 명칭상 불합리한 점이 많았기 때문에 이를 각각 A Clause, B Clause, C Clause로 변경한 것이다.

한편 이들 세 가지 기본약관은 그 내용이 모두 동일한 19항으로 구성되어 있고, 다만 제1항의 위험약관만이 서로 다르다. 이와 같이 수많은 약관들에 대해 일일이 검토하는 데는 무리가 있으므로 여기에서는 담보위험과 면책위험을 규정하고 있는

제1항부터 제7항까지의 약관들을 통해 해상보험에서 담보되는 각종 위험들에 대해서만 알아보기로 하자.

ICC (A), (B), (C)의 세 약관별로 보험자가 담보하는 위험과 면책되는 위험을 정리하면 [표 5-3]과 같다. 그러나 같은 면책위험이라 하더라도 전쟁위험과 동맹파업위험은 특약을 통해 협회전쟁약관과 협회동맹파업약관을 첨부함으로써 부보가 가능하다.

3. 해상손해

해상보험에 있어 손해(loss)라 함은 보험의 목적물인 선박, 적하, 선임 또는 희망이익 등에 해상위험, 즉 보험사고가 발생함으로서 피보험목적물이 멸실 또는 손상되거나 비용이 발생되는 피보험자의 경제성의 불이익을 말한다.

해상보험은 이러한 해상손해(maritime loss)로 인하여 피보험자가 입게 되는 실질적인 손해, 즉 손해를 보상하는 것이 원칙이다. 따라서 해상보험을 이해하기 위해서는 보험자가 피보험자에게 보상하는 손해의 형태는 어떠한 것이 있는지를 살펴볼 필요가 있다([표 5-4] 참조).

[표 5-3] ICC 담보 및 면책위험 일람표

		A	B	C
담보위험	**• 하기 사유에서 합리적으로 기인된 보험목적의 멸실 또는 손상**			
	1. 화재 또는 폭발	○	○	○
	2. 본선 또는 부선의 좌초, 교사, 침몰, 전복	○	○	○
	3. 육상 운송용구의 전복, 탈선	○	○	○
	4. 본선, 부선, 운송용구의 타물체와의 충돌, 접촉	○	○	○
	5. 피난항에서의 화물의 양하	○	○	○
	6. 지진, 화산의 분화, 낙뢰	○	○	○
	• 하기의 사유로 생긴 보험목적의 멸실, 손상			
	1. 공동해손 희생손해	○	○	○
	2. 투하	○	○	○
	3. 갑판유실	○	○	
	4. 본선, 부선, 선창, 운송용구, 컨테이너, 지게자동차 또는 보관장소에 해수, 호수, 강수의 침입	○	○	
	5. 선적, 하역 중 포장당 추락전손	○	○	
	• 상기 이외에 보험목적에 발생한 일체의 멸실, 손상	○		
	• 공동해손, 구조료(면책위험과 관련된 것 제외)	○	○	○
	• 쌍방과실 충돌	○	○	○

면책위험				
면책위험	1. 피보험자의 고의의 위법행위	○	○	○
	2. 통상의 누손, 통상의 중량과 용량의 부족 또는 자연소모	○	○	○
	3. 포장불완전 또는 부적합(이 경우 포장은 컨테이너, 지게자동차에 적재하는 것 포함. 단 이 적재는 위험이 개시되기 전에 행하여지거나 피보험자 혹은 그 사용인에 의해 행해진 것에 한함)	○	○	○
	4. 피보험목적의 고유의 하자, 성질	○	○	○
	5. 담보위험에 의한 지연이라도 지연을 원인으로 한 멸실, 손상, 비용	○	○	○
	6. 선주, 관리자, 용선자, 운항자의 파산 또는 재정상 채무불이행	○	○	○
	7. 피보험목적에 대한 어떤 자의 불법행위에 의한 고의적인 손상, 파괴		○	○
	8. 원자력, 핵무기의 사용	○	○	○
	9. 선박, 부선의 불내항 및 부적합(감항능력)	○	○	○
	10. 전쟁위험 및 동맹파업 위험	○	○	○

4. 전 손

전손(全損)이란 계약된 화물의 전부가 여러 가지 위험에 의해서 멸실되는 것을 말하며, 이는 다시 현실전손 또는 절대전손과 추정전손으로 구분된다.

[표 5-4] 해상손해의 종류

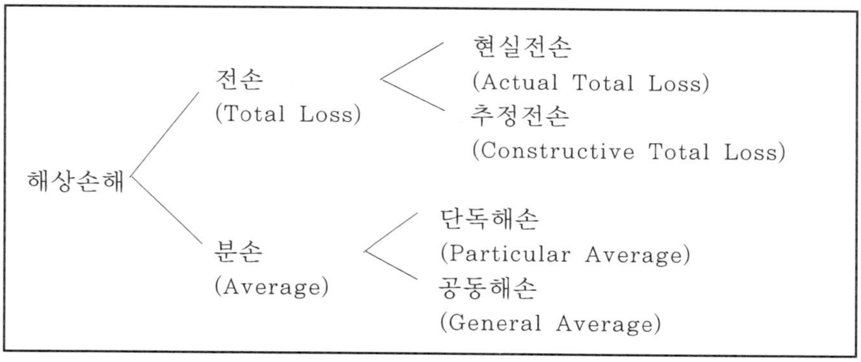

해상손해	전손 (Total Loss)	현실전손 (Actual Total Loss)
		추정전손 (Constructive Total Loss)
	분손 (Average)	단독해손 (Particular Average)
		공동해손 (General Average)

1) 현실전손

현실전손은 보험의 목적물이 파괴되어 상품가치가 완전히 없어질 정도로 손해를 입었을 때 또는 피보험자가 보험목적물의 점유권이 박탈되어 이를 회복할 수 없을 때 또는 위험에 당면한 선박이 행방불명되었을 때 또는 상당한 기간이 경과되어도 그 소식을 알 수 없을 때는 현실전손이 있었던 것으로 간주한다.

2) 추정전손

추정전손은 보험의 목적물이 현실적으로는 전멸하지 않았으나 그 손해 정도가 심하여 종래 그 목적물이 가진 용도에 사용할 수 없게 되었을 때와 그 수선 및 수리비가 수선 후 그 목적물이 갖는 시가보다 클 때를 말한다. 추정전손이 발생하였을 때 피보험자는 그 피보험물에 대해서 갖는 일체의 권리를 보험자에게 이전하여 보험금의 전액을 청구할 수 있는데 이것을 위부(委付 : abandonment)라고 한다.

5. 분손

분손(分損)이란 피보험이익의 일부만이 손상을 입은 경우를 말하며, 단독해손과 공동해손으로 구분된다.

1) 단독해손

피보험위험으로 인하여 일어난 보험의 목적물의 분손으로서 피보험자의 단독부담에 속하는 손해이다. 단독해손 손해에는 악천후에 의한 선박해수 유입, 선박의 장애물과의 접촉, 화재에 의한 화물의 분손, 악천후에 의한 화물파손, 누손에 의한 손해 등이다.

2) 공동해손

공동해손 행위로 인하여 발생한 손해 또는 공동해손행위의 직접적인 결과로 발생하는 손해를 말한다. 여기서 공동해손행위라 함은 공동해상사업에 있어서 위험에 놓인 재산을 보전할 목적으로 위험에 처하여 임의 또는 합리적으로 이례적인 희생을 지불하거나 비용을 지불하는 행위를 말한다.

특히, 선박과 적하의 공동안전을 위하여 부득이 취하여지는 공동해손행위는 그 취급이 복잡할 뿐만 아니라 각국의 법규도 상이하기 때문에 여러 가지 복잡한 문제가 발생하게 되므로, 현재 세계 각국이 공동해손의 정산 및 해결에는 공동해손에 관한 국제규칙인 요크·앤트워프 규칙(York-Antwerp Rules of General Average : YAR)을 적용하도록 선하증권과 보험증권에 규정하고 있다.

제4절 해상보험의 클레임 제기 및 해결

해상보험에서 발생하는 보험금의 청구 및 해결과정을 수출적하보험과 수입적하보험으로 구분하여 살펴보기로 하겠다.

1. 수출적하 클레임의 경우

대형사고 이외에는 화물이 목적지에 도착한 후 운송인이 화물을 인수하고 나서야 손해발생여부가 확인되므로 클레임이 발생하면 매수인으로 하여금 Certificate of Insurance이면에 기재된 “IMPORTANT NOTICE” 및 “INSTRUCTIONS TO CLAIMANTS”의 명단에 있는 가장 가까운 대리점(Agent)에 연락하여 손해사정(Survey)을 받아야 한다. 만일 List에 Claim Agent가 없다면 가장 인접한 지역의 Lloyd's Agent나 Sub-Agent로부터 Survey를 받아야 한다.

또한 사고화물에 대한 손해보상을 직접 해결하지 않고 보험금의 청구권이나 보험금의 회수권을 양도 받고자 한다면 보험금의 청구에 필요한 일체의 서류 이외에도 반드시 양도장(Letter of Assignment)를 받아 보험금 청구의 결격사유가 없도록 해야 한다.

2. 수입적하클레임의 경우

먼저 화물의 정확한 상태의 파악을 위하여 화물인수증의 비고에 손해의 수량과 상태를 정확하게 기재해야 하며, 컨테이너 포장의 경우 내용물은 인수시의 상태로 보관해야 한다.

관련부서 및 Certificate의 기재된 대리점 사무소(Agent Office)에 연락하여 손해사정서(Claim Survey)를 발급 받아야 하며 이의 기재 내용은 다음과 같다.

① 화물의 종류와 사고발생경위의 자세한 기록
② 사고의 정확한 파악
③ 파손된 운송물의 현재 위치, 담당자, 연락처 등의 확인
④ 운송물을 적재한 선박, 운송인, 선하증권 및 보험증권번호 등의 파악

한편 수하인은 추후 보험청구시 필요한 손해배상청구서(Claim Notice)를 구비하기 위해 운송인에게 서면으로 손해배상을 청구해야 하는데 여기에는 선편, 선하증권번호, 발행인, 손해에 대한 보상책임이 있는 운송인을 명시해야 한다.

Claim Survey를 신청하거나 보험금 청구시의 업무를 살펴보면 Survey를 신청할 경우 손해사정인(Surveyor)은 사고의 원인과 손해액에 대하여 정확한 판정을 기재할 Survey Report의 작성을 위해 다음의 서류를 요구해야 한다.

- 선하증권(해상/항공/열차차량) 및 이면약관
- 보험가입확인서(Insurance Certificate)의 원본(Original)표시가 있어야 한다. 만일 원본(Original)표시가 없다면 면책장(Letter of Indemnity)를 작성하여 제출한다.
- 운송업자에게 제출된 손해배상청구서(Claim Notice)와 운송인의 회답 서신
- 화물전체에 대한 화물송장(Commercial Invoice)과 포장명세서
- 사고내용이 기재된 화물인수증(D/O) 또는 운송인의 검사보고서(Inspection Report)
- 운송인의 불도차 보고서(Non-Delivery Report)
- 수입하는 화물에 대한 통관확인서류(수입신청서, 수입면장 등)
- 수리비용의 영수증 및 견적서

3. 보험금의 청구절차

먼저 발생한 사고에 대한 보상을 받으려면 손해사정서(Survey Report), 선적서류(Commercial Invoice, B/L, P/L 등)과 손해배상청구서(Claim Notice)를 첨부한 보험금의 청구서한을 보험사에 발송한다. 보험금의 청구서한에 기재되는 내용은 보험가입자의 서명과 Open policy와 Certificate의 번호이며, 선박 및 항로의 번호, Reference No./Claim No.와 손해의 내역 및 청구보험금 등이다.

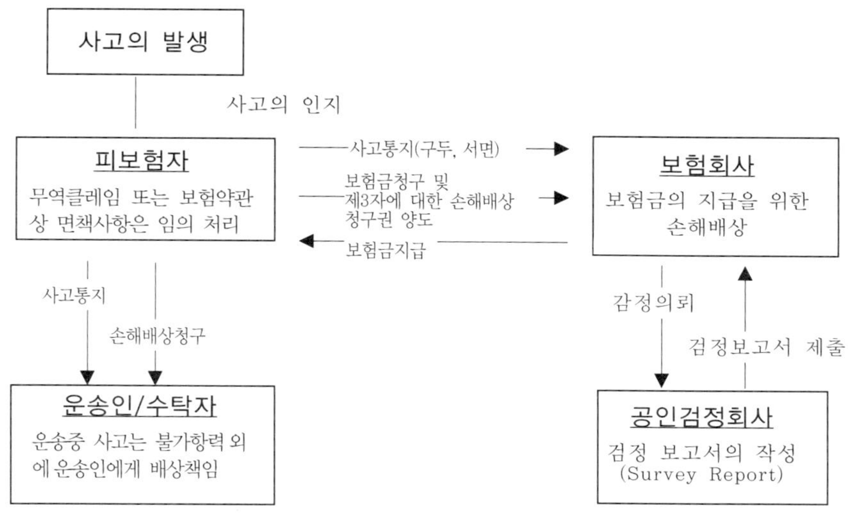

[그림 5-2] 보험사고의 발생과 청구 및 지급절차도

4. 공동해손 사고 발생시 업무처리 절차

공동해손(General Average)이란 특정의 위험으로부터 화물과 선박을 보호하기 위하여 자발적으로 이뤄진 희생 또는 비용이므로 화주와 선주가 공동으로 책임을 지는 것으로 화주는 손해를 면한 화물가액에 비례하여 자신의 화물에 해당하는 가액에 대한 비율로 책임을 진다.

공동해손이 인정되면 선주는 즉시 화물에 대한 유치권을 행사하게 되며 선주로부터 화물을 인도받으려면 화주는 General Average Bond에 서명을 하고 공탁금을 예치해야 한다.

이 경우 화물이 보험에 부보되어 있다면 보험사에 GA의 선포사실을 즉시 통보한 후 화물송장(Commercial Invoice)의 사본, 선하증권 사본, 보험가입확인서(Certificate of Invoice), 선사에서 발송한 G/A 사고통지서 및 견본 등을 보험회사에 보낸다.

보험사가 G/A(Gurantee Letter)에 서명하여 선주에게 제출하면 G/A공탁금과 같은 효력을 갖게 되어 화주는 화물인수가 가능하다. 이때 선박의 계속운항이 불가능하다면 화주는 자기비용으로 화물이 목적지까지 운송될 수 있도록 별도의 조치를 취해야 한다.

협회적하약관은 ICC(Institute Cargo Clause)의 약어로써 Lloyd's와 보험회사를 대표하는 보험자와 해손정산인으로 구성되는 ILU(Institute of London Underwriters), 즉 런던 보험자협회의 기술 및 약관위원회에서 제정한 것이다.

제 6 편

무역대금의 결제

제1장 국제대금결제
제2장 국제팩토링거래
제3장 포페이팅거래

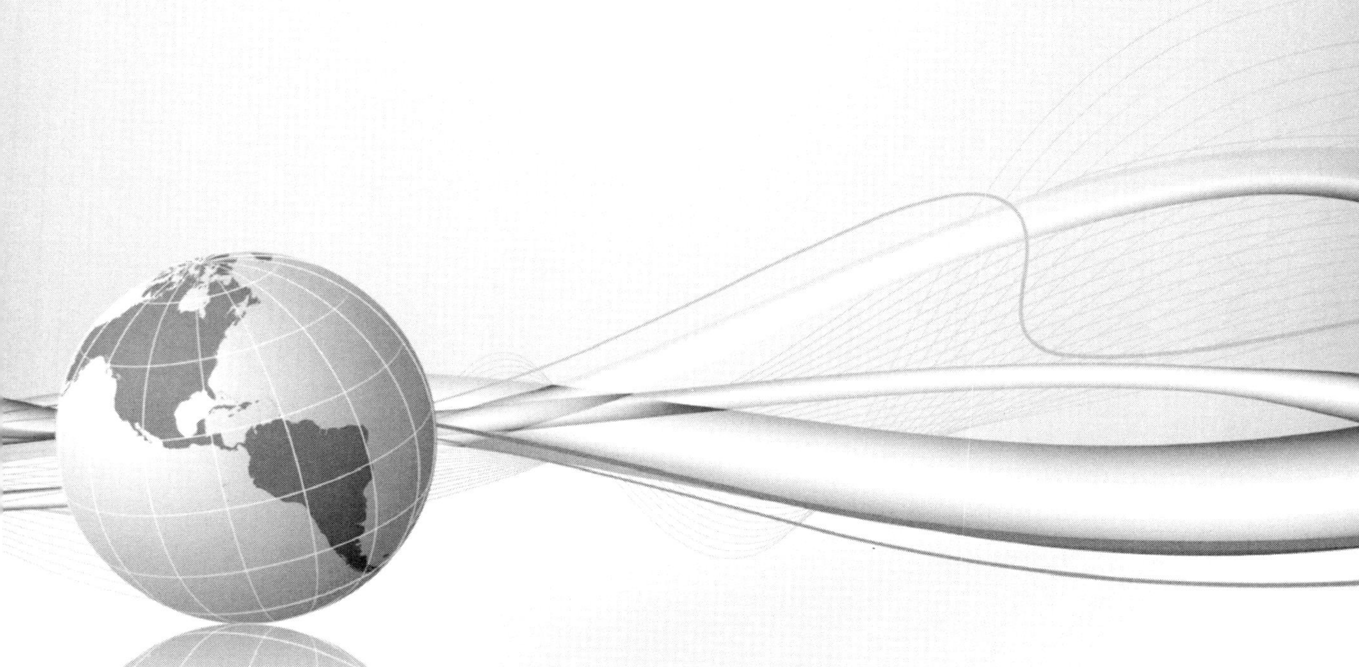

제1절 대금결제의 형태와 방식

1. 대금결제의 형태

국제 상거래의 궁극적인 목적은 영리추구에 있다고 할 수 있다. 그러므로 무역거래에서 가장 중요한 것은 대금결제부분이라 할 수 있다. 여타의 조건에서 자기에게 유리하게 계약을 체결하였다 하여도 대금결제를 받지 못하면 모든 노력이 허사로 돌아간다. 무역대금결제조건도 상품과 거래선에 따라서 다양하나 일반적으로 가장 많이 이용되는 조건들을 결제시기와 결제수단을 중심으로 살펴보면 다음과 같다.

1) 선지급(Cash in Advance, Cash with Order : CWO)

이는 물품주문과 동시에 대금을 전부 지불하는 조건으로 매수인에게는 아주 불리하나 특별한 주문이거나 소량의 견본 대금 또는 seller's market에서 이용된다.

2) 분할지급(Instalment Payment)

상품의 대금을 계약시·선적시·도착시 등으로 나누어 일정액씩을 분할하여 결제하는 방법으로 선박·기계 및 Plant와 같은 주문생산과 같은 거액의 금액거래인 경우에 많이 쓰인다.

3) 선적서류상환조건지급(Cash Against Documents : CAD)

수출업자가 상품을 수출하기 위해 선적하고 이를 증명할 수 있는 선하증권·보험증권·상업송장 등 주요 선적서류를 수출지에 있는 수입업자의 대리점이나 거래은행에 제시하여 서류와 상환으로 수출대금을 받는 방법으로 수출지에서 수입업자를 대신해서 대금을 결제해 줄 수 있는 대리점이나 은행이 없으면 불가능하다.

4) 현물상환조건지급(Cash on Delivery : COD)

현품이 목적지에 도착하면 상품과 상환으로 현금결제하는 방법으로 서류상환조건지급의 반대방식이다. 수입지에서 수출업자의 대리인이 현금으로 대금을 지급 받기 때문에 수출업자보다는 수입업자에게 유리한 조건이라 할 수 있으며 주로 국내의 상거래에서 이용된다.

5) 연지급(Deferred Payment)

계약물품이 선적이 되고 혹은 목적지에 도착하고 난 후 일정 기일이 지나서 상품대금을 지급 받는 조건으로 수출업자에게는 매우 불리한 조건이라 할 수 있다. 특수 Plant수출이나 본·지점간의 거래 또는 상당한 buyer's market에서 이용된다.

6) 상계결제(Open or Current Account)

상호 거래가 빈번한 당사자의 경우에 매 선적시 마다 대금결제를 하려면 복잡하고 비용이 많이 나므로 일정기간 동안 수출업자는 계속해서 상품을 선적하고 한 번에 누적된 대금을 결제하는 일종의 외상거래이며 신용거래이다. 수출자와 수입자간에 상호결제 할 자금이 있을 경우 채권, 채무를 일정액에서 상계하고 나머지 부분만 결제하는 제도이다. 이러한 상계결제방법을 이용할 경우 한국은행에 신고하여야 한다.

7) 무담보어음(Clean Bill of Exchange)결제

이는 수출업자가 선적 후 모든 선적서류를 수입업자에게 직접 송부해 주고 난 후에 그냥 어음만 하나 작성하여 거래은행을 통하여 추심(推尋 : collection)하여 결제받는 방법이다. 그러나 수입업자가 이 어음을 인수하지 않을지도 모르는 무담보의 조건이라 수출업자에게는 불리하므로 서로 믿을 수 있는 거래선이나 운임·보험료·수수료 등의 소액거래에만 쓰이는 일종의 후불조건이다. 이것을 다음 항에 설명할 화환어음과 구별하기 위하여 보통환어음이라고도 한다. 또한 신용이 있는 수출업자의 경우에는 이 무담보환어음과 선적서류 사본을 제시하며 추심전 매입해서 현금화할 수도 있다.

8) 추심결제(Documentary Bill of Exchange Collection)

수출업자가 상품선적 후 모든 선적서류와 환어음을 발행하여 거래은행에 대금추심을 위임하면 수출지의 거래은행은 환어음과 선적서류를 수입지의 지점이나 거래은행에 송부하고 이 서류를 받은 수입지은행(輸入地銀行)은 수입자에게 다시 이 환어음을 제시한다. 이 때 이 화환어음이 인수도조건(引受渡條件 : Document Against Acceptance : D/A)으로 되어 있으면 어음금액을 지불하지 않고 단지 어음에 인수를 하고 선적서류를 인도하게 되며 대금은 지급하게 된다. 화환어음이 지급도조건(Document Against Payment : D/P)의 경우에는 어음금액을 지급해야만 선적서류를 인도 받을 수 있는 조건의 추심거래이다. 수출업자의 경우에는 수입지의 거래은행이 환어음금액을 지급하여 수출지 거래은행에 입금되었을 경우에 대금 지급을 받을 수 있다.

9) 신용장(Letter of Credit : L/C)

신용장은 현대 무역거래에서 거의 40%이상을 차지하고 있는 결제 형태로서 사실은 전항의 화환어음에 은행의 지급확약이 추가되는 것으로서 신용장부화환(信用狀附貨換)어음(documentary bill of exchange with letter of credit)이 원래의 의미라고 할 수 있다. 일반적으로 화환어음은 수입업자 개인의 신용에 의해 결제가 좌우되나, 신용장에 의한 결제는 수입자, 즉 신용장 개설의뢰인이 어음에 대하여 신용장 개설은행이 지급, 인수할 것을 약속하는 은행발행의 보증서이기 때문에 만일 수입업자가 대금지불을 못하더라도 개설은행이 그 책임을 지고 지불하여 주기 때문에 수출지의 환어음매입은행은 안심하고 어음대금 전액을 사전에 수출자에게 지급해 줄 수 있다.

2. 대금결제방식

1) 결제방법의 의의

물품의 수출행위에는 그 대금회수가 수반되는데 현행 외국환거래법령상 수출입과 관련한 결제방법은 원칙허용, 예외 제한인 negative system으로서 외국환은행장의 신고나 인증, 한국은행총재 또는 재정경제부장관의 허가사항으로 규정하고 있는 경우를 제외하고는 결제방법에 대한 별도의 허가 등이 없이 거래할 수 있다. 다만 외국환은행을 통하지 않고 결재되는 상계조건이나 중계무역 거래조건이나 제3자를 통한 결재의 경우에는 한국은행의 사전 신고나 승인을 받아야 한다.

2) 수출대금의 범위

수출대금의 범위는 수출계약의 이행에 따른 채권총액 또는 채권총액에서 당해 수출계약의 이행에 직접 수반하여 수출자가 부담하는 중개수수료, 대리점수수료 등(중개수수료, 대리점수수료의 경우 당해 물품대금의 10% 이내, 기타 수수료의 경우 5% 이내)의 부대비용을 차감한 금액이다.

제2절 송금방식 결제

1. 사전송금방식 결제의 의의 및 유형

사전송금방식[1)]이란 수입자가 수입대금 전액을 수출자가 계약품을 선적이나 발송 전에 미리 지급하고 그 후 일정한 기일 내 수출자가 계약품을 제공하는 대금결제 방식이다. 송금방식은 송금수단에 따라 개인수표(personal check : P/C), 은행수표(demand draft : D/D), 우편환(mail transfer : M/T) 그리고 전신환(telegraphic transfer : T/T)방식으로 구분된다. 이는 무역거래의 초기에 국내거래에 사용되던

1) 사전송금방식 (Advance remittance) 이란 수입자가 물품이나 선적서류인도 전에 대금을 은행을 통하여 송금하여 수출자에게 지급하는 방식을 말한다. 사전송금방식은 수출자에게 사전적인 대금수취에 의한 전송이 가능하다는 점에서 유리하고 수입자에게는 물품이나 서비스 수취 전에 지급해야 하므로 자신의 자금을 고정 시키게 되며 수출자로부터 정확한 수량과 적격한 품질의 물품이 제공될 것인지가 보장되지 않는다.
배정한, 「전게서」, p.402.

대금결제방식을 그대로 원용한 것으로서 여타 방식에 비해 그 절차와 성격이 단순하다. 송금방식의 경우 매매당사자간에 무역계약 또는 주문만으로 대금결제가 이루어진다는 점에서 신용장 방식의 경우와 구별된다.[2] 즉 송금방식은 은행의 대금지급보증 없이 당사자 간의 신용에 의한 거래이다.

개인수표방식은 수입자가 주문 또는 무역계약의 체결시 자기가 발행한 개인수표로 직접 수출자에게 지급하는 방식이다. 그러나 개인이나 일반회사가 발행하는 개인수표는 발행자가 지급거절하게 되면 신용상의 문제가 발생할 수 있으므로 수출자로서는 이를 꺼리게 되고, 그 결과 무역대금의 결제수단으로 잘 활용되지 않게 되었다. 그러한 연유로 무역대금의 송금수단으로서는 은행수표가 선호되고 있다.

은행수표방식은 수입자가 거래대금에 상당한 현금을 은행에 불입하고 요구불의 은행수표를 발행 받아 이를 직접 수출자 앞으로 우송하는 방식으로서 송금방식의 대표적인 형태이다. 즉, 수입자는 송금인으로서 자기가 거래하는 외국환은행에 송금할 대금을 입금시키고 외화표시 은행수표를 발행해 줄 것을 요청하면 송금은행은 수출지에 있는 환거래은행을 채무은행으로 설정한 은행수표를 발행하여 수입자에 교부한다. 그러면 수입자는 이를 수출자에게 우송하고, 한편 송금은행은 채무은행에게 은행 수표를 발행하였다는 통지서를 송부한다. 그리고 그 후 수출자가 우송되어 온 은행수표를 채무은행에 제시하면 채무은행은 당해 수표와 통지서를 대조한 후 그 대금을 수출자에게 지급하게 된다. 이에 비해 전신송금방식은 수입자의 요청에 따라 송금은행이 송금수표대신 채무은행에 대하여 일정한 금액을 지급해 줄 것을 위탁하는 지급지시서를 발행하여 이를 송금은행이 직접 채무은행 는 단점이 있지만 이러한 전신송금방식을 사용하고 있다. 이러한 전신지급지시서는 환거래은행간 암부호 (Test key)[3]를 사용하여 그 진위성을 판별할 수 있게 하고 있다. 현재 전신송금방식도 인공위성을 통한 표준화된 지급지시서를 사용하여 송부하는 SWIFT 방식[4]에 의한 송금방식을 많이 이용하고 있다.

---

2) 최두수, 「무역대금결제론」 도서출판 두남, 1997, pp.231~233.

3) 암부호 (Test key) : 전심암부호란 환거래은행이 각각 전신암호를 제정하여 상대방은행에 송부하고 전신환 취결시마다 이를 사용하여 상호간 전신의 진정성을 확인하는 비밀번호를 말한다. 최낙복, 「전게서」, p.11.

4) 스위프트 (Swift) 방식 : 스위프트(SWIFT)란 각국의 금융 및 외환시장 등에서 거래를 실제로 연결시켜 국제자금이 원활히 결제될 수 있도록 지원하는 거레메시지 교환시스템이다. 이 스위프트 시스템은 Euro clear 및 Clear stream과 연계됨으로써 범세계적 차원에서 신속한 국제간 자금결제가 가능한 시스템이다. 최낙복, 「국제금융」, 도서출판 두남, 2011, p.63.

2. 동시결제방식

동시결제방식은 수입상이 물품 또는 서류가 인도될 당시 또는 인도된 후에 바로 대금을 지급하는 것을 조건부로 하는 수출입대금 결제방식을 말한다. 이 방식은 상품인도결제방식(COD : cash on delivery)과 서류인도결제방식(CAD : cash against deliveery)으로 구분할 수 있다.

COD는 수입업자가 대금을 지급하기 전에 물품의 품질을 직접 검사할 수 있다는 장점이 있기 때문에 상품가격이 고가이며 동일 상품일지라도 상품의 색상, 가공방법, 순도 등에 따라서 가격의 차이가 있는 보석류나 귀금속 상품 등에 주로 이용된다.

CAD는 수출자가 상품을 선적 후 이를 증명하는 선적서류를 수입자의 대리인(주로 수출자의 국가의 소재) 또는 거래은행에 제시하여 서적서류와 상환으로 대금을 결제하는 방식이다. 이 방식은 수입자의 지시나 대리인 등이 수출국내에서 물품의 제조과정을 점검하고, 수출물품에 대한 선전적 검사를 행하므로 원칙적으로 수출국에 수입자를 대신하여 대금을 결제해 줄 대리인이나 은행이 있을 경우 가능하며, 매수인이 선적서류를 고의로 찾아가지 않아 대금의 회수가 불가능한 경우도 있기 때문에 이 거래에서는 매수인의 신용이 무엇보다 중요하다. 또한 이 방식은 은행을 통할 경우에는 그 성격이 추심결제방식인 지급인도조건(D/P)과 유사하게 된다. 두 방식의 차이점은 대금결제시 환어음을 발행하는 지의 여부이다. 즉 D/P 거래는 어음결제방식으로서 환어음을 발행하고 추심하여 대금을 영수하는 것인 반면 CAD거래는 수출자가 환어음을 발행하지 않는 송금방식으로서 수입자는 수출자가 은행을 통하여 직접 송부한 선적서류를 받은 후 외국환은행을 통하여 물품대금을 송금하여 대금결제를 한다. 따라서 CAD, COD방식은 송금방식거래와 구분하여 처리해야 될 것이다.

3. 사후송금방식

사후송금방식[5]은 선적 후 선적통지나 선하증권사본 수령 후에 T/T 및 M/T로 지급하는 송금방식이다. 따라서 사후송금방식은 선적 후 원본 선적서류 수령 전에 송금하여 처리하는 방식을 의미하며 선적서류 수령 후 일정기간동안 장부에 의한 상계

5) 사후송금방식이란 수출자가 물품을 선적하여 보내면 수입자가 자국에서 물품이나 서류를 인수한 후 일정기간이 지난 후에 대금을 송금하는 방법이다. 이러한 사후송금방식은 수입자가 물품을 인수하고도 대금을 지급하지 않을 위험이 존재하기 때문에 잘 이용되지 않고 대신 D/P 방식이 이용되고 있다. 배정한, 「전게서」, p. 403.

후 잔액만 결제하는 장부결제 방식과 구분하여야 할 것이다.

사후송금방식으로 최근 크게 활용되고 있는 것이 장부결제(O/A : open account) 방식이다. 이는 순수한 외상판매방식으로 수출자가 미리 상품선적을 해서 서류를 보낸 후 일정기일이 경과하면 수입자가 송금하여 결제해 주는 방식이다. O/A 수출거래를 '선적통지 결제방식' 수출이라고도 하는데 이 방식이 사후송금방식 수출의 형태를 띠고 있으나 송금방식 수출과 다른 점은 수출자가 선적 후 선적서류 원본은 수입자에게 직접 발송하고 수입자의 동의를 얻은 수출채권을 외국환은행에 양도한다는 데 있다. 즉 양도된 수출채권을 은행이 매입한다는 점이다. 이 방식은 신용장에 의한 선적서류매입과는 달리 지명채권 양도의 성질이 있다. 이 방식의 장점은 관리가 간편하고, 은행수수료 등이 거의 들지 않는다는데 있다. 또한 수입자가 대금 지급전 상품을 조사할 수 있는 기회를 제공한다는 점에서 수입자입장에서 매력적이다. 그러나 은행으로 볼 때는 수출채권이 해외에서 입금 전에 수출자로부터 매입하며 환어음이 발행되지 않고 선적서류 원본이 없어 담보권의 행사도 불가능하므로 거래신용도가 확실한 경우에 한하여 매입에 응하게 되는 결제방식이다. 수출자로서는 수입자의 신용에 전적으로 의존하여야 하기 때문에 불리한데 실제로 신용거래가 보편화된 선진국들 사이에서 많이 이용되고 있으며 수입자의 정보 입수가 상대적으로 용이한 대기업들이 중소 수출자들 보다 유리하다. 이는 주로 대기업의 본 지사 간 거래나 신용이 확실한 단골고객 사이에 이루어진다.

[표 6-1] O/A 거래방식과 타 방식과의 비교

거래종류	수출채권 성립시기	선적서류 송부방법	환어음 발행여부	대금결제방법
O/A방식거래	선적통지시점	은행 미경유	미발행	수출자앞 송금
COD·CAD거래	선적서류 또는 물품인도시점	은행 미경유	미발행	수출자앞 송금
D/P·D/A거래	선적서류 인도	은행 경유	발행	추심은행앞 송금

4. 송금방식에 의한 결제의 특징

이런 송금방식 하에서는 수출자는 물품이 인도되기 전에 대금을 미리 받는 이익을 누리게 되나, 수입자로서는 수입대금을 미리 준비해야 하고 그 대금을 선지급함에 비해 계약품의 입수가 보장되지 않거나 부적격품을 받게 되는 부담을 안게 된다. 그러므로 송금방식은 신용장이나 추심방식 등에 따른 대금결제 과정상의 업무 부담을 덜고자 하는 경우, 신용거래를 할 경우 그리고 대체로 신용장이나 추심방식에 비해 주로 단골거래처나 본지사간 거래에서 상대적으로 소액거래의 경우 사용되는 경우가 많다. 이를 구분하여 설명하면 다음과 같다.

개인수표는 수입자가 이의 소지나 우송에 따른 불편과 위험을 부담해야 하며, 우송기간 중 환율변동에 따라 환위험이 발생하게 되고 발행자가 지급 거절하게 되는 신용상의 문제로 인하여 수출자가 이를 꺼리게 되어 무역대금의 결제수단으로 잘 활용되지 않거나 견본이나 시험용품 등 극히 금액이 적은 거래에 사용된다. 은행수표는 신용의 대명사인 은행이 발행하므로 이러한 신용상의 문제는 발생하지 않으나, 수입자가 이를 소지하거나 우송함에 따른 분실, 도난위험과 우송기간 중 환율변동에 따라 환위험이 여전히 발생하게 되므로 통상 소액거래에 사용된다. 우편환 방식의 경우에는 지급지시서에 해당하는 우편환을 송금은행이 직접 채무은행에 우송하게 되므로 수입자로서는 은행수표방식에 비해 송금에 따른 위험, 즉 우송 중 우편환의 분실이나 도난의 위험을 송금은행으로 전가시키게 된다. 그러나 은행수표 방식과 마찬가지로 이 방식에도 우송기간이 소요되므로 환율변동에 따른 환위험이 발생하게 된다. 이에 반해 전신환의 경우 송금이 전신으로 신속하게 이루어지므로 우송 중 분실이나 도난 위험, 환위험이 일어나지 않는다. 반면 전신료의 부담이 생기게 되나 현재 대부분의 은행에서 지급지시서의 전신환송금방식을 채택하고 있다. 이러한 전신으로 지급시서를 수출자의 거래은행으로 발송할 경우 수출자의 거래은행이 수입자의 거래은행의 환거래 은행일 경우 즉시 그 지급지시서의 진위성을 확인한 후 발송은행의 예금계좌에서 인출하여 수출자의 예금계좌로 자금을 이체하면 된다. 이러한 송금거래의 단점을 수입자에게 미리 수입대금을 은행에 예치한 후 수출자가 송금을 요청하여야 하므로 수입자에게는 상당한 자금 부담이 된다고 하겠다.

전신환(T/T : Telegraphic Transfer)[6)]은 송금은행이 지급지시를 전신수단으로 이용하여 채무은행 앞으로 전송하는 경우를 말한다. 송금방식에서 무역서류는 은행을 경유하지 않고 매도인이 매수인에게 직접 송부한다. 사전 송금의 경우를 예로 송금방식에 의한 거래와 대금결제과정을 보면 [그림 6-1]과 같다.

---

6) 전신환(T/T)이란 은행의 해외 송금지시서(payment order or debit authorization)에 의하여 송금하는 방식으로 이러한 지급지시서를 전신으로 처리하는 방식이다. 요즘은 주로 SWIFT 방식으로 전문을 보내는데 신속하고 편리한 점은 있지만 전신료의 부담이 크다는 것이 단점이다. 최낙복, 「전게서」, p.104.

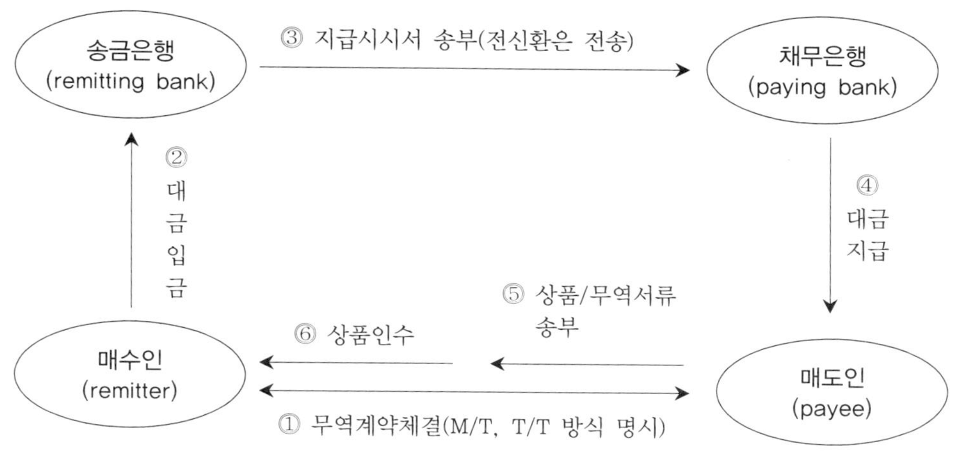

[그림 6-1] 우편환(M/T) 및 전신환(T/T)결제방식에 의한 거래

제3절 화환어음추심결제

물물거래(barter)시대에는 신용이라는 개념(the concept of credit)이 존재하지 않았다. 물품은 휴대하여 매매 당사자간에 직접 전달할 수 있었으므로 이의 거래를 위하여 물품을 증명하는 서류의 작성(documentation)이 전혀 필요하지 않았기 때문이다. 그러나 현대 산업사회에서의 물품은 그 성격상 다양하고 복잡성을 띠고 있을 뿐만 아니라 그 용도에 따라서 특징적이며 전문성을 나타내고 있다. 또한 그 생산과 유통과정에서 현존하는 관행으로 인하여 즉각적인 물품소비의 과정으로 유도하기 위해서는 신용이라는 새로운 개념이 도입되지 않으면 안 되었으며 이에 따라서 새로운 거래제도(a different exchange system)가 탄생되기에 이르렀다.

은행추심방식(bank collection)과 은행신용장방식(bank credit)은 매수인과 매도인의 신용관계를 균형을 이루는 지급방식이라 할 수 있으나 전자는 매수인에게 보다 더 유리하며 후자는 매도인에게 유리한 방식이라 할 수 있다.

1. 추심의 개념

은행추심방식은 국제상거래 당사자인 매도인과 매수인을 위한 거래관계의 결제에 있어서 장부거래조건(帳簿去來條件 : open account term)과 선지급방식(先支給方式 : payment in advance)의 이해관계를 조정한 공평한 지급방식이라 할 수 있다.

그러므로 근대 국제상거래에서 은행추심방식은 빈번히 사용되고 있다. 수출업자는 수입업자로부터의 물품이나 용역 수출대금을 그의 거래은행을 통하여 추심하려고 하는 경우 거래은행과 국제추심거래에 관하여 약정을 하여야 한다.

2. 은행추심의 의미

은행추심이란 이국간의 국제상거래 당사자인 매수인이 매도인에게 은행채널(bank channel)을 통하여 수행하는 지급결제방식을 의미한다. 여기에서 이러한 결제방식을 추심이라고 하는 것은 수출업자인 매도인이 그의 거래은행에 수입업자인 매수인으로부터 대금의 지급을 추심할 것을 의뢰하기 때문이다. 그러므로 매도인을 위하여 행동하는 은행은 수입지국에 서류를 송부(remit)하여 추심을 의뢰하게 되므로 추심의뢰은행(remitting bank)이라고 한다.[7] 또한 수입지국의 추심의뢰은행의 거래은행(correspondent) 또는 대리은행은 추심은행(collecting bank)이라 불리운다. 그러나 추심은행은 반드시 수입업자인 매수인과 은행거래관계를 가질 필요는 없다.

추심의 과정에서 물품의 소유권(title to the goods)을 표창하는 서류는 은행에서 관할하게 되므로 매도인은 물품에 대한 담보권을 확보할 수 있게 된다. 매도인은 은행이라는 중간기관을 통하여 은행의 업무제도를 이용함으로써 매수인이 물품의 대금을 지급하거나 또는 그를 지급인으로 하여 발행된 환어음을 인수 또는 지급할 때까지 물품에 대한 소유권을 유보하도록 할 수 있기 때문이다. 한편 매수인의 측에서도 대금을 지급하기 전에 서류를 점검할 수 있으며 또한 그 서류가 만족스러운 경우에 한하여 지급을 이행하게 되므로 부분적이나마 거래의 목적인 물품에 대한 질과 양적인 면에서 보장을 받게 된다. 그러므로 추심은 은행이라는 신뢰할만한 중간기관을 활용하여 장부거래 및 선지급방식의 중간에 조화를 이루기 위한 지급방식이라고 할 수 있다.

7) 영어의 remit라는 용어는 …을 송부하다, 우송하다 또는 송금하다는 등의 의미를 가지는 타동사이다. 그러므로 remitting bank를 원어의 의미대로 해석한다면 송부은행이 되나 의미상의 혼란이 야기될 가능성을 배제하기가 어렵다고 할 것이다. 그러므로 수출자의 추심지시에 따라서 서류를 수입지국의 거래은행에 송부하여 수입업자에게 제시하여 추심할 것을 의뢰한다는 의미를 강조하여 추심의뢰은행(推尋依賴銀行)으로 해석함이 적절하다고 할 것이다.

3. 추심의 종류

1) 무담보추심

무담보추심(clean collection)은 금전상의 지급을 받기 위한 환어음(bill of exchange), 약속어음(promissory note), 수표(cheque or check) 등의 재무서류[8](financial documents)로 구성되어 있다. 그러므로 상업송장(commercial invoice)이나 운송서류 등의 상업서류[9](commercial documents)는 무담보추심에 첨부되지 아니한다.[10] 무담보추심의 형태는 그 구성 서류에 따라서 다음과 같이 구분하여 볼 수 있다.

(1) 환어음

수출업자는 수업업자를 지급인으로 하는 환어음을 발행하여 이의 추심을 그의 거래은행에 의뢰한다. 그러나 이러한 경우 이 환어음과 관련된 운송서류를 수입지의 추심은행을 통하여 수입업자에게 송달되는 것이 일반적이다. 추심의뢰은행은 다만 환어음 방식은 환어음의 제시(presentation of a bill of exchange)를 요건으로 하며 이에 따른 추심조건에 의하여 지급이 이루어진다.

(2) 수 표

외국의 거래당사자에 의하여 발행된 수표의 영수인(payee)은 그의 거래은행 즉 추심의뢰은행(remitting bank)에 부탁하여 그 수표의 피발행은행인 외국의 채무은행에 송달하여 추심하도록 하여야 한다. 이때에 수표는 그 대금 지급을 위한 자금이 채무은행으로부터 송금되어 오는 경우에 지급이 이루어진다. 수표의 영수인은 자금이 추심의뢰은행에 지급되어 지면 즉시 지급 받게 된다. 다만 수표의 소지인이 거래은행에 대하여 신용을 가지고 있을 경우 추심전 지급도 청구할 수 있다.

---

8) Article 2 (b) 1 URC 522 - Financial documents means bills of exchange, promissory notes, cheques, or other similar instruments used for obtaining the payment of money.

9) Article 2 (b) 2 URC 522 - Commercial documents means invoices, transport documents, documents of title or other similar documents, of any other documents whatsoever, not being financial documents.

10) Article 2 (c) URC 522 - Clean collection means collection of financial documents not accompanied by commercial documents.

(3) 여행자수표

외국의 은행에서 발행된 여행자수표(traveller's cheque)가 자국에서 현금으로 지급되어 지면 그 수표는 외국의 발행은행에 송달되어 추심 된다. 추심의뢰은행은 수표의 제시인에게 이미 지급을 이행한 이상 그의 계정으로 그 수표를 추심하는 것이 일반적이다.

(4) 약속어음

국제상거래에서 약속어음(promissory note)의 사용 빈도는 환어음의 경우에 비하여 훨씬 낮다. 약속어음의 영수인 또는 소지인(holder)은 외국의 발행인으로부터 그 대금을 추심하기 위하여 거래은행에 제시한다. 만일 중·장기 금융제도에 의하여 대출담보의 일환으로 대출은행에서 소지하고 있는 약속어음은 만기일(maturity date)에 임박하여 이의 추심 및 지급을 위하여 송부하여야 한다. 추심의뢰은행은 약속어음을 담보로 대출을 하였다면 그의 계정으로 추심하게 된다. 약속어음은 계약상 채무자가 채무의 지급을 위하여 채권자에게 발행하는 어음으로서 인수제도가 없다.

2) 화환추심

화환추심(貨換推尋 : documentary collection)은 상업서류가 첨부된 재무서류 또는 재무서류가 첨부되지 않은 상업서류로 설명될 수 있다.[11] 여기에서 말하는 상업서류란 물품에 대한 소유권(the full title to the goods)을 표창함으로써 매수인이 물품에 대한 소유권을 수취하였음을 나타내는 증거의 효력을 가지게 된다. 그러므로 상업서류가 제시되는 과정에서 물품이 은행에 위임되었다면 은행은 그 물품에 대한 관리권을 행사할 수 있게 된다. 그러므로 매도인 측에서는 화환추심의 경우가 무담보추심의 경우 보다 유리한 입장에 있게 된다.

그러므로 수입자(피발행인)에게 서류를 인도하게 되면 수입자는 그 서류에 의하여 물품을 취득할 수 있는 권리가 주어지게 된다. 서류의 인도 조건에는 물품의 대금지급을 요건으로 하는 지급상환도(document against payment : D/P)와 서류에 첨부된 환어음의 인수를 요건으로 하는 인수상환도(document against acceptance :

11) Article 2 (d) 1 & 2 URC 522 - Documentary collection means collection of : 1. Financial documents accompanied by commercial documents; 2. Commercial documents not accompanied by financial documents.

D/A)의 두 가지 방법이 있다. 그런데 지급상환도는 일람출급환어음의 경우에 발생하는 조건이라 할 수 있으며 정기출급환어음의 경우에는 인수상환도 방식이 일반적이나 지급상환도를 조건으로 하는 경우도 있음을 유의하여야 할 것이다.

(1) 화환추심서류

추심에서의 통례적인 지급증서(payment instrument)는 환어음(bills of exchange)이다. 일람출급환어음의 경우에는 추심은행이 서류를 제시하는 때에 인수와 지급이 동시에 발생하게 된다. 또한 미래의 어느 시점에 지급을 요건으로 하는 정기출급어음의 경우에는 수출자인 매도인은 수입자인 매수인에게 지급상의 신용 또는 기간을 허용하게 된다. 정기출급환어음의 경우에 추심의뢰은행이 그 환어음을 추심은행에 송부하는 방법에는 두 가지가 있다. 즉, 첫째는 수입자인 매수인이 그 환어음을 인수한 후 추심의뢰은행에 반려하여 결국에는 수출자인 매도인에게 반송되는 경우가 된다. 이를 인수 및 반려(返戾 : return)라 일컫는다. 매도인은 그 인수어음을 만기일에 은행의 시스템을 통하여 매수인에게 다시 송부하여 추심하게 되는데 이때의 추심은 무담보추심이 된다. 그런데 대부분의 정기출급환어음의 추심은 인수 및 반려의 방식을 이용하지 않는다는 사실이다. 추심은행은 매수인이 인수한 환어음을 지급시까지 보관하여 두는 보다 간단한 방법을 활용하는 경우가 일반적이다.

추심에서의 통례적인 무역서류는 선하증권 또는 창고수취증 등 물품의 소유권을 증명하는 운송서류이다. 선하증권은 통례적으로 2통 이상이 일조로 작성되는데 다음의 세 가지 복합적 성격을 띠고 있다.

① 선박회사(운송인)로부터의 물품에 대한 인수증

② 매도인과 선박회사(일반운송인 : common carrier) 사이의 추정적 운송계약증서

③ 유통가능 물권증권(negotiable document of title)

여기에서 가장 중요한 것은 선하증권의 유통성을 들 수 있다. 본래 유통성이란 배서에 의하여 그 권리가 과거의 청구(claim)에 관계없이 이전된다는 것이다. 이러한 선하증권의 특성은 국제상거래를 단순화하며 또한 금융거래의 담보(security)로 활용될 수 있으므로 무역금융의 원활한 이행이 이루어지는 근원이 된다.

4. 추심의 당사자

추심거래 당사자(parties to a collection)에는 추심의뢰인인 본인(principal), 추

심의뢰은행, 추심은행 그리고 제시은행(presenting bank)이 있다.[12] 여기에서 추심의뢰인 본인은 추심거래 당사자이라는 관점에서 환어음 발행인으로서의 본인에 대한 별도의 정의가 불필요하다 할 것이다. 또한 추심의뢰행은 추심은행의 범주에 포함되지 않는 것으로 보이나 추심은행으로 행동할 수도 있으므로 이러한 관점에서 실무적인 접근을 통하여 추심당사자로 인식하여야 할 것이다. 그러나 지급인인 피발행인의 경우에는 결과적으로 추심거래에 참여하게 되나 기본 당사자(initial parties)이라고 할 수는 없는 것이다.[13]

1) 추심의뢰인

추심의뢰인은 은행에 추심처리를 위임한 당사자를 말한다.[14] 그러므로 추심의뢰인은 은행에 추심을 위임하였으므로 은행과의 관계에서 본인이라 호칭하며 은행은 이의 수임업무를 수행하는 수임대리인이라 일컬어진다. 한편 추심의뢰인은 국제상거래에서 매도인, 수출업자, 환어음의 발행인, 송하인(consigner) 및/또는 은행의 고객(customer)이 된다. 또한 환어음이 발행되어 추심에 첨부되는 경우에는 추심의뢰인은 환어음의 발행인이 되며 환어음이 발행되어 지급인에 의하여 지급 또는 인수될 때까지 일차적 채무를 진다. 일반적으로 국제상거래에서 수출업자는 채권자로서 환어음의 발행인이 되며 금융거래에서의 융통어음(accomodation bills)의 경우에는 채무자인 차주(借主 : borower)가 발행인이 된다.

2) 추심의뢰은행

추심의뢰은행(remitting bank)은 추심의뢰인 본인으로부터 추심처리를 위임받은 은행을 의미한다.[15] 그러나 이 은행은 이의 추심업무처리 과정에서 수입지국의 타은행에 추심처리를 의뢰하여야 하므로 추심의뢰은행이라 일컬어지며 또한 서류 및 어음을 추심은행에 송부한다는 관점에서 송부(送付)은행이라고도 호칭되기도 한다.[16] 추심의뢰은행은 추심의뢰인으로부터 받은 모든 지시사항을 추심의뢰서에 기

12) Article 3 (a) URC 522.

13) Parties to a Collection, Article 3, Offical Comments of The ICC Working Party for Uniform Rules for Collections ICC No. 522, p. 14.

14) Article 3 (a) (1) URC No 522, the principal who is the party entrusting the handling of a collection to a bank.

15) Article 3 (a) (2) - the remitting bank which is the bank to which the principal has entrusted the handling of a collection.

16) 본래 영어의 "remit"이란 송부하다 또는 송금하다의 의미를 가진다. 그러나 추심의뢰은행이라는

재하여 이를 추심서류와 함께 추심은행에 송부한다.

3) 추심은행

추심은행(collecting bank)은 추심과정에 참여하는 추심의뢰은행 이외의 은행을 지칭하며[17] 수입자 소재지 국에 위치한 추심의뢰은행의 지점 또는 거래은행인 경우가 일반적이다. 추심은행의 추심업무 수행은 추심지시서에 엄밀히 일치하여 이행하여야 하며 그 한도 내에서 책임이 존재한다.

4) 제시은행

제시은행(presenting bank)은 수입자인 피발행인 또는 지급인에게 추심서류를 제시하는 수입지국의 추심은행을 말한다.[18] 추심서류의 제시는 추심지시에 따라서 일람출급환어음의 경우에는 지급인에게 즉시 이행하여야 하며 정기출급환어음인 경우에는 우선 인수를 위하여 제시하고 추호 만기일에 지급을 위하여 또다시 제시하여 지급을 받아야 한다.

5) 피발행인

피발행인(drawee)은 추심서류의 하나인 환어음의 지급인으로서 추심거래에서의 기본 당사자(initial parties)에는 포함되지 않으나 추후 결과적으로 참여하게 된 자이다. "추심지시에 의하여 제시가 이루어지게 되는 자"가 이에 해당된다.[19] 그러나 피발행인은 ICC의 "추심에 관한 통일 규칙"에서 당사자의 범주에 포함시키지 않고 있으므로 URC의 구속을 받지 않게 된다는 사실에 유의하여야 할 것이다.[20]

역어는 실제상의 업무에 근거한 것이다.

17) Article (a) (3) URC No. 522 – the collecting bank which is any bank, other than the remitting bank, involved in processing the collection;

18) Article 3 (a) (4) URC No. 522 – the presenting bank which is the collecting bank making presentation to the drawee.

19) Article 3 (a) (4) – The drawee is the one to which presentation is to be made according to the collection instruction.

20) A.G. Guest, Benjamin's Sale of Goods, Sweet & Maxwell, 1987, [2086] p. 1335.

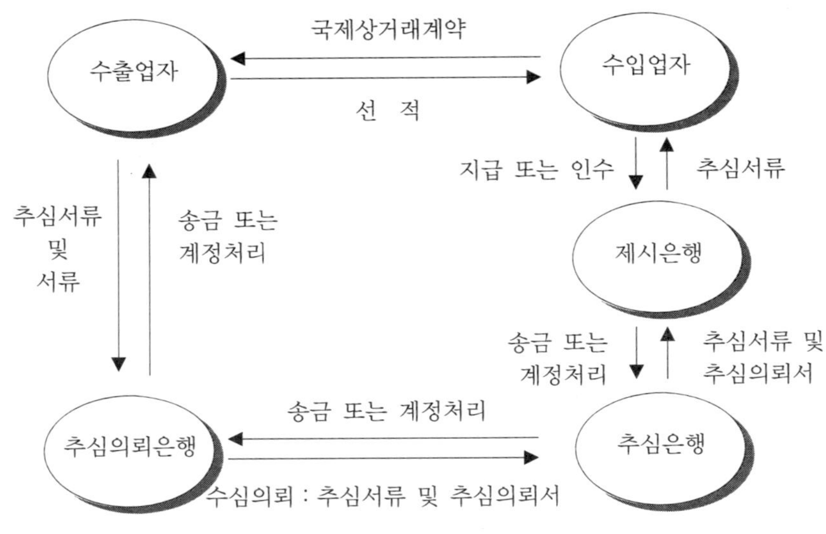

[그림 6-2] 추심거래의 유통경로

5. D/A·D/P 조건거래

1) D/P, D/A의 의의 및 효용

국제무역거래는 그 거래방법에 따라 신용장에 의한 거래방식과 신용장이 수반되지 않는 무신용장 거래방식으로 크게 구분된다. 이 무신용장 거래방식 중 가장 중요한 것이 D/P, D/A 거래방식이다. D/P(Documents against payment)는 수출자와 수입자의 매매계약서에 의하여는 수입상이 지급(payment)과 동시에 선적서류를 인도하는 일람출급거래를 말하는 것이다. 반면에 D/A(Documents against acceptance)는 수입자의 인수(acceptance)의 뜻만 표시하면 서류를 인도하는 것으로 기한부 거래를 뜻하는 것이다.

D/P, D/A 거래는 대금결제를 추심에 의한다. 즉, 수출상이 자기거래은행에 추심을 의뢰하여 수입상에게 서류가 도달된 후 수입상이 대금을 결제하여야만 수출상이 대금을 받을 수 있다. 그러므로 D/P, D/A거래에서는 대금결제를 전적으로 수입상의 신용에 의존하게 되며 은행의 대금지급에 대한 보증이 없다.

D/P, D/A거래의 효용성은 다음과 같다.

첫째, 비용절감이다.

신용장거래에서는 신용장개설수수료, 코레스비용과 인수수수료 등이 소요되는 데 반하여 D/P, D/A 거래에서는 이러한 비용부담이 없다. 오랫동안 거래하여 상호 신뢰할 수 있어 D/P, D/A 거래를 하여도 문제가 없는 경우에는 비용절감을 위하여 이 거래가 이용된다.

둘째, 세계무역시장이 경쟁의 격화로 판매자시장(Seller's market)에서 구매자시장(Buyer's market)으로 전환되어 수출상이 대금결제상의 불리함을 감수하고 D/P, D/A 거래를 하는 경우가 있다.

셋째, 기업의 국제화로 많은 기업이 세계도처에 지사를 설치하고 있어 본·지사간 무역거래가 상당히 증가되었고 본·지사간 거래에서는 신용장 거래를 할 필요가 없으므로 D/P, D/A 거래가 증가하고 있다.

D/P, D/A 거래의 특성을 살펴보면 첫째, 수입자와 수출자의 매매계약서에 의한 거래이므로 은행의 지급에 대한 보증이 없다. 그러므로 대금의 지급 유무는 전적으로 수입자의 신용에 의존하고 있다. 비록 은행이 D/P, D/A 거래에 추심을 위한 은행으로 관여한다고 하더라도, 다만 위임 사무처리에 준하여 처리할 뿐 지급에 대한 책임은 없다고 할 수 있다.

둘째, 신용장에 의한 거래방식이 신용장통일규칙이 적용되는 데 반하여 D/P, D/A 거래는 추심에 관한 통일규칙(Uniform Rules for Collections ICC Publication No. 522)이 적용된다.

2) D/P, D/A 거래의 거래과정

(1) 매매계약 체결

수입상과 수출상이 매매계약을 체결하고 대금결제를 D/P, D/A에 의하기로 합의하면, D/P, D/A 거래가 발생한다. 수출입 당사자간 계약이므로 은행의 지급보증은 없고, 수입상의 신용도에 의존한다고 볼 수 있다.

(2) 수입승인

수입상은 수입하기 전에 수입제한품목의 경우에는 관련기관에 승인을 받아야 한다. 수입승인을 받은 경우에는 수입승인서와 D/P 또는 D/A 계약서를 제출하여야 한다. D/P거래의 경우에는 수입금지 품목이 아니고 자유승인품목이면 수입이 가능하나 D/A 거래의 경우에는 연지급 수입이므로 외국환거래규정에서 수입가능품목일 경우에만 수입이 가능하다. 외국환거래규정에서는 3년 이상의 장기 D/A거래를 본·지사간에 제한하고 있으므로 이를 행하고자 한다면 한국은행에 신고·인가를 받아야 한다.

(3) 선적지시서 발송

수입상이 수출상에게 선적지시를 하게 된다. 수출상의 경우에는 이러한 수입상의 선적지시에 따라서 약정된 상품을 선적한다.

(4) 추심의뢰 요청

선적을 완료한 수출상은 금융서류와 상업서류를 구비하여 수출지의 거래 은행에 제시하고 그 수출대금을 수입지의 은행에 추심요청하여 줄 것을 의뢰한다.

(5) 추심서류 접수 및 제시

추심의뢰를 받은 수출지의 은행은 추심지시서(collection instruction)를 작성하여 선적서류와 함께 수입지의 추심은행으로 송부하여 수입상에게 추심하여 줄 것을 요청하게 된다.

(6) 추심서류 도착통지 및 인수 요청

수입지의 추심은행은 수입상에게 서류가 도착하였음을 통지하고 D/P이면 바로 대금지급을 요청하고 D/A이면 인수를 요청한다. 이때 추심지시서의 선적서류의 통수와 실제 도착한 서류의 통수가 일치하는가를 심사해야 한다.

(7) 인수 및 대금 결제

수입상은 D/P인 때에는 대금을 지급하고 선적서류를 인도받고 D/A인 때에는 어음을 인수하고 선적서류를 인도받은후 인수 만기일에 대금을 지급해야 한다. 추심은행은 D/P일 경우에는 서류인도후 즉시, D/A인 경우에는 어음만기일에 대금을 받은후 추심의뢰은행으로 대금을 송부하여야 한다. 따라서 D/A/서류의 경우는 서류를 인도할 경우 어음면에 수입자의 인수절차를 받은 후에 인도해야 하며, 만기일을 산정하여 수출자에게 만기일 통보를 해주어야 한다.

(8) 추심대금 지급

추심의뢰은행은 D/P이면 송부 받은 대전을 즉시 지급하고, D/A이면 수출상에게 어음인수의 뜻을 통지하고 어음만기에 수입지의 은행으로부터 송금받는 대금을 지급한다. D/P, D/A 거래과정을 요약하면 다음과 같다.

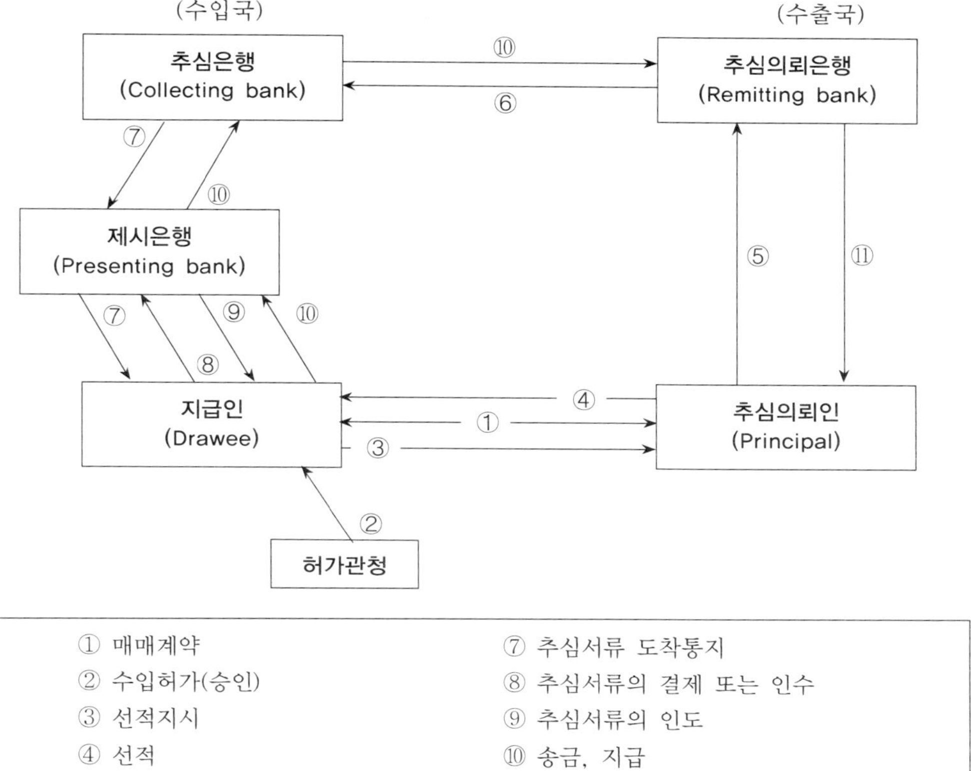

① 매매계약
② 수입허가(승인)
③ 선적지시
④ 선적
⑤ 추심서류의 제시
⑥ 추심의뢰
⑦ 추심서류 도착통지
⑧ 추심서류의 결제 또는 인수
⑨ 추심서류의 인도
⑩ 송금, 지급
⑪ 수출대금 회수

[그림 6-3] D/P, D/A 수입의 거래과정

3) D/P, D/A 거래의 당사자

(1) 추심의뢰인(Principal)

거래은행에 추심을 의뢰하는 수출상을 말하며 Seller(매도인), Drawer(어음발행인), Consignor(하송인)라고 한다. 추심거래의 경우에는 추심의뢰은행으로부터 대금의 선지급이 없으므로 추심의뢰인의 신용도는 큰 문제가 없으나, 추심전 매입의 경우에는 추심의뢰인의 신용도를 평가해서 실행해야 한다.

(2) 추심의뢰은행(Remitting Bank)

추심의뢰인으로부터 추심의뢰의 요청을 받고 수입국은행에 추심을 의뢰하는 수출국의 은행을 말한다. 추심의뢰은행은 추심의뢰인으로부터 추심 수수료만 받고 서류를 송부하는 것이므로 위험부담이 없으나 추심 전 매입을 할 경우에는 위험부담이 있다고 하겠다.

(3) 추심은행(Collecting Bank)

수출국의 추심의뢰은행으로부터 서류를 받은 수입국의 은행을 말한다. 지급인이 자기의 고객이면 직접제시를 하고 그렇지 않으면 지급인의 거래은행으로 송부한다.

(4) 제시은행(Presenting Bank)

추심은행으로부터 서류를 송부 받아 지급인에게 제시하는 은행을 말한다.

추심은행이 수입상의 거래은행이면 추심은행이 제시은행이 되지만, 추심은행이 수입상의 거래은행이 아니면 제시은행이 별도로 존재하게 된다. 예컨대, 미국의 Citibank가 한국이 종로무역회사 앞으로 추심하는 서류를 한국에 송부하는 경우, 서류를 자기의 서울지점으로 일단 보내고 서울지점이 종로무역회사의 거래은행인 한국협회은행 앞으로 송부하도록 하는 것이 일반적이다. 그러므로 추심은행과 제시은행이 별개인 경우가 많다.

그리고 관계당사자는 아니지만 지급인(drawee)이 있는 바 이는 수입상을 말한다. 그런데 지급인인 수입상이 계약서 베이스거래에 있어서 당사자가 아닌 것은 문제가 있다고 본다. 신용장거래의 경우에는 채무은행이 최종적 책임을 짐으로 개설의뢰인인 수입상이 당사자가 아닐 수 있지만 D/P, D/A 거래에서는 수입상을 당사자에서 제외한 것은 문제가 있다고 본다.

1. 국제팩토링의 의의

수출팩토링 방식[21]에 의한 무역결제는 은행이 지급 보증하는 신용장의 발행 없이 매수인의 신용과 팩터의 신용조사에 의하여 거래되는 무신용장방식의 거래이기 때문에 수출팩토링을 통하여 수출자는 대금회수에 대한 불안을 제거할 수 있고, 수입자로서는 여러 가지 비용과 담보설정에 따른 부담을 덜 수 있다. 또한 수출자와 수

21) 국제팩토링제도는 국제거래에 있어서 수출회사의 외상매출채권을 팩토링회사가 인수하고 자기책임 하에서 채권을 회수하여 주는 제도로서 외상매출채권을 팩토링회사가 매입하고 대신에 수출자에게 필요한 금융을 제공하는 제도이다. 팩토링회사는 수출자를 대신하여 채권관리 및 회수, 기타 금융서비스를 제공해주는 제도이다. 배정한, 「전게서」, p.408
UNIDROIT convention on international factory Art 1.
Factoring Convention means a contract a concluded between supplier and factor pursuant to which
a) the supplier may or will assign to the factor receivable arising from contract of sale of goods.
b) factor is to perform, at least two of following function.
- finance for the supplier, including loans and advance payment
- maintenance of account (ledgering)
- collection of receivables
- protection against default in payment by debtors.
c) notice of the assignment of the receivables is to be given, in writing to debtors.

입자는 모두 팩터가 제공하는 각종 서비스의 편익을 누릴 수 있기 때문에 자금관리나 관리업무에 드는 제시간과 비용 등을 절감할 수 있다. 금융으로서 국내금융기관의 여신한도관리 대상이 아니므로 수출자의 자금조달능력이 강화되는 이점이 있다.

2. 수입자의 거래 효용성

국제팩토링 수입자의 거래 효용성은 첫째, 신용장 발행비용과 부대비용의 절감을 들 수 있다. 즉, 팩토링회사가 신용조사를 거쳐 대금지급을 보증하므로 신용장발행에 따르는 자금부담과 비용이 들지 않고, 팩토링 수수료(통상 신용장방식의 약 절반)를 수출업자가 전액 부담하므로 부대비용이 절감된다. 둘째는 팩토링 거래의 경우 수입물품에 대한 대금지급이 일정시간 이후에 이루어지는 것이 통상이고, 수입자의 일시적인 자금부족으로 대금지급이 어려울 경우에는 무역금융을 통해 수입품의 판매로 부터 얻는 자금으로 추후에 결제할 수 있어 수입자로서는 즉각적인 대금조달에 따르는 자금압박을 피할 수 있다. 또한 선적서류는 즉시 수입자에게 양도되며 이에 따른 수입보증금 적립의 부담도 없으므로 수입에 따른 운영자금압박을 회피할 수 있다.

셋째는 수출팩토링 거래는 담보력 및 신용한도 제약이 해소되고 업무가 간편하다. 즉, 수입자는 신용승인 한도 내에서 신용구매가 가능하기 때문에 신용장의 경우와는 달리 담보부족이나 은행 여신한도에 제약이 없고, 신용장을 별도로 발행해야 하는 번거로움이 제거되어 수입업무가 비교적 간편하다. 넷째는 자금계획 및 운용이 편리하다는 점이다. 수입팩터가 만기일에 결제금액 등이 표시된 결제통지서를 미리 보내주는 등의 회계관리 서비스를 제공하여 주기 때문에 수입자로서는 만기일의 관리가 용이하고 따라서 자금계획을 안정적으로 운영할 수 있다.

다섯째, 부대비용의 절감을 통한 경쟁력의 강화를 들 수 있다. 즉, 수출팩토링 방식에 의한 대금결제는 신용장방식이나 추심결제방식에 비해 실무절차가 매우 간편하고 대금회수 및 매출채권의 기일관리 등 제반 회계업무를 팩토링회사가 담당하므로 수출자는 매출채권관리에 따른 제 비용을 절감할 수 있다. 또한 이 거래는 수입팩터가 최근정보를 바탕으로 수입자의 신용조사를 하여 신용승인여부를 통지하므로 수출자로서는 별도의 신용조사비용을 절약할 수 있다.

3. 거래절차

수출팩토링의 거래절차는 제휴방식과 직접방식에서 각각 다르게 진행된다. 제휴방식은 수출팩터가 수입국 팩토링회사를 통해 해외수입자의 신용위험을 인수하고 해외수입자로부터 수출대금을 추심하는 방식으로서 신용도가 비교적 낮은 해외수입자에 대한 수출거래에 적용된다. 제휴방식은 다양한 해외수입자와 중소기업규모로 반복적으로 거래하는 수출기업에 적합한 지원방식이다.

직접방식은 수출팩터가 직접 해외수입자의 신용위험을 인수하고 해외수입자로부터 수출대금을 추심하는 방식으로서 신용도가 양호한 해외수입자에 대한 수출거래에 적용된다. 직접방식은 신용이 우량한 해외수입자와 대규모로 반복적으로 거래하는 수출기업에 적합한 지원방식이다. 이 중 제휴 방식에 대한 지원절차를 살펴보면 다음과 같다.

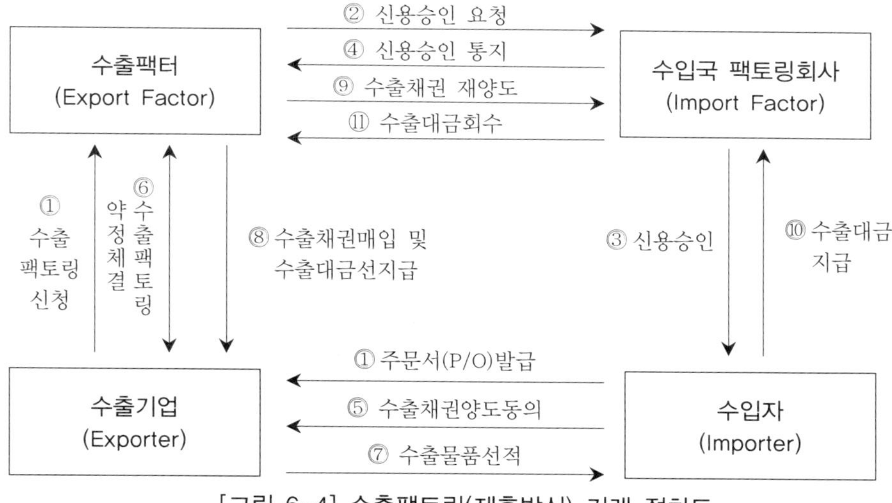

[그림 6-4] 수출팩토링(제휴방식) 거래 절차도

① 수출기업이 해외수입자로부터 주문서를 발급받은 후 사후송금방식 수출거래에 대하여 수출팩터에게 수출팩토링금융을 신청한다.

②③④ 수출팩터는 수입국 팩토링회사에게 해외수입자의 신용승인을 요청하고, 수입국 팩토링회사는 해외수입자의 신용조사 후 수출팩터에게 신용승인 한도를 통지한다.

⑤ 수출자는 수입자로부터 수출채권양도에 대한 동의를 얻는다.
⑥ 수출팩터와 수출기업 간에 수출팩토링약정을 체결한다.
⑦ 수출자는 수출물품을 선적한다.
⑧⑨ 수출자가 수출채권매입신청서와 함께 상업송장과 선적서류를 제시하면, 수출팩터는 수출대금을 지급하게 되고 수출팩터는 수출채권을 수입국 팩토링회사에게 재양도한다.
⑩⑪ 수출팩터는 만기에 수입국 팩토링회사를 통하여 해외수입자로부터 수출대금을 회수한다. 수출팩터는 수출팩토링지원 승인시 수출자, 수입자 그리고 수출거래의 팩토링 취급 가능 여부 등에 대한 심사를 수행한다.

먼저 수출자에 대하여는 수출자의 연혁, 경영진 현황, 재무자료 등의 일반 개황조사와 판매 분석이 이루어지고, 수입자의 경우는 우량한 수입자를 제외하고, 대부분의 경우 제휴방식으로 진행되어 상대방 국가에 소재하고 있는 팩토링 회원사 앞으로 사전신용조회를 요청하게 된다. 다음으로 수출팩터는 해당 매출채권이 팩토링 취급이 가능한 것인지 여부를 확인하는데 여기에는 다음 세 가지 조건이 요구된다.

첫째는 양도가능(transferable)해야 한다. 즉 계약서 등에서 양도제한 문구가 없어야 하며, 양도제한이 있는 경우 수입자의 사전 동의를 얻어 처리할 수 있어야 한다. 둘째는 회수가능(collectable)해야 한다. 수출자가 파산하더라도 채권회수가 가능하여야 한다. 셋째는 대금회수상 제약이 없어야 한다. 이는 위탁판매 등 특별계약조건이 없어야 함을 의미한다. 국내 상업은행들은 해외리스크 평가를 관리할 수 있는 전담인력과 정보가 부족하고, 해외수입자의 신용위험인수 경험도 미미하기 때문에 수출자 소구조건의 무역금융상품인 수출환어음매입을 선호하고 있다.

수출팩토링 비용은 수출환어음 매입이나 추심의 경우에 비해 높은 편이나 신용장방식과 비교할 때 수출팩토링 비용이 일반적으로 낮은 편이며 신용장발행비용은 수입자가 부담하는데 반해 수출팩토링 수수료는 수출자가 부담한다는 데 차이가 있다. 그러나 수출팩토링은 송금방식거래에 대한 대금회수 위험제거와 채권의 조기 현금화로 수출자의 수출경쟁력을 향상시키고 무신용장방식이 일반적인 중남미국가 등과의 거래를 촉진시켜 우리나라 수출증대에 기여할 것으로 본다.[22)]

22) 이재민·배인섭, 「글로벌 무역금융」, 도서출판 두남, 2009, p.34.

1. 포페이팅의 의의

포페이팅(forfaiting)이란[23] 해외 수입국 은행에서 개설한 신용장과 관련하여 발행된 환어음(bill of exchange) 및 선적서류를 포테이터(forfaiter)가 수출자로부터 무소구(without recourse)조건[24]으로 할인 매입하는 금융기법을 말한다. 포페이팅[25] 금융기법은 맨 처음 유럽지역에서 도입되었으며 원래 포페이팅이란 뜻은 프랑스어 forfait(채권의 포기 또는 양도를 의미)에서 유래하였다.

수출자는 환어음의 만기일이 되기 전에 수입국은행의 지급거절 위험을 회피하면서 수출이행 즉시 포페이터로 부터 수출대금을 지급받게 된다. 환어음의 만기일에

23) URF Act2 : forfaiting agreement means the written agreement signed by the primary forfaiter and initial seller setting out the terms of the forfaiting transaction Uniform Rules for forfaiting (URF800) I,C,C . 2013 P.12

24) 무소구조건 (without Recourse) : 포페이터가 수출자로부터 선적서류를 할인매입할 때 나중에 이 선적서류를 이용하여 매수인으로부터 대금을 회수 할 수 없더라도 수출자에게 다시 상환청구를 하지 않는 조건으로 매입하는 것을 말한다. 소구(遡求)란 소급하여 청구하는 것을 의미한다.

25) 포페이팅이란 금융기관이 대금결제조건을 연불조건으로 한 물품이나 서비스의 수출입거래에서 발생한 채권을 상환청구불능조건으로 수출자로부터 매입하는 무역금융의 일종이다. 수출자는 외상매출채권을 포페이팅에 의하여 현금매출로 전환하여 운영할 수 있다.
배정한, 「전게서」, p.425.

수입국 은행으로부터 수출대금 회수는 포페이터가 한다.

일반적으로 포페이팅의 대상은 미래의 인정시점에 만기가 도래하고 재화나 용역을 제공하는 거래관계에서 발행되는 외상매출채권(account receivables)이나 채권(bond) 등도 포함될 수 있으나, 통상 양도하기 쉽고 국제무역에서 많이 통용되는 환어음(bill of exchange)이나 약속어음(promissory note)이 주류를 이루고 있다.

무소구조건 무역금융은 1950년대에 처음 소개되었다. 당시 기계설비를 제작하여 동유럽으로 수출하려는 유럽의 제조업자들은 구매력이 부족한 동유럽 수입자들이 자본재를 구매할 수 있도록 무역금융도 제공해 주어야 했다.

1970년대 이후에는 선진국 제조업자들이 동유럽뿐만 아니라 중남미, 동남아시아, 중동 그리고 아프리카 일부 지역으로 자본재를 수출하기 위하여 무소구조건 무역금융을 이용하고 있었다.

최근 포페이팅은 자본재 이외에 상품(commodities) 수출과 같은 1년 이내의 단기 무역거래를 지원하는 수단으로도 이용되고 있다. 더 나아가 무역거래와 관계없이 기업에 운전자금이나 장기자금을 제공하는 수단으로 무소구조건 금융이 이용되기도 한다. 이와 같이 포페이팅 금융은 거래에 따라 탄력적으로 활용될 수 있기 때문에 고객수요의 변화에 부응하면서 중요한 금융수단의 하나로 계속해서 발전하고 있는 것이다. 포페이팅은 신용장방식 수출거래뿐만 아니라 무신용장(계약서)방식 수출거래에도 활용되는 데, 최근의 시장흐름은 아시아 지역에서는 신용장방식을 선호하고, 유럽지역에서는 계약서방식을 주로 활용하고 있다. 계약서방식의 경우 신용도가 우량한 은행의 지급보증이 추가로 필요하다.

포페이팅의 이해당사자로는 수출자, 수입자, 포페이터 및 보증은행이 있다. 여기서 포페이터는 어음을 할인·매입하는 은행을 말하며, 보증은행은 수입자를 위해 어음보증 또는 지급보증서를 발급하는 은행을 말한다.

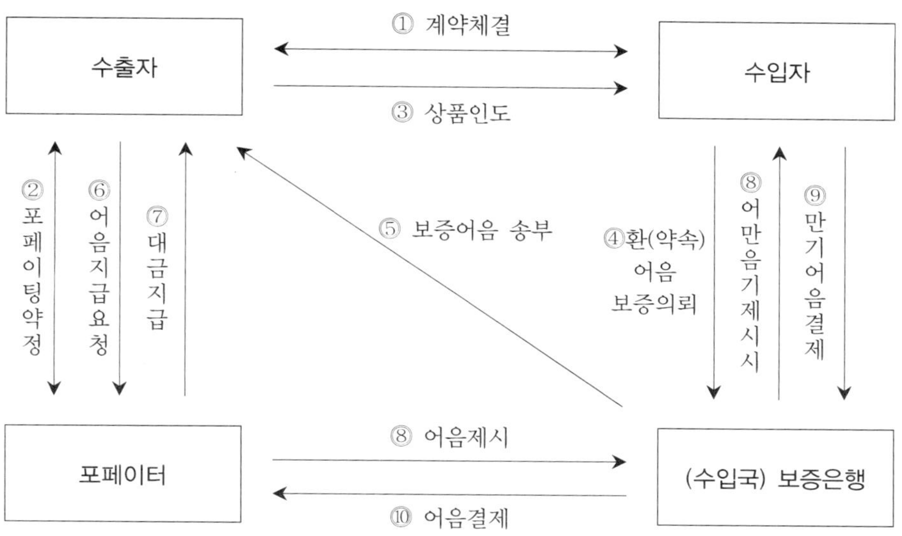

[그림 6-5] 신용장방식에 의한 포페이팅의 거래 절차도

2. 포페이팅의 거래절차

포페이팅의 거래절차를 살펴보면 다음과 같다.

첫째, 수출자와 수입자간 수출입계약을 체결한다. 수입자가 기한부 신용장(usance L/C)으로 거래를 원하는 경우 수출자는 수출계약 전에 포페이터와 협의하여 포페이팅 계약을 체결한다.

둘째, 수입자는 수입국 소재의 은행에서 신용장을 개설하고, 개설된 신용장은 수출국 은행을 통해 수출자에게 통지된다.

셋째, 수출자는 수출계약대로 수출물품을 선적하고, 선적후 수출자는 환어음 및 선적서류를 신용장 조건과 일치하도록 작성하여 포페이터에게 제시한다.

넷째, 포페이터는 원칙적으로 환어음 및 선적서류를 수입국 개설은행에 송부하여 개설은행이 선적서류를 인수하겠다는 통지서(advice of acceptance)를 접수한 후, 할인료를 제외한 수출대금을 지급한다.

다섯째, 신용장 개설은행으로 부터 선적서류의 인수가 이루어지면 수출기업은 모든 대금회수 위험으로부터 자유로워지며 포페이터는 환어음의 만기일에 신용장 개설은행으로부터 수출대금을 회수하게 된다. 한편 포페이터는 환어음 만기일 전에 매입어음을 유통시장에서 제2의 포페이터에게 재매각할 수도 있다. 무신용장 방식에 의한 포페이팅 거래 절차는 [그림 6-6]과 같다.

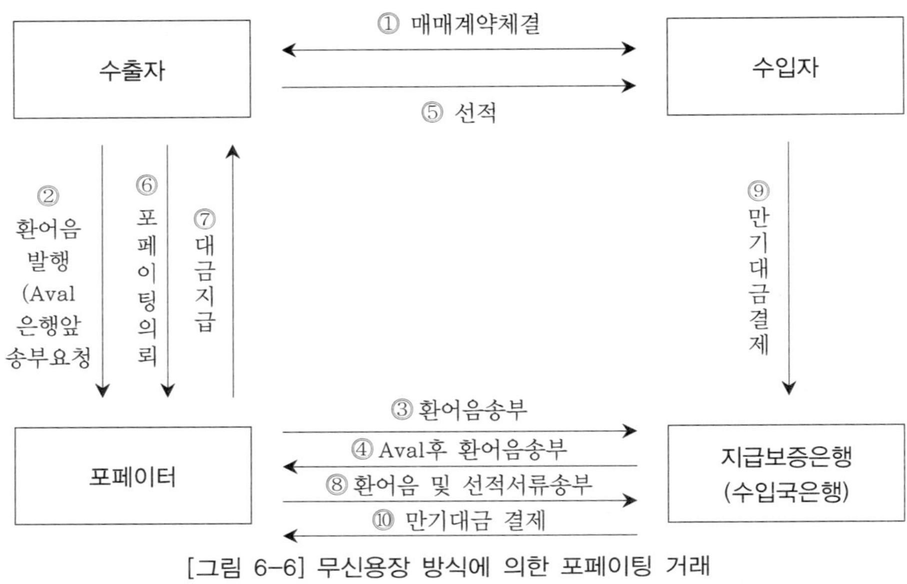

[그림 6-6] 무신용장 방식에 의한 포페이팅 거래

- 어음보증(aval)에 의한 방식(D/A거래)[26)]

① 수출자·수입자가 매매계약서 체결

②③ 수출자는 환어음 발행 후 포페이터를 통해 지급보증은행 앞 환어음송부

④ 지급보증은행은 어음보증(aval) 후 환어음을 포페이터에 송부

⑤ 수출자는 선적 후 포페이터에게 aval 환어음 및 선적서류 매입 의뢰

⑥ 포페이터는 대금지급 후 지급보증은행 앞 환어음 및 선적서류 송부

⑦ 수입자는 만기일에 수입대금 지급

⑧ 포페이터는 만기일에 지급보증은행을 통하여 수출대금 회수

1970년대와 1980년대 포페이터시장은 이탈리아, 독일, 스위스, 영국에 소재한 일부 포페이팅 금융기관을 중심으로 성장하였다. 당시 동유럽국가들의 신용위험에 대

---

26) 약식어음보증 (bank aval) : 포페이팅이 이루어진 후에 수출자는 무소구조건으로 수출대금을 포페이터에 매각하여, 모든 상환청구에서 벗어나므로 대상어음이나 어음채무를 수입자측의 지급보증은행서 약식어음보증을 받아서 처리해야 한다. 이러한 수입자 측 지급보증은행의 약식보증을 어음보증(aval) 이라고 하며 은행 측의 정식보증(Seperate bank gurantee)와 구별된다. 배정한, 「전게서」, p.434.

한 인식이 개선되고 동서 간 정치적 관계가 완화되면서 포페이팅 시장은 본격적으로 성장해 나갈 수 있었다.

포페이팅사업의 성공여부가 신용위험, 이자율위험, 서류위험 등을 어떻게 인식, 평가, 관리하는 자에 의해 좌우되면서 은행들은 무역금융부문에 포페이팅 전담부서를 설치하였고, 포페이팅 전문회사들이 설립되기 시작하였다. 초기단계의 1차 포페이팅(수출자와 1차 포페이터가 포페이팅 거래추진)은 거래위험이 높은 개도국에 대한 수출에 이용되면서 각국 정부의 수출지원금은 보조수단으로 성장해 왔다. 2차 포페이팅시장은 금융시장 전문가들을 중심으로 수출채권을 증권화한 무소구조건 금융증서를 대상으로 발전해왔으며 1980년과 1990년에 더욱 성장할 수 있었다.

3. 포페이팅의 효용성

포페이팅거래에서 수출자는 무소구조건으로 어음을 매각하여 대금을 회수하므로 수출대금의 미회수 위험이 없고, 수출상품 선적 후 즉시 수출대금을 회수할 수가 있어 유동성이 제고되고 금리 및 환율변동위험을 회피할 수 있는 점이 장점이라고 하겠다. 그러나 수출자는 무소구조건이므로 서류의 철저한 점검이 필요하고 선적서류 하자비용을 부담해야 하는 경우가 있다. 무신용장방식의 경우에는 수출자는 지급보증서 발급 비용이 소요된다고 하겠다.

수입자의 경우에는 고정금리로 수입경제자금을 조달할 수 있고 재무상태에 관한 정보 누출을 방지할 수 있다는 점이 있으나 지급보증서 발급비용으로 해서 금융비용이 증가될 수 있다. 포페이터에게는 신속한 금융지원이 가능하고 유통시장을 통해서 어음을 재매각 함으로서 높은 수익을 실현할 수 있다. 다만 수입자의 채무불이행에 따른 위험을 부담해야 하므로 철저한 수입자의 신용조사가 필요하다는 점이다. 포페이팅과 팩토링은 외상매출채권을 무소구조건으로 매각 또는 매입한다는 면에서는 유사하지만 중요한 차이점은 외상매출채권의 대상을 팩토링의 경우 비유통증권으로 하는데 반해 포페이팅은 환어음과 같은 유통증권으로 한다는 점이다. 포페이팅은 신용장방식 거래를 주 대상으로 하고 수출팩토링은 사후송금방식거래 및 D/A거래를 주 대상으로 한다. 상환기간도 수출팩토링은 90~120일의 단기인데 반해 포페이팅은 2년까지 중기거래를 대상으로 한다.

제 7 편

신용장거래

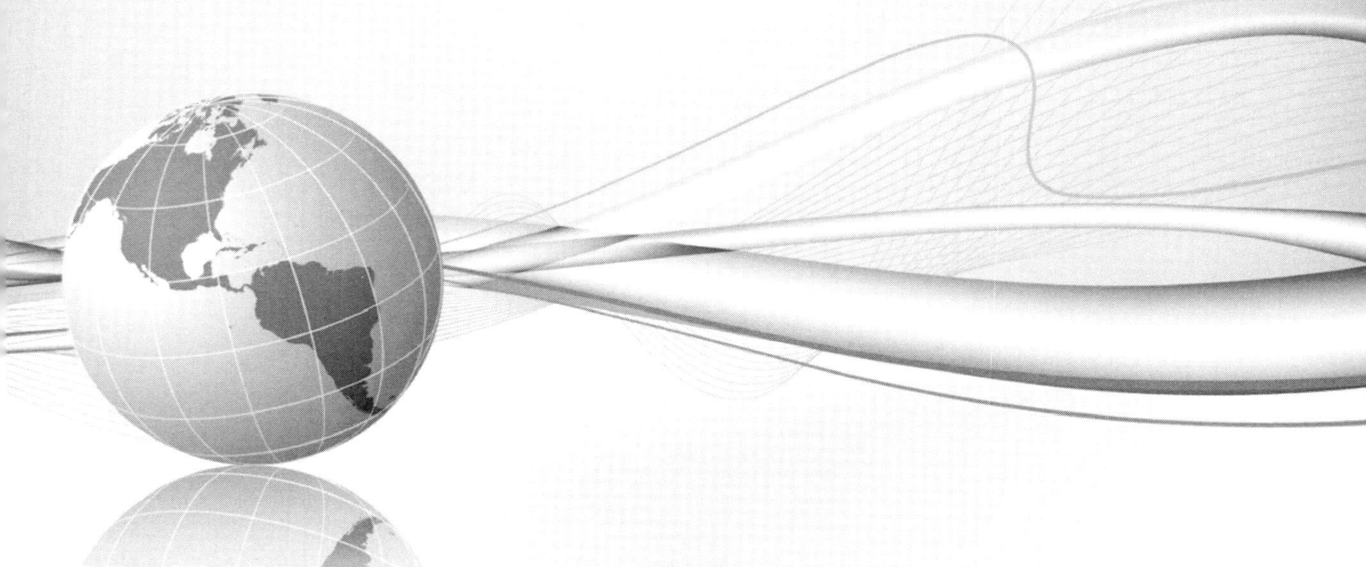

제1절 신용장 결제방식의 의의 및 한계

1. 신용장의 의의

신용장은 수입업자의 거래은행(신용장의 개설은행)이 수입업자의 요청과 지시에 따라서 수출업자 또는 그 지시인(신용장의 수익자)에게 물품대금을 조건부로 지급할 것을 확약하는 증서이다. 무역거래에서 대금결제의 원활을 기하기 위하여 신용장에서 요구하는 서류를 신용장조건과 일치되게 준비하여 제시하면 수입업자를 대신하여 개설은행이 지급의 이행 혹은 신용장에 의하여 발행된 어음의 지급·인수를 수출업자 또는 어음 매입은행 및 선의의 어음 소지인에게 확약하는 증서이다.

신용장은 은행의 조건부 확약이기 때문에 수출업자로서는 수입업자의 지급능력이나 의사와 관계없이 은행의 신용을 이용할 수 있지만 확약은 은행이 무조건으로 지급을 약속하는 것이 아니다. 즉, 수출업자(수익자)가 신용장조건을 만족시키고 신용장에서 요구하고 있는 서류를 제시할 경우에 한하여 발행은행이 대금을 지급하겠다는 약속이다. 일반적으로 "신용장이란 신용장 개설의뢰인의 요청과 지시에 따라서 개설되며 신용장에서 요구하는 서류의 제시가 있고 제시된 서류가 일치하는 경우에만 개설은행이 지급을 보증한다는 증서이다."[1] 그러므로 신용장이 이와 같은 성격은 대금결제와 관련한 수출자들의 이해관계를 원만히 도모하기 위해서는 일정한 요건을 구비해야 한다.

첫째, 신용장은 은행에 의해서 개설되고 당해 은행의 지급확약을 담고 있어야 한다. 신용장은 수입자의 대금지급의 의무를 은행이 보증한 것으로서 즉 상인의 신용을 은행의 신용으로 대체한 금융수단이므로 수입자를 대신하여 신용장 조건에 일치하는 서류의 제시가 있을 때는 대금을 지급하겠다는 확약을 의미한다. 이런 측면을 고려할 때 신용장은 기업보다는 은행에 의해 개설되어야 하며, 그것도 국제적으로 신뢰와 평판을 갖춘 일류은행에 의해 개설되어야 할 것이다.

둘째, 신용장은 고객인 수입자의 요청과 지시로 개설되어야 한다. 신용장은 상인, 즉 수입자의 신용을 은행의 신용으로 전환시킨 금융수단이므로 신용장이 개설되기 위해서는 수입자의 요청이 필요하다. 그리고 이에 의해 개설되는 신용장의 제조건은 수입자가 신용장을 통하여 대금을 지급하는 대신 자신이 원하는 적격품을 적기에 입수하고자 하는 측면에서 설정되는 것이므로 은행은 신용장을 개설할 때 어디까지나 수입자의 지시에 따라 신용장의 내용을 결정해야 한다. 또한 은행 측으로선 신용장의 개설 후 수출지로부터 어음이 발행되어 대금을 지급할 때 종국적으로는 수입자로부터 대금을 회수해야 한다. 따라서 신용장의 개설시 수입자와 은행 간에는 별도의 신용장 개설계약이 체결되어야 한다.

셋째, 신용장은 이를 사용하는 자로 하여금 자유롭게 어음을 발행하여 자기의 거래은행에 제시하여 대금을 회수하고 이의 매입이나 지급에 응하는 거래은행에 지급대금을 상환하여 결제하겠다는 약정을 담고 있어야 한다. 수출자는 대금회수를 위해 수입지에 출장하는 부담을 지지 않음으로서 신용장을 대금결제의 수단으로 선택하기 때문에 그럼에도 불구하고 신용장 거래에서 수출자가 수입지에 있는 신용장 개설은행에 출장하여 신용장 대금을 회수해야 한다면 그 실익이 반감하여 수출자는 신용장의 사용을 꺼리게 될 것이다. 그러므로 신용장을 사용하는 수출자가 쉽게 수출대금을 회수하여 매각할 수 있도록 보장해야 하며, 이에 상응하여 거래은행은 자기가 선지급한 어음대금을 신용장의 개설은행으로부터 상환 받을 수 있어야 할 것이다.

1) UCP 600 Art 2
Credit means any arrangement, however named or described, that is irrevocable and there by constitutes a definite undertaking of the issuing bank to honour a complying presentation.

넷째, 신용장에서 제시하도록 요구하는 선적서류의 제시가 있어야 한다.

신용장에서 요구되는 서류는 선하증권, 상업송장, 보험증권과 포장명세서 등이 있다. 또한 수출자가 제시한 선적서류가 신용장에서 요구하는 것과 일치 하여야 한다. 보통 신용장에서 서류의 통수와 종류를 표시하고 있으면 이들 요구사항이 충족되어야 한다. 서류의 일치 여부는 국제표준은행관행[2]상 상당한 일치가 있으면 일치하는 것으로 보는 것이 국제관행이다. 보통의 지급보증서가 무조건 지급보증서인 데 반하여 신용장은 첫째 서류의 제시가 있고, 둘째 제시된 서류가 신용장조건을 충족하여야 하는 두 가지를 조건으로 하는 지급보증서이다.

이와 같은 지급보증서인 신용장은 두 가지 기능을 가지고 있다. 즉, 지급 보증기능과 금융기능을 가지고 있다.

첫째, 신용장은 지급보증서의 일종이므로 당연히 지급보증기능을 가지고 있다. 지급보증기능 가운데 하나는 자금을 공여하는 기능, 예컨대 선적전에 매입이 가능한 자금선대신용장[3]을 개설한 경우 수출자가 선적을 하기 전에 대금을 받을 수 있어 자금을 사용할 수 있으며 이는 신용장의 적극적 기능이다. 또 하나는 자금의 부담을 면하게 하여 주는 것이며 개설의뢰인은 신용장이 없으면 수출자에게 자금을 미리 지급하여야 하지만 신용장을 이용하면 개설신청시 일정한 수수료만 지급하면 되고 대금의 전액을 예치하는 것이 아니므로 자금부담을 면할 수 있다.

둘째, 신용장은 금융기능을 가지고 있는 수출자가 신용장을 담보로 하여 수출금융의 혜택을 용이하게 받을 수가 있다. 예컨대 우리나라의 수출금융의 경우가 그것이다. 또 신용장 개설의뢰인도 수입금융의 혜택을 받을 수가 있다. 수출자의 경우 신용장을 수령 받으면 생산자금이나 원자재 구매자금 등의 수출금융을 지원 받을 수 있으며 수입자의 경우 수출용원자재를 구매하기 위하여 개설된 신용장일 경우 대금결제시에 90일간의 무역금융을 받아 대금을 결제하여 그 완성품의 수출시 무역금융으로 상환하면 된다.

---

2) 신용장거래의 서류심사기준은 신용장통일규칙에 반영된 국제표준은행관행(International Standard Banking Practice : ISBP)에 따라서 결정된다. 이러한 ISBP에 대한 현재 I.C.C에서 2013년 3차에 걸쳐 개정하여 그 해석기준을 발표한 바 있다.
이대우, 양의동, 「신용장론」, 2014, p.178.

3) 보통의 신용장에는 수익자가 약정된 상품을 선적한 후에 선적서류를 매입하는 것이나 선적전에 신용장금액의 전부 또는 일부에 대하여 선적서류를 매입하도록 수권하고 있는 신용장이다. 자금선대에 관한 문구를 주기하므로 주기조항신용장(red clause credit)라고도 한다.
이대우, 양의동, 전게서 p.178.

2. 신용장 거래의 한계

신용장이란 국제거래를 촉진시켜 주는 편리한 수단이다. 그러나 원만한 계약이행을 위해서는 궁극적으로 매매당사자들의 성실성이 중요한 것이지 신용장이 개설되었다고 모든 것이 다 원만하게 해결되는 것은 아니다. 다시 말해서 신용장도 몇 가지 제한과 제약점들이 있다.

첫째, 신용장은 그 자체가 독립된 지급수단이 될 수 없다는 점이다. 사실 신용장이란 하나의 독립된 지급수단이라기 보다는 계약의 성질을 지니고 있는 것이기 때문에 특정 조건에 부합하는 제반 서류를 지정된 기일 내에 제시하면 지불하겠다는 은행의 약속증서이지 그 자체가 유통될 수 있는 어음과 같은 수단은 아니다. 또한 신용장은 의무의 존재(existence of obligation)는 인정하지만 일반 어음과 같이 배서함으로써 마음대로 양도 될 수는 없다.

둘째, 신용장은 어느 누구를 위한 매매계약이 될 수 없다는 점이다. 현대의 은행신용장에서는 개설은행은 매매계약의 해당자가 아니며 단지 수익자가 일정한 조건을 충족시키는 경우에 한해서만 개설은행이 지급인수 또는 매입을 하겠다는 독자적인 약속을 하는 것이며 신용장 자체가 매매계약에서 매수인이 매도인에게 하는 부수적인 약속의 수단은 아니다. 따라서 신용장거래는 매매계약과 독립적인 것으로서 이를 신용장의 독립성이라고 한다. 즉 만일 매수인이 상품대금을 지불하지 않으면 은행이 무조건 대신 갚아준다는 약정은 아니다. 다시 말하면 개설은행의 지급인수 또는 매입의 약정은 신용장 개설 의뢰인의 존재여부에 상관없이 신용장에서 요구하고 있는 제반서류의 제시가 있어야 하는 것으로서 개설 의뢰인이 부도가 났을 경우 개설 의뢰인의 채무를 갚아주기 위해서 보증한 것은 아니다. 신용장은 어디까지나 건전한 상거래의 촉진을 위한 하나의 수단이지 불건전한 사기 거래자를 보호해주기 위한 수단은 아니다. 즉 신용장은 개설은행이 매매계약상 매도인의 선적의무 및 관련 서류제출 의무를 전제로 하는 대금지급보증이다.

셋째, 신용장에 의하더라도 반드시 계약상품이 입수된다고 보장되지 않는다. 신용장의 거래는 어디까지나 서류상의 거래이기 때문에 서류상으로만 신용장의 조건을 충족시키면 은행은 대금지급을 하게 된다. 이를 신용장의 추상성의 원칙이라고 한다. 수출업자가 성실하지 못한 경우 불량물품을 선적하고 서류만 신용장 내용대로 작성하여 제시하여 은행은 대금결제를 하여도 신용장통일규칙 제34조의 면책조항에 의해 면책된다.[4] 그러므로 수입업자는 신용장을 개설하였다고 자기가 계약했던 물품이 100% 정확하게 수입될 것이라는 보장이 없다.

일반 매매계약에서는 수입자가 상품을 수령한 후 검사를 하여 확인한 후 대금을 지급하지만 신용장 거래에서는 상품을 확인하기 전에 서류만 확인하고 미리 대금을 지급하는 것이다. 따라서 서류의 내용과 실제물품이 상이할 경우에는 이를 클레임으로 처리해야 할 때는 신용장거래와는 별개로 당사자 간의 매매계약에 근거하여 처리하여야 할 것이다.

제2절 신용장 결제방식의 특징

신용장은 무역업자들에게 다양한 이점을 제공하면서 국제무역을 활성화시키는 것은 물론이고, 신용장의 기능에 의하여 수출업자 및 수입업자에게는 거래상의 이점을 발생시키며 신용장거래에 참여하게 되는 은행들도 수수료와 환가료 등의 수익을 얻을 수 있다.

신용장방식을 이용함으로써 수출업자가 얻게 되는 이점으로는 첫째, 신용위험의 배제이다. 수출업자는 수입업자보다 높은 공신력을 가진 은행의 조건부지급 약속을 받으므로 신용위험, 대금회수불능위험을 배제시킬 수 있다. 수출업자는 신용장을 통지 받는 경우 신용장조건과 일치하는 선적서류만 제시하면 발행은행으로부터 약정된 시점에 안전하고 확실하게 대금회수를 할 수 있다. 즉, 발행은행의 신용에 기초하여 거래하기 때문에 발행은행이 파산 또는 지급불능사태가 발생하지 않는 한 수출업자는 안전하게 수출대금을 회수할 수 있다.

둘째, 수입업자의 계약이행 보증을 들 수 있다. 수입업자가 자기의 거래은행에 의뢰하여 수출업자를 위한 신용장을 발행하도록 확약케 하는 것이므로 자신의 계약이행을 보증하는 것과 같다. 일반적으로 계약은 일방적으로 취소 또는 파기할 염려가 있으나 신용장의 경우 발행은행과 수익자의 동의 없이는 취소 또는 변경이 불가능하다. 따라서 수출업자는 수입업자의 신용상태에 대하여 불안함을 느끼지 않고 주문받은 상품을 집하하거나 원자재를 구입하여 제조하는데 전념할 수 있다.

셋째, 외국정부가 비상사태나 외화부족 등의 이유로 외국환의 대외지급이나 결제

---

4) UCP600 Art 34. 위조서류에 의한 면책
A bank assumes no liability or responsibility for the form, sufficiency, accuracy, genuineness, falsification or legal effect of any document or superimposed thereon.

를 제한할 경우에도 이미 발행되어진 신용장에 대해서는 지급규제를 하지 않기 때문에 비상위험을 배제할 수 있다. 즉 IMF 8조국에 가입된 국가의 경우에는 어떠한 이유에서라도 경상거래인 수입거래의 대금을 지급제한 할 수 없기 때문이다. 반면 신용장방식은 독립성과 추상성의 원칙이 적용되는데 만일 신용장 사기가 발생하게 되면 본질적인 한계성을 나타낸다. 신용장은 물품의 거래가 아니라 서류거래이며, 매매계약으로부터 독립되어 있는 독립성과 추상성의 원칙에 따라 신용장의 관계당사자들은 단지 서류만을 근거로 모든 것이 판단되므로 수출업자는 신용장에 요구하는 서류를 위조나 변조하여 은행에 제시하여 수출대금을 회수하여도 은행이 그 사실을 알지 못하고 행한 대금지급은 독립성과 추상성의 원칙에 의해 면책으로 인정되기 때문에 개설은행이나 수입상은 피해를 입을 수 있다. 신용장은 매매당사자간에 결제를 신용장에 의하기로 합의하는 매매계약을 근거로 하여 개설된다. 그러나 비록 매매계약을 근거로하여 개설되었다 하더라도 일단 신용장이 개설되면 그러한 근거 계약과는 별개의 독립된 거래로 존재하게 된다.[5] 따라서 매수인과 개설은행간의 관계를 원용하거나 또는 매매계약의 무효나 취소 등을 이유로 신용장의 무효를 주장하는 것은 허용되지 않는다.[6] 이와 같은 신용장의 독립추상성의 원칙은 은행이 손쉽게 신용장거래에 개입하도록 하여 신용장 거래를 원활하게 하는데 그 목적을 두고 있다. 또한 신용장을 거래하는 당사자는 서류거래를 하는 것이지 상품거래를 하는 것은 아니라는 사실을 통일규칙에 명시함으로써[7] 은행이 상품의 존재여부를 점검하거나 상품의 품질 등에 대한 아무런 책임 없이 신용장 거래에 참여할 수 있게 된다. 신용장 방식은 매수인의 신용을 은행의 신용으로 전환시킬 수 있으며 또한 신용장은 근거계약과는 독립된 거래로써 원인관계의 취소나 무효로 인하여 매수인으로부터 인적항변[8]을 받지 않는다는 장점이 있다. 이와 같이 부정한 서류를 이용하여 신용장 대금을 사취하는 사기거래가 신용장거래 당사자의 신뢰를 무너트리는 결과를 초래하게 되어 신용장에 의한 결제방식의 문제점 및 한계로 등장하고 있다. 이러한 사기서류에 관한

---

5) "Credits, by their nature, are separate transactions from the sales or other contract on which they may be based." (신용장 통일규칙 제4조 a항).

6) UCP600 Art 4. A beneficiary can in no case avail itself of the contractual relationships existing between banks or the applicant and the issuing bank.

7) UCP600 Art 5. Banks deal with documents and not with goods, service or performance to which the documents may relate.

8) 인적항변이란 채권자인 수익자가 채무자인 은행 또는 개설신청인에게 특수한 관계의 존재, 예를 들면 원인관계의 불법, 무효, 부존재, 소멸, 대가의 미교부, 지급유예계약 등을 이유로 항변하는 것을 말한다.

문제점은 전자서류를 이용함으로써 어느 정도 해소 시킬 수 있다는 점에서 수출입대금 결제의 전자무역거래를 함으로서 문제에 대한 해결점을 찾을 수 있다.

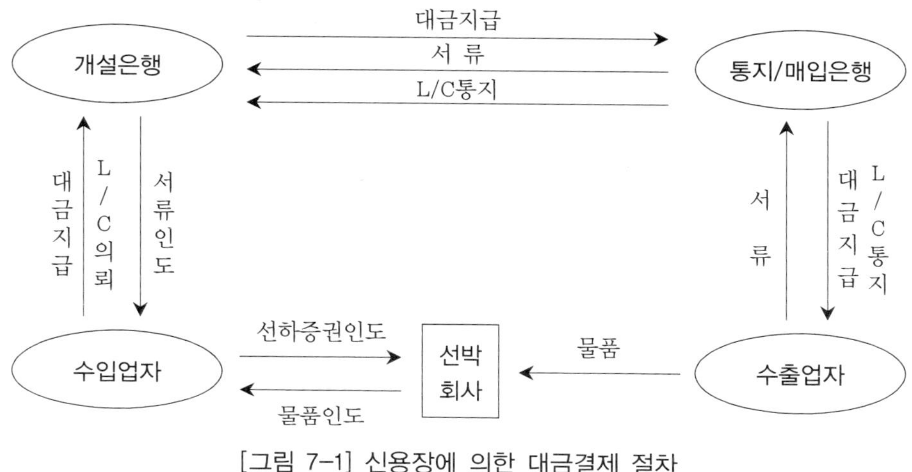

[그림 7-1] 신용장에 의한 대금결제 절차

전자신용장의 경우에는 선박회사에서 선적서류인 선하증권을 직접 매도인에게 발송하고 그 선하증권의 진정성을 제3기관에서 검정하기 때문에 위조서류의 제출을 방지할 수 있다.

제 2 장 신용장거래 당사자

신용장거래의 관계당사자(parties concerned)는 크게 "기본당사자"와 "기타 당사자"로 나눌 수 있다. 첫째, 기본당사자는 신용장거래에서 직접적인 권리와 의무를 부담하게 되는 자들을 말하며 개설은행(issuing bank), 수익자(beneficiary) 등이 이에 속한다.

만약 확인신용장(confirmed letter of credit)의 경우에는 확인은행(confirming bank)도 신용장거래의 기본당사자에 포함된다. 이들 기본당사자는 신용장에 관한 권리와 의무의 직접당사자이기 때문에 취소불능 신용장이 개설된 경우에는 이러한 기본 당사자 전원의 합의가 없이는 신용장의 취소나 변경이 불가능하다. 둘째, 기타 당사자라는 것은 신용장 거래에서 직접적인 권리와 의무를 부담하고 있지는 않지만 신용장의 원활한 거래를 위하여 간접적으로 협조하거나 참여하는 은행당사자들을 말한다. 예컨대 기타당사자로는 신용장의 개설의뢰인, 신용장의 통지은행(advising bank), 채무은행(paying bank), 인수은행(accepting bank), 매입은행(negotiating bank), 상환은행(reimbursing bank) 등이 있다.

제1절 기본 당사자

1. 개설은행(Issuing Bank)

신용장의 "개설은행"이란 그 개설의뢰인의 요청과 지시에 따라 수출상 앞으로 신용장을 개설하고 수익자가 제시한 소정의 서류와 상환으로 지급하거나 또는 수익자가 발행한 환어음을 인수 및 지급할 것을 확약한 은행을 말한다. 따라서 신용장의 개설은행은 수익자에 대하여 신용장에 따른 최종적인 지급의무를 진다. 그리고 개설은행은 신용장을 개설하고 타은행에게 그러한 서류와 상환으로 지급하게 하거나 환어음의 인수 및 지급, 또는 매입하도록 수권할 수도 있다. 일반적으로 신용장의 개설은행을 "opening bank", "establishing bank", "grantor" 등으로 부르고 있으나, 신용장 통일규칙(1974년부터)에서는 개설은행을 "issuing bank"로 표기하고 있다.

그러나 신용장의 개설은행이라고 하여 반드시 신용장을 개설하는 은행만을 의미하는 것은 아니다. 전신신용장(cable L/C)의 경우에는 일반적으로 신용장의 개설은행은 수출상이 거주하고 있는 국가에 있는 자신의 환거래은행[9](correspondent bank)에 신용장의 개설을 지시할 수 있다. 따라서 신용장의 개설은행을 보다 정확히 표현한다면 수익자의 서류와 상환으로 지급하거나, 수익자가 발행한 환어음을 인수 및 지급하거나, 또는 타은행에게 그러한 지급, 인수 또는 매입을 수권할 것을 확약한 은행이라고 보아야 한다.

2. 수익자(Beneficiary)

신용장 개설의뢰인의 요청과 지시에 따라 개설은행이 개설한 신용장의 편익을 누리는 자를 "수익자" 또는 수혜자라고 한다. 따라서 신용장의 수익자는 신용장의 조건에 일치한 소정의 서류를 제시하는 한, 개설은행이나 기타 지정된 지급, 인수 또는 매입은행에 대하여 일방적인 지급청구권을 갖는다.

보통 신용장의 수익자는 매매계약에 따른 매도인(seller)이나 수출상(exporter)이

9) 외국환은행이 외국에 있는 다른 은행과 환거래의 서비스를 상호 교환하기로 한 약정을 환거래계약(correspondent arrangement) 또는 코레스 계약이라고 한다. 이러한 계약에는 신용장의 통지나 송금 등 단순한 외국환 서비스만을 제공하는 은행을 무예치환거래은행(non-depositary correspondent bank)이라고 하고, 이러한 단순한 서비스뿐만 아니라 당좌계좌까지 개설하여 외국환 자금의 여수신까지 담당할 때 이러한 은행을 예치환거래은행(depositary correspondent bank)이라고 한다.

된다. 신용장에서는 보통 수익자를 "beneficiary"라고 표기하며, 이는 환어음을 발행하는 사람이라는 뜻으로 발행인(drawer), 신용을 제공받는 자라고 하여 신용수령인(accreditee), 신용장의 통지처라고 하여 수신인(addressee), 환어음의 대금을 수령하는 자라고 하여 수취인(payee), 신용장을 사용하는 자라고 하여 사용자(user), 화물을 선적하는 자라고 하여 화주(shipper), 운송인과 운송계약을 체결하고 화물을 탁송하는 자라고 하여 송화인(consignor)등으로 부르기도 한다.

신용장 통일규칙에서는 수익자를 "beneficiary"로 표현하고 있으며, 신용장 상에서는 보통 은행의 지급확약에 연결되는 "In favor of …" 또는 "F/O…"라는 문언에 이어 수익자의 명의와 주소를 기재한다. 특히 양도가능 신용장(transferable letter of credit)이 개설된 경우에는 원신용장의 수혜자를 "제1 수익자"(first beneficiary) 또는 "원수익자"(original beneficiary)라고 하고, 원신용장을 양도받은 양수인을 "제2수익자"(second beneficiary)라고 한다. 양도가능 신용장에서 신용장의 양도는 1회에 한하여 허용되기 때문에, 제2수익자는 여러 명이 있을 수 있으나 제3수익자는 존재할 수 없다(UCP 600 제48조 g항).

3. 확인은행(Confirming Bank)

신용장의 "확인"(confirmation)이란 개설은행이 지급 또는 인수를 확약한 취소불능 신용장에 대하여 타은행(일반적으로 통지은행)이 개설은행의 수권이나 요청에 따라 추가로 수익자에게 지급, 인수 또는 매입을 확약하는 것을 말한다. 이처럼 개설은행의 취소불능신용장에 대하여 개설은행의 수권이나 요청에 따라 추가로 수익자에게 지급, 연지급, 인수 또는 매입을 확약하는 은행을 "확인은행"이라 한다.

확인은행의 지급책임은 개설은행이 지급하지 못할 경우의 제2차적 책임이 아니고 개설은행과 동일한 최종적 책임을 지는 것이다. 즉 확인은행과 개설은행의 관계는 부진정연대책임(不眞正連帶責任)의 관계로 볼 수 있다.

확인은행은 개설은행에 대한 신용공여의 여유가 있고 개설의뢰인이 확인수수료(confirming fee)를 부담할 경우에는 즉시 신용장에 확인을 추가하고 신용장의 통지서 상에 "we hereby add our confirmation to this credit" 등으로 확인의 문언을 추가하여 수익자에게 교부한다.

그러나 확인은행이 어느 신용장에 확인을 추가할 때에는 확인을 추가할 시점의 신용장조건에 한하기 때문에, 그 후 신용장의 조건변경이 있으면 이것에 대해서도 확인은행이 별도의 확인을 추가하여야 비로소 그 확인은행에게 변경사항에 대한 구속력을 갖는다. 만약 조건변경에 대하여 확인이 없으면 확인은행에 대해서만 효력이 없는가 아니면 조건 변경 자체가 무효가 되느냐의 문제가 있다.

확인신용장의 경우 확인은행의 확인 없는 조건변경은 무효는 아니고 확인이 없는 조건이라고 보아야 한다.

제2절 기타 당사자

1. 개설의뢰인(Applicant)

신용장의 “개설의뢰인” 또는 “개설신청인”이란 수출상과의 매매계약에 따라 자신의 거래은행(개설은행)에 수출상 앞으로 신용장의 개설을 요청하거나 지시하는 자를 말한다. 따라서 신용장의 개설의뢰인은 보통 매매계약에 따른 매수인(buyer)이며 수입상(importer)이 된다. 또 신용장의 개설의뢰인은 그 기능과 역할에 따라 여러 가지로 불리운다. 환어음의 지급인이 될 수 있다는 점에서 지급인(drawee), 대금결제의 의무를 진다는 점에서 채무자(accountee 또는 for account of), 화물의 수령인이라는 점에서 수화인(consignee) 등으로 불리기도 한다. 특히 미국통일상법전[10]에서는 신용장 개설은행의 신청인이란 뜻으로 개설의뢰인(applicant)이라고 부른다. 개설의뢰인은 기본 당사자에 포함되지 않기 때문에 취소, 변경의 당사자가 아니다.

그러나 신용장의 개설의뢰인은 반드시 수입상이거나 매수인일 필요는 없다. 우리나라의 경우 매수인이 무역업 경험이 없을 경우 경험이 있는 무역업자에게 수입대행을 의뢰할 수 있다. 이때 신용장의 개설의뢰인은 수입대행업자가 된다. 또한 신용장의 개설의뢰인은 반드시 수익자가 발행한 환어음의 지급인일 필요도 없다. 일반적으로 개설은행이 자신 앞으로 환어음을 발행하도록 신용장을 개설하기 때문에 환어음의 지급인은 개설의뢰인이 아닌 개설은행이 되는 경우가 많다. 이번 제6차 개정에서 개설의뢰인을 지급인으로 하는 환어음이 발행해서는 안 된다고 규정하고 있다.[11]

---

10) UCC 5-102조 (a)항 (2)
“Applicant” means a persons at whose request or for whose account a letter of credit is issued. The term includes a person who requests an issuer to issue a letter of credit on behalf of another of the person who requests an issuer to issue a letter of credit on behalf of another if the person making the request undertakes an obligation to reimburse the issuer.

2. 통지은행(Advising Bank)

수입상의 지시에 따라 개설은행이 개설한 신용장은 대부분 수익자의 소재지에 위치하는 개설은행의 본·지점이나 환거래은행을 경유하여 수익자에게 통지하게 된다. 따라서 신용장 개설은행의 지시에 따라 수익자에게 신용장이 개설된 사실과 그 신용장의 내용을 통지하는 은행을 "통지은행"이라고 한다. 특히 전신신용장의 경우에는 신용장은 반드시 통지은행을 경유하여 수익자에게 통지된다. 신용장에서는 보통 통지은행을 "advising bank"라고 표기하며, 기타 "notifying bank", "transmitting bank" 등으로 부르기도 한다. 그러나 신용장통일규칙에서 정한 바와 같이 통지은행은 advising bank라고 하는 것이 타당하다.

또한, 통지은행이 매입은행이 되는 경우가 많고 통지은행을 매입지정은행으로 하는 경우가 실무상 많으며 주로 개설은행의 해외지점을 이용하는 것이 대부분이다. 그리고 이번 6차 개정에서는 제1통지은행은 다시 제2통지은행을 지정하여 운영할 수 있도록 개정하였다.

3. 채무은행(Paying Bank)

"채무은행"이란 신용장조건에 따라 수익자가 발행한 환어음에 대하여 지급하도록 수권된 은행을 말하는데, 이는 일반적으로 개설은행 해외지점이나 개설은행의 지정을 받은 예치환거래은행(depositary correspondent bank) 또는 개설은행이 결제대금의 전액을 미리 위탁시켜 둔 지정은행 만이 채무은행이 될 수 있다.

채무은행으로 지정된 은행은 신용장에서 요구하는 서류와 직접 상환으로 대금전액을 지급하거나 자신 앞으로 발행된 환어음의 가액을 할인함이 없이 지급할 수 있다. 신용장조건에 따른 지급(payment)에는 일람후 즉시 대금의 지급이 이루어지는 일람출급(sight payment)과 신용장에서 정한 미래의 특정일자에 지급할 것을 확약하는 연지급(deferred payment)의 방법이 있다.

채무은행은 보통 개설은행과의 환거래 계약이 체결되고 예치환계정(당좌구좌)이 있는 해외 코레스은행이나 개설은행의 본지점이 되는 경우가 많다. 이 채무은행과 개설은행 사이에는 내부적인 구상관계에 의하여 지급금액을 보상받는데 환거래은행간에

---

11) UCP 600 제6조 b항

b. A Credit must state whether it is available by sight payment, deferred payment, acceptance or negotiation.

는 크레디트라인(credit line)을 설정하여 그 한도 내에서 지급대행을 하고 있다.

4. 인수은행(Accepting Bank)

"인수은행"이란 신용장의 조건에 따라 수익자가 환어음을 발행할 때 일람출급이 아닌 기한부 환어음(time bill or usance bill)을 발행하여 은행에 제시하면, 이 기한부 환어음을 인수하는 은행으로서 그 어음의 만기일에 반드시 지급할 의무를 지게 된다. 따라서 인수은행은 어음의 만기일에 가서는 채무은행이 된다.

특히 어느 은행이 수익자의 기한부 환어음을 인수하게 되면 무조건 지급의 책임을 져야 하기 때문에 신용장의 개설은행이나 확인은행이 아닌 다른 은행이 개설은행에 의하여 인수은행으로 지정을 받은 경우 그 지정은행은 수익자의 환어음을 인수할 것인가를 선택할 권리가 있다. 즉, 개설은행이 어느 은행을 인수은행으로 지정하였더라도 지정된 은행이 명시적으로 합의하고 수익자에게 이를 통보하지 않은 한, 그 지정은행은 반드시 환어음을 인수하여야 할 의무를 지지 아니한다. 따라서 인수은행으로 지정된 은행이 확인은행이 아닌 한, 그 인수은행이 수익자의 환어음을 인수하지 아니하면 신용장의 개설은행이 최종적으로 이를 인수하고 어음의 만기일에 지급하여야 한다. 이번 6차 개정 통일규칙에서는 인수은행도 자기가 인수한 어음에 대하여 선지급하거나 매입할 수 있도록 규정하고 있다(UCP 600 제7조, 8조).

5. 매입은행(Negotiating Bank)

"매입은행"이란 매입신용장(negotiation L/C)이 개설된 경우 개설은행이나 개설의뢰인 앞으로 발행된 환어음이나 서류를 매입(negotiation)하도록 수권된 은행을 말한다. 매입신용장이 개설은행에 의하여 일람출급이나 기한부 환어음을 매입하도록 지정 받은 경우에는 그 지정은행이, 그리고 특별한 지정이 없는 경우에는 모든 은행이 매입은행이 될 수 있다. 이번 6차 개정에서는 확인은행도 매입은행이 될 수 있도록 개정하였다.

매입은행은 개설은행이나 개설의뢰인 앞으로 발행된 환어음이 신용장에 명시된 서류와 함께 제시되면 일정한 기간의 환가료와 우편료 이자를 받고 그 어음을 매입하고 어음가액(draft amount)을 지급하게 된다. 매입은행의 매입행위의 근거는 신용장 상에 명시된 개설은행 또는 확인은행의 지급확약문언에 따른 지급약속이다. 따라서 매입은행은 환어음 또는 서류를 정당하게 매입하는 한 선의의 소지인(bona-fide holder)이 되므로, 개설은행은 신용장상의 확약문언대로 환어음의 선의의 소지인인 매입은행에게 대금을 보상해 주어야 한다.

매입은행이 개설은행에 의하여 어느 은행으로 제한한 경우를 특히 "매입제한신용장"(restricted L/C)이라고 하고, 그렇지 않은 경우를 "자유매입신용장"(general or freely negotiable L/C)이라고 한다. 반면 매입제한신용장의 경우에는 지정된 은행이 매입하여야 하며 다른 은행이 이를 매입할 수 없으며, 최초에 매입에 참여한 은행이 지정된 매입은행이 아닌 경우에는 환어음을 반드시 지정된 매입은행에 재매입하도록 하여야 한다. 이러한 재매입 관행은 우리나라에만 있는 것으로 미국과 영국에서는 이러한 재매입이란 관행이 없다. 매입제한신용장의 경우에는 반드시 지정은행에 매입을 신청하던가 지정은행에 추심 의뢰하는 방식을 선택하여야 한다. 그런데 국내 실무관행은 지정은행 부탁하여 지정은행해제신청서(Release Letter)를 발급받아 직접 매입하는 것이 많으며 이에 대하여 신용장통일규칙 위반 여부에 대한 논란이 있었다.

6. 연지급 확약은행(Deferred Payment Undertaking Bank)

신용장에 연지급(deferred payment)이 약정되어 있으면, 신용장상의 규정에 따라 결정되는 만기일에 환어음의 교부 없이 지급이 이루어진다. 따라서 수익자가 신용장에서 요구하는 서류를 제시할 때 개설은행이나 확인은행의 지시에 따라 수익자에게 만기일을 기재한 연지급 확약서를 발급해 주는 은행을 "연지급 확약은행"이라 한다. 연지급에 관한 거래는 신용장이 중, 장기 무역거래에 사용된 경우를 수용하기 위하여 신용장 통일규칙 제4차 개정에서 처음 규정한 용어이다. 특히 독일과 프랑스와 같은 대륙국가에서는 환어음 발행에 고액의 인지세를 부과하기 때문에 환어음을 발행하지 않고 단지 서류와 상환으로 연지급확약서(deferred payment undertaking)를 교부받아 지정된 만기일에 대금을 지급 받는 방식이 많이 이용되고 있다. 이번 6차 개정에서는 연지급신용장의 만기전 지급이나 매입이 가능하도록 개정하였다(UCP 600 제7조, 8조).

7. 상환은행(Reimbursing Bank)

"상환은행"이란 신용장에서 위와 같은 지급, 연지급확약, 인수 또는 매입은행(청구은행)에 대한 상환을 개설은행의 본·지점 또는 제3의 은행으로 청구하도록 지정한 경우 개설은행을 대신하여 이들 은행에게 상환업무를 수행하는 은행을 말한다. 이러한 지정은 주로 결제통화가 수출국이나 수입국의 통화가 아닌 제3국의 통화일 때 그 제3국에 있는 개설은행의 본·지점이나 예치환거래은행(depositary correspondent bank)에서 이루어진다.

개설은행은 상환은행에 대해서는 상환수권(reimbursement authorization)을 주어야 하며 상환은행이 지급거절할 경우 개설은행이 지급을 부담하여야 하고 상환은행에서 신용장조건과 일치증명서를 요구해서는 안 된다. 이 상환은행은 채무은행과는 달리 신용장상에 환어음의 지급인으로 된 것이 아니고 그 외의 은행으로서 개설은행의 대외적 지급을 대행하는 은행이다. 즉, 환어음상 지급인으로 된 은행은 채무은행이고 상환은행은 환어음상 지급인이 아니면서 신용장상 상환조항에 매입은행 등이 상환청구 하도록 규정된 제3의 은행을 말한다.

8. 양도은행(Transferring Bank)

양도은행이란 양도가능신용장에서 먼저 신용장을 받은 원수익자(first beneficiary)의 요청에 따라 제3자(second beneficiary)에게 신용장을 양도하는 은행을 말한다.

실무상 통지은행이나 수익자의 거래은행이 양도은행이 된다. 신용장 양도 후 조건변경이 있을 경우 그 조건변경은 양도은행을 통하여서만 통지되어야 한다.

이번 6차 신용장 통일규칙에 의하면 지정신용장의 경우에는 지정된 은행에게 자유매입신용장의 경우에는 양도은행으로 특별히 수권된 은행이 양도할 수 있다고 규정되어 있다. 자유매입 신용장의 경우 단순히 "transferable"이란 용어만 있고 양도은행의 지정이 없을 때는 개설은행에 통지하여 양도은행을 지정 받은 후 그 지정된 은행에 가서 양도를 해야 한다[12].

---

12) UCP 600 제38조 a항, b항

a. A bank is under no obligation to transfer a credit except to the extent and in the manner expressly consented to by that bank.

b. For the purpose of this article :
Transferable credit means a credit that specifically states it is "transferable" A transferable credit may be made available in whole or in part to another beneficiary ("second beneficiary") at the request of the beneficiary("first beneficiary").

제3장 신용장의 종류

1. 상업신용장과 클린신용장

국제거래는 무역거래와 무역외 거래로 구분되는데 무역거래에 수반되는 신용장을 상업신용장(commercial credit) 또는 무역신용장(trade credit)이라고 하며 무역외 거래에 따른 신용장을 클린신용장(clean credit)라고 한다. 클린신용장은 상품거래에 따른 운송서류 및 그에 따른 환어음의 제시를 요하지 않고 순수한 대금지급보증용으로 사용된다는 의미에서 클린신용장 또는 stand by credit이라고 부른다.

무역거래는 상품(commodity or goods)을 수반하는 거래이며 무역외거래는 용역(service)을 거래를 대상으로 하는 것으로 금융, 운수, 보험, 건설 등에 관련하여 운임, 보험료, 수수료 등의 지급과 제3자의 차입자금의 상환에 대한 지급보증을 하는 경우에 이용된다. 상업신용장은 환어음과 이를 담보하는 운송증권의 첨부를 요하는데 반하여 클린신용장은 환어음과 이를 담보하는 운송증권을 요하지 않는 것으로 신용장에서 서류에 관한 규정이 없고 대금을 지급청구할 경우 서류와 신용장조건의 일치 여부를 논할 실익이 없다. 한편 상업신용장은 상품의 거래에 따른 것으로 환어음과 이를 담보하는 운송증권의 기타 상품에 관한 여러 가지 서류의 제출을 요하는 신용장이다.

다시 말하면 상업신용장과 클린신용장은 상품의 매매거래이냐 아니냐에 다른 구분이다.

2. 화환신용장과 무담보신용장

상업신용장은 다시 화환신용장(documentary credit)와 무담보신용장(documentary clean credit)으로 구분된다.

이 두 신용장은 모두 상품거래에 관한 신용장으로서 화환신용장은 상품거래에 따른 환어음과 환어음을 담보하는 운송서류의 제시를 요하는 것으로서 즉 화환어음의 제시를 요구하는 신용장인데 반하여 무담보신용장은 환어음만 제시하고 이를 담보하는 운송서류의 제시를 요구하지 않는 신용장을 말한다. 이 무담보신용장의 경우에는 수익자는 선적서류를 은행을 경유하지 않고 직접 수입상에게 송부하기 때문에 개설은행에게는 선적서류에 의한 담보력이 없으므로 상당한 위험성이 있다. 즉 상품에 대한 담보로서의 권리를 확보할 수 없으므로 순수한 어음거래와 다를 바 없다.

따라서 개설은행은 이러한 무담보신용장을 개설할 때는 수입상에게 전액현금담보(full margin)이나 이에 상당한 다른 담보를 제공하게 하여야 한다.

보통 무담보신용장은 본 지사(本 支社)거래나 대리점과의 거래 또는 오랜 거래관계로 상대방을 믿을 수 있는 경우에만 가능하다. 개설은행의 경우에도 환어음의 지급을 하고 수입상에게 대금의 보상을 요구할 때 서류의 불일치 여부를 불문하고 대금을 지급해야 한다. 실무상 선적서류 원본 전부를 수입상에게 직송하도록 규정된 신용장을 말한다.

이와 아울러 국가에 따라서 환어음 발행에 따른 인지세를 피하기 위하여 또는 어음법상 어음발행인에 대한 상환청구권(right of recourse)을 면할 목적으로 운송서류의 제시는 요하나 환어음의 첨부를 요하지 않는 경우가 있는데 이런 신용장은 화환신용장에 속한다고 볼 수 있다. 환어음의 경우는 다만 당사자간의 합의에 의하여 제공을 생략할 수 있으며 이때는 서류와 신용장과의 일치 여부를 분명히 심사해야 하며 이때도 인수가 가능하다. 환어음은 없지만 선적서류에 환어음이 생략된 것으로 보고 인수를 하게 되는데 이때 어음법상 인수인으로서 책임을 지지 않지만 신용장통일규칙에 의하여 인수인으로서 책임을 져야 한다고 본다. 이러한 경우는 페루, 독일, 볼리비아, 에콰도르 등에서 주로 사용된다.

3. 은행신용장과 비은행신용장

은행신용장(bankers' credit or bank credit)이란 수입업자의 거래은행이 수입업자를 위하여 자기의 신용을 제공하여 일정한 조건하에 수출업자가 수입업자 앞으로 발행한 환어음의 인수 또는 지급을 약속하거나 자행 앞으로 발행된 환어음을 인수 또는 지급할 것을 약속하는 신용장을 말한다.

신용장을 은행이 발행하고 그 지급을 보증한 이상 어음의 지급인이 은행이든 아니던 간에 그 신용장은 은행신용장으로 본다는 것이 미국에서 지지하고 있는 설로서 넓은 의미로 해석하고 있다.

반면에 영국에서는 은행에 의하여 발행되고 지급보증 문언이 있다고 하여도 어음의 지급인이 은행일 경우에만 은행신용장이고 반면에 어음지급인이 수입상이나 기타 은행이 아닌 경우에는 은행신용장이 아니다라고 협의로 해석을 하고 있다.

미국의 경우는 어음매입지시서(letter of instruction)와 어음매입수권서(authority to purchase)의 경우와 같이 은행은 지급보증만 하게 되어 있고 은행이 지급인이 아닐 경우에도 은행 신용장으로 보는데 반하여 영국의 경우에는 이러한 경우를 은행신용장으로 보지 않는다.

일반적으로 어음의 지급인이 은행이 아니고 수입상일 경우 이를 은행신용장으로 보아야 하느냐의 문제가 발생하지만 이번 6차 신용장통일규칙개정에서는 신용장은 개설신청인을 지급인으로도 하는 어음을 발행하도록 개설하여서는 안된다라고 규정하였다.[13] 영국식 은행신용장만을 인정한다는 뜻을 명백히 하였다. 종전까지는 우리나라는 미국설에 따라서 은행의 지급보증만 있으면 어음지급인이 은행이든 개설신청인이든 불문하였지만 이번 6차 개정에서는 어음의 지급인을 은행에 한정하므로서 비은행신용장은 인정해서는 안 될 것이다. UCP 600에서는 비은행신용장을 인정하고 있지 않으며 개설의뢰인을 어음지급인으로 하는 신용장발행을 금지하고 있다.

4. 취소불능신용장과 취소가능신용장

모든 신용장은 개설은행이 그 조건을 일방적으로 취소 도는 변경할 수 있느냐에 따라서 취소가능신용장(revocable credit)과 취소불능신용장(irrevocable credit)으로 구분할 수 있다. 취소가능성 여부는 관계당사자의 이해관계에 큰 영향을 주므로 상당히 중요하다고 본다.

---

13) UCP 600 제6조 b항

1) 취소불능 신용장

취소불능신용장(irrevocable credit)이란 신용장에 취소불능(irrevocable)이라는 명확한 표시가 있거나 취소가능성에 대한 구분이 없는 신용장은 모두 취소불능신용장으로 본다.[14)]

"최소불능신용장"(irrevocable credit)이란 신용장조건에 일치한 소정의 서류가 제시되면 이에 대한 대금을 지급하겠다는 개설은행의 확약이(definite undertaking) 있는 것으로서 일단 개설된 후에는 당사자 전원 즉 ① 개설은행 ② 확인은행(확인신용장의 경우) ③ 수익자의 합의 없이는 취소, 변경할 수 없는 신용장이다. 이때 취소변경의 당사자 중에서 개설의뢰인은 당사자에 포함되지 않는다. 결국 수출상과 개설은행의 합의만 있으면 취소, 변경될 수 있다는 것이 된다.

그러나 실무상으로는 개설의뢰인의 동의는 필요 없지만 취소변경에 대한 개설의뢰인과 협의를 하며 이에 대한 동의를 받아 두는 것이 일반적이다. 특히 신용장의 잔량취소의 경우에도 수입상의 동의 없이 개설은행 단독으로 가능하다고 볼 수 있지만 실무관행상 수입상의 의뢰서를 받아두는 것이 문제가 없다고 본다.

2) 취소가능 신용장

취소가능 신용장은 신용장 상에 "취소가능"(revocable)의 표시가 있는 신용장을 말하며 취소가능 여부에 대한 구분이 없는 신용장은 취소불능신용장으로 본다.

이 취소가능신용장은 개설된 후에 개설은행은 당사자의 전원 합의 없이도 일방적으로 취소, 변경할 수 있는 신용장이다. 따라서 수익자에게는 위험이 크다.

6차 개정 통일규칙에서는 취소가능 신용장의 개념을 인정하지 않고 관련조항을 모두 삭제하였으며 신용장은 원칙적으로 취소불능이어야 한다고 규정하고 있다.

그러나 당사자간에 합의할 경우 취소가능신용장의 발행이 가능하다고 할 수 있지만 국제적인 통용이 어렵다고 하겠다.

5. 확인신용장과 무확인 신용장

1) 확인신용장

확인신용장(confirmed credit)이란 신용장의 개설은행 이외의 제3은행 특히 국제

---

14) UCP 600 제2조

적으로 신용이 있는 은행이 개설은행의 요청에 따라 개설은행과 별도로 수익자에게 지급, 연지급, 환어음의 인수 또는 매입의 확약을 추가한 신용장을 말한다.

확인은행의 이러한 확약은 개설은행의 확약을 단순히 보증하는 것이 아니라 개설은행의 지급확약과는 독립된 지급약속이다. 따라서 확인신용장이 개설될 때에는 수익자나 매입은행의 입장에서는 환어음의 지급확약을 2중으로 확보하는 것이 된다.

신용장의 확인이 있으면 개설은행과 별개로 확인은행은 지급책임을 짐으로써 개설은행이 지급불능일 경우에도 확인은행이 지급하여야 한다. 그러므로 수익자는 확인은행에 먼저 청구할 수 있다. 확인신용장의 조건 변경은 확인을 확장할 수도 있고 확인 없이 조건 변경할 수도 있다. 또한 확인신용장은 수익자에 대하여 상환청구 없이 매입할 수 있다.

2) 무확인 신용장

"무확인신용장"(unconfirmed credit)란 개설은행 이외의 제3은행 즉 통지은행의 지급확약을 추가함이 없이 개설은행의 확약만으로 통지되는 신용장을 말한다. 만약 신용장 상에 통지은행의 확인 여부가 불명확한 경우에는 이를 무확인신용장으로 본다.

우리나라에서는 실무상으로 확인신용장보다 무확인신용장이 많으며 화환신용장의 90% 이상이 무확인신용장이다. 이는 우리나라의 개설은행이 국제적인 신용도가 향상된 결과라고 볼 수 있다.

6. 상환청구가능신용장과 상환청구불능신용장

1) 상환청구가능신용장

환어음이 지급인인 개설은행에 의하여 거절되면 그 매입은행이 환어음의 발행인인 수익자에게 대금을 상환청구할 수 있는 신용장을 상환청구가능신용장(with recourse credit)라고 한다. 신용장이 상환청구가능신용장이 되려면 그 신용장상에 "with recourse"라는 명시적인 문언이 있거나 이를 금지하는 문언이 없어야 한다.

신용장통일규칙에서는 "개설은행과 확인은행은 수익자가 발행한 환어음에 대하여 매입을 약정한 경우에는 발행인이나 선의의 소지인에게 상환청구 없이 지급한다"라고 규정하고 있다. 즉 "without recourse"의 문언을 두고 있다[15].

15) UCP 600 제8조 b항

따라서 신용장거래에 있어서 개설은행이나 확인은행은 수익자가 발행한 환어음에 대하여 어음법상 상환청구권을 행사할 수 없다고 할 수 있다.

그렇다고 선의의 매입은행도 개설은행이나 확인은행으로부터 지급거절된 경우 그 이전의 매입은행이나 수익자에게 상환청구할 수 없다는 것은 아니다. 매입은행은 신용장상에 상환청구를 금지하는 문언이 없는 한 그 이전 당사자에게 어음법상의 소구청구권을 행사할 수 있다.

우리나라 어음법 제9조에서는 어음소지인은 항상 소구청구권을 행사할 수 있도록 규정하고 있다. 즉, 환어음 상에 "상환청구불능"(without recourse)이란 문언이 기재되어 있어도 항상 상한청구권은 행사할 수 있다는 것이다. 특히 수출입 신용장에 따른 환어음은 그 발행지와 지급지가 2개 국가에 걸쳐 위치하게 되므로, 이 중에 어느 나라의 법률을 적용할 것인가에 대한 문제가 야기될 수 있다. 우리나라의 경우 섭외사법에서는 어음, 수표에 관하여 행위지법에 따른다고 명시적으로 규정하고 있다[16]. 따라서 수출환어음을 상환청구하는 행위는 우리나라에서 일어난다고 볼 때 어음법 제9조가 적용되어 우리나라에서는 사실상 상환청구가능 신용장만 인정하고 있다고 말할 수 있다. 상환청구불능이라고 하여도 국내법 우선적용원칙에 의하여 상환청구할 수 있다. 또한 수출거래약정서상에 수익자는 신용장조건불일치 또는 여하한 이유로 인하여 지급거절될 경우 수출환어음의 환매채무를 진다고 규정되어 있다.

2) 상환청구불능 신용장

취소불능신용장에 따라 발행된 환어음 및 서류가 신용장 조건과 불일치하게 제시되었을 때 이 환어음의 지급인은 지급 또는 인수를 거절할 수 있다. 이처럼 환어음의 지급인이 지급 또는 인수를 거절하더라도 환어음을 소지한 은행은 결코 그 발행인인 수익자에게 어음법상의 상환청구권을 행사할 수 없도록 발행된 신용장을 "상환청구불능신용장"(without recourse credit)이라 한다. 신용장상에 상환청구를 금지하는 별도의 약정이 없는 한, 이 신용장은 상환청구가능신용장으로 본다. 다만 취소불능의 상환청구가능신용장이 개설되었더라도 그 개설은행이나 확인은행은 결코 상환청구권을 행사할 수 없다. 따라서 상환청구불능신용장을 개설하려면 신용장상에 반드시 "without recourse"의 문언을 기재하여야 한다. 단순히 취소불능신용장이 개설되었다는 사실만으로 신용장은 상환청구불능신용장이 되는 것은 아니다. 취소

16) 섭외사법 37조

불능신용장이 개설되었더라도 환어음이나 선적서류가 신용장의 조건과 불일치하면 개설은행이나 확인은행은 환어음의 지급 또는 인수를 거절할 것이므로, 이때 선의의 매입은행은 별도의 규정이 없는 한 수익자에게 지급한 대금을 상환청구할 수 있다. 앞서 언급한 바와 같이 신용장 상에 "without recourse"가 표시된 것은 상환청구불능신용장이 되지만 우리나라에서는 이러한 신용장을 인정하지 않고 있다[17].

7. 지급신용장, 인수신용장, 매입신용장과 연지급신용장

신용장의 기본적인 네 가지 형태를 말하여 주는 것이 지급, 인수, 매입 또는 연지급신용장(payment, acceptance, negotiation, deferred payment credit)이다. 이들은 어음의 유무와 기한 그리고 광의의 매입을 취급하는 은행이 개설은행의 예치환거래은행인가 또는 무예치환거래은행인가에 따른 신용장의 분류이다.

1) 지급신용장

먼저 지급신용장의 특징을 살펴보면 다음과 같다.

첫째, 대개의 경우 수출지의 채무은행이 개설은행의 해외지점 또는 예치환거래은행일 때 사용된다.

둘째, 무어음신용장이다. 영국과 같이 신용장개설에 반드시 어음을 필요로 하는 나라 이외에는 어음의 발행을 요구하지 않는다. 그러나 환어음의 제시가 있는 경우도 무관하다.

셋째, 일람출급신용장으로 사용된다.

넷째, 이 신용장 하에서는 통지은행이 주로 지급업무를 담당한다.

다섯째, 신용장의 배면에 매입사실의 배서를 요구하지 않는 비배서신용장(non-notation credit)이다.

여섯째, 지급신용장은 채무은행에 직접 지급청구가 가능하며 매입이 불가능한 신용장이다. 일명 straight L/C라고도 한다.

2) 인수신용장

인수신용장의 특징은 다음과 같다.

첫째, 인수신용장은 일반적으로 개설은행이 예치환거래은행으로부터 인수편의를 제공받을 때 사용된다. 인수편의(acceptance facility)란 수입상이 기한부수입을 하

---

17) 어음법 9조

고자 하는 경우 해외에 있는 예치환거래은행이 개설은행을 위하여 신용장대금을 대신 지급하여 주고 어음의 만기에 대금을 개설은행으로부터 받는 신용공여형태를 말한다.

둘째, 어음부신용장이다. 어음부신용장(with draft credit)이란 뜻은 선적서류 제출시 어음을 제시하여야 하는 신용장을 말한다.

셋째, 기한부신용장만으로만 사용된다. 다른 신용장과는 달리 일람출급으로는 사용될 수 없다.

넷째, 이 신용장 하에서는 통지은행이 주로 인수업무를 담당하지만 별도로 인수은행을 둘 수도 있다. 이 인수는 해외인수신용장과 국내개설은행이 인수하는 신용장이 있다. 전자를 해외인수신용장이라고 하고 후자를 내국신용장 또는 무역인수신용장이라고 한다.

다섯째, 매입을 허용하지 않을 경우는 비배서신용장이다. 신용장 상에 인수가능문언만 있고 매입에 관한 문언이 없을 경우에는 매입이 불가능하다고 본다. 그러나 인수신용장이면서 매입할 수 있다고 되어 있을 경우에는 지정은행에서 매입하여 서류는 개설은행으로 보내고 어음 및 대금청구서는 인수은행으로 보내면 된다.

3) 매입신용장

매입신용장의 특징은 다음과 같다.

첫째, 수출지의 매입은행이 개설은행의 무예치환거래은행인 경우에 사용된다.

둘째, 어음부신용장이다. 선적서류 매입의뢰시 어음을 제시하여야 한다. 그러나 무어음선적서류도 매입이 가능하다.

셋째, 일람출급 또는 기한부신용장으로 사용된다. 기한부신용장으로는 수출상이 신용을 공여하는 무역인수(선적인 유전스)의 경우에 사용되는 경우가 대부분이다. 무역인수라고 하는 것은 은행이 신용공여에 관여하지 않고 수출상이 신용을 공여하는 것을 말한다. 즉 수출상이 어음기간만큼 후에 대금지급을 받는 경우이다.

넷째, 이 신용장에서는 어느 은행이나 매입할 수 있는 것이 원칙이고 예외적으로 통지은행만이 매입할 수 있는 경우가 있다. 즉, 신용장에서 통지은행만 매입할 수 있다는 문구가 있으면 통지은행만으로 매입이 제한되나, 그렇지 않는 경우에는 어느 은행이나 매입할 수 있다. 그리고 이번 6차 개정에서는 확인은행도 매입을 할 수 있다고 규정하고 있다.

다섯째, 신용장의 배면에 매입사실의 배서를 요구하는 배서신용장(notation credit)이다.

매입신용장의 경우는 왜 배서를 요구하는가. 기술한 바와 같이 매입신용장은 원칙적으로 어느 은행이나 매입이 가능하기 때문에 예컨대 신용장 금액이 US$ 200,000이면 A은행 US$ 100,000 B은행 US$ 100,000으로 나누어 매입할 수 있다. 그러나 A은행이 US$ 100,000의 매입사실을 배서하지 않으면 수출상이 B은행에 US$ 200,000을 또 다시 매입의뢰할 염려가 있기 때문이다. 그러나 지급, 인수신용장의 경우에는 통지은행에서만 지급, 인수가 되므로 배서를 하지 않더라도 이러한 염려가 없기 때문에 배서를 요구하지 않는다.

4) 연지급신용장

연지급신용장의 특징은 대체로 다음과 같다.

첫째, 대개의 경우 수출지의 연채무은행이 개설은행의 예치환거래은행일 때 사용된다.

둘째, 기한부신용장으로만 사용된다.

셋째, 무어음신용장이다. 본래 기한부거래에서는 반드시 환어음이 필요하였으나 독일이나 프랑스와 같은 나라에서는 환어음 발행에 따른 인지세가 비싸므로 이를 기피하는 현상이 있어 통일규칙 제4차 개정에서 신설되었다. 신용장에 어음에 관한 조항이 없다.

넷째, 이 신용장 하에서는 통지은행만이 연지급업무를 담당할 수 있다.

다섯째, 비배서신용장(non-notation credit)이다. 원칙적으로 매입이 불가능하지만 이번 6차 개정에서 연지급신용장도 매입이 가능하게 되었다. 매입이 가능하므로 매입시에는 신용장 뒷면 배서도 가능하다. 이러한 연지급신용장은 환어음이 없으므로 어음법의 적용을 받지 않고 단순히 연채무은행의 지급확약에 근거하여 지급의무가 발생한다고 하겠다.

[표 7-2] 지급, 인수, 매입, 연지급신용장의 비교

신용장종류	수 출 지 상대은행	어음제시 여 부	어음종류	서류매입 지급·인수은행	배서여부
지급신용장	예 치 환 거래은행	어음불제시	일람출급	통지은행 (채무은행)	배서불필요
인수신용장	상 동	어음제시	기 한 부	인수은행	상 동
매입신용장	무예치환 거래은행	어음제시	일람 출 급 또는 기한부	원칙적으로 자 유	배서필요
연 지 급 신 용 장	예 치 환 거래은행	어음불제시	기 한 부	통지은행 (연채무은행)	배서 가능

8. 일반신용장, 개방신용장, 순회매입신용장과 특수신용장

수출지에서 일정은행만이 서류를 지급할 수 있느냐, 어느 은행이나 서류를 지급할 수 있느냐에 따라서 신용장이 구분되며 전자를 특수신용장(special credit), 후자를 일반신용장(general credit)이라고 한다. 일반신용장은 매입이 개방되어 있으므로 개방신용장(open credit)이라고도 하며 수출자가 여러 은행을 돌아다니며 매입을 의뢰할 수 있다는 의미에서 순회 매입신용장(circular negotiation credit)이라고 한다. 예컨대 US$ 200,000의 신용장을 US$ 100,000은 A은행에, 나머지 US$ 100,000은 B은행에 매입의뢰하는 경우가 그것이다.

이와 반대로 특수신용장에서는 특정은행에서만 서류를 지급할 수 있다. 따라서 앞에서 본 지급, 연지급 및 인수신용장은 특수신용장이고 매입신용장은 대부분이 일반신용장, 개방신용장, 순회매입신용장이다.

[표 7-3] 일반신용장과 특수신용장의 특징

신용장 구분	서류매입은행	신용장 종류
일반 신용장	원칙적으로 개방	매입신용장
특수 신용장	통 지 은 행	지급, 연지급 및 인수신용장

9. 매입은행지정신용장과 매입은행제한신용장

특수신용장은 매입(지급)은행 지정신용장과 매입은행 제한신용장으로 구분할 수 있다. 매입(지급)은행 지정신용장(straight credit)은 양식자체가 통지은행만이 서류매입 또는 지급을 할 수 있도록 된 신용장을 말하는 것으로 지급신용장, 연지급신용장 및 인수신용장이 이에 속한다. 그러나 매입은행 제한신용장(restricted credit)은 원칙적으로 매입 또는 소구가 통지은행 또는 어느 지정은행에 제한된다는 문구가 있는 신용장을 말한다.

예컨대 “Negotiation under this credit is restricted to the advising bank”(이 신용장의 매입은 통지은행에 제한된다) 또는 “Reimbursement will be effected to you upon receiving your advice of negotiation”(귀행의 선적서류 매입통지를 받는 즉시 귀행에 소구될 것임)과 같은 문구가 있는 경우가 그것이며 전자를 매입제한신용장

(negotiation restricted credit) 후자를 소구제한신용장(reimbursement restricted credit)이라고 한다.

10. 일람출급신용장, 기한부신용장과 할부지급신용장

신용장은 지급기간의 만기일을 정하는 방법에 따라 일람출급신용장과 기한부신용장 및 할부지급 신용장으로 나눌 수 있다.

1) 일람출급신용장

일람출급신용장이란 수익자가 일람출급환어음을 발행하거나 환어음 없이 선적서류를 직접 개설은행, 확인은행 또는 지정은행에 제시하면 수입대금지급과 동시에 선적서류를 인도 받도록 규정된 신용장이다. 일람출급신용장에는 지급신용장과 일람출급 매입신용장이 있다.

일람출급신용장에서 지급지시 문언과 은행지급확약문언은 다음과 같다.

(1) 지급신용장

지급신용장은 일람출급신용장의 경우로서 환어음의 발행을 요구하지 않고 서류제시와 동시에 지급되는 경우로서 매입이 허용되지 않는다. 지급신용장의 경우 채무은행은 매입을 할 수 없으며 채무은행이외에 다른 은행이 매입을 해서 개설은행에 바로 제시할 경우 지급거절이 될 수 있다. 지급신용장에서 지급표시문언과 은행지급확약문언은 다음과 같다.

<지급표시문언>

"We hereby issue in your favor this documentary credit which is available by sight payment against presentation…"

<은행확약문언>

"We hereby engage that payment will be duly made against documents presented in conformity with the terms of this credit."

(2) 일람출급매입신용장

일람출급 신용장은 환어음의 매입을 허용하여 매입은행을 지정하거나 모든 은행이 환어음을 자유로이 매입할 수 있도록 허용하는 경우도 있다.

무역에 있어서 가장 빈번하게 사용되고 있는 신용장은 바로 일람출급 환어음의 매입을 허용하는 신용장으로서 그 매입표시문언과 은행확약문언은 다음과 같이 기재된다.

<매입표시문언>

"We hereby establish this documentary credit in your favor available by negotiation of your draft at sight drawn on …"

<은행확약문언>

"We hereby engage with drawers and/or bona-fide holders that drafts drawn and negotiated in conformity with the terms of this credit will be duly honoured on presentation."

2) 기한부 신용장

인수신용장부 환어음을 제시하면 이 환어음을 인수하고 그 만일(at maturity)에 지급한다고 약정된 신용장을 말한다. 이러한 기한부 신용장에는 환어음의 인수은행을 지정한 신용장(acceptance credit)과 환어음의 매입을 허용한 기한부 매입신용장(usance negotiation credit)이 있다. 이 밖에 기한부 신용장의 기능을 하는 연지급 신용장(deferred payment credit)을 들 수 있으나, 이는 어디까지나 지급신용장에 법적인 기초를 두고 있다.

첫째, 인수신용장은 통상 환어음의 인수은행과 그 만기일이 지정되어 있으며 기한부 환어음을 발행하도록 하고 있다. 따라서 인수신용장에서 별도로 규정되어 있지 않는 한 이에 따라 발행된 기한부 환어음은 제3의 은행이 매입할 수 없다. "기한부 신용장"(usance credit)이란 신용장에서 수익자가 선적서류와 함께 기한부환어음의 만기일을 지정하는 기준은 다음과 같이 세 가지가 있을 수 있다.

① 일람후 정기출급 환어음(at ××× days after sight of this draft …),

② 일자후 정기출급 환어음(at ××× days after January 20, 2007 …),

③ 확정일 후 정기출급 환어음(at ××× days after the B/L date …).

(1) 기한부 인수신용장

실무에 있어서 대부분의 인수신용장은 이 중에 ① 일람후 정기출급 환어음을 발행하도록 하고 있다. 인수신용장의 경우 환어음의 기한부표시문언과 은행확약문언은 대체로 다음과 같이 기재된다.

<기한부표시문언>

"We hereby issue in your favor this documentary credit available by acceptance of your draft at 90 days after sight drawn on..."

<은행확약문언>

"We hereby engage that drafts drawn in conformity with the terms of this credit will be duly accepted on presentation and duly honoured at maturity"

<상환지시문언>

"In reimbursement, please debit our account with you at discount time for discount charge and acceptance commissions and at maturity for the principle under advice to us."

(2) 기한부 매입신용장

기한부 매입신용장은 기한부 환어음을 발행하도록 하되 지정된 인수은행이 환어음을 인수하기 전에 제3의 은행이 이를 매입하도록 허용한 신용장이다.

이때 신용장상에는 기한부 환어음의 매입은행이 지정된 경우도 있고 매입은행의 제한이 없는 경우도 있다. 실제로 기한부 매입신용장은 다음과 같이 환어음의 기한부 표시문언과 은행확약문언을 기재하고 있다.

<기한부표시문언>

"We hereby issue this documentary credit in your favor available by negotiation of your draft at 90 days after sight drawn on… ××× bank"

<은행확약문언>

"We hereby engage with drawers and/or bona fide holders that drafts accepted within the terms of this credit will be duly honored at maturity."

<상환지시 문언>

"In reimbursement, you are authorized to reimburse yourselves for the face amount of drafts drawn on (Citibank) to the debit of your account under advice to us."

3) 할부지급 신용장

"할부지급 신용장"(Payment by installment credit)이란 기한부 신용장의 일종으로 신용장 상에서 지급만기일을 각각 달리 지정한 복수의 기한부 환어음을 요구하는 신용장을 말한다. 이때 환어음은 각각의 만기일이 도래하여야 지급되므로 수회에 걸쳐 할부방식으로 대금지급이 이루어지는 것이다. 주로 이러한 신용장을 이용하는 경우에는 신용장의 개설시에 착수금으로 대금의 일부를 지급하고 잔액은 일정기간에 나누어 기한부 환어음을 받아 지급하므로, 이것은 거치기간(grace period)이 인정되는 신용장으로 볼 수 있다.

[표 7-4] 일람출급신용장, 기한부신용장과 할부지급 신용장

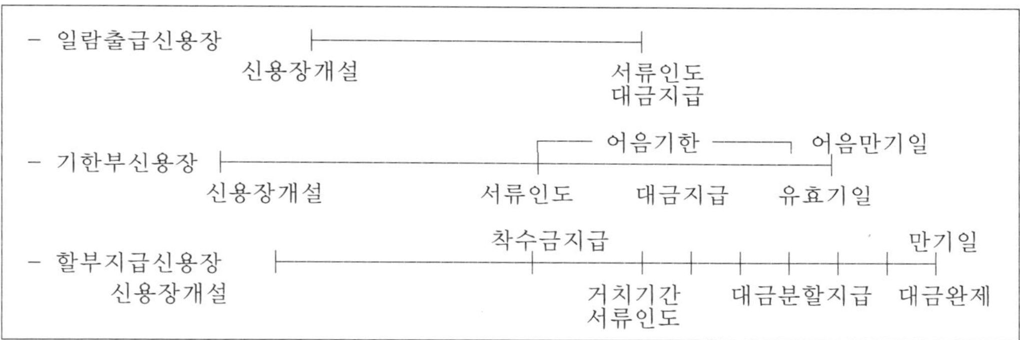

【예시 7-1】 연지급신용장

<table>
<tr><td colspan="3">International bank of Korea
Seoul, Korea
Cable Address: Instbank Telex Number: 6809S Seoul, June 20, 2007</td></tr>
<tr><td>Revocable Documentary Credit</td><td colspan="2">Credit Number
of Issuing Bank | of Advising Bank
M1801512NS12344 | 103</td></tr>
<tr><td>Advising Bank
Seattle-First National Bank
Seattle, Washington, U.S.A.</td><td colspan="2">Applicant
Daejoon Moolsan Co., Ltd.
C.P.O. Box 6156. Seoul, Korea.</td></tr>
<tr><td rowspan="2">Beneficiary
America International
576 Industry Drive, Seattle. Wa. 98188
U.S.A.</td><td colspan="2">Amount
U.S. Dollars One Million Only(US$1,000,000)</td></tr>
<tr><td colspan="2">Expiry Date
September 20, 2007
at the counters of the Advising Bank</td></tr>
<tr><td colspan="3">Dear sir(s),
We hereby issue in your favour this documentary credit which is available by payment at 90 days after B/L date against presentation of the following documents marked "X"
☒ Full set of clean board ocean bills of lading issued to the order of Korea Institute Bank marked "freight Collect" and "Notify Accountee."
☒ Signed commercial invoice in quintuplicate.
☒ Packing list in duplicate.
☐ Other documents required:
Covering 1,000 cases of Cashmere Wool Yarn U.S.A. Origin @US$1,000 F.O.B. Seattle
Each presentation of documents must indicate the credit number of the issuing bank and the credit number of the advising bank.</td></tr>
<tr><td colspan="3">Documents must be presented within 10 days after the date of issuance of the bills of lading or other transport documents.</td></tr>
<tr><td>Despatch/Shipment from Seattle
to Pusan Latest : September 10, 2007</td><td>Partial shipments
allowed</td><td>Transhipments
prohibited</td></tr>
<tr><td colspan="3">Special Conditions : All banking charges including postage outside Korea are for account of beneficiary.</td></tr>
<tr><td>We hereby engage that payment will be duly undertaken against documents presented in conformity with the terms of this credit and payment will be duly made at maturity.

Yours faithfully,
Korea Institute Bank

Authorized Signature</td><td colspan="2">Advising Bank's Notification

Place, Date, Name and Signature of the Advising Bank</td></tr>
</table>

【예시 7-2】 자유매입신용장

SEATTLE-FIRST NATIONAL BANK

IRREVOCABLE
CREDIT NO. 41941

Seattle, Washington
August 20, 2007

Eastern Textiles, Limited
Victoria Road, Kowloon
Hong Kong

GENTLEMEN :

WE HEREBY AUTHORIZE YOU to establish irrevocable L/C AMT. US$20,000.00 TO VALUE ON Seattle-First National Bank, Main Office, Seattle, Washington FOR ACCOUNT OF Northwest Importing Co., Seattle, Washington TO THE EXTENT OF TWENTY THOUSAND AND NO/100 U.S. DOLLARS AVAILABLE BY DRAFTS AT Sight ACCOMPANIED BY

(a) Commercial Invoice in quadruplicate noting weight of Rayon in each garment containing Rayon, & showing "Cost of production value for duty purposes."
(b) Full set Clean On Board Bills of Lading dated not later than October 5, 2007 issued to order of Seattle-First National Bank, Seattle, Washington-Notify Northwest Importing Co., Seattle, Washington.
(c) Special Customs Invoice and one copy (original to be mailed with merchandise in case of air shipment).
(d) Detailed Packing Lists, noting contents of each package.
(e) Duplicate copies of Certificates of Non-Communist Origin which must be issued by Dept. of Commerce & Industry in accordance with Foreign Assets Control of U.S. Treasury Dept.(Original to be mailed in case of air shipment, with merchandise).

EVIDENCING SHIPMENT OF

MANUFACTURED SILK, RAYON GOODS AND COTTON GOOD, F.O.B. Vessel/ Airplane HongKong-Partial Shipments permitted-Canadian Customs Invoice required for shipments to Canada, any unused balance can be utilzed under Letters of Credit subsequently issued by Seattle-First National Bank, Seattle, Washington, if within the expiration date of this Credit.

FROM Hong Kong To American or Canadian Port or Airport NOT LATER THAN October 5, 2007 INSURANCE TO BE EFFECTED BY DRAFTS TO BE NEGOTIATED NOT LATER THAN October 15, 2007 AND MARKED : "DRAWN UNDER L/C NO.-41941-OF SEATTLE-FIRST NATIONAL BANK, DATED 8/20/2007

The amount of any draft drawn under this credit must be endorsed by the negotiating Bank or the reverse hereof. We hereby agree with the drawers, endorsers and bona fide holders of drafts drawn under and in campliance with the terms of this credit that the same shall be honored on due presentation to drawee.

Except as expressly stated negotiations under this credit are subject to the Uniform Customs and Practice for Commercial Documentary Credits(2007 Revision), International Chamber of Commerce Publication No. 600.

VERY TRULY YOURS,

SEATTLE-FIRST NATIONAL BANK
Asst. Manager, Foreign Dept.

【예시 7-3】 매입제한신용장

KOREA EXCHANGE BANK
(formerly Foreign Exchange Bank of Korea)
NEW YORK AGENCY
140 Broadway, New York, N.Y. 10005

This credit is being advised by AIRMAIL through : brief cable and airmail thru : our Head Office, Seoul.

Gentlemen:

We hereby open our irrevocable without recourse letter of credit in your favor for account of for a sum or sums not exceeding a total of US$64,675.00 (Say US Dollars Sixty Four Thousand Six Hundred Seventy Five Only)

available by your draft(s) drawn at 45days Sight on us for 100% of invoice cost, to be accompained by the following documents evidencing shipment(s) of

100% Synthetic Venus Pussi Cat Wigs, order no #H-502, FOB Seoul from Seoul to Miami, Florida, U.S.A.

- Signed Commercial Invoice in triplicate.
- Customs Invoice in duplicate.
- Packing List in triplicate.
- Air Waybills marked "freight collect" consigned to Korea Exchange Bank and "notify the accountee."
- Merchandise must be insured with air carrier for 110% of the invoice value, premium payable by the accountee.

Shipping instructions: Local carrier to Tokyo: to San Francisco via Pan American Airlines(Shipment must be shipped under Pan American Air waybill only)

Negotiations under this credit restricted to Korea Exchange Bank, Seoul.

Partial-shipments are allowed. Transshipment is allowed.

Shipment must be effected on or before May 31, 2007

Draft(s) must be presented for payment on or before May 31, 2007

All drafts hereunder must be marked "Drawn under Korea Exchang Bank, New York Agency, Credit No. NYI-01082" and all other documents shall also contain the reference number of this credit.

The amount and date of negotiation of each draft must be endorsed on the reverse hereof by the negotiating bank. We hereby agree with the drawers endorsers, and bona fide holders of drafts drawn under and in compliance with the terms of this credit that the same amount shall be duly honored on due presentation and delivery of documents as specified to the drawee.

Unless otherwise expressly stated herein, this credit is subject to the "Uniform Customs and Practice for Documentary Credits (2007 Revision), International Chamber of Commerce Publication No. 600."

Yours very truly,

KOREA EXCHANGE BANK
Authorized Signature

【예시 7-4】 일람출급신용장

KOREA EXCHANGE BANK
Frankfurt/M. May 16, 2004
IRREVOCABLE LETTER OF CREDIT NO. FL-1307

Dear Sirs,

We hereby open our irrevocable Letter of Credit No. FL-1307 in your favor for account of Asropa Handels GmbH Frankfurt/M. Bettinastr. 60 up to an aggregate amount of US$ 25,000-(US DOLLARS TWENTY FIVE THOUSAND ONLY)

available by your draft(s) *at sight* on Our Head Office for 100 percent of invoice cost and accompained by the following documents evidencing shipements of : 10,000 doz. frotte socks as per tax dd. 13. 3 2007

40 gr. per pair CIF Hamburg US$ 2.50 per doz.(Lot 1)

from : Korean Port to : Hamburg

- Full set of clean on board ocean bills of lading made out to the order of KOREA EXCHANGE BANK, frankfurt/M., marked "FREIGHT PREPAID" and notify accountee.
- Marine insurance policy or certificate in, duplicate endorsed in blank for 110 percent of the invoice value covering Institute War Clauses and Institute Cargo Clauses War & SRCC all risks and showing claims are payable in the currency of the draft and indicating a claims settling agent in Federal Republic of Germany.
- Signed commercial invoice in quintuplicate.
- Detailed packing list-Certificate of origin Form A(Austria)
- Sample despatching receipt.

<u>SPECIAL INSTRUCTIONS</u>

Shipment must be effected by Happag or OCL Scanduch Line only.

Partial shipments are allowed. Transshipment is allowed.

Shipments must be effected on or before May 30, 2007

Draft(s) must be presented for payment on or before June 5, 2007

All drafts must be marked "Drawn under KOREA EXCHANGE BANK Frankfurt/M. credit number (as indicated above) doted (as indicated above)" and all other documents shall also contain the reference number of this credit.

All banking charges including pastage outside Federal Republic of Germany are for your account.

We hereby agree with you that the draft(s) drawn under and in compliance with the terms of this credit shall be duly honoured on due presentation and on delivery of the documents as specified.

Yours faithfully,
For KOREA EXCHANGE BANIK
Filiale Frankfurt/M.

Authorized Signature

【예시 7-5】 기한부매입신용장

NATIONAL BANK OF DETROIT
INTERNATIONAL DIVISION
DETROIT, MICHIGAN

IRREVOCABLE
COMMERCIAL
LETTER OF CREDIT NO. 31185

Date: June 22, 2007

Dong Nam Textile Ind. Co., Ltd.
P.O. Box 452
Pusan Korea

ADVICE THROUGH KOREA
EXCHANGE BANK SEOUL KOREA

Gentlemen :

We hereby authorize you to draw on National Bank of Detroit, Detroit, Michigan.

For Account S.S. Kresge Company, 3100 Big Beaver Road, Troy, Michigan 48084 Up to an aggregate amount of $82,566.00(EIGHTY-TWO THOUSAND FIVE HUNDRED SIXTY-SIX U.S. DOLLARS)

Available by your drafts at 60 days after drawn on S.S. Kresge Company

Accompanied by

Commercial Invoice in triplicate indicating buyer's order JEE/89F.

Special Customs Invoice in duplicate, Packing List in duplicate.

Full set clean on board Ocean Bill of Lading consigned to S.S. Kresge Company, Troy, Michigan.

Notify D.J. Powers, P.O. Box 9239, Savannah, Georgia 31402.

Evidencing shipment of : LADIES' PULL-ON STYLE JAMAICAS, 10,008 dozen not later than October 1, 2007

Terms: F.O.B. Korean Port. We understand insurance will be effected by buyer.

Drafts must be drawn and negotiated not later than October 8, 2007

Each draft must be marked "Drawn under National Bank of Detroit, Letter of Credit No. 31185 dated June 22, 2007", and the amount endorsed on the reverse hereof by the negotiating bank.

This Credit is subject to the "Uniform Customs and Practice for Documentary Credits(2007 Revision), International Chamber of Commerce, Publication No. 600.

We hereby agree with the drawers, endorsers, and bona fide holders of drafts drawn under and in compliance with the terms of this credit, that such drafts shall be duly honored upon presentation and delivery of documents as specified.

Yours very truly,

AUTHORIZED SIGNATURE

11. 전액어음발행신용장과 일부어음발행신용장

상업송장 금액 전부에 대하여 어음을 발행하느냐, 처음에는 일부만을 발행하고 잔액에 대하여는 차후에 어음을 발행하느냐에 따른 구분이다.

전자를 전액어음발행신용장(straight draft credit), 후자를 일부어음발행신용장(partial draft credit)이라고 한다.

신용장에 "~ by negotiation of your draft at sight drawn on ~ for 100% of (or full) invoice value(or cost)라는 기재가 있거나 아무런 기재가 없을 때에는 전액어음 발행이 인정된다. 일부어음발행신용장에는 "for 90% of invoice value"로 규정하고 잔액의 어음발행방법에 대하여는 별도로 명시하게 된다.

【예시 7-6】

[기재예 1]

After payment 90% of invoice value the documents are to be delivered to (Buyer) by (Issuing Bank) to arrange for sampling, weighing and testing of the merchandise. Upon receipt by(Issuing Bank) of written statement from(buyer) stating that the merchandise has been sampled and weighed(Surveyor, xxx) and has been tested by(Inspector xxx), the remaining 10% of invoice value or any part thereof will be paid by(Issuing Bank), Weights by(Surveyor, xxx) and analysis by (Inspector, xxx) will be considered final.

「송장금액의 90%를 지급한 후(개설은행)은 서류를(수입상)에게 송부하여 상품을 표본조사, 계량 및 검사하도록 하여야 한다. 상품이(조사인, ×××)에 의하여 표본조사 및 계량되고(검사인, ×××)에 의하여 검사되었다는 명세서를(수입상)으로부터(개설은행)이 받는 즉시 송장가액의 잔여 10% 또는 일부가(개설은행)에 의하여 지급될 것이다. (조사인, ×××)에 의한 중량 및(검사인, ×××)에 의한 분석이 최종적인 것으로 간주된다.」

[기재예 2]

The final calculation must be effected on the basis of the importer's calculation statement with analysis and weight certificate of end users.

「최종계산은 실수요자의 분석 및 중량증명서가 첨부된 수입상의 계산서에 근거하여 이루어진다.」

[기재예 3]

The credit conveys no engagement on our part for the payment of the remaining 10% of the invoice value.

「당행은 이 신용장에서 송장금액의 잔여 10%의 지급에 대하여 책임을 지지 않는다.」

이와 같은 일부어음 발행신용장은 중량이 운송 중에 차이가 날 수 있는 양륙중량조건의 상품에 주로 사용된다. 예컨대 광산물이나 유지와 같은 상품은 기온, 습도 또는 증발 등에 의하여 장소적으로 중량이 차이를 나타내는 경우가 있다. 선적항인 뉴욕에서 계량하였을 때에는 1,000 M/T이었으나 도착항인 부산에서 계량하였을 때에는 900 M/T 밖에 되지 않는 경우가 있을 수 있다.

여기서 수출상이 1,000 M/T @US$ 1,000 US$ 1,000,000의 환어음을 발행하여 대금 전액을 회수하였다면, 수입상은 도착항에서의 계산은 900 M/T @US$ 1,000 US$ 900,000이므로 US$ 100,000은 반환하라고 요구하게 될 것이다. 그렇게 되면 거래의 내용이 실로 복잡하게 된다.

그러므로 최초의 어음발행금액(initial drawing amount)은 송장금액의 90% 등으로 제한하고 나머지는 기재예에서와 같이 수입상이 보낸 중량증명서에 의하여 어음을 발행하도록 하는 것이다. 그러나 [기재예 7-15]에서는 개설은행이 잔액의 상환에 대하여는 책임을 지지 않고 있으므로 주의하여야 한다.

일부어음 발행신용장에서 가격조건이 CIF인 경우 상업송장, 어음 및 부보금액의 상호관계는 다음과 같다.

【예시 7-7】 상업송장 어음 및 부보금액 관계

상업송장금액	: US$ 1,000,000
어음금액	: US$ 900,000(US$ 1,000,000 x 90%)
부보금액	: US$ 1,100,000(US$ 1,000,000 x 110%)

12. 차기조건신용장, 상환신용장과 송금신용장

차기조건신용장(debit credit)이란 매입은행이 개설은행의 당좌계좌(current account)를 갖고 있는 예치환거래은행이 수익자에게 신용장대금을 지급할 때 개설은행의 계좌에서 차기하여 지급하면 되고 따로 복잡한 대금상환의 절차를 거치지 않고 단순하다. 이러한 신용장을 단순신용장이라고도 한다.

그러나, 매입은행이 개설은행의 무예치환거래은행인 경우에는 개설은행의 당좌계정을 가지고 있는 예치환거래은행 앞으로 대금상환을 청구하여야 한다. 이와 같이 매입은행이 별도로 상환청구를 하여야 한다는 의미에서 상환신용장(reimbursement credit)이라고 한다. 예컨대 한국의 A은행이 무예치환거래은행인 미국의 B은행으로 신용장을 개설하고 예치환거래은행인 미국의 C은행으로 상환을 청구하도록 하는 경우가 그것이다.

송금신용장(remittance credit)은 위와는 달리 사전에 대금지급을 수권하지 않고 매입은행이 서류를 송부하고 자기가 대금을 지급 받기를 원하는 은행을 지정하면, 개설은행이 이 은행에 송금함으로서 대금을 지급하는 신용장을 말한다. 이 신용장에서는 매입은행이 사전에 신용장대금을 수출상에게 지급하지 않고 개설은행으로부터 송금 받은 후에 지급하는 것이 일반적이므로 추심신용장(collection credit)과 다르다.

D/P, D/A과 같은 화환추심(documentary collection)과 취소불능 송금신용장의 차이점은 화환추심에서는 은행에서 대금결제에 대하여 아무런 보증도 하고 있지 않는데 비하여 송금신용장에서는 개설은행이 신용장에서 요구하는 서류의 제시가 있고 제시된 서류가 신용장조건과 일치하면 대금을 지급하겠다는 보증을 하고 있다는 점이다.

송금신용장은 어떤 국가에서도 개설될 수 있으나 신용장통일규칙을 인정하고 있지 않는 국가나 국가의 신용이 낮은 후진국가인 방글라데시등과 같은 나라에서 주로 사용되고 있다.

13. 현금신용장(사전송금신용장)

현금신용장(cash credit)이란 개설은행이 수입상의 요청에 따라 통지은행에 신용장대금을 송금해 놓고 개설된 신용장을 말한다. 예컨대 "We remitted the proceeds to the advising bank."(당행은 통지은행에 신용장대금을 송금했다)라는 표시가 있는 신용장을 말한다.

이 신용장에서는 수입상이 비록 선적서류 인수 전에 신용장대금을 지급하지만 수출상은 서류와 상환으로 대금을 지급받을 수 있으므로 수입상이 약정상품을 입수하지 못할 위험은 방지된다.

14. 자금선대신용장

보통의 신용장에서는 수익자가 약정된 상품을 선적한 후에 선적서류를 매입할 수 있으나 선적 전에 신용장금액의 전부 또는 일부에 대하여 환어음을 발행하여 대금을 수령할 수 있는 신용장을 자금선대신용장(advance payment credit)라고 한다.

이와 같이 자금을 先貸하는 목적은 수출상이 수출하기 위해서는 집하와 포장을 하여야 하며 이를 위한 자금을 제공하기 위해서이다. 따라서 이 신용장은 집하신용장(packing credit)이라고도 불리운다. 또 이러한 신용장은 아래와 같은 자금선대에 관한 문구를 주기(朱記)하므로 주기조항신용장(red clause credit)이라고도 한다.

【예시 7-8】 자금선대신용장의 조건

> "We authorize the negotiating bank to pay the sums not exceeding 30% of the above mentioned amount to the beneficiary against presentation of the following documents:
> 1) Beneficiary's clean draft drawn at sight on the accountee.
> 2) Beneficiary's receipt stating that the beneficiary have duly received sums representing 30% advance payment for the delivery of(commodity) from Pusan to Seattle.
>
> "당행은 매입은행에 다음과 같은 서류의 제시가 있으면 수익자에게 상기금액의 30%를 지급하도록 수권 합니다.
> 1) 개설의뢰인 앞으로 발행된 수익자의 일람출급화환어음
> 2) 수익자가 부산으로부터 시애틀까지(상품)의 인도를 위한 30%의 선대금을 받았다는 것을 표시하고 있는 영수증"

15. 회전신용장과 비회전신용장

동일종류의 상품으로 수출상과 수입상간에 계속적인 거래관계가 예상되는 경우 매 거래시마다 신용장을 개설하는 것은 여러 가지로 불편하고 수수료가 많이 요구된다. 이런 경우 일정한 기간동안 일정한 금액이 자동적으로 갱신되어 사용할 수 있도록 한 신용장을 회전신용장(revolving credit or self-continuing credit)이라고 한다.

신용장 본문 중에 "The credit is cumulative revolving"이라는 문구가 있거나 예시와 같은 문구가 기재된다.

【예시 7-9】 회전신용장의 조건

> "The amount of drawing made under this credit become automatically reinstated on payment by us. Draft drawn under this credit must not be exceeded to US$ 200,000 in any calendar month"
> (이 신용장에 의하여 발행되는 어음금액은 당행이 지급하는 동시에 자동적으로 更新된다. 이 신용장하에서 발행되는 어음은 매월 200,000불을 초과해서는 안된다.)

이 회전신용장의 경우에는 회전시에 재생되는 신용장의 총금액이 얼마인지 확인할 필요가 있다.

이에 비하여 신용장금액이 매입과 동시에 자동적으로 살아나지 않는 신용장 즉, 아무런 자동갱신 문구가 없는 신용장을 비회전신용장(non-revolving credit)이라고 한다.

이 비회선신용장이 일반적이며, 회전신용장 문구가 있는 신용장은 특별한 경우에 사용된다.

16. 누적신용장과 비누적신용장

회전신용장으로서 전기의 미사용 잔액이 차기로 이월되는 신용장을 누적 신용장(cumulative credit)이라고 하고, 이월되지 않는 신용장을 비누적신용장(non-cumulative credit)이라고 한다. 선적서류 매입시 누적인가 비누적인가가 불분명하면 개설은행에 문의한 후 매입하는 것이 좋다.

회전 신용장이면서 누적 신용장일 경우 신용장에서 총 보증되는 금액이 얼마인지 확인할 필요가 있다. 이때 보증되는 금액은 신용장금액이 아니고 회전되고 누적되는 총액이하라고 봐야 한다.

예컨대 비누적인데 누적으로 해석하여 매입한 경우 지급거절이 발생할 수 있다. 개설시 이것이 불분명하면 상대방에게 적지 않는 불편을 초래하므로 “This credit is cumulative revolving” 또는 “This credit is non-cumulative revolving”이라고 분명히 하여야 한다.

17. 백투백 신용장

백투백 신용장(back to back credit)의 원래의 뜻은 제조업자가 아닌 원신용장의 수익자가 제조업자 앞으로 신용장을 양도하기를 원하나 원신용장이 양도불능인 경우에 원신용장을 견질로 해서 개설된 제2신용장을 의미하였다.

오늘날에는 국가간의 수출입의 균형을 유지하기 위한 연계무역(counter trade)에 사용되는 신용장을 의미하기도 한다. 예컨대 우리나라에서 수입하기 위하여 신용장을 발행하는 경우, 외국에 있는 수출상이 우리나라의 자국 상품을 수입하는 신용장을 발행하여야만 비로소 우리나라에서 발행한 수입신용장이 유효하다는 조건부신용장을 말한다. 이상과 같이 Back to Back 신용장은 두 가지 의미로 사용되고 있으나 요즈음은 전자의 의미로 많이 사용되고 있다.

백투백 신용장은 중개무역거래에서 많이 사용되는데 중개은행에서 해외로부터 수출 L/C를 받고 제3국으로 백투백 L/C를 개설하여 물품을 제3국에서 원 L/C개설국으로 직접 수출 하도록 하는 경우에 이용되는데 이때 백투백 L/C의 특별 조건에 유의하여야 한다. 즉 원수출대전의 입금조건으로 백투백 L/C를 결제하겠다는 조건이 붙는 경우가 많다. 이때 백투백 L/C를 수령한 제3국 수출자는 원 L/C의 결제 여부를 확인하여야만 대금수령을 청구할 수 있다.

18. 에스크로 신용장

기탁신용장(Escrow credit)도 연계무역에 사용되는 신용장이다. 이 신용장은 수입상이 신용장 개설시에 신용장의 한 조건으로 그 신용장에 의하여 발행되는 어음의 매입대금은 수익자에게 지급되지 않고 수익자 명의의 Escrow account(특별예금구좌)에 기탁하여 두었다가 그 수익자가 원신용장 개설국으로부터 수입하는 상품의 대금결제에만 사용하도록 규정한 신용장을 말한다. 이 에스크로 신용장을 개설할 경우에는 개설은행에 Escrow Account를 개설해서 수출L/C의 매입 대금을 입금해 두고, 에스크로 신용장에 의한 대금청구가 올 경우 이 Escrow Account에서 차기하여 결재한다. 그리고 이 기탁신용장은 수출 수입이 동일한 은행에서 이루어질 경우에 사용된다.

19. 토마스 신용장

토마스 신용장(Tomas credit)은 이미 언급한 back to back credit와 유사하나 토마스신용장에서는 신용장을 개설을 조건으로 하지 않고 장차 신용장을 개설하겠다는 보증서 제출을 조건부로 하는 신용장을 말한다. "Tomas"란 용어는 최초로 이 방식을 사용하여 중국과 거래를 성사시킨 일본 무역회사의 전신 약호에 유래한다.

20. 직접개설신용장, 간접개설신용장과 통과신용장

직접개설신용장(direct financing credit)이란 수입상이 소재하는 국가에 있는 은행이 개설한 신용장을 말하며, 간접개설신용장(indirect financing credit)이란 수입상이 소재하는 국가밖에 있는 은행이 개설한 신용장을 말한다. 예를 들어 수입상은 아르헨티나에 소재하고 신용장을 영국의 런던에 소재하는 은행이 개설하는 경우이다. 이러한 신용장은 개설은행이 소재하는 국가의 입장에서는 무역과 관계가 없다는 의미에서 통과신용장(transit credit)이라고 한다.

이 간접개설신용장은 대개 "We are instructed to open credit No.."로 시작되며 특히 서류송부처에 주의하여야 한다. 대부분 서류는 수입상이 소재하는 개설요청은행 앞으로 보내고 상환청구는 개설은행 또는 지정은행으로 하게 된다. 이를 도시하면 [표 7-5], [표 7-6]과 같다.

[표 7-5] 직접개설신용장

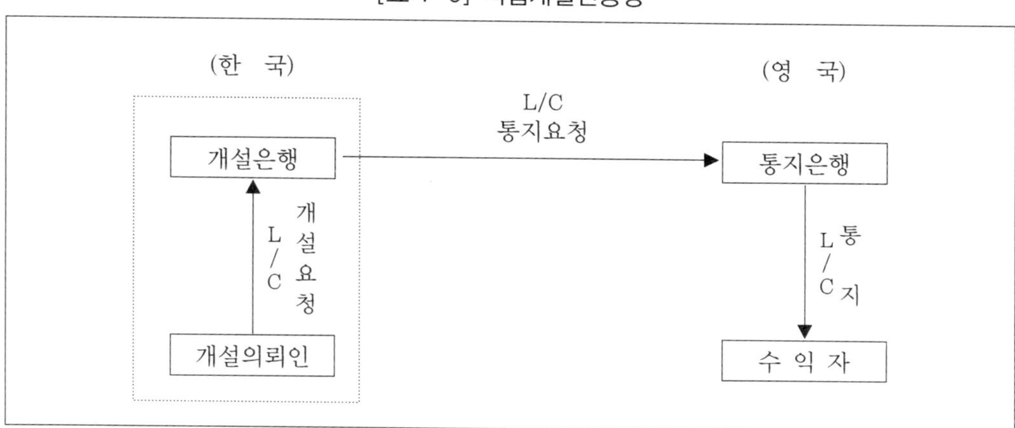

[표 7-6] 간접개설신용장

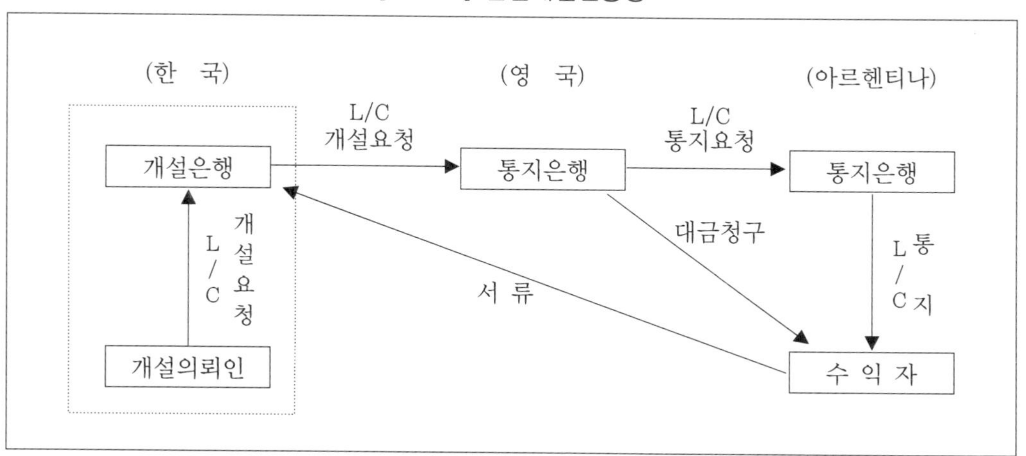

【예시 7-10】 백투백신용장

KOREA FIRST BANK
Seoul, Korea

To : ABC Company
PO Box 3036
HONG KONG

February 1, 2007

Letter of Credit No. 0123

Gentlemen :

We hereby open our Irrevocable letter of credit in your favor for account of XYZ Company, Seoul for a sum of sums not exceeding a total of US. $ 200,000.– available by your draft(s) drawn at sight on us for 100% of Invoice cost, and accompanied by the following documents evidencing shipment(s) of 200 M/Tons of Crude Sugar

From : Hong Kong　　　　to : Busan, Korea

Full set of clean on board ocean bills of lading made out to the order of Korea First Bank, Seoul marked "Freight Collect" and "Notify, XYZ Company, Seoul"

Signed commercial Invoice in quintuplicate

Packing list in triplicate

Consular Invoice and cretificate of origin in duplicate issued or visaed by Korean Consul in HONG KONG

Partial shipments are permitted　　　　Transhipment is prohibited

Shipment must be effected on or before April 15, 2007

Draft(s) must be presented for negotiation on or before April 30, 2007

All drafts hereunder must be marked "Drawn under Korea First Bank, Seoul, Credit No. 0123 dated February 1, 2007 and all other documents shall also contain the reference number of this credit.

The amount and date of negotiation of each draft must be endorsed on the reverse hereof by the negotiation bank.

Unless otherwise expressly stated, this credit is subject to "Uniform Customs and Practice for Documentary Credits(2007 Revision), International Chamber of Commerce, Publication No. 600."

We hereby agree with the drawers, endorsers, and bona fide holders of drafts drawn under and in compliance with the terms of this credit that the same shall be duly honored on due presentation and on delivery of documents as specified.

This Letter of Credit shall not be available unless and until standard prime banker's irrevocable Letter(s) of Credit in favor of XYZ Company, Seoul for account of ABC Company, HONG KONG for an aggregate amount of US $ 200,000.–have been established pursuant to contract No. 1005 for the export of 20M/Tons of aluminium coil from Korea to Hong Kong.

The export Letter(s) of Credit shall be mentioned effective until and not later than February 20, 2007 referring to Compensating Transaction Approval No. 2500 dated December 25, 2007 and shall be available against sight drafts accompanied by the usual commercial documents.

The Letter of Credit shall not be available, if beneficiary's Letter of Credit(for export) are established through banks other than those opening and advising this credit.

21. 보세가공신용장

보세가공을 하는 경우에는 보세가공임(processing fee)에 대해서만 신용장이 개설된다. 보세가공이란 외국에서 원자재를 무환으로 반출하여 관세를 지급하지 않고 즉, 보세상태에서 가공하여 수입하는 행위를 말한다. 이와 같은 보세가공에 사용되는 신용장을 보세가공신용장(bonded processing credit)이라고 한다.

기재 예는 "We hereby issue in your favor our irrevocable credit for US$ 1,000,000 available by your draft at sight for processing fee of undermentioned merchandise …"이다.

최근에는 국내 인건비가 상승됨으로써 필리핀, 방글라데시, 중국 등으로 임가공수출(Tolling Trade)이 늘어나고 있으며 이는 이 지역의 낮은 인건비를 이용하자고 하는 경우에 많이 이용된다. 이때 이 가공임을 지급하기 위한 신용장이 별도로 발행되지 않고 가공된 완재품의 수입신용장을 발행하게 되는데 이대 신용장 상에 원자재의 수출대전지급을 가공임이 포함한 완재품수입신용장 지급을 조건으로 하여 지급하겠다는 조건부지급신용장이 많이 이용되고 있다.〈예 20〉

22. 우편신용장과 전신신용장

신용장을 개설할 때 우편으로 개설하느냐 전신으로 개설하느냐에 따라 전자를 "우편신용장"이라고 하고 후자를 "전신신용장"이라고 한다.

1) 우편신용장

우편신용장(mailing credit)은 개설은행이 자행의 신용장 양식을 사용하여 신용장을 개설하고, 이에 개설은행의 책임자가 서명하여 우편으로 통지은행에 송부한다. 통지은행은 개설은행으로부터 신용장을 접수하여 외관상으로 진위 여부를 서명감과 대조하여 확인하고 통지번호를 부여하여 원본은 수익자에게 전달하고 부본은 자신이 보관한다.

2) 전신신용장

전신신용장(cable credit)은 물품의 선적이 임박한 경우 개설은행이 신용장의 내용을 전신으로 보내기 때문에 통지은행은 별도의 신용장 통지양식에 이 전보문을 첨부하여 통지은행의 책임자가 서명하여 수익자에게 전달하게 된다.

이때 통지은행은 개설은행으로부터 전신신용장을 통지 받게 되면 TEST KEY에 의하여 신용장의 진위 여부를 판단하게 된다.

일반적으로 full cable은 신용장의 완전한 내용을 전보로 발송하는 방법이므로 나중에 우편확인장을 송부할 필요가 없고, full cable 자체가 신용장의 완전한 기능을 하게 된다. 전신신용장의 통지에 관한 오해를 방지하기 위하여 실무에서는 Full Cable상에 "THIS CREDIT OPERATIVE", "NO FURTHER DETAILS TO FOLLOW" 또는 이와 유사한 취지의 문언을 기재하는 것이 보통이다.

최근에는 SWIFT 방식으로 신용장을 개설하므로 신용장의 전위성의 확인도 SWIFT Authentication Key(SAK)에 의하여 컴퓨터가 자동 확인해 주며, 우편확인서의 필요성도 전혀 없으며 SWIFT 신용장 자체가 원본신용장이 된다.

23. 내국신용장(Local L/C)

내국신용장이란 국내에서 발행되고 유통되는 신용장으로서 주로 해외에서 신용장을 받고 국내에서 원자재를 조달하거나, 완제품을 조달하기 위하여 발행되는 신용장이다. 국내신용장을 발행하기 위해서는 과거의 수출실적이 있거나, 해외에서 수출신용장을 받는 경우에 한하여 일정 범위내에서 발행 한도를 주고, 이 내국신용장의 결제대금은 무역금융을 받아서 결제하는 것이 대부분이다. 결국 내국신용장을 발행해 주는 경우는 무역금융의 총한도에 포함해서 발행된다. 그러나 내국신용장 결제대금 전액을 개설은행에 예치하고서 발행되는 경우에는 무역금융과 관계가 없다고 하겠다.

내국신용장을 받은 국내물품 공급업체는 국내신용장에서 요구하는 서류 예컨대 상업송장과 물품수령증이 해외신용장의 선하증권에 대신하여 제출되고 세금계산서를 첨부하여 거래은행에서 매입신청을 하게 된다. 매입서류는 개설은행에 제시된 후 보통 3영업일 내에 결제가 이루어진다.

【예시 7–11】 기탁신용장

HANOVER BANK
Hanover, Germany

To : Hanil Bank
Seoul, Korea

Credit No. 0034 April 29, 2007

Gentlemen :

By order of : XYZ Co., S Beathoven Strobe Hanover For account of : ××× co.
We open the following Irrevocable Credit
Beneficiary : ABC Company, IPO Box 105
Seoul, Korea
Amount: max. US $ 100,000.–
Valid until: 20th December 2007 at your bank
Available: at sight against surrender of the following documents:

1) Commercial Invoice in duplicate
2) Packing list in duplicate
3) Specification list in duplicate, showing Individual piece length, gross and net weight of each bale. All measurements on specification lists to be in yards and made out on neutral paper
4) Insurance policy covering ALL RISKS as per Institute–Cargo Clause "ALL RISKS" incl. WSR & CC for 110% of Invoice value.
5) Full set of clean on board Bills of Lading, made out to order, blank endorsed, marked, FREIGHT PREPAID and Notify: Spedition, Hanover.

Covering One million inches, 100% Grey Cotton Cloth sheeting, width 38", construction, 60×60 heads per Inch, 20/20 Ne (English counts), price : US Cents 14.30 per Inch CIF Hamburg.

Goods to be packed in export sea–worthy bales (export standard packing).

Monthly shipments of 200,000 Inches, beginning June 2004 (latest shipment date : November 30th, 2007)

From South Korea to Hamburg.

Partial shipments and transhipment are authorized.

The entering in force of this credit is also subject to the presentation of the following additional documents :

a) Confirmation of Messrs……, that they have duly placed orders for a total amount US $100,000.– for anilin–dyestuffs and textile–auxiltaries with Messrs……, and that those orders have been duly accepted by sold suppliers.
b) Confirmation of Messrs……, that they have abtained from the Korean Authorities a valid Import licence for the goods mentioned under a) above.
c) Irrevocable undertaking of the beneficiary to use the funds of this letter of credit exclusively for the goods mentioned under a) above.

It is a further condition of this credit that the proceeds of same remain blocted at your bank in a special account in the name of the beneficiary for account of Messrs…… until fulfilment of clause c) above.

Please advise the beneficiary of the opening of our letter of credit, adding your confirmation.

An additional copy of the Invoice B/L are required for our files. For the reimbursement of your payments and commissions,........ please refer to our separate letter.

Yours faithfully,

【예시 7-12】 SWIFT신용장

```
DESTINATION  KOFBKRSEAXXX                                SW19950826F500000001
SESS     1384                                            DATE RCVD 26-AUG-07
SEQU   079607
---------------------------------------------------------------------------------
ORIGINATOR    ABSAZAJJAXXX                               FROM SWIFT
SESS     2178   ABSA BANK, JOHANNESBURG (H. O)           DATE
SEQU  288501    (FORMER: VOLKSKAS BANK)
----------------------------------------------------DELAYED------NORMAL---------

: 27 /sequence of total                     :
: 40A/form of documentary credit            : IRREVOCABLE
: 20 /documentary credit number             : IC04760073362308
: 31C/date of issue                         : 07/08/24
: 31D/date and place of expiry              : 07/09/30 KOREA
: 51D/applicant bank - name/address         : ABSA BANK LTD
                                              IBS CORPORATE CAPE
                                              P O BOX 4880
                                              CAPE TOWN , 8000
: 51 /applicant                                     : RIVIERA FASHIONS
: 59 /beneficiary                           : YOUNG JEON CO LTD
                                              ROOM 501, YOO-HWA BUILDING
                                              995-16 DAECHI-DONG, KANGNAM-KU
                                              SEOUL, KOREA
: 38/currency code amount                   : USD 8,100.00
: 39A/pub credit amounts tolerance          : 10 / 10 = 10%
: 41D/available with/by-name, address       : ANY BANK
                                              BY PAYMENT
: 43P/partial shipments                     : PERMITTED
: 43T/transshipment                         : PERMITTED
: 44A/on board/disp/taking charge           : Seoul
: 44B/for transportation to                 : CAPE TOWN
: 44C/latest date of shipment               : 07/09/15
: 71B/charges                               : ALL BANK CHARGES OUTSIDE RSA ARE FOR
                                               BENEFICARY'S ACCOUNT
: 48 /period for presentation               : WITHIN 15DAYS AFTER SHIPMENT DATE
                                               BUT IN ANY EVENT WITHIN THE CREDIT VALIDITY
: 49 /confirmation instructions             : WITHOUT
: 78 /Instructions to pay/acc/neg bk        :
```

+NEGO BANK TO SWIFT/TLX ADVISE ABSAZAJJ ATTN IBS CAPE/476
FOLLOWING DRAWING DETAILS: 1. TOTAL. AMOUNT CLAIMED IN REIMB
2. AMOUNT DRAWN IN ACCORDANCE WITH DOCUMENTS 3. INVOICE NUMBERS(5). 4. NAME OF CARRYING VESSEL 5. BILL OF LADING NR AND SHIPMENT DATE 6. REIMB VALUE DATE 7. DISCREPANCIES - IF NONE STATE DOCUMENTS STRICTLY IN ORDER 8. PAYMENT INSTRUCTIONS +SEND DOCUMENTS, INCLUDING COPY OF DRAWING ADVICE TO ABSA BANK LTD, IBS CAPE, PO BOX 4880, CAPE TOWN 8000, RSA, BY REGISTERED AIRMAIL IN 2 LORS +WE WILL COVER YOU IN ACCORDANCE WITH YOUR INSTRUCTIONS VALUE 4 WORKING DAYS (EXCLUDE SATURDAY/ SUNDAY) AFTER RECEIPT OF YOUR DRAWING ADVICE TO ABSA BANK LTD

【예시 7-13】 SWIFT신용장

MSG TYPE : 수입 (210) MT700) ISSUE OF A DOCUMENTARY CREDIT
RECEIVER : (005863)〈DEPO BANK〉 NATIONAL AUSTRALIA BANK, MELBOURNE
MSG NO : (1582770) REF-NO : M4201708NU5530
AMOUNT : USD 752.000.00 *
MSG DATE : 970814 MAKER : 061 APPROVER : 017 SENDER : 017 070814 SENT
PRT DATE : 〈JEOM〉 180 2007 Dec 12 at 17 : 11 MSG SEND LONE *SWIFT*

{1 : F01SHBKKRSEAXXX0000000000}
{2 : 1700NATAAU33XXXXN}
{3 : {108 : 970814-1582770}}
{4 :
: 27 /SEQUENCE OF TOTAL : 1/1
: 40A/FORM OF DOCUMENTRY CREDIT NUMBER : IRREVOCABLE
: 20 /SEQUENCE TOTAL : M4201708NU45530
: 31C/DATE OF ISSUE : 070813
: 31D/DATE AND PLACE EXPIRY : 070813 IN THE BENEFICIARY COUNTRY
: 50 /APPLICANT : TAIHAN ELECTRIC WIRE CO. LTD.
194-15, 1-KA HOEHYUN-DONG
CHUNG-KU SEOUL, KOREA.
: 59 /BENEFICIARY : ALUVIC METAL SALES PTY, LTD.
: LEVEL 9, THE BLUE OFFICE TOWER,
: THE COMO CENTRE, 644 CHAPEL STREET,
SOUTH YARRA 3141, AUSTRALIA
: 32B/CURRENCY CODE, AMOUNT : USD752,000.00
: 39A/PCT OF CREDIT AMOUNT TOLERANCE : 2/2 = 2%
: 41D/AVALABLE WITH ... BY ... : ANY BANK
BY NEGOTIATION
: 42C/DRAFTS AT : 90 DAYS AFTER SIGHT
: 42A/DRAWEE : SFBH GB2LXXX
: 43P/PARTIAL SHIPMENTS : PROHIBITED
: 43T/TRANSSHIPMENT : PROHIBITED
: 44A/SHIPMENT AT : PORTLAND
: 44B/FOR TRANSPORTATION TO... :
BUSAN PORT, KOREA
: 44C/LATEST DATE OF SHIPMENT : 070831
: 45A/DESCRIPTION OF GOODS/SERVICE :
ALUMINIUM INGOT 400M/T AT USDI, 880/MT
(AL : 99.70PCT MIN)
ORIGIN AUSTRALIA CIF BUSAN
: 46A/DOCUMENTS REQUIRED
+SIGNED COMMERCIAL INVOICE IN TRIPLRCATE
+PACKING LIST IN TRIPLICATE

+FULL SET OF CLEAN ON BOARD OCEAN BILLS OF LADING MADE OUT YO
THE ORDER OF SHINHAN BANK SEOUL MARKED FREIGHT PREPAID
NOTIFY TAIHAN ELECTRIC WIRE CO., LTD
+INSURANCE POLICY/CERTIFICATE IN DUPLICATE ENDORSED IN
BLANK FOR 110PCT OF INVOICE VALUE WITH CLAIMS PLYABLE IN KOREA
IN THE CURRENCY OF DRAFT, COVERING THE INSTITUTE CLAUSE :
(A) AND W/SRCC
+CERTIFICATE OF ORIGIN IN TRIPLICATE
+CERTIFICATE OF ANALYSIS AND WEIGHT

:47A/ADDITIONAL CONDITIONS :
QUANTITY AND CREDIT AMOUNT 2 PCT MORE OR LESS ALLOWED
TWO COPIES OF ALL SHIPPING DOCUMENTS SHALL BE DESPATCHED
BY COURIER DIRECTLY TO TAIHAN ELECTRIC WIRE CO., LTD.
ALL SHIPPING DOCUMENT(EXCEPT INVOICE) WITHOUT SHOWING L/C NO.
ACCEPTABLE.
B/L MADE OUT TO ORDER AND BLACK ENDORSED ACCEPTABLE.
THE DISCREPANCY FEE OF USD 40.00(OR EQUIVALANCE)
WILL BE DEDUCTED FROM PROCEEDS OF ANY DRAWING
IF DOCUMENTS ARE PRESENTED WITH DISCRDPANCIES

:71B/BENEFICIARY CHARGES : ALL BANKING CHARGES INCLUDING
REIMBURSING CHARGE OUTSUDE KOREA
ARE FOR ACCOUNT OF BENEFICIARY

:48 /PERIOD FOR PRESENTATION : DOCUMENTS TO BE PRESENTED WITHIN
21DAYS AFTER SHIPMENT DATE BUT
PRIOR TO CREDIT EXPIRY

:49 /CONFIRMATION INSTRUCTIONS : WITHOUT

:53A/REIMBURSEMENT BANK : SHBK GB2L XXX

:78 /INSTRUCTION INSTRUCTIONS :
T/TREIMBURSEMENT ALLOWED
THE DRAFTS MUST BE NEGOTIATED AT SIGHT BASIC SINCE
ACCEPTANCE COMM AND DISCOUNT CHARGES ARE FOR BUYER'S
ACCT. ALL DOCS EXCEPT BENE'S DRAFTS MUST BE
COURIERED TO US IN ONE LOT
IN REIMBURSEMENT THE DRAFTS ARE TO BE FORWARDED TO
DRAWEE BANK AND PROVIDE THEM WITH THE DATE OF BILLS OF LANDING OR
OTHER TRANSPORT DOCUMENTS
REIMBURSEMENT IS SUBJECT TO ICC URR525

- END OF LIST -

제 4 장 신용장의 개설 및 인수

제1절 일람출급신용장의 개설

1. 일람출급신용장의 의의 및 종류

일람출급신용장은 서류(환어음)의 제시와 동시에 대금을 지급하는 신용장을 말하는데, 이러한 종류의 신용장에는 매입신용장과 지급신용장 방식이 있다. 매입신용장은 지정은행이 무예치환거래은행일 경우에 사용되고, 지급신용장은 지정은행이 예치환거래은행이거나 개설은행의 본지점간일 경우에 사용된다.

매입신용장과 지급신용의 차이점을 살펴보면 다음과 같다.

① 매입신용장은 대개 환어음의 발행을 요구하며, 신용장의 이용 방법을 'Negotiation'이라고 명시한다.

"We hereby issue in your favour this documentary credit which is available by negotiation of your draft at sight drawn on the ABC Bank, New York, N.Y." (우리는 ABC은행 뉴욕 앞으로 발행된 일람불환어음이 매입에 의한 방법으로 이용될 수 있는 이 신용장을 개설한다.)

② 지급신용장은 대개 환어음의 발행을 요구하지 않으며, 신용장의 이용 방법을

'Payment'라고 명시한다.

"We hereby issue in your favour this documentary credit which is available by payment against presentations of the following documents." (우리는 다음의 서류들을 제시함으로써 지급에 의한 방법으로 이용될 수 있는 이 신용장을 개설한다.)

매입신용장과 지급신용장은 지급확약 문언에 있어서도 차이점이 있다.

① 매입신용장의 경우에는 어음발행인은 물론 그 선의의 소지인 모두에 대하여 결제를 확약한다.

"We hereby engage with drawers and/or bona fide holders that draft drawn and negotiated in conformity with the terms and conditions of this credit will be duly honoured on presentation. The amount of each draft must be endorsed on the reverse of this credit by the negotiation bank." (신용장의 조건에 일치하게 발행되고 매입된 어음은 그 제시에 따라 정히 대금을 지급할 것임을 어음발행인과 그 선의의 소지자에게 약속한다. 매입은행은 신용장의 뒷면에 어음금액에 해당하는 금액을 배서하여야 한다.)

② 지급신용장의 경우에는 어음에 관한 별도의 내용 없이, 서류가 제시되면 바로 지급하겠다는 문언을 기재한다.

"We hereby engage that payment will be duly made against documents presented in conformity with the terms and conditions of this credit." (신용장 조건에 일치하는 서류의 제시가 있으면 지급할 것을 확약한다.)

2. 신용장의 발행일자 및 장소

발행일자의 표시는 오해의 소지를 없애기 위하여 월 표시는 문자로 하여야 하며, 발행장소는 도시명(및/또는 국가명)을 기입한다. 예를 들면 다음과 같다.

Place and Date of Issue : Seoul, June 20, 20XX

3. 신용장 번호의 부여

신용장 번호는 한국은행이 정하여 각 외국환은행이 공통적으로 적용하고 있는 '수출입승인서 및 신용장 등의 번호기재 요령'에 따라 다음과 같이 부여한다.

【예시 7-14】

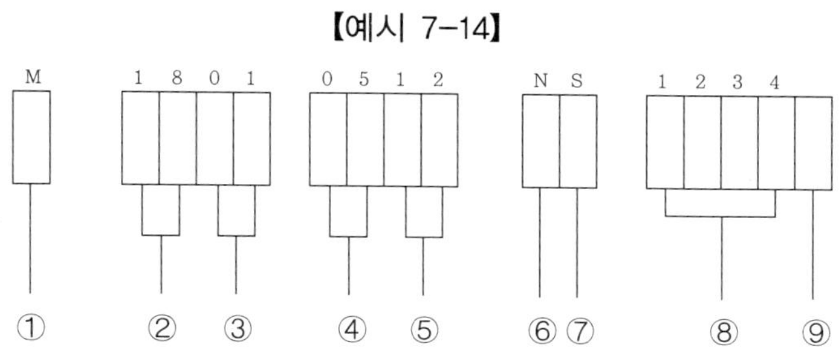

① 수입신용장 표시(M)
② 개설은행 고유번호
③ 개설점포 고유번호
④ 개설연도(두 자리로 표시)
⑤ 개설월(두 자리로 표시)
⑥ 수입용도
⑦ 결제방법
⑧ 일련번호
⑨ Check Digit(방법은 한국은행이 지정한 방식에 의한다.

1) 종류별 표시기호

대 상	기호	대 상	기 호
수출신용장통지번호	A	수입신용장번호	M
내국신용장번호	L	구매확인서번호	R(또는 P)
수출승인번호	E	수입승인번호	I
수출입승인서번호	C		

2) 수입용도 기호

대 상	기 호	비 고
일반 내수용	N(Normal)	수출산업용 시설기자재 포함
수출용 원자재	E(Export)	
정부용	G(Government)	
위탁가공무역용	B(Bonded)	(예: 유환 위탁가공무역의 가공물품 수입시 등)
군납용 원자재	A(Army)	
기타 외화획득용	S(Sightseeing)	
특수거래	X(Extra)	연계무역, 외국인수수입, Standby L/C 등)
중계무역용	R(Relay)	
임대차방식	L(Lease)	
수탁가공무역용	T(Trust)	(예: 유환 수탁가공무역의 원·부자재 수입시 등)
대북반입용	P(People)	

3) 대금결제방법 기호

대 상	기 호	비 고
일람출급 신용장	S	
기한부 신용장	U	
기타 신용장	D	분할지급수입, Standby L/C 포함
D/P 방식	P	
D/A 방식	A	
송금방식	R	
무상거래	N	임차방식수입 포함

4. 지정은행의 표시

신용장은 그 신용장의 이용이 가능한 은행을 특별히 지정하여 명시하거나 또는 모든 은행에서 이용이 가능한지의 여부를 명시하여야 한다. 참고적으로 신용장은 지정은행 이외에 개설은행에서도 당연히 이용이 가능하다(UCP 600 제6조 a항).

지급·연지급·인수신용장의 경우에 지정은행의 표시방법은 다음과 같다.

"Credit available with (지정은행) by (Sight Payment / Deferred Payment / Acceptance)"

매입신용장의 경우는 매입제한신용장인지 또는 자유매입신용장인지에 따라 그 표시방법이 달라지게 된다. 매입제한신용장의 경우에는 "Negotiation under this credit is restricted to the ×××bank" 등으로 표시하고, 자유매입신용장의 경우에는 "Credit avaliable with any bank by negotiation" 등으로 표시한다.

5. 신용장의 유효기일 및 장소

1) 지정신용장인 경우

신용장은 서류의 제시를 위한 유효기일과 그 제시장소를 명시하여야 하며, 제시장소(유효기일의 종료장소)에 대한 별도의 명시가 없으면 신용장이 이용 가능한 은행의 장소가 곧 제시를 위한 장소가 된다. 지정신용장의 경우 서류의 제시장소에 대한 표시는 일반적으로 'at the counters of(지정은행명 및 소재지, 또는 개설은행명 및 소재지)' 등으로 표시한다.

예를 들면 다음과 같다.

Expiry date 'September 30, 20XX at the counters of yourselves(지정은행)'
Expiry date 'September 30, 20XX at the counters of ourselves(개설은행)'

2) 자유매입신용장인 경우

자유매입신용장의 유효기일 및 장소의 표시는, '유효기일'과 '어떤 특정 도시명' 또는 '어떤 특정 국가명' 등으로 표시한다.

예를 들면 다음과 같다.

'September 30, 20XX in New York'
'September 30, 20XX in Italy'
'September 30, 20XX in the country of beneficiary'

3) 유효기일 관련 참고사항

① 신용장의 유효기일은 선적 후 서류의 작성을 위한 여유기간을 감안하여 최종선적일의 약 10일 뒤 정도로 설정하는 것이 일반적인 관계이다.

② 은행은 천재지변, 폭동, 소요, 반란, 전쟁, 테러행위, 어떤 파업이나 직장폐쇄 또는 자신의 통제 밖에 있는 원인에 의한 영업의 중단으로부터 발생하는 결과에 대하여 하등의 의무나 책임을 부담하지 않는다. 따라서 은행은 이와 같은 사유로 자신의 영업이 중단된 기간 중에 유효기일이 경과한 신용장에 대하여 결제 또는 매입을 행하지 않는다(UCP 600 제36조).

③ 신용장의 유효기일(Expiry Date) 또는 최종제시일(Last Day Presentation)이 UCP 600 제36조에 언급된 사유 이외의 사유로 인한 은행 휴무일(공휴일 등)에 해당할 경우, 당해 유효기일 또는 최종제시일은 그 다음 첫 은행영업일까지 자동적으로 연장된다(UCP 600 제29조 a항). 그러나 그렇다고 하여 최종선적일(The latest date for shipment)까지 연장되는 것은 아니므로 주의하여야 한다.

6. 서류제시기간

운송서류(UCP 600 제19조~제25조의 서류)의 원본을 한 통 이상 제시하도록 요구하는 신용장에는 지급·인수·매입을 위하여 서류가 제시되어야 하는 '선적일 이후의 특정 기간'을 표시해 주어야 한다. 이러한 서류제시기간의 명시가 없는 경우에는 선적 후 21일 이내에 제시되어야 하는 것으로 본다. 그러나 어떠한 경우라도 서류는 유효기일 이내에 제시되어야 하며, 은행은 유효기일이나 서류제시기간을 경과하여 제시된 서류를 수리하지 않는다(UCP 600 제14조 c항).

서류제시기간의 표시방법은 다음과 같다. "Documents must be presented within 10 days after the date of shipment"

참고

선적일자가 다른 여러 세트의 운송서류가 제시된 경우로서 그것이 UCP 600 제31조 b항에 의거 분할선적으로 간주되지 않는 경우에는 제시된 운송서류상의 선적일자 중에서 가장 늦은 일자를 선적일자로 보고 이를 서류제시기간의 기산일로 사용하며, 그것이 만일 분할선적으로 인정되는 경우에는 제시된 운송서류의 건별로 선적기일 및 서류제시기일의 경과 여부를 각각 별도로 판단하여야 한다.

7. 제시서류의 명세

신용장에서 요구하는 서류는 기본서류인 상업송장(Commercial Invoice), 운송서류(Transport Documents), 보험서류(Insurance Documents)와 기타 상품의 특성상 또는 법규상의 필요에 의해 요구되는 보충서류, 즉 원산지증명서, 포장명세서, 검사증명서 등이 있다. 일반적으로 보충서류의 요구 여부는 수입상의 의사에 달려 있으므로, 은행은 기본서류와 법규에서 요청되는 서류 이외에는 수입상의 신청에 따라야 한다.

특히 기본서류 이외의 부수서류(보충서류)를 요구하는 경우에는, 그러한 서류의 '발행인'과 'Wording(문언)' 또는 'Data Contents(기재내용)'에 대해서도 명시하도록 하여야 한다. 만일 서류의 명칭만을 표시하는 경우에는 그 내용이 신용장에서 요구하는 다른 서류와 모순되지 않는 한 제시된 대로 수리하여야 하므로, 예상치 못한 결과를 초래할 수 있음을 유의하여야 한다.

운송서류 및 보험서류의 주요 기재사항을 살펴보면 다음과 같다.

1) 해상선하증권

운송서류로서 해상선하증권이 요구되는 경우에는 다음과 같이 기재하는 것이 일반적이다. "Full set clean on board ocean bills of lading made out to the order of Korea Institute Bank Seoul, marked 'freight prepaid' and 'notify accountee'."

위에서 운임의 지불여부와 관련한 표시는 'freight collect' 또는 'freight prepaid'로 기재되는데, FOB·FAS·FCA 등은 운임미지급 조건이므로 'freight collect'로 표시하고, CFR·CPT·CIF·CIP 등은 운임선지급 조건이므로 'freight prepaid'로 기재한다.

해상운송서류를 요구하는 경우에는 일반적으로 FOB·FAS·CFR·CIF 등의 무역거래조건이 사용된다.

2) 항공운송장

운송서류로서 항공운송장이 요구되는 경우에는 다음과 같이 기재하는 것이 일반적이다. "Air waybills consigned to Korea Institute Bank Seoul, marked 'freight prepaid' and 'notify accountee'."

운임의 지불 여부에 관한 기재 예는 해상선하증권(B/L)의 경우와 동일하며, 항공운송서류(AWB)를 요구하는 경우에는 일반적으로 FCA·CPT·CIP 등의 무역거래조건이 사용된다.

3) 복합운송서류

적어도 두 개 이상의 다른 운송방법을 포괄하는 운송서류가 요구되는 경우에는 다음과 같이 기재하는 것이 일반적이다. "Full set of clean on board combined(또는 multimodal) transport documents made out to the order of Korea Institute Bank Seoul, marked 'freight prepaid' and 'notify accountee'."

복합운송서류를 요구하는 경우에는 일반적으로 FCA·CPT·CIP 등의 무역거래조건이 사용된다.

4) 우편영수증, 특송배달영수증

우편영수증이나 우편증명서가 요구되는 경우에는 'Post Receipt' 또는 'Certificate of Posting'이라 기재하고, 기타 국제특송의 경우에는 'Courier Receipt' 또는 특정특사배달업체(DHL, TNT, OCS, UPS, FedEx 등)가 발행한 영수증(수취증)의 제시를 명시하면 된다.

5) 보험서류

무역거래조건이 CIF이거나 CIP 등인 경우에는 신용장상에 보험서류의 제시를 요구하여야 한다. 이러한 조건은 수출자가 적하보험을 가입하고 도착지까지 운임을 부담하는 조건이다.

(1) 보험서류조항의 기재 예

"Full set of insurance policy or certificate endorsed in blank for 110% of the invoice value, with claims payable in Korea in the currency of draft, covering the Institute Cargo Clauses(LMA/IUA) :"

(2) 표시통화 및 보험금 지급장소

보험증서의 표시통화는 신용장의 통화와 동일한 통화로 지정하고, 보험사고 발생 시 신속한 보험금의 수령 및 업무편의를 위하여 보험금의 지급장소를 '우리나라'로 지정하여야 한다.

(3) 담보위험(부보범위)

담보위험(부보범위)에 대한 표시는 대개 LMA/IUA에서 제정한 '협회적하약관(ICC: Institute Cargo Clauses)'의 명칭을 사용하는 것이 일반적이다.

해상운송의 경우에는 구약관상의 ICC(All Risks)·ICC(WA)·ICC(FPA) 등으로 표시하거나, 신약관상의 ICC(A)·ICC(B)·ICC(C) 등으로 표시하며, 항공운송인 경우에는 구약관상의 'Institute Air Cargo Clause(All Risks)'로 표시하거나 신약관상의 'ICC(A)'로 표시한다.

상기 기본약관에 의해 보호되지 않는 면책위험이나 기타 특수한 위험들에 대하여 부보가 필요할 경우에는, 'Institute War Clauses' 'Institute Strike Clauses' 등의 약관이나 기타 해당 위험에 관한 특별약관의 명칭을 추가적으로 기재하면 된다. 전쟁약관이나 동맹파업약관의 경우에는 기본약관에 보험자가 면책으로 규정되어 있다. 이러한 면책위험이 추가적으로 부보되는 특별약관을 기재하여야 보상된다.

8. 상품명세의 기재

상품명세는 'Description of Goods and/or Service' 또는 'Covering' 다음에 기재하며, 상품명 이외에도 수량·단가·원산지·무역거래조건 등이 함께 표시되는 것이 일반적이다. 예를 들면 다음과 같다.

- 10,000dz of sporting goods @US$ 25 U.S.A origin CIF Busan Incoterms® 2010

- 1,000,000 bls. of Kuwait crude oil @US$ 90 Kuwait origin FOB Persian Gulf Incoterms® 2010

상품의 규격 및 형식 등 내용이 복잡한 경우에는 상품명세에 추가하여 'details as per contract No. xxx' 등으로 기재하게 되는데, 이는 단지 수익자에 대한 참고용 메시지일 뿐이며, 제시된 서류의 상품명세가 기재된 매매계약서의 내용과 다르다하여 대금지급을 거절할 수는 없다.

상품명세의 기재시에는 특히 무역거래조건의 기재에 주의하여야 하는데, 무역거래조건 다음에는 매도인(수출상)의 운임부담 종료지점이 기재되어야 한다. FOB·FAS·FCA 조건에서는 매도인의 책임이 수출지에서 종료하므로 '선적지명'이 기재되어야 하나, CIF·CIP·CFR·CPT 조건에서는 매도인이 수입지까지의 비용을 부담하여야 하므로 '도착지명'을 기재하여야 한다. 도착지명은 도착항구 또는 도착항구 내의 특정 인도시점을 명시해야 한다.

9. 부가조건의 기재

일명 '특수조건(Special Conditions)'이라 불리는 '부가조건(Additional Conditions)' 란에는 개설의뢰인이 특별히 요구하는 사항들을 기재하되, 이는 일반(기본) 조건들과 상호 모순되지 않아야 한다. 또한 '비서류적 조건(Non Documentary Condition)'이나 '이행이 불가능한 조건' 등을 삽입하려는 행위는 억제되어야 할 것이다. 특히 개설은행은 자행의 채권보전을 저해하는 조항이 있는지의 여부에 대하여 세심히 점검하여야 한다.

실무에서 흔히 사용되는 부가 조건들을 예시하면 다음과 같다.

① 양도가능신용장의 표시 : 'This credit is transferable by ABC Bank'

② 회전신용장의 표시 : 'This credit is cumulative(or non-cumulative) revolving'

③ 확인의 요청 및 확인수수료 부담자의 표시 : 'Please advise this credit to the beneficiary adding your confirmation. Confirmation charges are for account of beneficiary'

④ 신용장번호의 표시(또는 금지)요청 : 'All documents must(or must not) bear our credit number'

⑤ 운송회사의 지정 : 'Shipment should be effected by ABC shipping company'

⑥ 서류제시기간이 경과한 B/L의 허용 : 'Late presentation B/L is acceptable'

또는 'Stale B/L is acceptable'

⑦ 전신상환의 허용(또는 금치) : 'TT reimbursement is allowed(or not allowed)'

⑧ 해외은행수수료 부담자의 표시 : 'All banking charges including reimbursement charge outside Korea are for account of beneficiary'

개설은행의 담보권을 해하는 다음과 같은 특수 조건들을 표시해서는 안 된다.

① Non-negotiable documents acceptable

② Copy B/L acceptable

③ 2/3 B/L acceptable

④ One original B/L shall be dispatched directly to applicant by courier

⑤ Surrendered B/L acceptable

⑥ Air Waybills consigned to ABC Co., Ltd.

⑦ L/C expired shall not be considered as a discrepancy

⑧ The amount of this credit will automatically fluctuate to cover any increase according to the price clause without further amendment 등

10. 상환지시

매입은행 등의 지정은행에 대하여 신용장 대금을 결제해 주는 방법에는 다음과 같은 세 가지의 방식이 있다.

1) 상환방식(Reimbursement Base)

상환방식이란, 신용장의 발행과 동시에 미리 상환은행을 지정하여 '상환수권서(RA: Reimbursement Authorization)'를 보내놓고, 매입은행 등으로 하여금 상환은행 앞으로 자금을 청구하도록 지시함으로써 신용장의 대금결제가 이루어지도록 하는 방식을 말한다. 일람불신용장의 경우에는 개설의뢰인의 신용장대금 결제 이전에 미리 개설은행의 계좌에서 자금이 인출되어 매입은행 등으로 지급된다는 특징이 있다.

매입은행 등의 지정은행이 개설은행의 '무예치환거래은행'일 경우에 사용되며, 상환청구에 관한 지시문언의 예를 보면 다음과 같다. 'You are authorized to reimburse yourselves to Korea Institute Bank, New York, NY.'

매입은행 등의 '상환청구(Reimbursement Claim)' 방법으로는 '원본서신(Original

Letter)'에 의한 방법과 '전신(TT Reimbursement)'에 의한 방법이 있다. 수익자 발행 환어음을 개설은행으로 송부하도록 지시된 경우에는, 매입은행 등이 상환용 어음을 별도로 발행하여 그 대금을 청구하게 된다.

그러나 만약 상환청구의 지시문언에 'By telegraphic transfer'라는 문구를 삽입하거나 또는 'TT reimbursement allowed'라는 문구를 추가하게 되면, 매입은행 등은 상환은행으로 환어음을 우송하지 않고도 전신에 의한 방법으로 즉시 대금상환을 청구할 수 있게 된다. 이렇게 전신상환을 허용하는 경우에는, 개설은행의 계좌에서 자금이 인출되는 시점이 보다 빨라지게 되므로 개설은행의 자금부담 일수는 그만큼 늘어나게 된다.

2) 차기방식(Debit Base)

차기방식(借記方式)이란, 지정은행이 개설은행의 '해외 본지점'이거나 또는 '예치환거래은행'일 경우에, 당해 지정은행이 가지고 있는 개설은행의 계좌에서 자금을 인출(차기)하여 지급하도록 함으로써 신용장의 대금이 결제되도록 하는 방식을 말한다. 수익자는 'Payment Commission' 만을 지불하게 되면 별도의 환가료를 부담하지 않는다는 특징이 있다.

국내 은행이 개설은행인 경우, 상환지시에 관한 문언의 예를 보면 다음과 같다. 'In reimbursement, please debit our account with you'

개설은행과 매입은행 및 채무은행이 예금구좌를 갖고 있고 충분한 신용잔액이 있는 경우에 사용된다.

3) 송금방식(Remittance Base)

송금방식이란, 개설은행 앞으로 서류가 내도되어 '일치하는 제시'임이 확인되면, 매입은행 등이 '선적서류송부장(Covering Letter)'에 표시한 계좌정보에 따라 그 자금을 송금하여 줌으로써 신용장의 대금결제가 이루어지는 방식을 말한다. 개설은행이 개설의뢰인으로부터 수입대금을 결제 받은 이후에 매입은행 등에 대한 신용장대금의 상환이 이루어진다는 특징이 있다.

환어음은 개설은행 앞으로 발행하도록 하며, 일반적으로 다음과 같은 상환문언을 기재하게 된다. 'Upon receipt of all documents and drafts in conformity with the terms and conditions of this credit, we shall remit the proceeds to the bank designated by negotiation bank.'

제 2절 기한부신용장의 개설

1. 기한부신용장의 의의 및 종류

기한부신용장은 개설의뢰인이 선적서류 인수후 일정기간(어음기한) 경과후 대금을 지급하는 신용장을 말한다. 즉 개설의뢰인에게 일정기간동안 대금지급을 유예해 주는 것으로서 신용을 공여하는 제도이다. 따라서 개설의뢰인은 수입물품을 판매하여 그 대금으로 수입대금을 결제할 수 있는 시간적 여유를 가지게 된다.

기한부 신용장에서는 〈표 7-7〉과 같이 여러 종류의 신용장이 사용될 수 있다.

기한부거래에서는 누가 신용을 공여하느냐에 따라서 무역인수신용장(trade acceptance credit)과 은행인수신용장(banker's usance credit)이 있고 은행인수신용장에는 해외은행인수신용장(overseas banker's acceptance credit)과 국내은행인수신용장(domestic banker's acceptance credit)이 있다. 또한 환어음을 요구하지 않는 경우에는 연지급신용장 방식으로 개설할 수 있다.

[표 7-7] 기한부 신용장의 종류

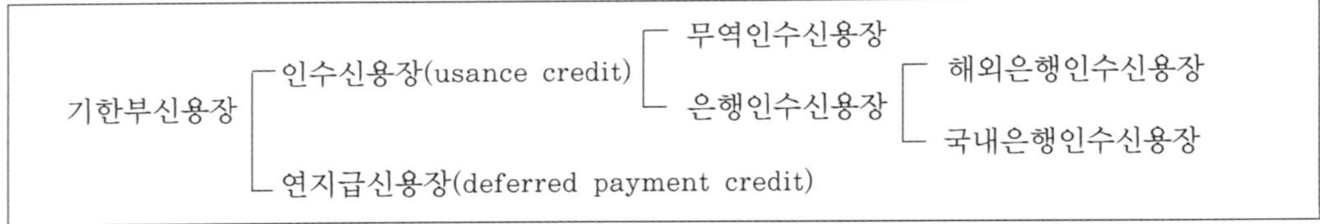

2. 해외은행인수신용장의 개설방법

해외은행인수란 해외에 있는 개설은행의 환거래은행이 신용을 공여하는 것을 말한다. 신용을 공여한다고 하는 것은 지급을 일정 기간동안 유예하여 주는 것을 뜻한다.

개설은행의 해외환거래은행은 인수수수료(acceptance commission)와 할인료(discount charge)를 개설의뢰인으로부터 받고 화환어음을 인수한 후 그 지역의 할인시장에 매각하여 대금을 일람불로 지급한다. 이러한 해외은행이 인수한 어음을 은행인수어음(Banker's acceptance draft)이라고 하여 인수은행의 신용등급에 따라서 할인율이 달라진다고 할 수 있다. 그러므로 매입은행은 비록 기한부어음이라고 할지라도 이러한 해외은행인수 신용장에 근거하여 발행된 환어음은 일람불(at sight base)로 지급하고 매입시 환가료는 일람불과 같은 기간 동안(10일 또는 9일)의 환가료만 지급하면 된다. 매수인은 인수수수료 및 할인료만 미리 납부하고 대금은 어음기간 후 만기일에 지급하면 된다.

1) 발행신청서 접수

개설의뢰인이 해외은행인수를 사용하려면 신용장개설신청서에 그 방법에 관하여 개설은행의 승인을 득하여야 한다.

2) 인수은행의 선택

개설은행은 인수편의를 공여하고 있는 은행을 인수은행으로 선정하고 한도가 있는지를 확인하여야 한다.

주로 개설은행의 본·지점을 많이 선정하고 또한 그 지역의 주요 예치환거래은행 중에서 선정한다. 이러한 인수은행은 개설은행이 선정하며 이에 관한 제비용은 개설의뢰인이 부담한다. 해외인수은행 설정 시 상호교환된 환거래약정서에 의하여 인수수수료를 비교하여 낮은 은행을 선정한다.

3) 신용장발행시 유의사항

기한부신용장 발행시 다음과 같은 사항에 유의하여야 한다.

(1) 어음의 기한표시

어음의 기한은 계약서 기한과 일치하는가 여부를 검토해야 하고 기한을 표시해야 한다.

We hereby issue in your favour this documentary credit which is available by acceptance of your draft at 90 days after sight drawn on ××× Bank.

(2) 인수은행의 표시

앞의 신용장상의 "drawn on _____"에 인수편의를 공여하는 환거래은행명을 기재한다. 예를 들면 "Citibank"를 인수은행으로 하고자 하는 경우에는 그 은행명을 "drawn on" 다음에 기재하면 된다. 즉 draw on 다음에는 환어음 인수은행을 표시한다.

(3) 일람출급매입(sight negotiation) 지시

기술한 바와 같이 은행이 신용을 공여하므로 수출상은 일람출급으로 대금을 지급받는다. 그러므로 신용장에 일람출급으로 매입하라는 지시를 해야 하며 기재 예를 보면 다음과 같다.

일람출급 매입지시를 다음과 같이 표시한다.

> 가. Usance drafts must be negotiated at sight basis and acceptance commissions and discount charges are for buyer's account 또는
> 나. You may negotiate the drafts on a sight basis, A/C and D/C are for buyer's a/c
> 다. Payment under this L/C is to be made at sight basis regardless of draft tenor, A/C and D/C are for buyer's a/c

[표 7–8] 해외은행인수

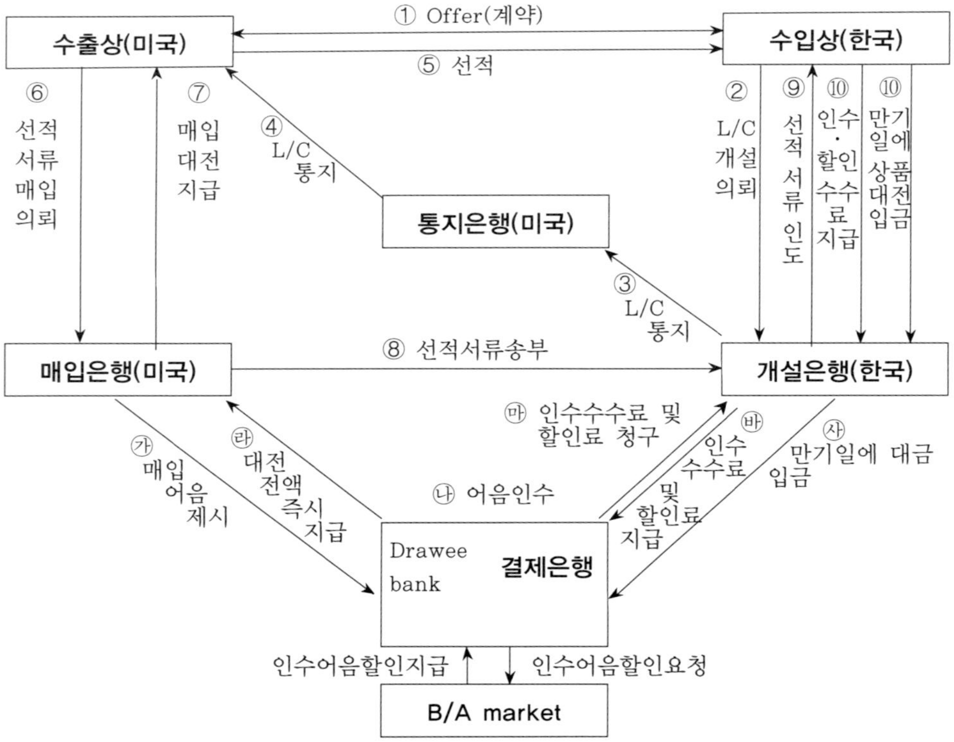

수출상(미국)
수입상(한국)
① Offer(계약)
⑤ 선적
⑥ 선적서류 매입의뢰
⑦ 매입대전 지급
④ L/C 통지
통지은행(미국)
② L/C 개설의뢰
⑨ 선적서류 인도
⑩ 인수·할인수수료 지급
⑩ 만기일에 상품대전 입금
③ L/C 통지
매입은행(미국)
⑧ 선적서류송부
개설은행(한국)
㉮ 매입어음 제시
㉱ 대전 전액 즉시 지급
㉯ 어음인수
㉰ 인수수수료 및 할인료 청구
㉳ 인수수수료 및 할인료 지급
㉴ 만기일에 대금 입금
Drawee bank 결제은행
인수어음할인지급
인수어음할인요청
B/A market

(4) 인수은행에 대한 인수지시

첫째, 매입은행의 상환어음을 사용할 경우, (Banking Draft 사용)

Please accept and discount drafts submitted to you by the negotiating bank debiting our account with you for acceptance commission and discount charges and debit face amount for the drafts accepted at maturity.

"매입은행에 의하여 귀행에 제시된 어음을 인수하고 할인하여 주시기 바랍니다. 인수수수료 할인료는 귀행의 당행구좌에서 차기하시기 바라며 어음의 액면금액은 만기일에 차기하십시오"

둘째, 수익자 발행어음(beneficiary draft 사용)을 사용하여 인수 요청할 경우 위 예문에서 by the negotiating bank 대신에 by the beneficiary라고 표시하면 된다. 이 경우는 서류의 송부 방법에서 수익자 어음은 상환은행으로 보내고 서류는 개설은행 앞으로 보내라는 표시가 있다.

다음과 같은 표시방법도 있다.

Kindly accept and discount any draft drawn under and in compliance with the terms of this credit when presented to you, airmailing the acceptance advice to us.

"귀행에 제시되면 이 신용장조건과 일치하게 발행된 어음은 인수하여 할인해 주시고 인수통지서를 당행에 우송해 주시기 바랍니다."

(5) 인수수수료 및 할인료 수입자부담

Acceptance Commission and discount charges are for the a account of buyer.

인수수수료 및 할인료는 수입자가 부담한다는 표시로서 주로 신용장 특별조건에서 기재된다. 해외 인수은행으로부터 만기일 통지 시 인수수수료 및 할인료가 통지되는데, 개설은행은 수입자로부터 수수료를 받아서 해외 인수은행 앞으로 송금 처리한다. 할인료는 인수은행의 자금조달비용에 마진(margin)을 추가하여 청구한다.

[표 7-9] 해외은행 인수 L/C 결제 과정

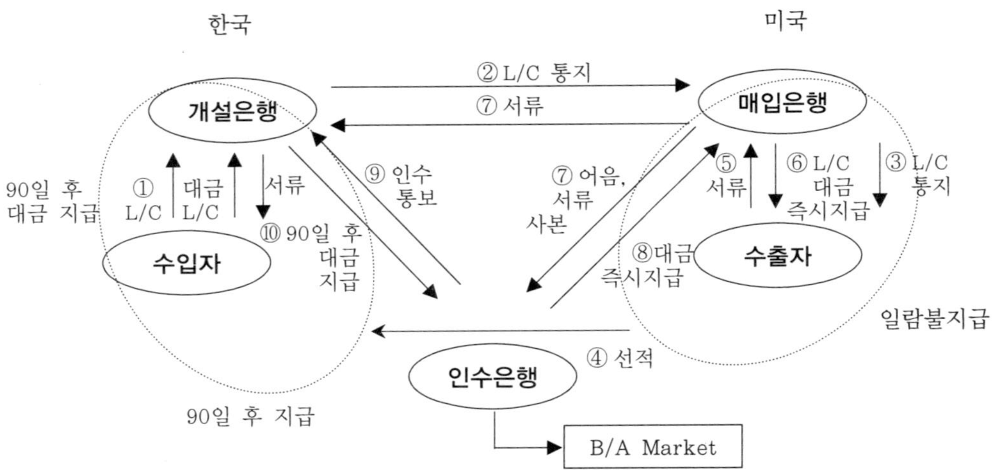

【예시 7-15】 인수신용장 원본

<table>
<tr><td colspan="3">INTERNATIONAL BANK OF KOREA
Seoul, Korea
Original[7]
Cable Address: Instbank Telex Number: 6809S
Seoul, June 20, 2007</td></tr>
<tr><td>Irrevocable Documentary Credit</td><td colspan="2">Credit Number
of Issuing Bank | of Advising Bank
M1801512NS33333 | 102</td></tr>
<tr><td>Advising Bank
Seattle-First National Bank
Seattle, Washington, U.S.A.</td><td colspan="2">Applicant
Daejoon Moolsan Co., Ltd.
C.P.O. Box 6156. Seoul, Korea.</td></tr>
<tr><td rowspan="2">Beneficiary
America International Ltd
576 Industry Drive, Seattle. Wa. 98188
U.S.A.</td><td colspan="2">Amount
U.S. Dollars One Million Only(US$1,000,000)</td></tr>
<tr><td colspan="2">Expiry
Date September 20, 2007
at the counters of the Advising Bank</td></tr>
<tr><td colspan="3">Dear sir(s),
We hereby Issue in your favour this documentary credit which is available by negotiation of your draft at 90 days after sight drawn on advising bank.
accompanied by the following documents marked "X":
☒ Full set of clean on board ocean bills of lading issued to the order of International Bank of Korea marked "Freight Collect" and "Notify Accountee."
☒ Signed commercial invoice in quintuplicate.
☒ Packing list in duplicate.
☐ Other documents required:
Covering 1,000 Cases of Cashmere Wool Yarn U.S.A. Origin @US$1,000 F.O.B. Seattle
Each draft accompanying documents must state: "drawn under credit No. M1801512NS33333 of the advising bank".</td></tr>
<tr><td colspan="3">Documents must be presented within 10 days after the date of issuance of the bills of lading or other transport documents.</td></tr>
<tr><td>Despatch/Shipment from Seattle
to Pusan Latest: September 10, 2007</td><td>Partial shipments
not allowed</td><td>Transhipments
allowed</td></tr>
<tr><td colspan="3">Special Conditions: You may negotiate the draft on a sight basis. Acceptance commission and discount charges are for the buyer's account.</td></tr>
<tr><td>We hereby engage that drafts drawn in conformity with the terms of this credit will be duly accepted on presentation and duly honoured at maturity.

Yours faithfully,
International Bank of Korea

Authorized Signature</td><td colspan="2">Advising Bank's Notification

Place, Date, Name and Signature of the Advising Bank</td></tr>
</table>

This credit is subject to "Uniform Customs and Practice for documentary credits(1993 Revision) international chamber of commerce publication No. 600. and URR 525

3. 국내은행인수신용장의 개설

국내은행인수 신용장은 내국수입유전스 신용장(domestic import usance credit)이라고도 부른다. 이 신용장에서는 수입국의 은행 즉 신용장개설은행이 신용을 공여한다. 따라서 수입상의 입장에서는 수입대금의 지급이 일정 기간 유예되면서 수입상품을 인도받아 동 상품을 판매하여 수입대금을 마련할 수 있고 해외의 매입은행의 입장에서는 환어음이 표면적으로는 기한부어음이나 개설은행에 의하여 일람불로 결제 받게 되므로 사실상 일람불조건의 환어음을 매입하는 경우와 동일하게 된다.

1) 발행신청서 및 수입승인서 접수

해외은행 인수신용장의 경우와 같이 발행신청서에 그 내용을 검토하여야 한다.

2) 신용장의 개설

내국수입 유전스신용장 개설시에 유의사항은 다음과 같다.

① 어음에 관한 표시

개설은행이 신용을 공여하므로 어음이 개설은행으로 내도하여야 하고 어음지급인으로는 개설은행을 기재하여야 한다. 따라서 신용장상의 "drawn on" 다음에 "ourselves"라고 기재하고 "at _____sight"에 어음기한을 표시한다.

We hereby issue in your favour this documentary credit which is available by acceptance of your draft at 90 days after sight drawn on ourselves

어음의 인수를 개설은행이 한다.

② 일람출급 매입 및 상환지시

그 다음 일람출급매입을 수권하는 문언을 해외은행인수에서와 같이 표시하고 상환에 관한 지시로서 매입은행이 무예치환은행일 경우 "Instructions to the negotiating bank. In reimbursement, you are authorize to draw at sight on(상환은행) to the debit of our account under advice to us."라고 기재하며 매입은행이 예치환은행으로서 인수은행을 겸할 경우 인수신용장에서는 "Instruction to negotiating bank. In reimbursement, please debit our account with you with the face amount of drafts under advice to us."라고 기재한다.

인수은행에 대한 지시는 별도로 없고 인수확약 문언만 있으면 된다. 주의할 것은 이 경우에는 인수수수료 및 할인료에 대한 언급이 없다. 인수수수료는 국내개설은행이 수입자로부터 직접 징구하기 때문이다.

3) 인수어음의 매각

어음을 인수한 개설은행은 자금조달을 위하여 인수어음을 한국은행이나 다른 외국환은행 또는 비거주자(해외지점 포함)나 거주자계정을 가진 거주자에게 매각 또는 기타 처분할 수 있도록 허용되고 있다. 인수어음 국내매각은 은행인수어음시장이 발달되어 있지 않으므로 해외은행보다 높은 조달비용으로 인하여 수익의 발생을 기대할 수 없다. 따라서 현재 거의 사용되지 않고 있다.

[표 7-10] 국내은행인수

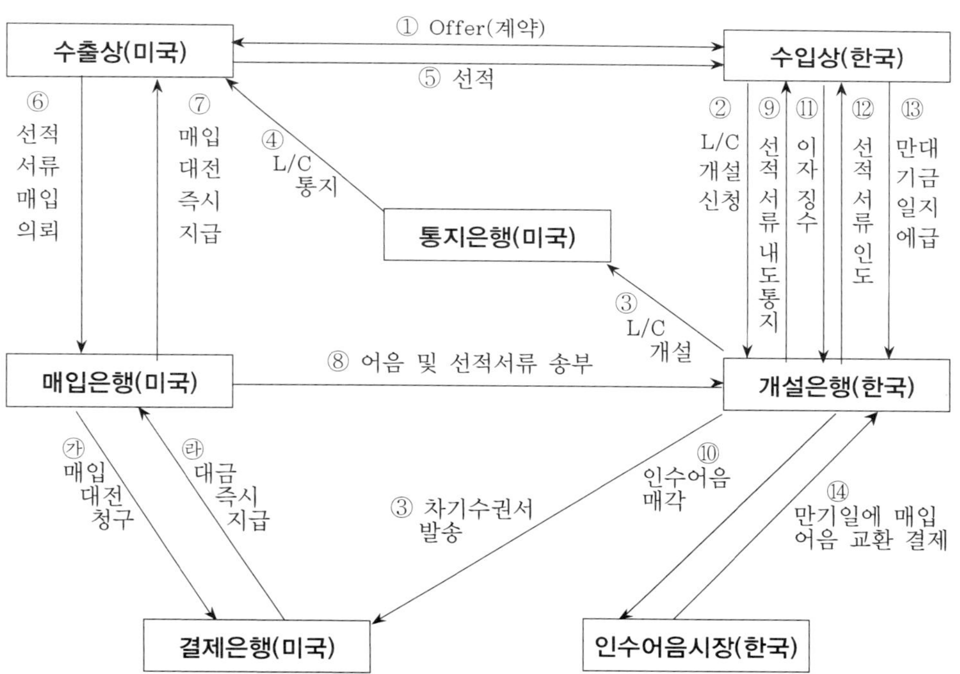

[표 7-11] 국내은행 인수 L/C결제

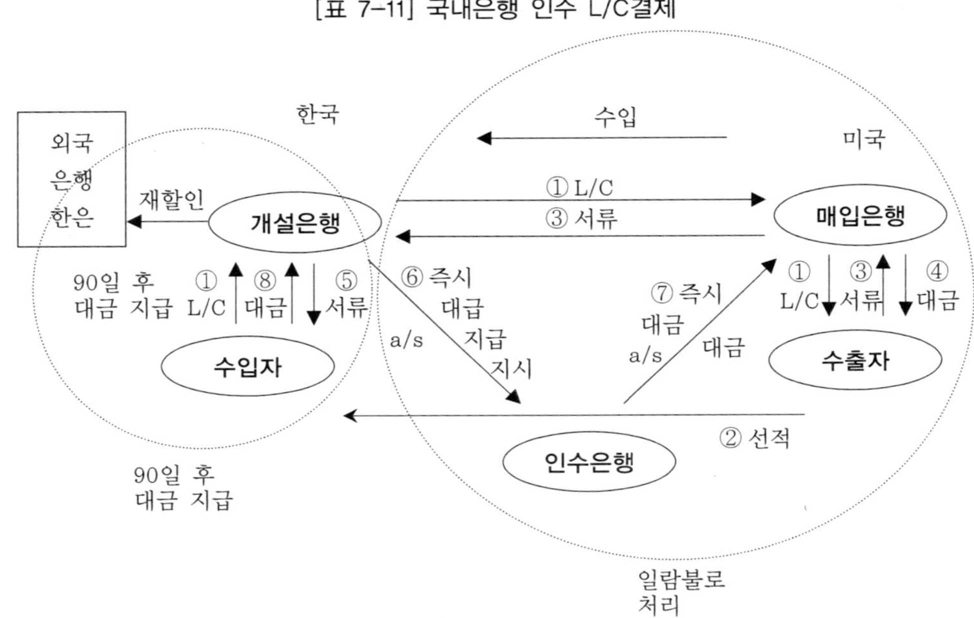

4. 무역인수신용장의 개설

무역인수신용장은 선적인 유전스신용장(shipper's usance credit)이라고도 한다. 예를 들면 일람 후 60일 조건으로 매매계약을 체결한 경우 수입상이 환어음과 선적서류를 인수한 일자로 부터 60일 후에 대금을 지급하면 된다.

1) 발행신청서 및 수입승인서 접수

해외은행 인수신용장의 경우와 같이 발행신청서, 수입승인서를 접수한 후 내용을 검토한 후 신용장을 개설하여 해외통지은행을 거쳐 수출자에게 통지한다.

2) 신용장의 개설

무역인수신용장 개설시에는 다음과 같은 사항을 주의하여야 한다.

(1) 이자에 관한 표시

수출상이 일정 기간 동안 신용을 공여하므로 수출상이 일정기간 후에 대금을 지급받으므로 수입상은 그에 대한 이자를 지급하여야 하며 이에는 두 가지 방법이 있다. 하나는 이자가 신용장금액에 포함되어 있어 만기에 이 금액을 수입상이 지급하면 되는 경우이며, 다른 하나는 이자가 신용장금액에 포함되어 있지 않아 어음의 만기에 원금과 이자를 지급하여야 되는 경우이다. 여기서의 이자는 매입은행이 계산하여 개설은행에 알려주는 것이 일반적이다.

이자가 신용장금액에 포함된 경우에는 "Interest up to the maturity is for account of beneficiary"라고 기재하고 이자가 신용장금액에 포함되지 않은 경우에는 "Interest up to the maturity is for account of buyer and the negotiating bank is requested to inform us of the interest up to the maturity at prime prevailing rate"라고 기재한다.

(2) 어음에 관한 표시

환어음의 지급인은 신용장상 "drawn on" 다음에 "ourselves"로 기재하고 at ____sight에 어음기한을 표시한다. 환어음지급인을 개설은행으로 하고 환어음은 기한부환어음으로 표시한다.

(3) 상환지시

상환에 관한 지시로서 상환베이스일 경우는 "Instruction to the negotiating bank. In reimbursement, you are authorized to reimburse yourselves for the face amount of drafts(or plus interest) only at maturity under advice to us" 라고 기재한다. 지정은행의 대금청구는 상환은행 앞으로 한다.

송금베이스로 상환하고자 하는 경우에는 "We will make payment at maturity as per your instructions to be received." 또는 "We will provide you with the necessary funds at maturity as per your instructions to be received"라고 기재한다. 지정은행의 대금청구는 개설은행 앞으로 하되 송급받을 은행을 명시하여 청구한다.

차기 베이스일 경우에는 "Instruction to the accepting bank, in reimbursement, please debit our account with you for the face amount of drafts (or plus interest) only at maturity under advice to us"라고 기재한다. 지정은행의 개설은행의 당좌계정에서 대금을 차기하여 결제한다.

무역인수신용장의 경우는 수출상이 신용을 공여하므로 그 신용공여 기간 동안의 이자를 지급하면 된다.

그러므로 수출상은 어음기간 후에 원금과 이자를 지급받게 된다. 다만, 기한 전에 수출대전을 회수하고자 할 때는 거래은행에 가서 어음기한동안의 할인료를 지급하고 나머지 원금을 수령할 수가 있다. 신용장에는 일람불로 매입할 수 있다는 문언이 없는 것이 은행인수신용장과 차이점이다. 따라서 매입은행은 어음만기일에 가서 대금을 지급받게 된다. 수입상의 경우에는 어음만기일에 대금을 지급하는 것은 해외인수신용장과 동일하다.

[표 7-12] 무역인수(송금베이스의 경우)

수출상(미국)
수입상(한국)
통지은행(미국)
매입은행(미국)
개설은행(한국)
결제은행(미국)
① Offer
② 신용장 개설 의뢰
③ L/C 개설
④ L/C 통지
⑤ 선적
⑥ 선적 서류 매입 의뢰
⑦ 운송서류송부
⑧ 선적 서류 내도 통지
⑨ 만기일 통지
⑩ 만기 일에 대전 지급
⑪ 만기일에 대전송금
⑫ 대전 지급
⑬ 만기 일에 원리금 지급

[표 7-13] 무역인수(송금베이스의 경우)

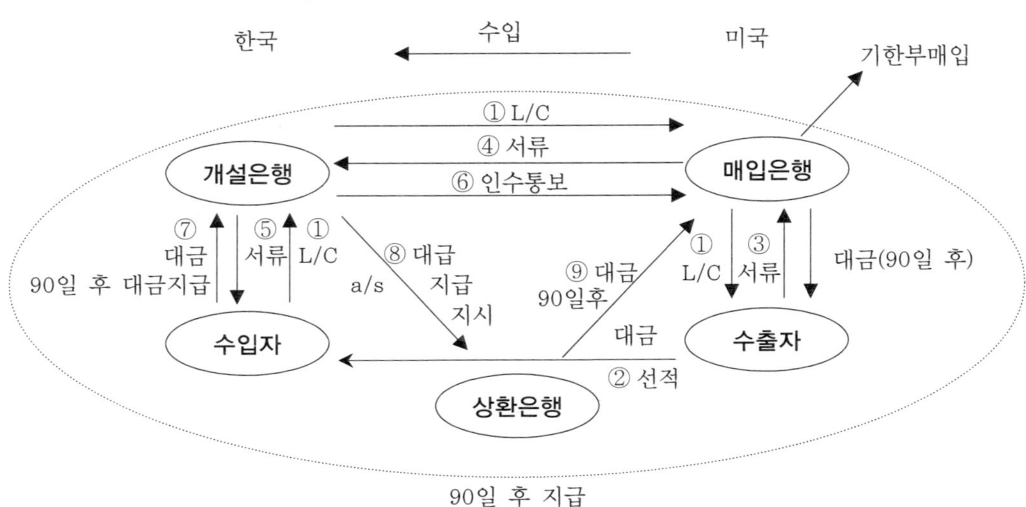

제3절 신용장 관련 수수료

수입신용장과 관련된 수수료는 각 은행의 내규에서 정하는 바에 따라 자율적으로 결정하여 징수하고 있으며, 또한 동일한 은행 내에서도 거래처의 신용도 등에 따라 요율을 달리 적용하고 있다. 그러므로 여기에서는 수수료에 관한 일반적인 기준을 위주로 하여 개괄적인 내용만을 살펴보기로 한다.

1. 화환신용장의 개설수수료 등

화환신용장의 개설, 증액, 기간연장 및 기타의 조건변경수수료는 다음과 같다.

1) 개설수수료

신용장의 개설로 인하여 발생하는 개설은행의 '신용위험부담(우발채무보증)'을 커버할 목적으로 징수하는 수수료이며, 통상 '3개월'의 기간단위로 수수료를 징수한다고 하여 '기간수수료(Trem Charge)'라 부르기도 한다.

수수료의 징수기간은 개설일로부터 수입환어음의 결제일까지를 원칙으로 한다. 일람불신용장의 개설시에는 먼저 유효기일까지에 대해서만 월 단위로 절상하여 징수하고, 초과하는 기간에 대해서는 신용장의 결제시점에서 추가적으로 징수하게 된다. 기한부 신용장의 개설시에는 유효기일에 어음기간을 더한 날짜까지에 대하여 징수한 후, 인수수수료를 징수하는 시점에서 인수일 이후의 기간(중복되는 기간)에 해당하는 개설수수료를 환급하게 된다.

징수요율은 수입용도 및 업체별 신용도 등에 따라 각기 달리 적용되나, 일반적으로 매 3개월마다 0.10~0.40% 정도의 요율을 적용하고 있다.

개설수수료의 계산 산식은 다음과 같다.

▶ 신용장금액 × 매매기준율 × 적용요율 × 징수기간(월)/3

2) 증액수수료

신용장의 증액으로 인한 개설은행의 신용위험부담 증가분을 커버할 목적으로 징수하는 수수료이며, 증액되는 금액에 대하여 개설수수료와 동일한 방법으로 징수한다.

3) 기간연장수수료

신용장 유효기일의 연장으로 인하여 개설은행의 보증채무기한이 연장됨에 따라 이를 커버할 목적으로 징수하는 수수료를 말하며, 연장되는 기간에 대하여 개설수수료와 동일한 방법으로 징수한다.

4) 기타 조건변경수수료

신용장의 증액 및 기간연장 이외의 기타 조건변경시 징수하는 수수료를 말한다. 기타조건변경수수료는 'Handling Commission(취급수수료)'의 성격을 지니고 있으며, 정액제의 요금이 적용되는 수수료이다.

2. 인수수수료

기한부신용장(Shipper's Usance)의 환어음을 '인수(Acceptance)'한다는 것은 신용장 개설에 따른 '(난외)미확정우발채무보증'이 '확정채무보증'으로 전환되는 것임을 의미하며, 더욱이 Banker's Usance 신용장 하에서 'Financing Party(신용공여은행)'의 'Bill Discount(인수·할인)'가 이루어진 경우라면, 개설은행은 이를 해외은행에 대한 차입금(대변 : 기타외화차입금) 및 수입상에 대한 대출금(차변 : 내국수입유전스)으로 계상하여야 한다. 따라서 개설은행은 그에 따른 추가적인 비용 및 리스크(Cost & Risk : 대손충당금의 추가 적립, BIS 자기자본비율 저하에 따른 기회비용 증가, 신용위험 증가 등)를 커버할 목적으로 인수수수료를 징수하게 된다.

인수수수료는 개설수수료보다 높은 요율(수입상의 신용등급별로 매 3개월마다 0.2%~0.6%)이 적용되며, 인수일로부터 만기일까지의 기간에 대하여 월 단위로 절상하여 징수한다. 다만, 인수수수료의 징수기간이 이미 징수한 개설수수료의 징수기간과 중복되는 경우에는 당해 중복기간에 해당하는 개설수수료를 환급하여야 한다.

3. 확인 및 할인비용

1) 확인수수료(Confirming Charge)

신용장의 '확인(Confirmation)'시에 확인은행이 징수하는 수수료를 말하며, 확인수수료는 신용장에서 지시하는 당사자(수출상 또는 수입상)가 이를 부담하게 된다.

보통 국내에서는 매 3개월마다 0.2~0.4% 정도의 요율을 적용하고 있다.

☞ 신용장의 '확인'은 개설은행에 대한 우발채무보증임.

2) A/D CHG(Acceptance Commission & Discount Charge)

'Banker's Usance' 신용장 하에서, 개설은행(개설의뢰인)의 요청에 따라 해외의 신용공여은행이 매입은행 등에게 'At Sight Basis'로 대금을 지급하기 위하여, 수익자가 발행한 기한부환어음을 '인수'하고 '할인'하는 때에 발생하는 금융비용을 말한다. A/D Chg.는 해외의 신용공여은행이 개설은행으로 청구하며, 이는 최종적으로 개설의뢰인이 부담하게 된다.

참고

'A/D Charge' Vs. '인수수수료'

'A/D Charge'는 환어음의 인수·할인에 따른 이자조로 해외의 신용공여은행(Financing Bank)이 징수하는 실비성격의 수수료(해외 은행의 자금부담비용)임에 반하여, '인수수수료'는 개설은행의 '(난외)미확정지급보증'이 '(차변)내국수입유전스' 및 '(대변)기타외화차입금' 계정으로 전환됨에 따라 개설은행이 추가적으로 부담하여야 하는 비용 및 리스크를 커버할 목적으로 징수하는 보증료성의 수수료(개설은행의 신용위험부담비용)임.

(1) A/D Chg. 선급조건(B/A Bill Discount Rate + α)

지정은행(매입은행)이 송부한 환어음을 신용공여은행이 인수하여 이를 B/A Market에서 할인한 후 그 자금으로 신용장 대금을 결제(At Sight Basis)하는 메커니즘을 가지며, 신용공여은행은 어음의 인수에 따라 본인이 부담하여야 하는 리스크부담비용(Acceptance Commission)과 당해 어음을 B/A Marlet에 매각하는 과정에서 발생하는 할인차액(Discount Charge)을 그 즉시 개설은행의 계좌에서 차기(인출)하게 된다.

따라서 개설은행은 신용공여은행으로부터 A/D Chg. 통보서를 접수하는 즉시 수입상에게 그 대금(A/D Chg.)의 결제를 요청하게 되며, A/D Chg.의 선차기에 따른 자금부담비용을 커버할 목적으로 약 10일간의 A/D Chg. 환가료를 징수하게 된다.

그 후 환어음의 만기가 도래하면 수입상은 개설은행에 그 대금(신용장대금)을 결제하게 되며, 신용공여은행 또한 환어음의 만기에 개설은행의 계좌에서 자금을 인출하여 당해 어음의 소지인에게 그 대금을 결제하게 된다.

(2) A/D Chg. 후급조건(LIBOR + α)

지정은행(매입은행)이 송부한 환어음을 신용공여은행이 인수한 후 이를 담보로 은행간 단기금융시장에서 자금을 차입하여 그 자금으로 신용장 대금을 결제(At Sight Basis)하는 메커니즘을 가지며, 신용공여은행은 당해 어음의 만기에 그 원금과 함께 본인의 인수수수료(Acceptance Commission) 및 차입금 이자(Discount Charge)를 개설은행의 계좌에서 차기(인출)하게 된다. 따라서 수입상은 어음의 만기에 원금(신용장대금)과 함께 A/D Chg.를 결제하게 되며, 위의 선급조건과는 달리 별도의 A/D Chg. 환가료는 발생하지 않게 된다.

그 후 환어음의 만기에, 신용공여은행은 개설은행의 계좌에서 대금(신용장대금 및 A/D Chg.)을 인출하여 그 자금으로 차입금 원금(신용장대금) 및 이자(Discount Charge)를 상환하게 되며, 그 나머지 차액을 본인의 인수위험부담대가(Acceptance Commission)로 수취하게 된다.

그러나 실무적으로는 A/D Chg. 선급 및 후급 조건을 막론하고, 대개의 경우에는 신용공여은행이 인수수수료 및 할인료를 모두 자신이 수취할 목적으로 지정은행(매입은행)에 대한 결제(At Sight Basis)를 자기자금으로 집행하는 것이 일반적이며, 개설은행 또한 해외의 신용공여은행을 자신의 해외 본·지점으로 지정하는 것이 일반적이다.

4. 코레스 비용

'코레스 비용(Corres Charges)'이란 신용장의 개설, 통지, 매입, 상환 등과 관련하여 해외의 거래은행이 청구하여 오는 일체의 수수료를 말한다. 해외은행수수료를 수익자 부담으로 명시한 경우에는 개설의뢰인이 그러한 수수료를 지급하여야 할 필요가 없지만, 만일 수익자가 지급하지 않는 경우 최종적으로는 개설의뢰인이 이를 부담하여야 할 책임이 있다.

1) Advising Commission

해외의 통지은행이 신용장의 통지시에 징수하는 취급수수료로서, 보통 해외의 수익자가 이를 부담하는 것이 일반적이다.

2) Negotiation Commission

매입신용장하에서 매입을 수권 받은 은행(자유매입신용장은 모든 은행)이 수출화환어음을 매입하는 경우에 징수하는 취급수수료를 말하며, 지급신용장에서는 'Payment Commission(지급수수료)'이 발생하게 된다. 이들 비용은 해외의 수익자가 부담하는 것이 일반적이다. 이는 신용장개설 수수료에 대응하는 것으로서 매입은행이 신용장 매입 행위를 하는데 대한 수수료로서 매입은행의 수익이 된다.

3) Reimbursement Commission

상환은행이 신용장 대금의 상환업무를 처리할 때에 징수하는 취급수수료를 말하며, 대개의 경우 금액에 관계 없이 매 어음 건별로 일정액을 부과하게 된다. 상환수수료는 신용장에서 지시하는 당사자(수출상 또는 수입상)가 이를 부담한다.

해외은행수수료를 수익자 부담으로 명시한 경우, 상환은행은 수수료비용을 차감한 후의 환어음 금액을 매입은행 등으로 지급하게 되며, 매입은행 등은 이를 'Less Charge'로 분류하여 수출상에게 청구하게 된다.

◀Banking Tips▶ Less Charge, Less 환가료, Less 지체료

Less Charge란?

매입외환의 결제과정에서 발생하는 수수료 등으로 인하여 해당 원금에 미달하는 부족금액을 말하며, 개설은행/상환은행/추심은행/결제은행 등이 관련 수수료를 공제하고 입금함으로써 발생하게 된다.

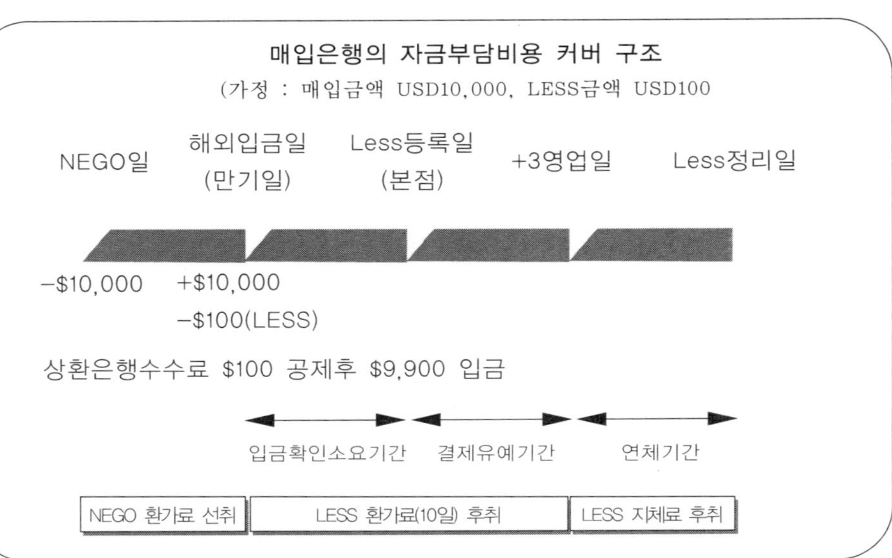

매입대금 USD10,000에 대한 만기일까지의 금리비용은 환가료를 통하여 매입 당시에 선취함.

매입대금은 만기일 당일에 마땅히 원금 전액이 회수되어야 하나,
상환은행이 상환수수료 USD100을 공제하고 입금함으로써 USD100에 대한 원금연체가 발생함.
그러나 이는 NEGO 원금에 대한 연체라기보다는 매입의뢰인이 상환은행에 부담하여야 하는 수수료 비용을 만기일 당일에 매입은행이 이를 대신 부담함으로써 발생하는 추가적인 금전대여의 성격을 지님.
따라서 매입의뢰인은 매입은행이 정한 소정의 기간 이내에 동 대금(Less)을 상환하여야 하며, 또한 그로 인하여 매입은행이 추가적으로 부담하여야 하는 자금부담비용을 보상하여야 함.
이때 매입은행이 그러한 자금부담비용을 커버하기 위하여 징수하는 수수료를 'Less 환가료'라 부름

☞ Less Charge의 결제유예기간: 본점의 Less 등록일로부터 3 영업일(은행마다 조금씩 상이함)

☞ Nego 만기일로부터 Less 결제유예기간의 만료일까지는 통상 10일 정도가 소요되며, 따라서 Less 환가료는 총 10일치의 정상적인 금리비용을 반영하고 있음.

Less Charge는 신용장거래의 구조적인 특성상 불가피하게 발생하는 추가적인 비용이므로 매입은행은 이를 배려하여 매입의뢰인에게 일정 기간 동안의 결제유예기간을 부여하고 있음.
그럼에도 불구하고 소정의 기간 이내에 이를 상환하지 않는 경우에는 부득이 그 시점부터 연체로 간주하여 연체이율을 적용할 수밖에 없게 되는데,
이렇게 매입은행이 연체이자조로 징수하는 수수료를 'Less 지체료'라 부름.

5. 기타의 수수료 등

1) 수입화물선취보증서 발급에 따른 수수료

여기에는 'L/G 발급수수료'와 'L/G 보증료(수입화물 선취보증료)'가 있다. 'L/G 발급수수료'란 수입화물선취보증서의 발급에 따른 은행의 '취급수수료'를 말하며, 'L/G 보증료'란 수입화물선취보증서의 발급에 따라 은행이 추가적으로 부담하여야 하는 '신용위험부담'을 커버할 목적으로 징수하는 보증료를 말한다.

L/G 발급에 따라 은행이 추가적으로 부담하여야 하는 리스크란, 수입화물에 대한 담보권의 상실 및 선박회사에 대한 새로운 보증채무의 발생을 말한다.

일반적으로 'L/G 보증료'는 연리 3%의 요율을 적용하여 징수하고 있으며, L/G 발급액 전액에 대하여 수입보증금을 적립하는 경우에는 보증료의 징수를 면제한다.

☞ L/G보증료 징수기간:

Sight L/C는 L/G 발급일로부터 당해 수입환어음의 결제 전일까지, Usance L/C는 L/G 발급일로부터 당해 수입환어음의 인수 전일까지의 기간에 대하여 징수함.

2) 수입환어음 결제 환가료

상환베이스(Reimbursement Base)의 일람불 수입신용장 하에서는 수입상의 대금결제 이전에 개설은행의 예치환계정에서 먼저 대금지급이 이루어지게 된다. 따라서 개설은행은 그러한 '자금부담비용'을 커버할 목적으로 일정한 기간에 대하여 이자조의 수수료를 징수하게 되는데, 이를 '수입환어음 결제 환가료'라고 한다. 여기서 일정한 기간이라 함은 '통화별 표준결제일수(표준우편일수)'를 말한다.

3) GR. Charge(Grace Day Charge)

전술한 바와 같이 상환베이스의 일람불 수입신용장 하에서는 수입상의 대금결제 이전에 개설은행이 미리 그 대금을 지급하게 되며, 이에 따라 10일치의 '수입환어음 결제 환가료'를 징수하게 된다. 그러나 실제로 수입상의 대금결제가 이루어지는 시점은 선적서류의 내도 익일로부터 5영업일째 되는 날이 대부분이어서, '수입환어음 결제 환가료'만 가지고는 개설은행의 자금부담 비용을 커버할 수 없게 된다. 따라서 그 초과일수에 해당하는 기간에 대하여 별도의 수수료를 징수하게 되는데, 이를 'GR. Charge'라고 한다. 선적서류의 도착통지일 당일에 결제하도록 하지 아니하고 일정 기간 대금결제를 유예하여 줌으로써 발생하는 수수료라 하여, 이를 '수입환어음 결제 유예이자'라 부르기도 한다.

일반적으로 선적서류의 본점 내도 익일로부터 3영업일을 초과하여 결제가 이루어지는 경우에 징수하게 된다(GR. Charge의 징수기간은 은행마다 그 기준이 모두 다르므로 참고 바람).

4) 수입환어음 대지급금 이자

일람불신용장은 선적서류가 도착한 다음날로부터 5영업일 이내에 대금을 결제하여야 하며, 기한부신용장은 정해진 만기(또는 그 이전)에 그 대금을 결제하여야 한다.

만일 수입상이 결제를 이행하지 못하는 경우에는 개설은행이 이를 대신 지급하여야 하며, 그로 인한 '대지급금'에 대하여는 회수일까지의 기간에 대해 연체이율을 적용한 이자를 징수하게 된다.

5) 하자수수료

내도된 선적서류가 신용장의 조건과 불일치함에도 불구하고 그러한 환어음을 결제하는 경우에는, 신용장에서 미리 정한 소정의수수료를 결제금액에서 차감한 후 지급하는 방법으로 수출상으로부터 하자수수료를 징수하게 된다.

6) 우편료 및 전신료

신용장의 개설·증액·기간연장 및 기타의 조건변경 또는 기타 통신문 등의 발송에 수반되는 우편료 및 전신료의 실비는 이를 개설의뢰인으로부터 징수하게 된다.

제 4 절 은행인수업무

1. 인수업무의 개요

어음지급인(drawee)이 어음을 인수하면 어음소지인에 대하여 주된 채무자로서 지급만기일에 지급할 의무를 부담하게 된다.[18] 신용장거래에서 어음지급인은 개설은행이나 제3은행이 될 수 있다.[19] 해외은행인수어음에서는 어음 지급인이 해외의 제

18) 어음법 §28 ①

3은행이 되며 무역인수나 국내은행인수어음에서는 국내개설은행이 어음채무은행이 된다. 그러나 개설은행이 어음 금액을 지급한 후 개설의뢰인에게 상환청구를 하기 때문에 최종적으로는 어음지급인은 개설의뢰인이 된다. 신용장통일규칙에서는 신용장은 개설신청인을 지급인으로 하는 어음을 발행하도록 개설되어서는 안 된다고 규정하고 있다. 만약 신용장에서 개설신청인을 지급인으로 하는 어음을 요구하는 경우 은행은 그러한 어음을 추가서류로 간주한다고 규정하고 있다. 이는 개설은행이 어음의 최종적인 지급채무를 지고 개설은행은 개설신청인에게 내부적인 약정관계에 의하여 보상을 받아야 한다는 의미이다.[20] 즉 개설은행을 환어음의 지급인으로 해서 발행하여 개설은행에게 인수지급책임을 확실히 물을 수 있다고 하겠다. 또한 국내은행 인수어음에 있어서도 개설은행이 인수은행이 되어야 한다.

2. 인수의 방법

환어음의 인수는 인수인이 발행인에 갈음하여 최종적인 인수은행이 지급채무를 부담하는 어음행위이다.

실무상 인수는 어음에 인수한 뜻을 기재하고 채무은행이 기명날인하여야 한다.

어음표면에 채무은행이 표시한 단순한 기명날인도 인수로 본다.[21]

【예시 7-16】 인수표시의 예

Accepted on July 20, 20XX No.
International Bank of Korea
Authorized Signature

그러나 인수의 뜻을 어음의 배면에 표시하면 백지배서와 혼동할 염려가 있으므로 어음의 전면에 표시하는 것을 관습으로 하고 있다. 인수의 뜻은 다음과 같이 표시한다.

19) U.C.P 9조 a항 iii호
20) U.C.P. 9조 b항 iv호
21) 어음법 §25

인수는 무조건적이어야 하며 어음의 다른 사항을 변경하여 인수한 때에는 인수를 거절한 것으로 간주한다(어음법 §25). 그러나 지급인이 금액의 일부에 제한을 가하여 인수하는 것은 가능하다. 인수일자를 표시하는 것은 인수의 요건은 아니지만 일람후 정기출급어음에는 반드시 기재하여야 한다.[22] 인수를 하게 되면 인수어음은 약속어음화하며 인수인이 발행인에 갈음하여 지급채무를 부담하게 된다. 인수인과 발행인과의 관계는 내부적인 구상관계에 의하여 처리하게 되는 것이다.

3. 기한부어음의 만기일 산정방법

기한부 어음에는 일람후정기출급어음(time sight draft), 일자후정기출급어음(time date draft)과 확정일출급어음의 세 가지가 있다.

첫째, 일람후 정기출급어음은 어음지급인이 어음을 인수한 날로부터 만기가 기산되는 어음이다. 만기를 정하는 방법에는 일로 정하는 방법과 월로 정하는 방법이 있다. 예컨대 전자는 "at 60 days after sight"인 경우이고 후자는 "at 1 month after sight"인 경우이다. 日數에 의할 때에는 초일은 산입하지 않고 다음날부터 계산하여 기간말일을 만기일로 한다. "at 60 days after sight"인 어음에서 어음 지급인이 7월 7일에 인수한 경우 어음의 기산일은 7월 8일이 되고 만기일은 9월 5일이 된다.

【예시 7-17】 만기일 산출 예〉

– 7월 8일 ~ 7월 31일	—— 24일
– 8월 1일 ~ 8월 31일	—— 31일
– 9월 1일 ~ 9월 5일	—— 5일
총계	60일

월에 의하여 정할 때에는 월의 대소에 불구하고 지급할 달의 인수일의 대응일을 만기일로 한다(어음법 § 36). 예컨대 어음의 인수일이 7월 7일이고 어음조건이 "at 2months after sight"이면 2개월 후 7일의 대응일 즉 9월 7일이 만기일이 된다. 그러나 해당 월에 대응일이 없을 경우에는 해당 월의 말일을 만기일로 본다(어음법 § 36). 예컨대 인수일이 12월 30일이고 "at 2 months after sight"이면 2월 30일이 만기일이 되나 2월 30일이 없기 때문에 평년에는 2월 28일, 윤년에는 2월 29일이 만기가 된다.

22) 어음법 § 25 ②

둘째, 일자후 정기출급어음은 선하증권 또는 환어음 발행일자를 기준으로 만기일이 계산되는 어음을 말한다. 예컨대 “at 60 days after B/L date” 또는 “at 1 month after draft's date”로 된 경우이다. 이러한 어음은 선하증권 또는 환어음의 발행일의 다음날이 기산일이 되기 때문에 어음지급인의 인수일과 관계 없이 만기일이 확정된다. 日 단위로 정하는 경우에는 선하증권 또는 환어음의 발행일 다음날부터 기산되며, 月 단위로 정하는 경우에는 선하증권 또는 환어음의 발행일로 부터 해당월의 대응일이 만기일이 된다.

만일 “from”을 사용하여 “at 60 days from B/L date”로 정한 경우에도 국내 상법상 기일계산 방법에 따라서 발행일자 다음날이 기산일이 된다. 그러므로 가급적 from을 사용하지 않도록 하는 것이 합리적이다. 이번 신용장 6차 개정에서는 어음 만기일을 정할 때는 from과 after의 단어에 불구하고 명시된 일자 다음날부터 계산한다고 되어 있다.(UCP600 제3조)

셋째, 확정일출급어음은 만기일이 19 ×× 년 ×× 월 ×× 일로 기재되어 있는 어음을 말한다. 일자후 정기출급의 경우에 어음발행인이 기산일을 알기 때문에 어음에 만기일을 기재할 수 있다. 예컨대, 어음의 기한이 “at 2 months after B/L date”이고 B/L 발행일이 7월 7일인 경우 만기일은 9월 7일이 된다. 이때 어음에 “at 2 months after B/L date”라고 기재하지 않고 “September 7, 20 ×× ”라고 기재하는 것이 그것이다. 가끔 만기일 표시를 할 때 from B/L date 또는 after B/L date라고 표시할 경우 B/L date는 발행일이 아니고 선적일로 본다는 것이 I.C.C 견해이다.

4. 인수 및 만기일 통지

1) 무역인수

무역인수어음인 경우에는 개설은행이 매입은행에게 어음의 만기일을 통지하여야 한다. 환어음 만기일은 서류를 접수한 익일을 환어음기산일로 하여 어음의 만기일을 통해야 하고 [예시 7-18]과 같이 작성하면 된다.

만기에 대금지급을 상환베이스로 하는 경우, 에컨대 개설은행이 신용장상 상환지시 문구로 “Please reimburse yourselves by sending reimbursement request to C.M.B at matarity”라고 기재한 경우에는 매입은행이 C.M.B로 상환청구를 하여야 한다. 그러나, 만기에 대금지급을 송금베이스로하는 경우, 예컨대 신용장상 ”We will make payment as per your instruction to be recieived at maturity“라고

기재한 경우에는 매입은행이 만기일에 대금을 받을 수 있도록 조치하여야 한다.

[예시 7-18]의 어음인수 통지는 만기에 대금지급을 송금베이스로 한 경우의 예문이다. 송금을 할 때에는 Value date를 표시하여야 하며 기재문언의 예는 다음과 같다.

【예시 7-18】 대금송금시 영문 예

"C.M.B. New York
PLS TRANSFER US$ 20,000 VALUE DATE JUNE 10 TO UNION BANK New York
at account of INTERNATIONAL BANK OF KOREA

여기서 Value date란 예금인출일을 말한다. 기재문언의 예에서 C.M.B가 6월 10일에 협회은행계정에서 US$ 20,000를 인출하여 UNION BANK에 지급하여야 한다.

2) 해외인수

해외은행 인수는 이미 설명한 바와 같이 해외은행이 인수편의를 제공하므로 해외은행이 어음지급인이 되고 해외은행의 인수한 날자가 인수의 기산일이 된다. 여기서는 해외은행이 해당 어음의 만기일과 인수수수료 및 할인료를 개설은행 앞으로 통보하여 온다.

3) 국내은행인수

국내은행인수에서는 매입은행과 수익자는 일람출급으로 대금결제를 받고 국내의 개설은행이 신용을 공여하므로 매입은행 앞으로 만기일 등을 통보할 아무런 이유가 없다. 국내인수은행은 만기일에 수입자로부터 직접대금을 받으면 되기 때문이다.

【예시 7-19】 어음인수통지

Gentlemen:

Re your no. 13247
our credit 30, M1647012 NU00025

In accordance with your instruction in your covering letter of May 10, 19 x x, we have today accepted the drafts in the amount of US$ 20,000 to mature July 10, 2007 under the above credit.

The drafts will be held in safe keeping until maturity, at which time we will remit payment of the face amount to the Chase Manhattan Bank, 333 Wall Street, New York, N.Y. for the credit of your account.

With best regards,

Very truly yours,

____

Authorized signature

〈참고〉 만기일 산정에 관한 ISBP 견해

만기일 표시가 xxx days after B/L date인 경우는 on board date를 의미한다. from 이나 after의 표시는 만기일 계산상 초일 불산입의 의미이다. 여러항구로부터 선적된 본선적재표시 B/L은 최선선적일을 기준으로 만기일을 산정한다. 동일항구에서 여러개의 본선적재 표시 B/L은 최종선적일을 기준으로 만기일을 산정한다.[23]

23) ISBP 45. c. d. e 항

제 5 장 선적서류작성 및 수출환어음매입

1. 환어음

환어음이란 국제거래상의 채권자(債權者)가 채무자(債務者)에게 대하여 그 채권금액의 지명인 또는 소지자에게 일정한 시일 및 장소에서 지불할 것을 무조건 위탁하는 요식유가증권(要式有價證券)이다.

환어음은 보통 2통으로 발행되어 하나가 결제되면 나머지는 자동적으로 무효가 되는 것이다. 환어음의 주요 당사자는 다음과 같이 구별할 수 있다.

① 발행인(drawer) : 어음을 발행하고 서명하는 자, 즉 수출업자인 채권자를 말한다.
② 지불인(drawee) : 환어음의 지급을 위탁받은 신용장 개설은행 또는 수입상(accountee)이 된다.
③ 수취인(payee) : 환어음의 지급을 받는 자로서 발행인이 될 수도 있고 발행인이 지정하는 제3자도 될 수 있다.

수출대금을 받기 위해서 선적서류와 함께 외국환은행에 제시하는 환어음을 작성할 때에는 환어음에 일반적으로 요구되는 형식요건 이외에 신용장에서 요구된 대로 작성하여야 한다.

2. 화환어음거래약정의 체결

외국환은행은 화환어음을 수출상으로부터 매입하기 전에 매입의뢰자(수출자)와 화환어음거래약정을 체결하는데, 이는 매입행위가 일종의 여신행위이므로 환어음의 매입에 관해 담보, 책임 등의 한계를 명확히 하기 위해서이다.

이러한 약정체결은 최초 거래시에 이루어지게 되며, 화환어음거래약정의 체결방법은 외국환은행이 작성한 일정한 서식(약정서)에 수출업자가 서명날인 함으로써 성립된다.

3. 환어음 및 선적서류의 작성

1) 환어음의 작성

환어음(bill of exchange)은 국제거래상 채권자(수출자)가 채무자(수입자)에게 채권액을 지명인 또는 소지인에게 일정한 기일 및 장소에서 무조건 지급할 것을 위탁하는 요식의 유가증권이다. 따라서 환어음은 요식증권이며, 기재사항은 필수기재사항과 임의기재사항으로 구분된다.

(1) 필수기재사항

필수기재사항은 한 가지라도 그 기재가 누락되면 환어음으로서의 법적효력이나 구속력을 갖지 못하므로 주의하여 기재하여야 한다.

- 환어음의 표시
- 무조건지급위탁문언(unconditional order in writing)
- 지급인(drawee)
- 지급기일
- 수취인
- 지급지
- 발행일 및 발행지
- 발행인의 서명날인(signature)

(2) 임의기재사항

임의기재사항은 어음 효력에는 영향을 미치지 아니하나 어음의 성격이나 내용을 명확히 표시하기 위한 기재사항이다.

- 환어음의 번호
- 신용장 및 계약서 번호
- 환어음 발행매수의 표시 등

(3) 환어음 작성시 주의사항

- 금액은 숫자와 문자로 병기해야 한다(숫자와 문자금액이 상이할 경우 문자금액을 따름).
- 환어음금액은 상업송장 금액과 일치하여야 하며, 이미 매입 의뢰한 금액을 포함하여 신용장상의 금액을 초과하지 않을 것
- 부당하게 정정하지 말 것
- 복수어음을 발행하는 경우, First Bill of Exchange, Second Bill of Exchange의 표시를 확인할 것(이러한 표시가 없는 경우 각각 독립된 어음으로 간주함)
- 발행인의 서명은 은행에 제출된 서명과 일치하여야 함.

2) 선적서류의 작성

선적서류란 화물의 선적을 증명하는 선하증권 등의 제반서류를 말하며, 수출지에서 이들 서류의 제시로 수출상품의 대금을 받을 수 있고 화물이 도착하는 수입지에서는 이들 서류와 상환으로 화물을 인수받을 수 있는 중요한 서류들을 의미한다. 일반적으로 수입자가 요구하는 선적서류에는 기본서류인 선하증권(Bill of Lading), 이외에 영사송장(Consular Invoice), 원산지증명(Certificate of Origin), 세관송장(Customs Invoice), 검사증명서(Certificate of Inspection), 중량용적증명서(List of Weight and Measurement) 등이 있다.

오늘날 국제거래의 대부분은 신용장에 의하고 있는데, 선적서류 작성시는 신용장이나 계약서를 면밀히 검토하여야 하며, 신용장에 의한 수출대금은 신용장에서 요구되는 대로 선적서류가 작성되지 아니하면 부도처리되는 경우가 있으므로 신용장통일규칙을 잘 숙지하여 신용장조건과 일치하게 작성하여야 한다.

(1) 선하증권(Bill of Lading)

- 선하증권은 운송품의 선적 또는 수취를 인정하는 가장 중요한 증거서류인 동시에 유통될 수 있는 유가증권이므로 신중히 다루어야 한다.

- 선하증권은 물품을 해상운송하여 지정항에서 선하증권의 정당한 소지인에게 인도할 것을 약정한 것이다. 따라서 B/L은 물권적 효력과 채권적 효력을 지니고 있다.
- 화물의 처분은 반드시 선하증권으로서 행하지 않으면 안 되며 통상 지시증권이므로 배서(또는 교부)에 의하여 이를 양도할 수 있으며, 양륙장 이외의 장소에서 화물을 인도할 경우 선박회사는 B/L 전통(full set)을 요구한다.

(2) 보험증권(Insurance Policy)

보험증권은 보험계약의 성립을 증명하는 서류로서 피보험자의 청구에 의해 발행하며, 원칙적으로 양도가능한 유통증권이다. 수출에 있어 보험증권이 요구되는 경우에는 가격조건이 CIF, CIP 조건 등일 때이며, 통상 2통이 발행되고 그 중 1통에 의해 보험업무가 이행되면 나머지 1통의 증권은 무효가 된다.

L/C에서 취급할 수 있는 보험서류는 보험회사 또는 그 대리인 또는 보험인수업자(Underwriter)가 발행 서명한 것이어야 한다. 간혹 보험증권 대신에 보험증명서(insurance certificate)와 보험승낙서(cover note)가 사용되는 경우가 있다. 보험증명서란 동종·동질의 물품이 같은 지역으로 계속해서 수출될 경우에 매 선적 시마다 개별적인 보험을 들지 않고 사전에 포괄보험증권(open policy)을 발급하고 개별적인 선적이 될 때마다 이 포괄보험증권의 원본에 의거해서 개개 선적품이 부보되어 있음을 증명하는 증명서인데, 어떤 신용장은 보험증명서의 대체(代替)를 허용하고 있지 않으므로 각별히 주의하여야 한다.

보험증권의 조건

- 선하증권 또는 송장에 기재된 상품을 대상으로 유효적절한 보험증권일 것
- 보험청구권이 은행에 양도되어 있을 것
- 신용장상에 요구하는 금액이 부보되어 있을 것(최저 부보금액 : 송장금액(CIF)의 110%)
- 부보일자가 B/L상의 선적일자 이전이어야 함
- 기타 신용장의 조건과 일치하여야 함

(3) 상업송장(Commercial Invoice)

상업송장은 거래상품의 주요사항을 상세히 명기한 것으로 수출자에게는 대금청구서로서의 역할을 하고, 수입자에게는 매입명세서로서의 역할을 하여 수입신고시 과

세가격의 증명자료가 되는 것이다. 송장상에는 물품매매의 조건도 표시되며 송장상의 금액이 곧 수출대금 즉 수출업자가 수입업자로부터 받을 수 있는 금액이 된다.

상업송장 작성시 유의사항

- L/C개설의뢰인 앞으로 발행함
- L/C상에 명시된 상품의 명세와 동일할 것
- 신용장번호, 수익자, 선명, 목적지, 작성자 서명과 일치할 것
- 선하증권, 보험증권, 기타 선적서류상의 기재내용과 일치할 것

(4) 기타 선적서류

포장명세서, 영사송장, 세관송장, 원산지증명, 검사증명서 등 기타 부속서류는 신용장에 명시된 바에 따라 작성하여야 한다.

3) 선적서류의 매입의뢰

환어음 및 선적서류 작성이 완료되면 수출자는 신용장 원본, 선적서류 등을 갖추어 외국환은행에 어음의 매입을 청구하면 은행은 신용장 조건과의 일치 여부 등의 서류심사 후 매입을 결정하고, 제반 수수료 및 취급한 무역금융대출금 등을 공제한 후 수출대금을 지급하게 된다.

(1) 일람불 수출환어음의 매입

At sight 신용장방식의 수출환어음이나 D/P방식 수출환어음의 매입시 적용되는 환율은 일람출급매입율인데 그 산식은 다음과 같다.

일람출급매입율 = 전신환매입율 - 우편일수/360 × 년환가료율 × 매매기준율

- 우편일수는 일반지역은 10일, 동남아지역(일본, 말레이지아, 싱가폴, 홍콩)은 9일이며, Renego시는 12일 임.
- 년환가료율은 LIBOR + 1% (표준추심일수에 해당하는 이자)
- 장부가격은 기준환율(시장평균환율)에서 소수점을 절사한 환율

(2) 기한부 수출환어음의 매입

기한부 수출환어음의 매입시 적용되는 환율은 기한부 수출환어음매입율인데, 그

산출공식은 다음과 같다.

- 90days after sight :
  전신환매입율 - 90/360 × 년환가료율 × 매매기준율
- 90days after B/L date :
  전신환매입율 - 90/360 × 년환가료율 × 매매기준율

(3) 하자있는 선적서류의 매입(L/G Nego)

선적서류가 L/C조건에 일치하지 않으면 매입은행은 L/C에 의한 대금회수의 보장을 받지 못하게 된다. 따라서 매입은행은 환어음 및 선적서류상의 L/C조건에 일치하지 않는 점이 있을 경우 매입의뢰인의 신용도에 따라 다음과 같은 방법의 하나를 선택하여 처리하고 있다.

- 환어음을 추심한 후 대금이 입금되었을 경우 지급하는 방법(collection base)
- L/C 개설은행 앞으로 하자 내용을 통보하여 매입여부를 전신으로 조회하는 방법(cable negotiation)
- L/C를 하자 있는 선적서류에 일치토록 조건변경(amendment)하여 하자를 해소한 후 매입하는 방법
- 대금지급 거절시 환불하겠다는 보증서를 징수하여 매입하는 방법

한편 외국환은행이 보증서를 받고 하자있는 수출환어음을 매입하는 경우는 상기 환율산출공식의 해당 환가료율에 1.5%를 가산한 요율을 적용하고 있다.

(4) 부도 또는 지급거절시 처리

수출환어음이 선적서류의 하자로 인하여 부도 또는 지급거절 되었다는 통지를 외국환은행으로부터 받고 일정 기간이 지나도록 대금이 결제되지 않을 경우 수출자는 수출환어음 매입대금 및 그 동안의 이자를 계산하여 환어음 매입 외국환은행에 상환하여야 한다.

제1절 전자신용장의 거래

1. eUCP의 제정 목적과 배경

1) eUCP의 제정 목적

2002년 4월 1일부로 발효된 eUCP는 글로벌 전자무역에서의 중요한 의미를 가진다고 할 수 있다. 따라서 eUCP의 제정은 실질적으로 전자신용장거래가 이루어질 수 있는 체계를 구축하였다. 기존의 선하증권은 목적지에 물품보다 선하증권이 먼저 도착하는 것을 조건으로 사용되었으나 현재 선박의 조선기술과 항해기술의 향상으로 목적지에 선하증권이 물품보다 늦게 도착하는 것이 발생되었는데 유럽에서는 이러한 문제점을 해결하기 위해 볼레로프로젝트를 진행한 결과 볼레로선하증권이라는 전자선하증권이 태동되었다. 따라서 선하증권의 위기문제가 해결됨으로써 실무적으로 전자신용장이 사용되도록 하는 계기가 되었다. 또한 볼레로선하증권을 비롯한 볼레로 서비스에서는 선적서류의 데이터베이스화를 통하여 선적서류의 전자제시가 가능하도록 하였다는 점에서 큰 의의를 둘 수 있다고 할 수 있다.

화환신용장통일규칙인 UCP 600의 경우에는 종이서류에 기반을 둔 화환신용장거래에 적용되도록 제정되었기 때문에 전자신용장이나 선적서류의 전자제시에 적용하기에는 부족하였다.

기존에 전자신용장에 관한 통일규칙에 대한 논의가 이루어져 왔으나 ICC에서는 새로운 통일규칙을 제정하는 대신에 전자제시에 대한 UCP 600의 적용상의 법적 미비점을 보완할 목적으로 UCP 부칙으로 eUCP를 제정하였다.

따라서 eUCP와 UCP의 주요내용을 비교·분석하여 이에 대한 특징을 살펴보고 전자신용장의 사용에 대한 편리함에 대해 설명하고자 한다.

2) eUCP의 제정 배경

종이신용장에서 전자신용장으로의 현재의 점진적인 변화와 더불어, 업계는 국제상업회의소가 이러한 변화에 대한 지침을 제공해 줄 것을 기대하였다. 이에 부응하여 은행위원회는 UCP의 추록으로 적절한 규칙을 마련하기 위하여 UCP, 전자무역 그리고 운송 관련 사업분야의 전문가로 구성된 작업반을 설치하였다. 은행위원회에서는 이러한 권고안을 승인하였고, 18개월 동안 걸친 작업반의 노력의 결과 전자적 제시를 위한 화환신용장통일규칙 및 관례의 새로운 추록인 eUCP를 제정하게 되었다.

3) 기존무역거래절차의 문제점

(1) 서류작성과 관련된 비효율성

선하증권과 관련된 서류작성이 대부분 수작업으로 입력되고 있고 선적 관련 정보가 정정되는 경우도 많이 발생하고 있어 서류작업의 비효율화를 초래하고 있다. 또한 화인(shipping mark)과 같이 전자화 되지 않는 정보가 존재하고 있어 수작업으로 기록되고 있다는 점 또한 효율성을 저해하고 있다.

(2) 무역서류의 전달 및 취급과 관련된 비효율성

서류 전달에 시간과 인력이 필요할 뿐만 아니라 이로 인해 연쇄적 비효율성을 초래하고 있다. 연쇄적 비효율성의 대표적인 경우가 선하증권의 위기(the B/L's crisis)문제로서 물품이 도착되어 있음에도 선적서류가 도착하지 않아 화물의 인도가 지연되고 있고 보증도의 경우에도 은행의 보증에 대한 비용 등 추가적인 사무비용을 초래하고 있다. 서류취급의 경우 일치여부를 심사하는데 있어 동일 정보를 수

작업으로 하기 때문에 심사하는 은행 측에서 지식과 경험을 가진 인력이 서류를 심사하는데 시간이 많이 소비되고 있다. 이러한 서류심사는 무역업자와 결제에 관련된 은행에서 중복으로 이루어지고 있다. 수작업으로 중복된 작업을 하는 결과로 발생하는 서류의 불일치로 인하여 서류가 수리거절 시 양 당사자의 의견 불일치로 화물의 인도와 대금결제가 제대로 이루어지지 않는 결과를 초래하고 있다.

(3) 무역서류철비용으로 인한 국제경쟁력 약화

무역거래와 관련된 서류를 처리하기 위해 귀중한 인력을 소비하고 있어 이를 금전적으로 환산하면 엄청난 비용이 지출되고 있다. 무역에 관련된 사무비용은 무역총액의 약 7.1%로 전 세계적으로 3,000억 달러 이상이며, 수치는 매년 증가 추세이다. 만약 이러한 비용을 전자신용장으로 인해 비용을 절감할 수 있다면 국제경쟁력에 대해 우위를 점할 수 있을 것이다.

2. eUCP와 UCP의 비교

1) 적용범위

(1) eUCP(전자신용장 통일규칙)

당사자들의 합의와 신용장에서의 명시에 의해 eUCP가 적용되도록 하고 있으며 적용가능한 규칙발행번호(version)를 기재하여야 하고 이러한 규칙발행번호를 기재하지 않은 경우에는 적용가능한 규칙을 알 수 없다. 그리고 eUCP가 UCP의 부칙으로서의 성격을 지니고 있기 때문에 eUCP 신용장의 경우에는 UCP를 명시적으로 삽입하지 않더라도 해당 UCP가 적용된다는 강제규정을 두고 있다. UCP와 eUCP가 상충되는 경우 eUCP를 우선한다는 원칙을 규정하고 있다.

(2) UCP(신용장 통일규칙)

UCP가 신용장의 문언에 삽입되어 있는 경우 모든 화환신용장에 적용하여야 하고 신용장에서 달리 명시적으로 규정되지 않는 한, UCP가 모든 신용장 당사자들을 구속한다고 규정되어 있다.

2) 용어의 정리

(1) eUCP

"문면상 보이다(appears on its face)", "서류(document)", "전자기록의 제시를 위한 장소(place for presentation)", "서명하다(sign)", "부가된(superimposed)", "표기(notation)" 또는 "타인된(stamped)"이라는 용어를 전자제시에 적용하도록 재정의하고 있고 eUCP에서 사용되고 있는 용어, 즉 "전자기록(electronic signature)", "양식(format)", "종이서류(paper document)", "수취된(received)"이라는 용어를 별도로 정의하고 있다. 이는 eUCP의 해석상의 편의를 제공하기 위해 정의한 것이라고 판단된다.

(2) UCP

UCP에서는 별도의 조항에서 용어를 정의하고 있는 경우외 신용장의 정의를 전체적으로 제2조에서 규정하고 있는 경우인데 이외에는 각 조항에서 필요에 따라 정의하고 있다. 즉, 취소불능 신용장, 취소불능 신용장의 확인, 매입, 무사고운송서류 등을 각 조항에서 필요에 따라 규정하도록 하고 있다.

3) 양식 및 제시

(1) eUCP

eUCP는 제시되어야 할 전자기록의 양식을 명시하도록 규정하고 있고 명시되지 않은 경우에는 어떤 형식으로도 제시될 수 있도록 하고 있다. eUCP에서는 전자기록을 제시하기 위해 제시장소를 전자기록과 종이서류 양자의 제시를 허용하는 경우 종이서류의 제시를 위한 장소를 규정하여야 한다고 규정하고 있고 전자기록은 별도로 또는 동시에 제시될 수도 있다고 규정하고 있다.

그리고 은행의 시스템이 제시 만기일자 및/또는 선적일자로부터의 기간의 최종일자에 전송된 전자기록을 수취할 수 없는 경우에는 이러한 일자가 전자기록을 수취할 수 있는 다음 첫 번째 은행영업일까지 연장된다고 규정하고 있다(eUCP e5조 e항).

(2) UCP

UCP에서는 서류발행인과 관련하여 일류의, 저명한, 독립된 등의 용어가 사용되지 않도록 규정하고 있으며 하자가 없는 한 관련 서류를 제시된 대로 수리한다고 규정하고 있다.

[표 7-14] eUCP의 구성 및 UCP 600의 비교

제1조	eUCP의 범위	제1조	UCP의 적용
제2조	eUCP와 UCP의 관계	제1조	UCP의 적용 관련조항
제3조	정의	제3조	서류발행인에 관한 불명확성. 제21조 부정확한 서류의 발행인 또는 내용
제4조	양식	제6조	서류제시를 위한 만기일자 및 장소

그리고 제시와 관련하여 UCP에 의하면 모든 신용장은 지급, 인수를 위한 서류제시의 유효기일과 장소를 표시하여야 하고 서류를 요구하는 모든 신용장은 선적일 이후부터 제시를 하여야 할 특정한 기간도 표시하여야 한다라고 규정하고 있다.

제2절 전자신용장의 특징과 문제점

1. eUCP의 장점과 특징

1) 전자신용장의 장점

(1) 서류작성과 관련된 비효율성 제거

글로벌 전자무역의 도입으로 기존의 서류작성이 수작업에서 컴퓨터작업으로 전환됨으로써 서류작성상에 발생하는 오류가 줄어들 뿐만 아니라 수신된 정보를 재입력과정 없이 사용할 수 있어 기존의 입력과정에서 발생하는 오류도 또한 줄일 수 있어 서류작성과 관련된 비효율성을 제거할 수 있다.

(2) 무역서류의 전달 및 취급과 관련된 비효율성 제거

글로벌전자무역의 도입으로 서류처리의 자동화를 구현하는 경우 선적서류를 전자서류와 함께 신용장을 전자데이터화 할 수 있고 각 서류에 기재된 사항을 자동으로 점검하는 것이 가능하여 서류송부와 수수료 및 심사에 관련된 시간적 부담이 줄어들게 되어 취급 시 필요한 시간이 크게 단축되는 것이 큰 장점이라고 할 수 있다.

신용장거래의 경우 수입지소재의 신용장발행은 신용장조항의 파일을 가지고 있고, 해외에서 선적서류의 전자데이터가 발행은행에 도착하였을 때 그 화일중의 데이터를 이용하여 신용장조건과 일치점검, 신용장잔고의 검색이 가능하여 업무개선이 크게 향상된다고 할 수 있다.

(3) 무역서류처리비용의 저렴화로 국제경쟁력강화

무역서류 작성에 많은 인력과 시간이 투입되는데 반해 글로벌전자무역의 도입으로 전자신용장이 사용될 경우에는 선적서류가 전자적으로 제시됨으로써 무역서류처리비용을 절감할 수 있어 기업의 국제경쟁력을 향상시킬 수 있다.

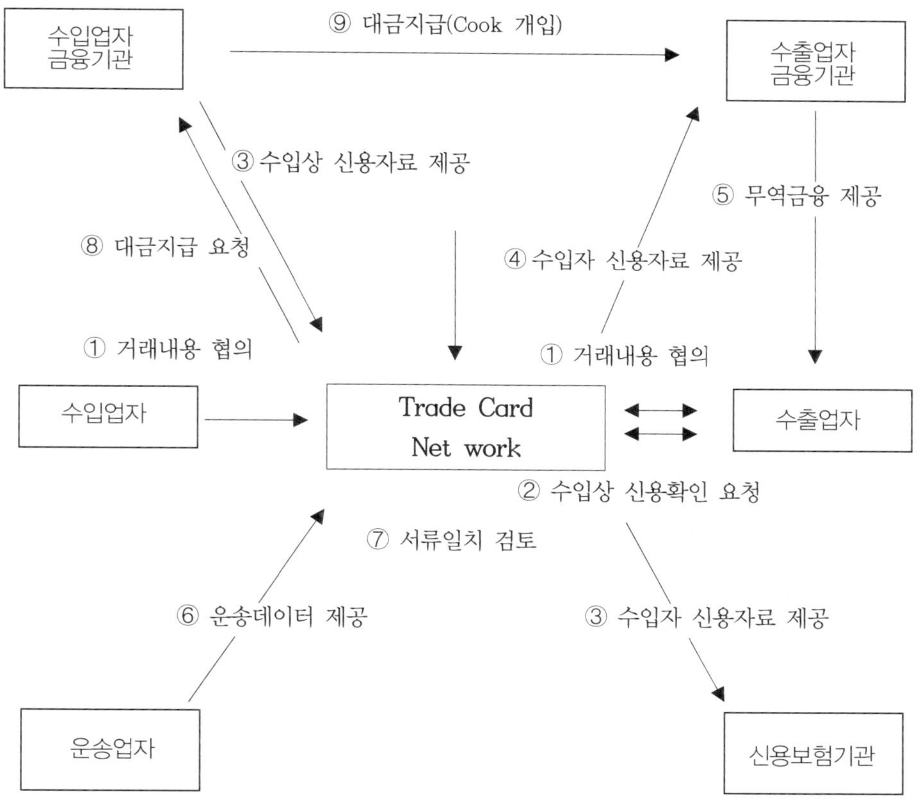

[그림 7-2] 전자결제의 절차

① 수출업체와 수입업체는 EDI나 웹브라우저를 통해 거래내용과 조건을 협의하고 계약서를 작성한다.
② 수출업체가 트레이드카드 네트워크를 통해 수입상의 신용을 확인하다.
③ 수입업체는 금융기관과 보증기관으로부터 신용한도를 설정 받는다.
④ 트레이드카드는 수입업자의 신용정보를 수출상 거래은행에 제공하다.
⑤ 수출상 요청시 무역금융을 제공한다.
⑥ 수출상은 물품선적후에 선적지시서와 포장명세서를 운송업체에 전송하고 검사기관은 이를 검증하며 운송업체를 운송데이터를 트레이드 네트워크에 전송한다.
⑦ 트레이드 네트워크는 선적서류를 검토하여 승인하다.
⑧ 트레이드 네트워크는 수입업체가 거래하는 금융기관에 대금지급을 통보한다.
⑨ 수입업자 금융기관은 수출업자 금융기관에 대금을 지급한다.

2) eUCP의 특징

(1) 선적서류의 전자제시에 한정

eUCP는 UCP상에서 서류제시와 관련하여 문제가 되는 규정을 새롭게 하였다는 점에서 그 의의를 찾을 수 있다. eUCP는 현행 UCP상의 용어가 전자제시를 수용하도록 허용하는 정의를 제공하고 있을 뿐만 아니라 UCP와 함께 적용될 수 있도록 하는 규칙을 제공하고 있다.

(2) 절충주의의 채택

eUCP는 제시가 완전히 전자식으로 이루어지는 것을 허용할 뿐만 아니라 종이서류와 전자서류의 혼합 다시 말해 일부는 전자제시, 일부 종이서류의 제시를 허용하고 있다는 점이다. 이는 비록 관행이 발전되었다고 하지만 오로지 전자제시만은 규정하는 것이 현재로서는 현실적이지 않기 때문이다.

(3) 전자신용장자체의 운영방법에 대한 미언급

신용장을 전자적으로 발행하거나 통지하는 것과 관련된 어떤 문제를 규명하지는 않고 있는데 이는 현재의 시장관습과 UCP가 오랫동안 이러한 것이 이루어지도록 허용하였기 때문이다. 이러한 점에서 UCP와 eUCP는 은행업계에서 개발되고 있는 관습 즉, 국제표준은행관습을 허용할 만큼 광범위하게 정의되고 있다고 할 수 있다.

(4) 지속적인 개정의 고려

eUCP는 지속적인 개정을 고려하고 있는데 UCP는 UCP 600에서 특수하고 지속적인 기술의 발달로 개정되어야 할 경우를 염두해 두고 규정하고 있다.

(5) 기술중립성 유지

eUCP는 기술종속적이지 않고 일반적으로 규정되고 있다는 점이 또한 특징이라고 할 수 있다. eUCP는 특정기술과 개발되고 있는 전자상거래시스템에 종속되지 않고 현재 채용되고 있는 기술과 시스템에 대하여 적용될 수 있도록, 기술과 시스템이 독립적일 수 있도록 초안화 되었다.

eUCP는 전자제시를 촉진시키기 위해 필요한 특정기술이나 시스템을 규명하거나 정의하지 않고 있다. 이러한 기술들은 발전하고 있으므로 eUCP는 당사자들이 사용될 기술이나 시스템에 대하여 자유롭게 합의하도록 하고 있다.

(6) UCP와의 일관성유지

eUCP의 조항이 전자제시와 특별히 관계되는 경우를 제외하고는 근본적으로 UCP와 일치성을 유지하고 있다. 필요한 경우 종이서류와 전자양식으로의 제시간에 차이점을 규명하기 위하여 eUCP에서의 규정내용에 대한 논의가 이루어져 왔다.

2. eUCP의 문제점과 해결방안

1) eUCP의 문제점

(1) 전자기록의 양식문제

eUCP신용장은 전자기록의 제시양식을 명시하도록 되어 있는데 문제는 그 양식이 명시되지 않은 경우에 어떤 양식으로도 제시될 수 있다는 것이다. 전자신용장 거래에서 서류의 신속한 처리를 위해서는 표준서류에 입각한 거래가 보장되어야 한다. 따라서 eUCP에서 제시양식이 명시되지 않으면 비표준적인 전자기록이 제시될 수 있다고 본다.

(2) 은행 측의 업무과중화

전자기록과 종이서류의 제시가 동시에 이루어지는 경우 전자주소로는 전자기록을 제시하여야 하고 종이서류는 별도의 제시장소에서 제시되어야 하는데 이런 경우 은행측에서는 전자기록은 전자기록대로 심사하여야 하고 종이서류는 종이서류대로 심사하여야 하기 때문에 종이서류로 제시될 경우와 비교하면 처리절차가 더 복잡하게 되어 업무에 혼선이 야기될 수 있다.

(3) 전자서류 제시회수와 관련한 문제

eUCP규정상 전자기록의 제시가 수차례에 걸쳐 이루어질 수 있는데 이 경우 각 전자제시에 대하여 은행측에서 제대로 처리될 수 있는가하는 문제가 발생할 수 있다. 은행에서 처리하는 신용장거래 건수가 많을 경우 그 해당 건수마다 요구되는 각 전자기록이 별도로 제시되는 경우 과연 은행이 그 전자기록을 신용장과 연계하여 해당 업무의 서류심사를 제대로 수행할 수 있는지에 대한 의문이 발생한다. 다시 말해 서류접수시스템을 얼마나 잘 개발하는가에 따라 달라질 수 있는 문제이지만 전자신용장거래에서는 보다 단순화된 업무가 필요한데 업무가 더 복잡하게 이루어진다는 것이 문제라고 본다.

(4) 수익자의 완료통지 의무상의 문제

하나 또는 그 이상의 전자기록의 제시가 있는 경우 수익자가 전자제시의 완료통지를 하여야 하고 이러한 통지가 이루어지지 않은 경우 제시가 이루어지지 않는 것으로 간주한다고 규정되어 있는데 실제로 전자신용장에서 요구하는 서류전체의 제시여부는 은행에서 수리 여부를 결정할 해당 서류의 제시가 다 이루어졌다는 완료통지를 수익자가 하도록 하는 것은 경우에 따라서는 수익자에게 큰 불편이 발생할 수도 있다. 수익자가 서류를 모두 제시하였다고 생각하고 완료통지를 하지 않은 경우에 신용장의 유효기간이 만료될 수도 있는데 이 경우 완료통지를 하지 않았다는 이유로 수익자에게 대금결제를 거부한다면 많은 불이익이 발생할 수 있다.

(5) 서류심사기간의 불명시

eUCP는 서류심사의 개시일에 대하여 규정하고 있으나 서류심사기간에 대한 명확한 언급이 없어 UCP에서 적용하고 있는 서류수취 후 제5영업일이 준용되어야 한다고 본다. 하지만 전자서류의 경우에 서류심사기간에 있어서의 신속성을 요구한다는 점에서 서류심사기간에 대해서 보다 명확한 기준이 설정되어야 한다고 본다.

(6) 재제시와 관련한 문제

수취된 전자기록상의 변경이 있는 경우 제시인에게 전자기록을 재제시하도록 은행이 요구할 수 있는데 요구 후 30일 내에 재제시되지 않으면 전자기록이 제시되지 않은 것으로 간주한다고 규정되어 있다. 그러나 일단 은행에서 수리되어 수익자에게 대금이 지급된 이후의 과정에서 전자기록상의 변경이 있는 경우 수익자가 재제시를 하지 않는다면 어떻게 되느냐의 문제와 재제시하는 경우에도 신용장의 만기 일자가 자동적으로 재제시기간인 30일의 말일까지 연장되는가 등의 문제점이 야기될 수 있다고 본다.

2) eUCP의 해결방안

(1) 은행 측의 자동심사 가능한 양식으로 한정

전자기록의 양식을 명시하지 않더라도 은행에서 자동심사를 할 수 있는 양식으로 제시되어야 한다는 규정이 필요하다고 본다. 그리고 기존에 제시된 양식으로 제시되거나 그 국가에서 시행되고 있는 표준양식에 의해 제시되도록 할 필요성이 있다고 본다.

(2) 종이서류 제시에 수수료 부가

전자무역의 초기단계에서는 불가피하다고 할 수 있지만 가급적으로 전자기록으로 제시될 수 있도록 하는 방안이 강구되어야 하는데 eUCP신용장하에서 제시되는 종이서류에 대해서는 건당 수수료를 부가하는 것도 좋은 방법이 될 것이다.

(3) 선적서류의 DB화 구현

볼레로 서비스에서 이용하고 있는 전자기록의 DB화를 통하여 여러 번 제시하고 언제라도 DB에 접속하면 접수된 서류의 건수를 알 수 있도록 하는 방안이 강구되어야 한다. 은행에 이러한 서류접수시스템을 구비하여야 하는데 관련 비용이 많이 소요될 것으로 본다.

(4) 수익자의 완료통지에 상응하는 은행 측에게 접수통지의무를 부과

수익자의 완료통지와 관련한 문제점을 해결하기 위해서는 은행 측에서도 이에 상응하는 의무를 부담하여야 할 필요성이 있다. 수익자가 서류를 제시하면 그 제시 내용을 은행 측에서 수익자에게 알려주도록 하는 방안이 강구되어야 한다. 이러한 방법을 통하여 수익자가 완료통지를 하지 않음으로써 발생하는 문제점을 해결할 수 있을 것이다.

(5) 서류심사기간의 명확화

전자신용장거래에서는 신속한 서류의 전달이 가능할 뿐만 아니라 선적서류의 자동점검이 가능하기 때문에 선적서류의 접수가 완료된 후 2~3일 이내에 수리여부가 결정되도록 하는 방안이 강구되어야 한다. 즉 서류심사기간을 2~3일 정도로 단축할 필요가 있다고 본다.

(6) 전자무역서비스업체의 기록요청이나 이중시스템의 구축

수익자에게 서류의 재제시의무를 부과하는 것보다는 은행이 서류가 전송되는 전자무역서비스업체에게 기록을 요청하거나 은행 측에서의 수익자 및 서류제공 측에게 서류제공 확인을 할 수 있는 이중시스템을 구축하여 자료멸실 등에 대비할 필요성이 있다. 이는 은행 측에게 많은 부담이 될 수도 있으나 무역회사 측의 부담을 줄일 수 있는 계기가 될 수 있다고 본다.

제 8 편

전자거래정보 일치에 의한 무역대금지급(URBPO)

1. URBPO의 개요

지금까지 무역거래에 따른 대금지급은 무역거래에 따라서 발생된 거래관계에 따른 서류에 의해서 대금지급이 이루어지는 것이 일반적이었다. 처음에는 거래 상품을 수입자가 수령한 후 계약물품에 일치할 경우 사후에 은행을 통하여 송금하는 방법이 있었으나 점자 상품거래에 따른 거래사실을 입증하는 서류의 확인에 의해서도 그 거래관계를 확인할 수 있었기 때문에 거래 물품을 확인하기 전에 무역서류에 의해서 지급이 가능하게 되었다. 이러한 무역서류를 수입자가 확인한 후에 지급하는 방법이 추심방법이고 수입자 확인 전에 거래은행에서 확인한 후 미리대금을 지급하는 제도가 신용장거래인 것이다. 특히 이러한 무역 서류 중에서 운송서류가 대형운송인에 의하여 운송되어진 때에는 선박의 경우에는 선하증권이 발행되고 항공기의 경우에는 항공운송장이 항공사에 의해서 발행되며 이러한 운송서류가 유통성이 가능해 짐으로서 더욱 운송서류의 신빙성을 확인할 수 있어 수입자에 의한 서류확인 전에 금융기관에서 서류를 확인하고 이러한 선적서류에 대하여 수입자가 지급하기 전에 할인하든가 매입함으로서 무역대금의 선지급이 가능하게 된 것이었다. 그 후 선하증권이나 항공화물운송장의 유통을 가능하게 한 영국해상운송법이나 미국해상운송법이 발효됨으로서 이러한 운송서류의 수취인의 지위를 확고하게 강화해 준 결과가 된 것이다. 그 후 신용장제도가 출현되고 무역거래조건인 인코텀즈의 탄생으로, 서류인도조건인 CIF, FOB조건의 확립으로 더욱 서류거래에 의한 무역대금결제가 활성화 되었던 것이었다. 이를 위하여 ICC에서는 신용장거래통일규칙인 UCP를 제정 발표하여 6차에 걸친 개정 작업을 하였고, 인코텀즈도 2010에 다시 개정되어 서류에 의한 무역거래의 활성화에 이바지 하게 하였다. 그러나 2000년에 들어와서는 이러한 서류거래에 의한 대금지급이 서류의 일치성 여부에 의한 심사의무와 그 심사기준인 표준관행 등이 상당히 복잡해짐으로서 그 비용과 번잡성 때문에 새로운 결제방법을 모색하게 되었다. 특히 전자서류교환제도의 발달로 전자서류에 의한 무역거래가 가능하게 되었고 모든 운송서류의 전자서류화 및 문서의 표준화작업으로 더욱신속한 거래정보의 교환이 가능하게 되었고 그 전자 서류의 진실성 여부도 제3기관에 의하여 확인이 가능하게 됨으로서 서류에 의한 거래는 점차 줄어들고 전자서류에 의한 대금결제방법으로 전환하게 된 것이었다.

이러한 결제방법이 EDI거래나 인터넷 무역거래 시스템인 것이다. 이러한 거래도 무역서류 자체를 전자서류로 교체한 것에 불과하고 그 진행절차에 있어서 매도인, 매수인 및 은행 등과의 통신 교환에 따른 번잡성과 확인 작업에 소요시간의 필요성은 여전히 존재하였던 것이었다. 그래서 매도인 또는 매수인과 은행과의 관계를 벗어나서 은행과 은행간의 거래정보교환에 의해서 그 정보가 일치하면 무역대금이 자동 결제되는 시스템이 개발되고 있었던 것인데 이것을 거래정보교환에 의한 은행대금지급(bank payment obligation : BPO) 시스템인 것이다.

종전의 거래에서는 먼저 매도인과 매수인 간에 무역계약이 이루지고 이에 필요한 서류를 매도인이 발행해서 매수인에게 제시되었지만 이 BPO 시스템하에서는 모든 거래서류가 매도인과 매수인 간에 직접적으로 이루어지고 은행을 통해서 서류가 제시되고 심사되지는 않는 것이다. 그러나 다만 이러한 무역거래의 정보를 매도인이 매도인은행을 통하여 매수인은행으로 보내고 매수인 은행이 이를 확인한 후 그러한 거래 정보가 상호일치한다고 판단되었을 때 취소불능 대금지급의무가 발생한다는데 있다. 이러한 시스템을 은행은 무역관련 서류를 떠나서 단지 이러한 거래관련 정보를 국제 표준정보문서(ISO20022 TSMT)에 의해서 전자거래기반시설(TMA : Tremsaction Matching Application)를 통해서 교환한 후 이 TMA가 정보일치를 자동 파악하여 정보일치를 통보해 주면 매수인은행은 매도인 은행에게 취소불능적인 대금

결제의무(Bnnk Payment Obligation : BPO)가 발생하도록 한 것이다. 이러한 시스템을 제도화하기 위하여 I.C.C에서는 거래정보교환에 의한 무역결제 제도의 통일규칙(URBPO : Uniform Rule of Bank Payment Obligation)을 제정하여 2013년에 ICC Publications no.751E로 발표한 바 있다. 이하 BPO시스템은 URBPO에 근거하여 설명하고 URBPO의 기본적인 핵심내용과 그 실행에 있어서 문제점에 대하여 살펴보고자 한다.

2. TSU/BPO의 거래절차

이러한 정보일치에 따른 대금지급의무를 처리하기 위해서는 어떤 은행이든 전자메시지기반시설인 TMA(the Transaction Matching Application)에 가입해야 한다. BPO관련 정보를 교환하기 위해서는 은행들은 동일한 TMA조직에 가입해야 하고 그 가입은행들은 이 TMA의 조직운영에 관한 조건과 특별운영 요구사항과 통지방법 및 그 기간을 알고 있어야 한다. 이 TMA조직의 회원이 되기 위해서는 연 가입비를 내야하고 자격있는 금융기관에 한해서 가입이 허용되고 가입은행들은 가입회원 명부에 의해서 회원 여부를 확인할 수 있어야 한다. 일단 TMA에 가입한 회원은행들 간에는 국제표준전자문서인 ISO2022TSMT 메시지를 사용하여 상호정보를 교환하여야 URBPO가 적용될 수 있다. 이러한 정보교환은 은행과 은행 간에만 적용되고 기업과 은행 간에는 이러한 문서에 의한 정보교환이 적용되지 않고 일반전자문서 교환시스템에 의해서 이루어진다.

1) 기초정보자료 확립(Established Baseline)

상거래 기초정보자료는 운송자료, 구매청약에 관한 자료, 물품에 관한 자료, 지불조건, 결제조건인데 BPO내용은 지급의무은행, 수취은행, 금액, 유효기일 기타 접촉할 수 있는 사람 등이다. 운송에 관한 자료는 송장에 관한 자료, 운송, 보험에 관한 자료, 증명서에 관한 자료, 기타 필요한 증명서 자료 등으로 구성되어 있다.

이후 제시되는 정보세트가 이러한 기초자료에 일치하는 송장, 운송, 보험, 각종증명서에 관한 자료가 되는데, 이 모든 자료는 TMA를 통하여 상대 은행에게 제시되어야 하고 TMA는 정보일치 여부 및 상대은행의 역할 및 승낙에 따른 결과를 ISO2022TSMT에 의하여 통보해 왔을 때 BPO가 성립된다고 하겠다.

(1) 기초자료의 제시 및 상호 일치

기초자료를 확립하기 위하여 최초의 거래은행들 중 하나가 TMA로 최초의 기초자료 제안 메시지를 보내야 한다. 이 거래는 매수인은행이나 매도인은행에 의해서 주도될 수 있으며 BPO는 포함될 수도 있고 포함되지 않을 수 있다. 만약에 BPO가 최초의 기본자료제안서에 포함되지 않으면 나중에 참여은행 동의하에서 기초자료 조건변경으로 추가 될 수 있다.

최초의 기본자료가 제안되어 유효하게 되면 그 거래는 TMA에 "제안상태"(Proposed state)가 되고 TMA가 제안은행에게는 승인메시지(Acknowledgement)를 보내고 또 다른 은행에게는 정보전통보고서(Full push through Report)를 보내게 되는데 이 정보전통보고서에는 최초의 기본자료제안 내용의 복사본이 포함된다.

우선 제안은행의 거래가 성립되면 상대은행(Second Bank)이 기초거래 재 제시를 TMA로 보내게 되는데 이 속에는 정보전통보고서에 포함된 기초자료 내용이 포함되어 있으며 처음에 보낸 기초자료 제시내용과 일치하게 되어야 한다. 만약에 확립된 기초자료 속에 지불의무 약정부분(payment obligation segment)이 선택적으로 되어 있으면 기초자료가 확립될 때 BPO도 확정된다.

이때 매수인은행이 채무은행(Obliger Bank)이 되고 매도인은행이 수취은행(Recipient Bank)이 된다. 만약에 기초자료의 재 제시된 정보가 최초의 기초자료와 일치하지 않게 되면 기초자료 일치보고서는 "일부일치"(partially matched)로 나타나고 일치하지 않는 조항을 표시해야 한다. 이러한 불일치한 정보를 고치기 위하여 A은행이나 B은행은 다시 기초자료를 제시해야 하고 이렇게 해서 두 은행 간에 제시된 기초자료가 일치하게 되면 기초자료는 확립되게 된다. 그러나 이러한 기초자료가 재 제시되어도 정보일치에 이르지 못하면 TMA는 결국 한계에 도달하게 되고 그 거래를 종료하게 된다.

(2) 추가은행이 포함된 기초자료

추가은행(제3은행)이 포함된 기초자료의 성립에 대해서도 우선 매도인 은행과 매수인은행간에 기초자료가 우선 성립된 후에 그러한 기초자료의 내용을 제3은행 때 송부하고 그러한 내용에 대해서 그 제3은행의 승인을 받고 또한 제3은행이 그 역할을 수락하여야 기초자료가 성립된다. 이러한 제3은행인 참여은행의 역할을 살펴보면 BPO가 포함된 기초자료는 각 참여은행이 그 역할을 수락한 후에 기초자료가 확

립된다.[1)]

채무은행이 매수인 은행이 아닐 때는 TMA가 그러한 채무은행이나 제출은행이 매수인 은행과 매도인 은행 간의 기초자료 제출로서 성립된 내용의 그 역할을 수락했다는 것을 확인하는 보고서 즉 "역할 및 기초자료승낙통지서"(a Role and Baseline Acceptance Notification)를 매수인 은행과 매도인 은행에게 보내야 한다. 이 보고서는 기초자료일치보고서를 보낸 후에 TMA에 의해서 보내진다.

채무은행이 매수인 은행을 포함해서 두 개 이상의 은행이 존재할 때는 TMA는 이 제3의 참여은행에게서 받을 "역할 및 기초자료 승낙서"를 토대로 해서 "역할 및 기초자료수락보고서를 매도인은행과 매수인 은행에게 보낸다.

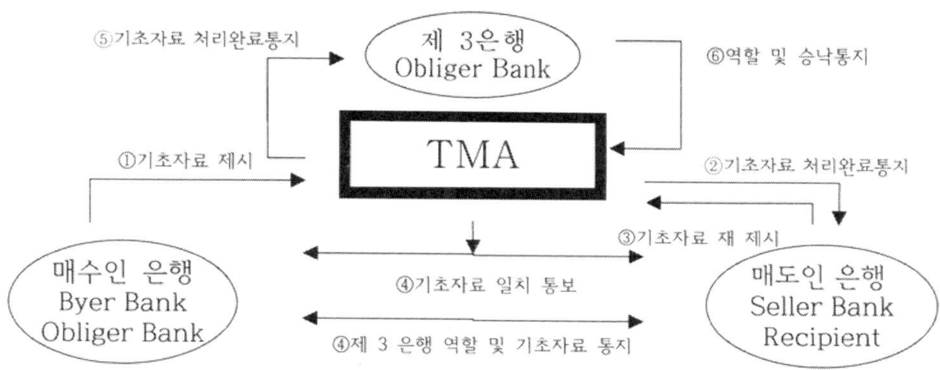

[그림 8-1] 기초자료 확립(Guide to URBPO ICE)

(3) 제3은행의 역할 및 기초자료 승낙 및 거절

기초자료 확립을 위하여 추가은행이 관련되어 있다면 이 추가은행들(채무은행/제시은행)은 TMA가 보낸 정보전통보고서의 기초자료에 대해서 그 "역할 및 기초자료 승낙 메시지"를 TMA로 발송해야 한다. 그러면 TMA는 다시 그 외 다른 참여은행 앞으로 이 추가은행의 "역할 및 기초자료 승낙 통지서"를 발송해야 한다. 만약에 추가은행인 제3은행이 "역할 및 기초자료 거절 메시지"를 제출함으로서 그의 역할을 거절한다면 TMA는 그 외 참여은행에게 "역할 및 기초자료 거절 통지 메시지"를 발송함으로서 통지해야 한다. 그러면 그 외 참여은행은 그 역할을 거절한 은행을 교체시킴으로서 그 문제를 수정할 수 있다. 그러나 이러한 역할 거절은행의 교체에 대해서는 다른 은행의 동의를 받지 못하게 되면 거래 종결이 되게 된다.

1) URBPO Art 9.

(4) 기초자료 조건변경요청서

BPO가 포함된 확립된 기초자료의 조건변경이나 확립된 기초자료에 BPO를 포함시키려는 조건변경을 하려면 각 참여은행의 동의를 받아야 한다.[2)]

매도인 은행(수취은행) 또는 매수인 은행은 TMA를 통해 "기초자료 조건변경요청서"는 발송함으로서 기초자료의 조건변경을 요구할 수 있다. 그 요청서를 받은 매도인은행(수취은행)이나 매수인은행은 "조건변경승낙통지"를 함으로서 기초자료 조건변경 요청이 승낙이 된다. 이러한 기초자료에 대한 조건변경이 승낙된 후에 TMA는 각 채무은행 앞으로 "정보전통보고서"를 보내게 되고 각 채무은행은 이를 수락할 경우에는 "역할 및 기초 자료 승낙 메시지"를 TMA로 보내게 된다. 기초자료조건변경에 있어서 첫째 매수인 은행이 유일한 채무은행일 때는 기초자료 조건변경승낙이 있을 때 TMA가 매수인은행에게 "기초자료 승낙 통지서"를 보낼 때 기초자료의 조건변경이 이루어진다.

둘째 만약에 매수인은행이 아닌 제3의 채무은행이 있을 경우에는 각 참여은행에게 그 채무은행이 TMA의 정보전통보고서에 의하여 역할을 승낙했다.는 "역할 및 기초자료승낙통지서"를 보낼 때 기초자료 조건변경이 이루어진다.

셋째 매수인은행을 포함하여 채무은행이 둘 이상 있을 때는 참여은행에게 각각 채무은행이 기초자료 조건변경에 따라서 그의 역할을 확인했다는 기초자료 수정에 따라서 그의 역할을 확인한 후 TMA의 정보 전통보고서에 대하여 "역할 및 기초자료승낙통지서"를 보낼 때 기초자료 조건변경이 이루어진다. 만약에 참여은행이 기초자료 조건변경을 거절하는 경우에는 기존 기초자료에는 변화가 없고 TMA가 "기초자료 조건변경 거절통지서"나 "역할 및 기초자료 거절통지서"를 각 은행에게 보내게 된다. 즉 채무은행인 참여은행이 기초자료 조건변경에 동의하지 아니하면 기초자료의 조건변경이 이루어질 수 없다.

이와 같이 우선 거래에 대한 기초적인 정보자료를 교환한 후 상대방은행 및 제3은행의 동의와 수령을 거쳐 기초자료가 TMA에 확립되어 저장된다. 이 기초적인 정보자료는 매매계약서나 매입청약서에 의하여 기본적 사실이 확립된다. 이러한 매매계약서는 매도인이나 매수인으로부터 거래은행에 보내진다. 그 후 실제 거래의 정보를 교환하게 되는데 이것은 거래 정보세트의 제시이다.

---

2) URBPO Art 11.

2) 정보세트 제시

(1) 정보세트의 일치

정보의 일치란 모든 요구된 정보가 확립된 기초자료와 비교하여 불일치 사실이 없이 일치한 경우를 말하며 이때 TMA가 "정보세트일치보고서"(Data set Match Report)를 각 참여은행에게 보낸다. 정보세트란 각 참여은행에 의해서 TMA로 보내진 정보세트 제시 속에 포함된 상거래, 운송, 보험 증명서 등의 각각의 내용에 대하여 만들어진 정보들 의미한다. 이러한 정보의 제시는 매수인은행이나 매도인은행이 TMA로 기초자료 제시에 의하여 TMA로 보내진 정보와 참여은행이 TMA로 정보셋을 보낸 후 다시 채무은행에게 보내진 정보을 말한다.

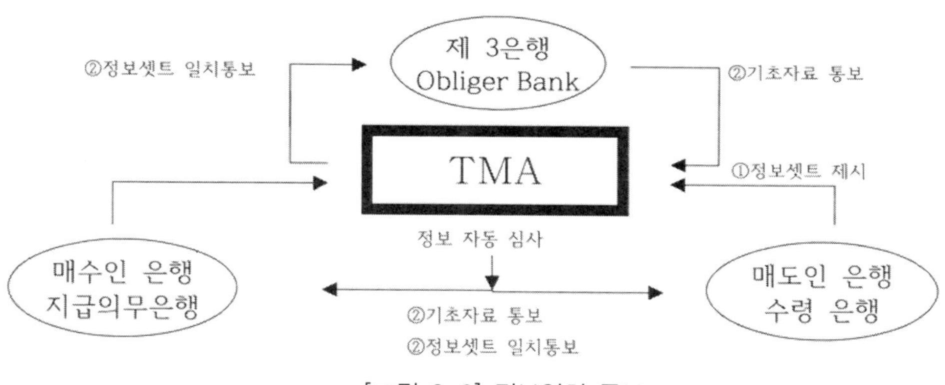

[그림 8-2] 정보일치 통보

(2) 정보의 사전일치

매도인은행(수취은행)이 매수인은행(지급의무은행)을 알지 못하고 TMA로 정보세트를 보낼 수 있다. 이는 정보의 사전일치를 위하여 보내게 되는데 이때에는 정보일치보고서가 발행되지 않고 기초자료 보고서가 매도인은행(수취은행)에게만 발송된다. 거래 상황은 "확립됨"(established)으로 나타난다. 이러한 정보사전일치로 부터는 어떠한 지급의무도 발생되지 않는다. 이러한 기초자료가 BPO없이 확립되고 매도인 은행이 자료의 사전 일치를 위해서 자료를 제시하고 그 자료에 불일치가 없다면 매도인 은행은 BPO의 추가를 위해서 기초자료 수정요청을 보내게 된다. 이때 매수인은행이 유일한 채무은행이면 이러한 "기초자료 조건변경승낙서"를 보내면 바로 BPO가 성립되고 매도인은행이 정보세트를 일치시키기 위하여 제시하면 즉각BPO가 성립된다. 만약에 채무은행이 매수인은행 외에 다른 은행이 있다면 그 은행이 "역할 및 기초자료 승낙서"를 보내면 BPO가 성립된다.

(3) 불일치정보 승낙

정보의 불일치(Data mismatch)란 확립된 기초자료와 모든 요구된 정보세트를 비교해서 정보세트일치보고서에 표시된 것과 같이 하나 이상의 불일치가 발생한 것을 말한다. 불일치 승낙(Mismatch Acceptance)이란 매수인은행이 정보불일치를 승낙하겠다는 것을 TMA로 보낸 TSMT 메시지를 말한다. 불일치승낙통지서는(Mismatch Acceptance Notification)란 매수인 은행이 각 참여은행에게 불일치 정보를 승낙한다는 것을 TMA를 통해서 보내진 TSMT 메시지를 말한다. 이와같이 정보불일치가 있으면 TMA에서 정보를 자동적으로 비교하여 매수인은행에게 "정보 불일치 통보"(Data Mismatch Report)를 하면 매수인은행이 정보 불일치 승낙을 TMA로 보내면 불일치 사실이 해소가 된다. 이때 TMA는 "정보 불일치 승낙통지서"를 수취은행에게 보내면 된다. 만약에 채무은행이 매수인은행이 아닌 제3은행이 유일한 채무은행일 때는 우선 매수인 은행의 불일치 승낙을 받고서 TMA가 이를 참여은행으로 통지하고 이때 채무은행이 "역할 및 기초자료 승낙"을 통지해 주면 이를 각 참여은행 앞으로 "역할 및 기초자료 승낙통지서"를 보내면 불일치가 해소된다. 그리고 채무은행이 매수인은행이 아닌 2개 이상의 채무은행이 있을 경우에는 TMA가 매수인 은행의 불일치 승낙을 받고 그 승낙통지서를 각 참여은행에게 보내고, 그 중 채무은행이 "역할 및 기초자료 승낙"을 TMA로 보내면 TMA가 이를 각 참여은행에게 통지함으로서 해결된다.

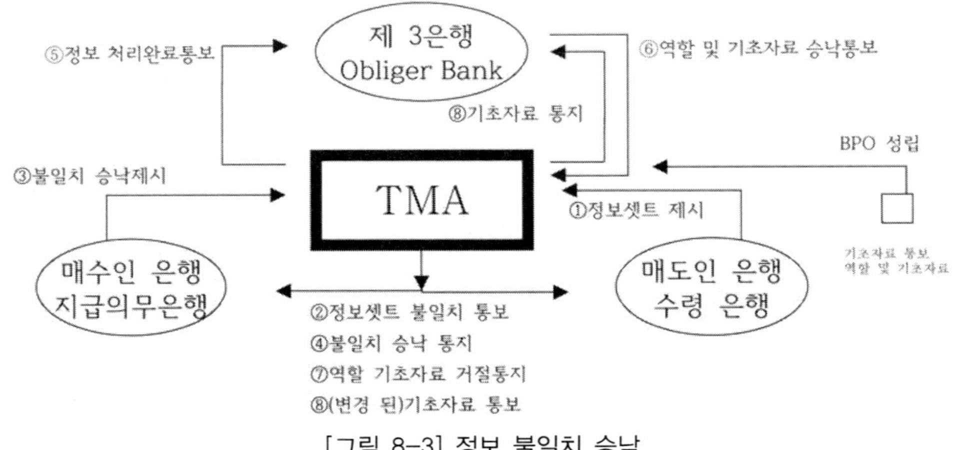

[그림 8-3] 정보 불일치 승낙

(4) 불일치 정보의 거절

불일치정보의 거절(Mismatch Rejection)이란 매수인 은행에 의해서 TMA로 불일치한 정보를 거절한다는 것을 송부하는 TSMT 메시지이다. 불일치정보거절통지서(Mismatch Rejection notification)은 매수인 은행에 의해서 불일치 정보를 거절한다는 것을 통지하는 TMA에서 발송하는 TSMT 메시지다. 채무은행은 매수인 은행이나 제3의 지급의무은행에 의하여 불일치 정보가 거절되면 지급요청을 받지 않으며 연지급 확약서 발급 후 만기에 지급하도록 요청받지도 않는다. 기초자료에서 두 개의 최초은행이 관련되고 매수인 은행이 채무은행일 경우에는 매도인은행(수취은행)의 정보세트 제공이 불일치로 되면 TMA는 매도인은행(수취은행)에게 불일치정보거절통지서를 낸다. 이러한 경우 거래관계는 "활동 중"(active)으로 유지되지만 거래는 불완전한 상태가 된다. 이 시점에서 거래 관계를 지속시키기 위해서는 매도인은행(수취은행)이 정보세트를 다시 제시해야 하고 만약에 이에 대하여 정보세트가 일치하게 되거나 많은 불일치사항이 제거되고 모든 나머지 불일치 사항이 매수인은행(채무은행)에 의하여 수락된다면 그 거래관계는 완성되게 된다. 매수인 은행(채무은행)은 어느 불일치한 정보의 일부만 수락할 수 없다. 그러나 채무은행이 여러 개의 은행이 있을 경우에는 불일치한 정보에 대하여 우선 매수인 은행의 승낙을 받아야 하고 그 후 기타 채무은행이 "역할 및 기초자료 승낙"을 함으로서 동의하여야 한다. 만약 기타 채무은행이 정보불일치를 거절할 경우에는 기초자료는 변화가 없게 되고 거래 관계도 활동 중(active)으로 나타난다.

그러나 이러한 경우에 매수인은행과 매도인은행은 불일치한 정보사항을 거절 할 수도 있고 제3의 채무은행을 대체시키기 위하여 기초자료의 수정을 요구할 수 있다. 그리고 정보불일치 사항이 많을 때에는 제3의 은행들이 동의하지 아니한 불일치 사항을 수정하여 정보를 다시 제시할 수 있다. 이때 제3의 은행들이 역할에 동의할 수 있도록 수정해야 한다. 만약에 정보불일치 사항에 대하여 매수인은행은 수락하고 기타 제3의 채무은행은 동의하지 않는 경우에는 매수인의 결정에 달려있다. TMA를 통한 거래 관계를 종료시킬 수 있고 URBPO의 적용을 거부할 수도 있다.

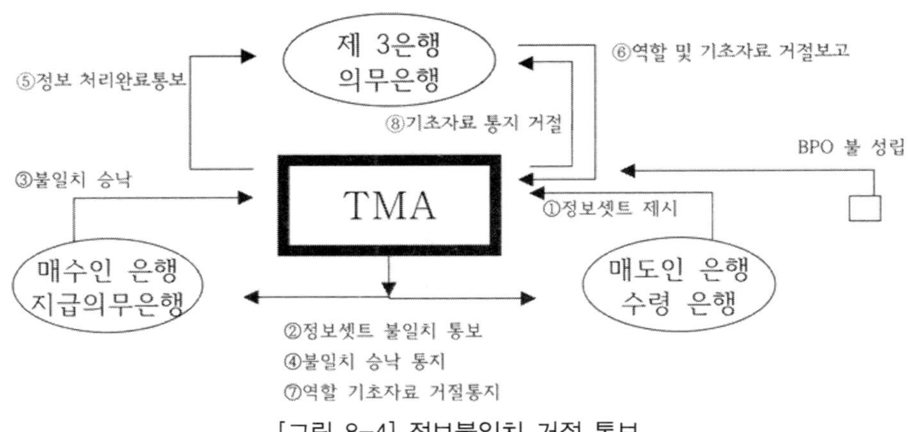

[그림 8-4] 정보불일치 거절 통보

(5) 특별메시지

특별통지(Special Notification)란 제3의 참여은행에 의하여 참여은행에게 특별요구사항을 통지하는 TMA를 통한 TSMT메시지를 말한다. 특별요구(Special Request)란 정보제시를 할 수 없는 이유를 통지하는 제시은행과 불가항력 때문에 기초자료에 의한 그의 역할을 철회하게 되는 제시은행에 의하여 TMA로 보내지 TSMT 메시지를 말한다.

불가항력적 사항은 다음과 같다.

첫째 참여은행은 TMA에 접근불능을 포함하며 그 거래의 장애로부터 발생되는 결과에 책임을 지지 아니하고 의무이행을 할 필요가 없다. 그리고 천재지변(Act of God), 폭동, 소요, 내란, 전쟁, 테러 등에 의한 통신시설, 소프트웨어, 통신망의 장애나 파업, 직장폐쇄 기타 통제할 수 없는 다른 원인에 의한 장애에 대하여도 의무나 책임이 없다.

둘째 그럼에도 불구하고 채무은행은 거래가 회복되면, 거래의 중단 중에 효력이 발효된 BPO에 의하여 지급이나 연지급 의무가 살아남게 된다. 이는 거래가 만료되기 전에 기초자료에 의한 정보세트가 제시되었거나 제시된 정보가 일치되었든 불일치되었든 관계없다.

셋째 불가항력이 발생된 경우에 제시은행이나 기타 참여은행은 TMA로 특별요청서를 발송함으로서 확립된 기초거래에 의한 그의 역할을 중단할 수 있다. 그렇게 되면 TMA는 각 관련은 행에게 특별통지서(Special Notification)를 보낸다. 이러한 특별요청서는 다음의 경우에 보내진다.

i) 만약에 제시은행은 기초자료에서 그가 승인한 조건하에서 정보세트를 제시할 수 없는 경우에는 특별요청메시지(코드 CSDS : Cannot Submit Data Set)를 TMA로 보낸다.

ii) 참여은행이 불가항력으로 인하여 확립된 기초자료에 의한 그의 역할을 철회하지 않으면 안될 경우에 특별요청메시지(코드 MWFT : Must Withdraw From Transaction)를 TMA로 보낸다. 어떠한 경우에든 그 거래에 관련된 나머지 은행들은 그 역할을 하지 못하는 은행을 교체시키든가, 그 거래를 종료시키든가 하는 행위를 하여야 한다.

이와 같이 거래관련정보가 이미 제출되어 확립된 기초적인 정보자료와 일치하거나 불일치하더라도 수정하여 상대은행과 제3거래은행의 동의와 승낙을 받으면 정보일치가 성립되고 이에 따라서 각종 금융지원의 혜택을 주는 은행지급채무(BPO)가 성립하게 된다.

제 2 장 은행지급확약(BPO) 성립과 특징

1. 은행지급확약(BPO)과 통일규칙(URBPO)

은행지급채무(BPO)는 거래의 기초자료에서 요구하는 모든 거래 정보세트가 정보일치 되든가 또는 불일치 정보를 승낙하게 될 때에, 채무은행이 수취은행에게 즉시 지급하거나 연지급의무를 일으키고 그 만기일에 특정금액을 지급하겠다는 취소불능적이고 독립된 지급확약을 하는 것을 의미한다. ICC는 이에 관한 국제규칙을 제정하였는데 이를 URBPO(Uniform Rules for Bank Payment Obligation)라고 한다.

URBPO(정보일치에 의한 은행지급의무에 관한 통일규칙)는 무역거래 당사자 간에 계약이 이루어진 후에 참여은행과 TMA(거래정보제공처) 사이에 발생하는 내부정보 거래에 관한 것이고 ISO20022(표준전자문서)를 은행간에 사용하여 정보를 교환해야 한다.

은행 간에는 위험감소, 금융지원, 지급확약, 절차의 효율성을 위하여 기업체에 제공되는 서비스에 대한 경쟁이 존재한다. 특히 위험감소, 금융, 지급확약 절차의 효용성, 가격 등등에 대하여 은행 간에 경쟁이 치열하다. 그러나 이러한 경쟁관계에 있어서 어떠한 규제할 규칙이나 필수적으로 적용되는 표준형태가 없으며 은행과 기업 간에는 쌍방 합의형식의 자유로운 방식에 의하고 있다. 은행 간에는 TMA를 통한 특정정보 요소의 일치에 의한 BPO의 성립에 관해서 협력사항이 있다. 이러한 협의하에서 URBPO와 ISO20022의 TSMT 메시지 사용은 필수적이다. 이러한 표준적인 협약규칙을 사용함으로 쌍방합의에 의한 협상의 필요성을 줄일 수 있다. UCP 혹은 eUCP와 URBPO의 근본적인 차이점은 UCP는 서류거래이고 은행제도를 통한 실물적인 서류 전달과 관련된 것인데 반해서 URBPO는 은행의 협조를 통한 개방 금융거래로서 실물적인 서류는 매도인과 매수인간에 직접 전송되고, 서류심사에 있어서도 은행은 TMA에 의해서 전송되는 정보일치 보고서에 의존하고 있다. 그래서 UCP와 비교해서 URBPO는 상대적으로 짧고 단순한 규칙이다. URBPO의 성격은 서류거래의 복잡성에 비하여 자동화된 정보의 전자거래를 규율하는 것으로서 단순성이 특징이라고 하겠다.

그리고 eUCP는 UCP의 보충규칙인데 반해서 URBPO는 독립적인 규칙이라는데 특징이 있고 URBPO는 실물적인 서류를 대체하는 것이 아니고 서류자체로부터 추출된 정보의 요소를 단순화한 것이고 이를 산업표준화방식에 의하여 전산적으로 일치되도록 도와주고 있다. 이러한 제도 하나에서는 서류는 은행을 통하지 않고 직접 매도인에 의해서 매수인에게 전달되며 은행은 TMA를 통해서 일치된 정보를 제공하고 합의된 규칙인 URBPO에 의하기 때문에 은행지원에 의한 개발된 금융의 질을 높여주고 있다.

2. URBPO 특징

1) 금융공급망의 효율성 증대

위험과 금융측면에서 대단히 효과적이라고 하드라도 전통적인 종이서류에 근거한 신용장과 같은 금융방식은 모든 당사자에게 비용적인 측면에 비효용적이기 때문에 인기가 떨어지고 있다.

회사들로부터 그러한 금융방식은 너무 느려서 운영자금을 효율적으로 이용한다는 면에서도 그러하고 판매 기회에 적절하게 적응한 금융을 이용하기에는 그 절차가 너무 느리다고 외면당하고 있다. 반면에 Open Account 금융거래는 비록 편리하지만 기업체에게 지불불능의 위험감소나 금융의 선택적인 수단을 허용하지 않고 있다. BPO는 두 가지 측면을 모두 제공하고 있다. 한편으로 금융기관에 의하여 제공되는 지급확인에 의하여 종이서류에 의한 금융과 같은 안전성을 제공하고, 또 한편으로 Open Account 금융거래의 신속성과 편리함을 제공하고 있다. 디지털화된 정보절차와 전자적인 자동일치제도에 의한 직접적인 절차에 따라서 금융제공의 효율성을 증대시키고 있다.

2) 운영자금 효과적인 활용

현재 기업체의 운전자금 관리의 현금 전환주기의 합리화에 의한 향상과 기업체의 운전자금 관리와 현금전환주기의 최적화를 통한 기업유동성 향상, 청구서와 송장대사 절차의 합리화를 통한 비용절감이 국제무역회사의 핵심적 요구사항이다. 그러한 방법에는 구매조건의 최적화를 통한 제고량 감축과 향상되고 표준화된 지급조건 협상에 의한 방안도 있다. 관련 주문, 생산과 인도절차의 상태에 적합한 외부금융의 활용도, 유동성 최적화를 유지하는데 기여하게 된다. 이 제도는 절차의 효율성을 증대시키고 재고관리의 간소화를 위한 수단을 성취시키기 위하여 합의된 지불조건에 금융의 유동성을 제공하고 지불을 적기에 하도록 보장해 주고 있다.

3) 은행의 지불 확약

채무은행의 의무는 합의된 지불조건에 따라서 적기에 지불을 하겠다는 것을 매수인이 주요 공급자에게 통지하도록 하는 것이다. 지급의 확약은 채무은행이 수취은행에 의해서 제시된 정보가 합의된 조건과 일치하면 만기일에 지급을 하겠다는 법적인 약속이다. 현금관리측면에서 이것은 현금의 입출금의 확실성을 제공하기 때문에 매도인 및 매수인에게도 똑같이 이로운 것이다. 그리고 절대적인 지불약속을 제공함으로서 매수인과 공급자간의 관계를 강화시켜 주고 향상된 지급조건을 협상할 수 있는 기회를 제공한다.

BPO는 대금을 지급하기 전에 규정된 만기일 전 후에 물품이 선적되었다는 것을 매수인에게 확인시켜주기 때문에 선적적 금융보다 더 안전하다. 전자정보처리 절차가 더 빠르기 때문에 매수인은 더 빨리 은행의 금융서비스에 접근할 수 있다. 매수인과 매도인이 미래의 어떠한 절차에서도 필요한 운전자금에 맞도록 특정 금융서비스를 제공받을 수 있도록 BPO는 금융기관에게 합의된 거래의 진행 과정을 명시적으로 제공하게 된다. 이는 물품공급절차에 따른 주요 순간에 맞게 넓은 금융제공의 기회를 제공할 수 있다는 것을 의미한다.

4) 절차의 효율성 강화

화환신용장거래는 서류심사절차가 비용이 많이 들고 느리다는 비판이 있는 반면에 BPO거래는 금융서비스에 관련된 정보나 구성요소의 제한적인 집합체에만 중점을 두고 점검하므로 매도인과 매수인에게 편리하다는 것이다. 그리고 정보의 구성요소는 전산적으로 교환되고 점검이 되므로, 절차의 질을 높이고 하자와 분쟁의 위험을 줄이고 검정된 절차로 추진하게 한다. 그리고 전산화된 절차는 정보일치성의 점검에 관한 비용은 대폭 줄일 수 있다.

5) 하자위험의 감소

선적서류의 수동적인 점검과 분석은 원천적으로 주관적인 것이므로 그 결과가 가끔 불확실하다. 서류하자가 있음으로 해서 분쟁, 지연, 채선료 증가 등의 위험이 증가되고 있다. 실증적인 분석에 따르면 서류의 약 70% 이상이 첫 번째 제시된 때 하자가 있는 것으로 밝혀지고 있다.

그러므로 BPO를 선택하게 되면 이러한 하자에 의한 비용을 줄일 수 있다. 수동적인 서류점검 절차를 전산에 의한 정보의 자동점검으로 대체시킴으로서 매도인과 매수인이 모두 다 그 절차의 정확성과 객관성에 의한 이익을 볼 수 있다. 수동적인 절차가 서류의 문장 대 문장의 점검으로 이루어지는 반면 BPO는 지급을 보증하거나 금융제공을 위하여 제한된 관련 정보요소를 전적으로 점검하게 된다. 그러므로서 정보의 불일치가 발견되었을 때 매수인이 즉각적으로 그러한 불일치를 수락할 것인지 또는 거절할 것 인지를 결정을 해야 하므로 거래의 융통성을 가질 수 있고 하자사항을 줄임으로서 분쟁을 사전에 예방할 수 있다.

6) 공급자율이행 위험 감소

주요 공급자에게는 매수인이 물품이 적기에 공급되고 물품 공급망에 불필요한 장애 사유가 없다는 것을 확인시켜주기 위하여 BPO를 제공할 수 있다. 그러면 공급자는 은행으로부터 거래의 각각의 거래 단계별로 금융지원을 받을 수 있다. 이러한 BPO는 매도인의 운전자금의 지속적인공급을 위해서 사용된다. 예를 들어 생산 지원을 위해서 선적전 금융, 재고금융이 있고 선적지원을위해서는 포장과 분배에 대한 융자 지원이 있고 영업 개발과 성장 지원의 금융 등이 있다. 이러한 금융제도를 이용하지 못한다면 공급자의 거래능력에 유해한 작용을 하게 된다.

7) 매수인과 공급자의 관계강화

BPO를 채택함으로서 매수인은 주요 공급자들과 관계를 강화 시킬 수 있다. 매수인은 거래당사자에게 신뢰성을 주고 지불조건에 따라서 적기에 지불하겠다는 확신을 줌으로서 신뢰를 받게 된다. 매수인은 공급자와 BPO 약정을 함으로서 공급망 절차를 간소화시키고 위험을 감소시키며 절차의 효용성을 증대시켜 준다. 이는 다른 매수인보다 개선된 지급조건을 제시함으로서 경쟁적인 조건에서 유리한 지위를 얻게 된다. 반면에 BPO 발급을 지연시킴으로서 매수인에게는 비용의 절감을 가져오고 공급자에게는 다른 공급자보다 경쟁적인 우위를 가질 수 있도록 한다.

매수인은 다른 관할권에 있는 세계적인 여러 공급자와 전형적인 무역거래를 하고 지급형태도 여러 가지로 사용하며 여러 개의 공급자 금융형태를 사용하게 된다. 공급자의 금융기반도 여러 개의 정보교환 시스템을 사용하게 되는 전자형태의 정보 기반에서부터 팩스, 이메일 등을 사용한다.

BPO는 ISO20022라는 표준적인 메시지 형태를 사용하고 있는데 이것은 거래와 지급 및 현금관리 정보의 기술적인 통합 형태를 가지고 있다. BPO와 과거의 전자문서교환의 차이점은 공통적인 거래 실행에 일치하는 정보시스템을 사용하는데 있다. 종전의 전자문서시스템은 전자정보교환시스템(EDI)를 사용하는데 반해서 BPO는 조직화된 정보교환시스템뿐만 아니라 정보거래 일치시스템(TMA)에 의해서 실행되는 산업 표준화 규칙을 적용하는데 있다.

8) 융통성 있는 금융시스템 제공

BPO는 과거 L/C 거래보다 더 많은 융통성을 가지고 있는데 이는 거래의 흐름에 따라서 언제든지 융자가 될 수 있고 물품 총액과 다른 금액을 적용하여 융자할 수 있다. 거래와 관련된 서류로부터 추출된 정보의 일치를 이룩함으로서 정보의 연속성을 나타내고 여러 가지 금융형태를 지원하는 목표사항을 구별할 수 있게 하고 있다. 예를 들면 선적 전 금융, 선적 후 금융, 서류승인 후 금융, 매수인 금융 등 금융의 요구에 맞는 표준목표점을 가시화할 수 있다. 공동 BPO는 매수인에게 복수의 채무은행을 통하여 지급위험을 넓힐 수 있게 하고 있다. 예를 들면 선도은행은 거래자산의 분배모델에 의해서 위험을 분산시킬 수 있다. 거래의 흐름에 따른 금융의 형태를 선택할 수 있는 기회가 주어지기 때문에 매수인에게 금융비용을 줄일 수 있고 매도인에게는 확인비용을 줄일 수 있게 해준다. 그래서 공급자사슬의 가치를 높여주고 개선된 금융조건에 대한 잠재적인 기회를 향상시킨다. 이러한 융통성 있는 금융제도는 매수인과 매도인으로 하여금 비싼 운영자금 대출에 대한 소급청구를 감소시킴으로서 관련 금융제도의 이용 가능성을 유지시켜 준다. 이상적인 현금 보유를 가진 매수인은 대출의 조기 상환이 가능함으로서 이익을 얻을 수 있고 조기상환을 하는 매수인은 여러 가지 할인제도로부터 이익을 보고 상거래에서 상호신뢰수준을 높여줌으로서 우량 매수인의 지위를 가지게 된다.

3. BPO에 의한 금융지원내용

거래정보일치에 의하여 매수인은행의 대금지급확약(BPO)가 성립되면 거래절차에 따른 다양한 금융지원이 이루어지는데 이를 Open Account 금융서비스(Open Account Finance)라고 한다. 그 내용을 살펴보면 다음과 같다

1) 구매청약서에 의한 지급 약속

매수인은행은 매도인이 선적을 하고 구매청약서와 또 다른 규정의 조건과 일치하는 요구된 서류를 사용할 수 있게 만들었을 때 즉시 지급이나 만기일에 지급하겠다는 지급 약정을 하게 된다.

이러한 서비스는 매도인이 매수인에 대신하여 지급약정을 하는 은행이 위험을 부담하게 하는 제도이다. 이러한 시스템은 기초자료의 성립이 매수청약과 일치하도록 되었을 때 즉 합의된 매수청약서에서 추출된 동일한 정보자료에 의하여 이루어진 두 개의 기초자료가 서로 비교된 결과 “불일치 없음”으로서 서로 일치된 결과가 된 경우와 같다. 이때 만약에 기초자료에BPO가 포함되어 있으면 BPO가 성립된다. 이 경우에 매수인 은행은 채무은행으로서 역할을 확인하게 되고 매도인은행은 수취은행의 역할을 확인하게 된다. 이 시점에서 BPO는 매수인은행(채무은행)이 매도인은행(수취은행)에게 즉시 지급하거나 연지급확약서를 발행하고 그 만기일에 지급할 것을 약정하게 된다. 이러한 채무은행의 지급과 위험을 근거로 해서 매도인은행(수취은행)이 매도인에게 다시 금융지원을 고려할 수 있게 한다.

2) 선적 전 금융

선적 전 금융은 구매청약서 금융과 같이 매도인에게 매수인으로부터 받은 구매청약서에 근거해서 가능하게 된다. 이러한 금융은 매도인의 운전자금의 요청을 즉 원재료, 임금, 포장비용, 그 외 다른 선적비용을 포함하여 운전자금에 대한 금융이 된다. 이러한 선적 전 금융은 TMA의 기초자료 확립의 근거로서 구매청약서의 확인에

의존한다.

선적 전 금융 청약에 첨부된 거래조건은 지불을 위한 구매청약서 지불확약에 의해서 금융이 첨부된 것으로 발생된다.

3) 창고입고금융

창고금융은 매도인에 의하여 매수인을 위하여 화물창고에 물품이 보관되어 있을 때 일어나는 금융이다. 최소한 창고수령증이 이러한 금융의 증거로서 요구되는 것이 보통이다. 어떤 은행은 구조화된 무역거래 하에서 이러한 금융만 취급할 수 있다. 창고수령증의 정보가 확립된 기초자료와 일치하는 것이 창고금융을 요청하는 수단이 된다. 이것은 매도인은행(수취은행)이 정보세트의 사전일치 가능성의 이점을 이용할 수 있으며 그 결과는 매도인 은행이 이점을 볼 수 있다. 매도인 은행은, 정보일치에 만족한다면 매도인에게 창고금융의 제안을 할 수 있다.

4) 선적 후 금융

선적 후 금융은 매도인에게 받을 채권을 담보로 하여 제공된다. 매도인은 받을 채권의 증거로서 선적서류를 제공하여 은행은 수출된 물품을 청구하기 위한 매수인 앞으로 발행된 어음을 요구한다. 은행은 수출물품에 대하여 매수인 앞으로 발행된 어음을 매수하거나 할인 할 수 있다. 물품이 선적된 후 선적서류는 통관을 위하여 매수인에게 직접 송부하고, 관련 정보를 확립된 기초자료에 맞추어 매도인 은행으로 제시한다. 이러한 일치된 정보세트의 제시로서 BPO가 성립되도록 한다. 채무은행은 매도인 은행에게 즉시 지급하거나 연지급 의무를 발생케하고 그 만기일에 지급하게 된다. 만약에 지급이 미래의 180일 후 만기일에 지급하도록 연기가 되면 매도인 은행이 매도인에게 선적 후 금융을 제공할 기회가 된다. 이는 만기일에 채무은행의 지급확약에 근거하여 이루어진다. 거래의 흐름의 최종단계에서 물품이 선적되고 송장과 운송정보가 기초자료와 일치되면 확인된 구매 청약서나 선적 전 금융보다는 훨씬 안전하고 덜 위험한 금융이 될 수 있다.

5) 승낙된 지불 채권의 금융

승낙된 지불채권 금융이란 매도인이 자신의 받을 채권이나 특정 매수인 앞으로 발행된 환어음을 매수인이 승낙하자 마자 어느 은행에 할인 방식으로 매각하여 대금을 수령하는 것을 말한다. 이러한 금융은 매수인은 정상적인 송장과 어음을 만기일에 지급하고 매도인은 이보다 빨리 지불을 받도록 하는 금융으로서 매수인의 신용가치에 의존한 것이다.

이 제도는 은행이 매도인에게 매수인의 신용가치와 신용등급을 믿고서 매수인의 신용 금융한도를 사용하며 금융을 제공하는 것이다. 이 금융은 매수인 은행이 매도인에게 직접금융을 일으키는 것이다. 우선 기초자료가 BPO없이 확립되어야 하고 다음 단계에서 물품이 선적되고 운송서류가 직접 매도인으로부터 매수인에게 전달되어야 한다. 그러므로서 매수인은 물품을 인도할 수 있고 매도인은 거래정보를 매도인 은행에게 제시하지만 매도인 은행으로 하여금 만기일 전에 단기 금융의 필요성이 발생하면 서명된 송장에 대해서 금융을 제공할 수 있는 가능성을 가질 수 있도록 요청할 수 있다. 매도인 은행은 BPO의 성립가능성을 유보시키기 위하여 정보의 사전일치(Pre-match)을 요청한다. 정보가 일치된 후에 BPO가 성립되도록 하고 BPO가 성립된 후에 매도인 은행이 즉시 완전한 정보일치를 위하여 정보세트를 제공하게 되고 그 정보의 성공적일 일치가 있고 매도인 은행의 정보세트가 일치한 사실을 알게 된 연후에 BPO가 완성하게 된다.

6) 미회수채권의 매입금융

미화수채권 매입금융은 매도인으로 하여금 한 명 또는 다수의 매수인과 관련된 자신의 미회수채권과 환어음을 대금의 조기에 회수하기 위하여 자신의 거래은행에 매각하여 자금을 조달하는 제도이다. 이때 은행은 미화수채권의 회수위험을 줄이기 위하여 매도인에게 보험을 요청하여 부분적 또 전부의 상환청구권을 요청할 수 있다.

이제도는 BPO가 성립되기 위하여 정보세트와 기초자료가 일치되어야 수락될 수 있다. 매도인은행(수취은행)이 미회수채권을 매입하게 되는데 어떠한 경우에도 상환은 실질적으로 채무은행으로부터 이루어진다.

7) 만기일의 조정에 의한 금융연장

상환기일에 맞추어 지급을 조정하는 제도로서 고객들은 계획된 만기일보다 먼저 또는 후에 지급을 요청할 수 있다. 할인된 자금의 만기일을 연장함으로서 예정만기일 전에 상환이 이루어지게 된다. 또한 만기일을 수정하여 지급일을 당기거나 늦추게 되는 경우에는 BPO의 성립을 유동성 있게 할 수 있다. 미회수채권 금융에서 매도인에 대한 금융을 일으킨 매도인 은행은 BPO의 만기일을 늦춤으로서 새로운 금융을 일으키게 된다.

채무은행으로 하여금 조기에 지급하도록 해서 매도인 은행이 이 자금을 이용하여 매도인에게 금융을 할 수 있게 한다. 만기일을 앞으로 당기거나 연기시키기 위하여 기초자료의 수정이 필요하게 되는데 BPO의 만기일 늦춤으로서 매수인은행은 매수인에 대한 신용을 연장시키게 된다.

1. URBPO의 준용

URBPO(통신정보교환에 의한 채무은행의 지급 확약에 대한 통일규칙 : URBPO라고 한다)는 확립된 기본자료(Established Baseline)의 지급확약 부분에 이 거래는 URBPO에 의한다고 기술되었거나 각 은행이 별도의 합의에 의하여 채무은행의 지급책임은 이 통일규칙에 의한다고 합의된 경우에 적용된다. 만약에 각 은행이 이러한 합의가 없을 경우에는 이 규칙 제9조 d항에 의하여 TMA가 기본자료 일치통보서를 통지해 온 경우에 자신이 제공한 자료와 일치한다는 확인을 하였을 때 성립한다.

다만 만약에 채무은행이 매수인 은행이 아닐 경우에는 그 은행의 "역할 및 기초자료수락통지"를 한 때 성립된다.[3)]

2. 은행의 지급채무와 계약

URBPO에 의하면 채무확약은 무역거래상의 매매계약 또는 기타계약과 별개이며 독립된 것이다. 참여은행은 그러한 계약과 무관하며 구속되지 않는다. 비록 확립된

3) URBPO 제2조.

기초거래 자료에 채무확약(BPO)에 관한 언급이 포함된 경우에도 마찬가지이다.[4] 이를 은행채무 확약의 독립성이라고 표현할 수 있다. 이 은행 채무확약은 매매계약이나 기타 계약이 무효 또는 취소되더라도 유효하게 존속된다는 의미이다. 동조 제b항에 의하면 수취은행은 매수인과 매수인은행 또는 매수인 은행이 아닌 제3의 채무은행 간에 맺은 계약관계를 근거로 하여 채무은행의 채무확약(BPO)의 유효성을 주장할 수 없다. 이는 신용장통일규칙(UCP600) 제4조의 독립성의 원칙과 유사한 규정으로서 은행의 지급확약은 유효기일이 경과하면 소멸되는데 기타 관련 계약에 근거하여 그 유효성을 주장할 수 없다는 의미이다.

3. 추상성의 원칙

참여은행은 정보에 의해서만 처리하고 정보나 문서와 관련있는 서류나 물품 또는 이행에 관해서는 상관하지 아니한다.라고 통일규칙(URBPO)에서는 규정하고 있다. 정보는 많은 사례에 존재하는 실질적인 서류에 근거하거나 그로부터 추출한 것일 수 있다. 그러나 참여은행은 그 정보와 관련 있는 그러한 서류, 물품, 서비스 또는 이행 여부에 대해서는 책임이 없다. 이는 BPO거래가 서류거래의 대체적인 수단이 아니라는 것을 나타내고 있다. 정보교환은 TMA를 통하여 전산문으로 보내져야 하고 이러한 전자교환문서에 의해서만 처리되어야 한다. URBPO거래에서 서류의 교환이 전혀 일어나지 않는 것은 아니고 서류의 교환이 있을 수 있는데 이는 단순한 보조자료로서 참고자료일 뿐이다. BPO의 조건의 일치 여부를 결정하는 데는 TMA를 통해서 교환되는 서류로부터 추출된 정보자료에 의한다. 실물거래에서 발생되는 서류심사는 없고 단지 그에 따른 정보를 TMA를 통해서 일치여부를 심사할 뿐이기 때문에 eUCP와 구별된다. eUCP는 종이서류의 전산제시를 수용하기 위하여 UCP600의 보조수단으로 작용하는데 반해서 URBPO는 전산제시의 시스템을 제공하면서 종이서류로부터 추출되어진 정보의 일치가 계속 존속하여야 한다는 점에서 eUCP와 구별된다.[5]

4. 참여은행의 역할

TSMT메시지가 이 규정 제13조의 불가항력적인 사유 이외의 사유로 은행업무가

---

4) URBPO 제6조.
5) URBPO 제7조.

휴업일에 수령되면 그 다음의 최초의 영업일에 수령되어진 것으로 본다라고 규정하고 있다. 여기서 불가항력적 사유 이외의 은행 휴업일은 일반적인 공휴일 및 국경일 기타 국가에 따른 기념일 등이 될 것이다. 참여은행은 TMA로부터 받은 메시지에 요구된 사항을 지체없이(Without delay) 수행해야 한다. 여기서 지체없이는 분명한 정의가 없으나 메시지의 내용에 따라서 즉시 처리되어져야 하고 구체적인 기간은 상호합의하에 따라서 처리되어야 할 것이다. 참여은행이 TMA로 보낸 자료는 그 은행이 매수인이나 매도인으로부터 기본 무역거래와 관련되어서 상품, 서비스, 이행에 관해서 받은 자료와 정확히 일치한다는 것을 확인시켜야 한다.

이것은 참여은행이 TMA로 보낸 자료가 그 기업고객이나 다른 믿을만한 정보처로부터 받은 자료와 변화되지 않았다는 것을 확인시킬 책임이 있다는 것이다. 이는 UCP600 제9조(b)과 (c)의 개념과 같이 그 정보가 자신이 받은 정보와 항상 일치해야 한다는 의미이다. 이는 정보제공은행의 정보의 진정성 확인 의무가 있다는 것을 표시하고 있다.

BPO가 포함된 기초자료는 다음과 같이 각 참여은행이 그 역할을 승낙한 후에 확립된 기초자료가 된다.

첫째, 매수인은행이 유일한 채무은행일 때 TMA가 매수인은행이 제시한 기초자료가 매도인은행이나 수취은행이 제시한 기초자료와 일치한다는 것을 확인한 "기초자료일치보고서"가 불일치 없음으로 해서 보낸 때 BPO가 성립한다.

둘째, 매수인 은행외의 제3은행이 유일한 채무은행일 때 TMA가 기초자료 일치보고서를 보낸 후에 채무은행이 매수인은행과 매도인 은행이 제시한 기초자료에 명시된 그의 역할을 승인했다는 "역할 및 기초자료 승낙 통지서"를 보낸 때 BPO가 성립한다.

셋째, 매수인 은행을 포함해서 채무은행이 둘 이상이 있을 때는 TMA가 기초자료 일치보고서를 보낸 후 각 채무은행과 또는 제시은행이 매수인은행과 매도인은행이 제시한 기초자료의 내용을 승인한 "역할 및 기초자료 승낙통지서"를 보낼 때 BPO가 성립한다.

이상의 규정은 기초자료 속에 BPO가 포함된 때에는 다른 정보세트의 제시없이 기초자료가 일치하면 BPO가 이미 성립되는 것인데 매수인은행과 매도인 은행만 있을 경우에는 기초자료의 일치로서 바로 매수인 은행의 BPO가 성립되지만 매수인은행외 제3은행이 있을 경우라든가 또는 이러한 은행이 여러개 있을 경우에는 그러한 제

3의 은행이 다시 이 기초자료에 따른 자신의 역할 및 기초자료 내용을 승인한 때 BPO가 성립한다는 것이다.

5. 채무은행의 확약

1) 채무은행은 다음과 같은 때에 BPO에 따라서 취소불능적으로 구속된다.

첫째, BPO가 기초자료가 확립된 때에 그 확립된 기초자료에 포함되어 있을 때 TMA가 기초자료 일치보고서에 불일치 없음으로 표시하여 통지하거나 역할 및 기초자료 승인통지서를 각 참여은행에게 보낼 때 BPO가 성립한다. 이때 TSMT상태는 "확립됨(established)"로 표시된다.

둘째, BPO가 확립된 기초자료를 수정함으로서 포함된 때에는, TMA가 각 참여은행에게 수정승낙통지서나 역할 및 기초자료승낙통지서를 보낼 때 BPO가 성립된다.

2) BPO는 항상 하나의 확립된 기초자료에 관련되어 있고 하나의 확립된 기초자료는 하나 이상의 BPO를 포함할 수 있으나 각 BPO는 한 개의 채무은행의 지급의무가 된다.

3) 채무은행은 BPO의 유효기일 내 정보세트의 제시가 있고 그 정보의 비교가 이루어질 때 다음과 같은 경우에 채무확약란에 규정된 조건에 따라서 지급하거나 연지급해야 한다.

첫째 정보 일치가 된 때

둘째 정보 불일치가 있으나 매수인 은행이 유일한 채무은행일 때는 TMA가 매수인은행의 불일치 승낙을 확인하고 수취은행에게 불일치 승낙 통지서를 보낼 때

셋째, 정보불일치가 있으나 매수인은행이 아닌 제3은행이 유일한 채무은행일 때는 우선TMA가 매수인은행의 불일치승낙을 확인한 후 각 참여은행에게 불일치 승낙통지서를 보낸다. 그 후 각 참여은행이 그 역할 및 기초자료 승낙을 TMA로 통지하고 TMA가 각 참여은행에게 역할 및 기초자료 승낙통지서를 보낼 때 지급해야 한다.

넷째, 정보의 불일치가 있으나 채무은행이 매수인 은행을 포함하여 둘 이상 있을 때는 우선 TMA가 매수인은행의 불일치 승낙을 확인하고 각 참여은행에게 불일치 승낙통지서를 보낸다. 그 후 채무은행과 제시은행이 그 역할 및 기초자료 승낙을

TMA로 보내고 TMA가 이를 확인한 후 이 역할 및 기초자료 승낙 통지서는 각 참여은행에게 보낼 때 즉 정보 불일치가 있으면 그 불일치에 대한 매수인 은행의 승낙이 있어야하고 이러한 매수인은행의 불일치승낙을 각 참여은행에게 TMA가 통지한 후 각 참여은행의 불일치 승낙인 그 역할 및 기초자료 승낙 통지는 각 참여은행에게 TMA가 통지하면 정보 불일치가 해소되고 그때부터 BPO에 의한 지급이 이루어진다.[6]

4) 지급금액

(1) 채무은행이 수취은행에게 지급해야 할 총 금액은 그 BPO의 금액을 초과할 수 없다.

(2) BPO의 제안이 분할선적이나 서비스나 역할의 분할 부분에 관한 경우에는 그러한 제안에 의한 BPO금액은 이 규정 제10조 d항 iii호에 따라서 기초자료에 나타난 총 가액에 대한 제안가액의 비율로 정해진다. 어떠한 경우에도 지급될 금액은 BPO의 잔액을 초과할 수 없다.

(3) 확립된 기초자료에 한 개 이상의 BPO가 있을 때에는 그 제시에 따라서 수취은행에게 지급할 금액은 확립된 기초자료에 나타난 총 가액에 대한 그 BPO금액 비율로 정해진다.

(4) 확립된 기초자료에 둘 이상의 BPO가 있으면 각 채무은행간에 채무의 결합이나 복수의 지급의무가 생기지 않는다.[7] BPO에 의한 채무은행의 의무이행은 다른 당사자로부터 상환받을 권리나 의무에 근거할 수 없다.

5) BPO의 유효기일

은행지급의무(BPO)는 다음사항 중 가장 먼저 발생한 사실이 있을 때까지 효력이 있다.

첫째, BPO가 제10조 c항에 따라서 정보일치가 되거나 불일치 승낙이 있어서 확립된 기초자료에 의해서 요구되는 모든 정보세트가 제시되기 전에 효력이 만료되는 경우이다.

둘째, 확립된 기초자료가 수립되어 채무은행을 그 지급의무에서 면제시켜 주는 경우에 효력이 만료된다.

---

6) URBPO 제10조 C항.

7) URBPO 제10조 d항.

셋째, BPO가 그 조건에 따라서 완전히 지급되는 경우에 효력이 만료된다.[8)]

채무은행은 만약에 정보비교에 의하여 불일치가 발생되어 매수인은행이나 다른 제3의 은행에 의해서 수락거절이 된다면 지급청구나 연지급청구를 요청받지 아니한다.[9)]

6) 기초자료의 조건변경

BPO를 포함하고 있는 확립된 기초자료를 조건변경하거나 확립된 기초자료에 BPO를 포함시키려는 수정을 하려면 각 참여은행의 동의를 받아야 한다. 매도인은행이나 수취은행 또는 매수인은행은 TMA에 기초자료 조건변경요청서를 보내고 확립된 기초자료의 조건변경을 요구할 수 있다. 매도인은행이나 수취은행 또는 매수인은행은 수정자료를 승낙을 함으로서 기초자료 조건변경요청서를 승낙할 수 있다. 그러한 승낙이 있은 후 TMA는 각 참여은행과 제시은행에게 "정보전통보고서"(a Full Push Through Report) 보낸 후에 그 은행들이 그 거래에서 자신의 역할을 확인한 후 TMA로 "역할 및 기초자료승낙메시지"를 보내도록 요구한다. 기초자료의 조건변경은 다음과 같은 경우에 유효하게 성립한다.

첫째, 매수인은행이 유일한 지급의무은행인 때는 TMA가 상대은행이 조건변경승낙메시지를 받고서 조건변경승낙통지서(Amendment Acceptance Notification)를 매수인은행에게 보낼 때 조건변경이 성립된다.

둘째, 채무은행이 매수인은행이 아닌 제3은행으로서 유일한 은행일 때 TMA가 채무은행에게 "정보전통보고서"를 보낸 후 그 역할 및 조건변경 기초자료의 승낙을 요청하면 이 채무은행이 역할 및 기초자료 조건변경 승낙메시지를 TMA로 보내면 이를 확인한 후 각 참여은행에게 "역할 및 기초자료 승낙통지서"를 보낼 때 조건변경이 완료된다.

셋째, 채무은행이 매수인은행을 포함하여 둘이상의 은행이 있을 경우에는 각 의무은행으로부터 기초자료 조건변경 승낙메시지를 받은 후 TMA가 정보전통보고서를 보내게 되는데 이에 대하여 각 의무은행이 "역할 및 기초자료 승낙메시지를" 보내면 이를 확인한 후 TMA가 각 참여은행에게 "역할 및 기초자료 승낙통지서"를 발송할 때 조건변경이 성립된다.

---

8) URBPO 제10조 f항.

9) URBPO 제10조 g항.

넷째, 만약에 참여은행이 기초자료 조건변경제안을 거절하게 되면 TMA로 조건변경거절 메시지나 역할 및 기초자료 거절 메시지를 보내게 되는데 이때 TMA는 각 다른 참여은행에게 "조건변경거절통지서"나 "역할 및 기초자료 거절통지서"를 보내게 된다. 이때는 이미 확립된 기초자료에는 변화가 없게 된다.

7) 은행의 면책사항

(1) 정보유효성에 대한 면책(주)URBPO 제12조

참여은행은 다음과 같은 사실에 대하여 어떠한 의무나 책임을 지지 않는다.

① 매수인이나 매도인으로부터 수령한 어떠한 정보에 대한 정보원천, 정확성, 진정성, 위도 또는 법적 효력

② 그러한 정보에 관련된 서류, 명세, 수량, 중량, 품질, 조건, 포장, 인도, 물품, 서비스, 기타 이행에 대한 가액이나 실존 여부

③ 송하인, 운송인, 운송중개인, 물품의 수하인 또는 보험자, 기타 관계인의 선의여부, 작위 또는 부작위, 지급능력, 이행의무, 지위(standing)

(2) 불가항력사유 면책 제13조

① 참여은행은 전재지변, 폭동, 소요, 내란 전쟁, 테러행위 또는 하업, 직장폐쇄, 통재불능에 의한 시설, 소프트웨어 통신 등의 접속 불능을 포함하여 이로 인하여 업무중단, TMA 접속 불능, 소프트웨어 통신연결망의 연결 불능으로 인하여 발생된 결과에 대하여 어떠한 의무나 책임을 지지 않는다.

② 전항에 불구하고 채무은행의 업무 재 개시에는 그러한 업무중단 동안에 효력이 없었던 BPO에 근거하여 수취은행에게 특정금액은 지급하거나 연지급확약을 하고 만기에 지급해야 할 책임이 발생한다. 그리고 BPO의 유료기일 전 약 5일 내에 제10조(C)항에 따라서 정보일치 또는 정보 불일치에 대한 승낙에 의하여 확립된 기초자료에 의하여 요청된 모든 정보가 제시된 때에도 마찬가지이다.

③ 불가항력 사태의 경우에는 제시은행 또는 제13조(B)항에 의한 기타 참여은행은 TMA에 특별 요청서를 보내고 그에 따라서 TMA가 각 참여은행에게 "특별사항 통지서"를 보냄으로서 그 역할을 중단할 수 있다.

(3) TMA의 이용불능 제14조

참여은행은 어떠한 이유에서든지 TMA의 이용불능으로 인하여 발생되는 결과에 대해서 어떠한 의무나 책임을 지지 아니한다. 사전에 정보세트를 일치시킴으로서 매도인거래은행이 그 자료 일치에 만족하게 되고 그 정보 일치 결과를 매도인거래은행에게만 전달된다. 이렇게 함으로서 매도인거래은행은 마중에 매수인거래은행(또는 다른 채무은행)에게 BPO를 기본 자료에 추가할 석에 동의하도록 요구함으로써 기본자료 조건변경요구서를 보낼 수 있는 선택원을 가지게 된다.

매도인거래은행은 처리완료보고서에 정보 일치를 표시하여 제시할 수 있고 이를 모든 참여은행이 확임하므로써 BPO가 성립이 된다.

8. 준거법

BP0의 준거법은 확립된 기초자료에 규정된 채무은행의 지점이나 사무소 소재지의 법을 준거법으로 한다. URBPO는 준거법에서 금지되지 않는 범위 내에서 적용법을 보완하는 보충법이다. 채무은행은 준거법이나 그 지역의 규재사항에 따라서 그 약정 준수를 하는 것이 제한되어 있다면 BPO의 약정을 지키지 않을 수 있고 그 결과에 대해서 책임이나 의무를 지지 아니한다.

9. 대금의 양도

수취은행은 준거법 조항에 따라서 수권되거나 수권되어질 대금을 매도인 외에 다른 당사자에게 양도할 수 있다. 이는 대금양도만 가능하고 BPO에 의한 수취은행의 지위를 양도할 수는 없다. 이것이 신용장에 의한 양도와 다르다. 수취은해의 지위의 양도는 신용장의 양도와 같이 수출자의 지위의 변동을 가져오지 않으므로 별 의미가 없다고 하겠다. 신용장의 양도는 수출자가 변경됨으로서 신용장을 받지 못한 매도인도 신용장의 양도를 받음으로서 수출할 수 있는 길이 열리게 되는데 BPO의 수취은행의 지위양도는 신용장거래에서 양도은행의 변경과 상환으로서 수출자의 지위에는 변화가 없다고 하겠다.

제 9 편

관세제도와 관세환급제도

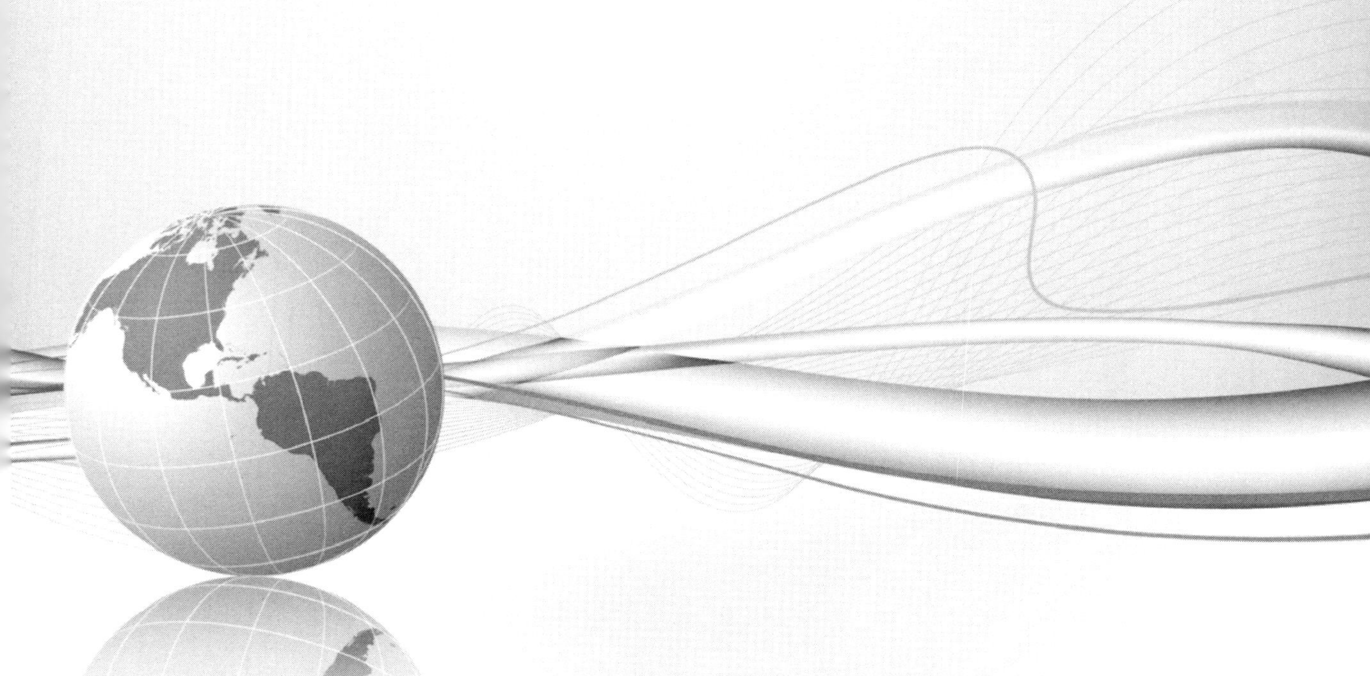

1. 관세의 개념

관세란 세관을 통과하는 화물에 대하여 부과되는 조세로 국가간에 국경을 통과하는 재화나 용역에 대하여 부과되는 세금을 말한다. 즉 관세는 국경을 통과하는 수출입 화물이나 서비스에 대하여 부과되며 국가나 정부가 직접 징수하고 관세의 부담은 직·간접적으로 소비자에게 전가된다.

여기서 세관을 통과하는 관세선(customs line)은 국경과 반드시 일치하는 것은 아니다. 이 경계선이 일국의 지역 안에 설치되어 있는 경우에는 '내국관세', 국경에 있는 경우에는 '국경관세'라고 한다. 내국관세는 봉건시대에나 존재하였던 것으로서 오늘날에는 거의 없으므로 관세라 할 경우는 일반적으로 국경관세를 의미한다. 국경관세에는 수출품에 부과되는 수출관세, 수입품에 부과되는 수입관세, 단순히 국경을 통과하는 화물에 부과되는 통과세의 세 종류가 있으나, 오늘날 관세의 주종을 이루고 있는 것은 수입관세이다.

관세는 법률과 규정에 의해서 강제적으로 징수되며 물품세이며, 수시세의 성격을 띠고 있다. 또한 관세는 국내산업을 보호할 수 있는 경제적 효과를 가지고 있으며 부과대상이나 부과목적에 따라 여러 가지 형태로 구분된다.

2. 관세의 역사

관세가 영어로 Customs(관습)라고도 불리는 것은 아담 스미스의 말처럼, 옛날부터 행하여진 관습적인 지불을 뜻하기 때문이다.

관세는, 연혁의 관점에서는 일종의 통과세였다. 이것이 중세에 들어와 봉건영주의 재정수입을 올리기 위한 내국관세로 변형 되었다가, 근대국가의 성립과 함께 내국관세는 차차 그 모습을 감추고, 국경선을 통과하는 화물에 부과되는 국경관세가 일반화하면서 관세는 무역정책의 중요한 수단으로 인식되기 시작하였다. 중상주의 시대에는 '수출장려·수입제한'의 정책으로 국부(國富)를 꾀했기 때문에 보호목적의 관세정책이 적극 활용되었다. 그러나 산업혁명 후 시장확대를 노린 무역자유화 정책이 유럽 전역에 퍼져나갔다. 이 같은 자유무역체제는 오히려 공업선진국인 영국에게만 이로울 뿐, 공업후진국엔 효과가 없다는 결론에 이른 독일·미국 등은 공업화 촉진을 위해 유치산업 보호를 목적으로 하는 고관세정책을 취하게 되었으며, 이런 경향은 프랑스에도 파급되었다.

높은 관세에 의한 보호무역은 제1차 세계대전 후의 불황 속에서 더욱 박차를 가했으며 1932년에는 영국도 자유무역정책을 포기하고 영연방특혜관세제도를 확립하였다. 이를 계기로 세계경제는 블록경제체제로 진전되고, 마침내 제2차 세계대전을 불러일으키게 된 대전 말기에 이르러 세계는 국제적 협조를 바탕으로 하는 새로운 세계경제체제를 모색하게 되었으며, 이의 첫 작품이 국제금융면에서의 '브레튼우즈협정'(1944)이고, 통상면에서의 '관세 및 무역에 관한 일반협정(GATT)'(1948)이었다. 이후 GATT는 케네디라운드·도쿄라운드·우르과이라운드(UR) 등을 차례로 거치면서 관세의 인하·비관세 장벽의 철폐 등에 대한 교섭을 꾸준히 전개하여 1993년 12월 한국을 비롯한 117개국이 UR 협정문에 조인함으로써 자유무역체제가 더욱 굳혀지면서, 반면 그간 국제통상질서를 지배하던 GATT 체제는 그 자리를 1995년부터 세계무역기구(WTO)로 넘겼다.

한국에 이와 같은 근대적인 관세가 생긴 것은 구한말(舊韓末) 미국·영국·일본 등과 통상조약을 맺으면서 부산·인천·원산을 개항(開港)으로 지정하면서부터이며, 그 중에서도 부산에 설치한 두모진(豆毛鎭 : 1878. 9～12)은 한국의 근대적 관세징수업무와 세관설치의 효시(嚆矢)이다. 그러나 국권 약탈로 일본의 식민지 통치를 받게 되자 일본의 관세제도가 그대로 통용되었으며, 이러한 제도는 1948년 8월 15일의 정부수립 이후까지도 잠정적으로 답습되다가 1949년 12월에 한국의 관세법을 제정·공포함으로써 비로소 명실상부한 관세자주권의 확립을 보게 되었다.

3. 각종관세정책

관세는 과세 부과목적에 따라 분류하면 재정관세와 보호관세로 나뉜다.

1) 재정관세

재정관세는 국가나 정부가 조세수입의 확보를 목적으로 부과하는 관세를 말하며 주로 국고수입을 주목적으로 부과되는 관세이다. 어떤 관세이든 조세라는 점에서 보면 모두가 국고수입이 되지만, 이것은 재정수입의 확보가 제일의 목적으로 고려되는 관세이다. 전형적인 것으로, 초기 절대왕제(絶對王制)하의 관세는 수출품·수입품에 모두 부과되는 형태로서, 이는 재정관세로서의 성격이 매우 강했다. 그러나 최근에 관세부과의 경향을 보면 재정수입을 목적으로 하는 경우는 후진국이나 개발도상국가에서 주로 부과하고 있다.

2) 보호관세

보호관세는 국내산업의 보호를 목적으로 하는 관세로서, 국내 유치산업의 보호육성이나 기존산업의 유지 등을 위하여 국내생산품과 같은 종류의 외국상품에 대하여 높은 관세를 책정하여 수입억제를 기하려는 것이다. 이것은 18세기경부터 유럽에서 채용되기 시작하였는데, 초기에는 수입금지와 같은 직접적인 통제수단의 배후에서 그것을 보조하는 역할을 하였다. 보호관세는 다시 그 기능에 따라 육성관세와 독점관세로 나눌 수 있다.

다음은 관세부과 대상에 따른 분류로 수출관세와 수입관세가 있다.

(1) 수출관세

수출관세는 수출품에 대하여 부과되는 관세로써 주로 일차상품의 수출이 그 대상이다. 수출관세는 자국의 수출품에 대해 수출을 제한하여 국제적인 경쟁력을 강화하거나 가격인상을 통해 수출이익을 확보하기 위해 부과된다. 또한 국가에 따라서는 재정수입을 목적으로 부과되기도 하며 자국의 산업발전을 위해 필요한 원자재나 상품의 수출을 억제하기 위한 산업보호의 수단이 되기도 한다.

(2) 수입관세

일반적으로 관세라 함은 주로 수입관세를 지칭하는 것으로 국내에 수입되는 수입물품에 대하여 부과되는 관세로 수입관세는 국내산업보호, 소비의 억제, 국제수지개선, 교역조건의 개선 등을 목적으로 부과한다.

또한 관세는 개개 상품의 관세율의 결정기준에 따라 종가세(從價稅)와 종량세(從量稅)로 나누어지는데 다음과 같다.

① 종가세

종가세는 수입물품의 가격을 과세표준으로 하는 관세이다. 수입품가격을 평가하는 것을 관세평가(關稅評價)라고 하는데, 평가방법은 수입품의 수출지 가격(FOB 가격)이나, 수입국 도착가격(CIF 가격)을 표준으로 한다. 한국을 비롯한 많은 나라들이 종가세로 수입국 도착가격을 채택하고 있다.

② 종량세

종량세는 수입품의 개수·용적·면적·중량 등의 일정한 단위수량을 과세표준으로 하는 관세이다. 종량세는 가격이 낮은 것일수록 세부담이 무거워지며, 가격변동과 세부담이 역비례하는 경향이 있으나, 관세사무가 간단하며 수출국 등에 따라 세액의 차이가 생기지 않는다는 이점이 있다. 오늘날 한국을 비롯한 세계의 대부분의 국가에서는 종가세와 종량세를 품목별로 나누어 적용하고 있다. 대체로 종가세가 적용되는 과세품목수가 압도적으로 많지만, 설탕·원유·석탄·원목 등은 종량세를 적용하는 경우가 많다. 또한 국내산업보호를 목적으로 이 두 가지를 혼합하여 관세를 부과하는 경우도 있는데 이는 복합관세라 한다.

1. 관세환급의 의의

관세환급이라 함은 세관에서 일단 징수한 관세 등을 특정한 요건에 해당하는 경우에 그 전부 또는 일부를 되돌려 주는 것을 말한다.

현행 관세법상에는 납세의무의 형평과 징수행정의 공평을 기하기 위한 관세, 가산금 또는 체납처분비의 과·오납금을 납세의무자에게 환급하는 제도(과·오납환급 : 관세법 제24조)와 위약물품을 재수출한 경우 수입시 납부한 관세를 환급하는 제도(위약물품의 관세환급 : 관세법 제35조)가 있으며, 수출용 원자재에 대한 관세 등 환급에 관한 특례법(환급특례법)에 의거 원재료를 수입할 때에 일단 관세 등을 납부하였거나 징수유예를 받은 물품 또는 이를 원료로 하여 제조·가공한 물품을 수출의 용도에 공한 때에 이미 납부한 관세를 환급해 주는 제도가 있는데, 일반적으로 관세환급이라 하면 환급특례법상의 환급을 말한다.

2. 관세 등 환급대상

1) 관세 등 환급대상수입

(1) 환급대상제세 : 관세, 특소세, 주세, 교육세, 농특세, 교통세

(2) 환급대상 수입의 요건

다음 세 가지의 요건을 모두 갖추어야 한다.

- 수출용 원재료
- 외국으로부터 수입시에 관세 등을 납부(또는 일괄납부승인)한 물품
- 수입신고 수리일로부터 일정한 기간 내에 수출 등에 제공되어야 한다.

(3) 수출용 원재료의 범위

- 수출물품 자체(원상태 수출물품)
- 수출물품 제조에 사용된 원재료(수출용으로 수입된 원재료뿐만 아니라 내수용으로 수입된 원재료도 포함)로서 수출물품을 형성하는 원재료는 물론 수출물품을 상품화하는데 소요되는 포장재뿐만 아니라 수출물품을 형성하지는 않지만 당해 수출물품의 제조·가공에 직접적으로 사용되어 화학반응을 하는 물품과 당해 수출물품의 제조·가공에 직접적으로 사용되는 단용 원재료를 말한다.

(4) 수입하는 때에 관세 등을 징수한 수입물품

- 정상 수입물품(유환수입물품)
- 무환 수입물품(세관장이 수출용 원재료로 인정, 통관한 물품)

(5) 대응수출 이행기간 내에 수출 등에 제공된 물품

(6) 환급대상 수입이 아닌 물품

- 수출이행기간이 경과하여 수출된 물품의 원재료
- 선수출 후수입 물품
- 환특세율(환급에 갈음하는 인하세율)을 적용하여 수입한 물품
- 수입시 관세감면 등을 받은 물품
- 국내에서 사용·수익하다가 수출된 물품
- 공매물품
- 탄력관세 적용물품으로 내수용에 한한다는 조건이 붙은 경우

2) 관세 등 환급대상 수출

관세 환급대상이 되는 "수출" 등의 유형은 다음과 같이 구분할 수 있다.

(1) 유상수출(환급특례법 제4조 제1호)
(2) 무상수출(환급특례법시행규칙 제2조 제1항)
  - 해외박람회 등의 출품수출
  - 해외건설공사 등에 무상송부하는 기계 등
  - 반품된 물품의 대체수출
  - 수출용견본의 무상수출
(3) 외화판매·외화공사(환급특례법시행규칙 제2조 제3항)
  - 주한미군에 군납수출
  - 주한미군 등에의 외화공사
  - 면세수입권자에의 국산승용자동차 판매
  - 외국인투자기업 도입자본재의 외화판매
  - 차관자금에 의한 도입자본재의 외화판매
  - 면세쿠폰에 의하여 판매된 물품
(4) 수출 등에 제공하기 위한 물품공급(환급특례법시행규칙 제2조 제3항)
  - 보세공장에의 물품공급
  - 보세판매장에의 물품공급
  - 수출자유지역 입주기업체에의 물품공급
  - 수출물품의 A/S용 부품의 보세창고 반입
(5) 기타 수출(환급특례법시행규칙 제2조 제4항)
  - 외항선(기)에 선(기)용품 공급
  - 원양어선에 선수품 공급

3. 관세 등의 환급방법

1) 정액환급

정액환급이란 수출물품별로 환급하여야 할 금액을 사전에 정하여 정액환급율표에 기재하여 놓고 그러한 물품이 수출되었을 때 수출신고필증만 제시받아 소요원료, 재료별 납부세액 등을 일일이 계산하지 않고 정액환급율표에 기재된 환급금액을 그대로 환급해 주는 방법이다.

- 간이정액환급제도

중소기업에 대한 관세환급절차를 간소화하기 위하여 수출신고 수리시간이 정액환급율표에 게재된 품목에 대해서는 동 수출물품 제조시 소요되는 원재료의 납부세액을 정하여 매건별 관세 등의 납부액을 확인하지 않고 일정액을 환급하여 주는 제도이다.

환급금은 "미화로 표시된 수출면장상의 금액 × 간이정액/10"으로 계산한다.

1매의 수출신고필증 등에 간이정액 적용대상과 비적용대상 물품이 동시에 기재되어 있는 경우에는 분할하여 환급신청할 수 있다.

중소기업이 수출한 물품이 간이정액율표에 기재된 경우에는 우선적으로 적용하며, 환급금 지급제한이나 부산물공제를 하지 아니한다.

2) 개별환급

개별환급이란 정액환급율표에 기재되어 있지 않은 수출물품 등에 제공한 물품을 제조·가공하는데 소요된 원재료를 수입하였을 때 납부한 관세 등을 일일이 소요량증명서와 수입신고필증 등에 의하여 환급액을 계산하여 환급하는 방법을 말한다.

3) 개별환급금 지급제한제도

개별환급금 지급제한제도란 수출물품의 제조·가공시 국내에서 생산되고 있는 원재료의 사용을 촉진하고 수출용 원재료의 수입을 억제함으로써 관세 등을 납부하고 수입하였다가 수출 등에 제공한 경우에도 관세 등의 일부 또는 전부를 환급해 주지 않는 것을 말한다. 다만, 보세공장과 수출자유지역 내의 입주 기업체에서 제조·가공하여 수입된 원재료는 제외한다.

4) 부산물에 대한 환급제도

수출용 원재료로 제조·가공되는 물품이 2가지 이상이거나 경제적 가치가 있는 부산물이 있는 경우 사실상 수출되지 않은 이 부산물에 해당하는 관세 등을 환급함은 부당하므로 수입시 납부한 관세 중에서 부산물의 가치에 해당하는 관세 등을 공제한 금액만을 환급한다.

4. 관세 등의 환급신청

수출물품에 대하여 관세 등 환급을 받고자 하는 자는 대통령령이 정하는 바에 따라 물품을 수출 등에 제공한 날로부터 2년 이내에 관세청장이 지정한 세관에 환급신청을 하여야 한다(법 제14조 제1항).

1) 환급신청인

(1) 일반 유상수출의 경우(법 제4조 제1호)

관세법 제137조의 규정에 의하여 수출신고하고 신고가 수리된 일반 유상수출의 경우 관세 등의 환급을 신청할 수 있는 자는 수출자 또는 수출물품의 제조자가 환급신청인이 된다.

일반 유상수출의 경우 수출자와 제조자에게도 환급신청권이 있으므로 누가 환급신청할 것인지는 수출신고할 때 수출신고서에 환급신청인을 기재하여야 한다.

(2) 총리령으로 정한 무상수출의 경우(법 제4조 제1호 단서)

총리령으로 정한 무상수출의 경우 수출자가 환급신청인이 된다.

(3) 우리나라 안에서 외화를 받는 판매 공사(법 제4조 제2호)

총리령(규칙 제2조 제2항)에서 정하는 국내외화 판매 또는 외화공사에 공한 물품의 경우 당해 용도에 공한 자가 환급신청인이 된다.

(4) 보세공장 등에 물품의 공급시(법 제4조 제3조)

관세법에 의한 보세구역 중 총리령이 정하는 구역 또는 수출자유지역 입주업체에 대한 물품 공급시에는 물품공급자가 환급신청인이 된다,

(5) 기타 수출행위로 인정되어 총리령이 정하는 것(법 제4조 제4호)

외항선(기)에 선(기)용품의 공급 및 원양어선에 공급하는 선수품의 경우 물품 판매자 또는 공급자가 환급신청인이 된다.

2) 환급신청기관

관세 등의 환급신청은 환급신청인의 제조장을 관할하는 세관장에게 신청토록 되

어 있다. 그러나 제조장이 2 이상인 업체로서 본사에서 일괄하여 환급업무를 취급하는 경우에는 본사를 관할하는 세관에 환급신청할 수 있다.

1996. 6. 30까지는 은행에서도 환급업무를 취급하였으나 1996. 7. 1부터 은행은 환급기관에서 제외되고 세관에서 결정된 환급금의 지급업무만 취급하고 있다.

3) 환급신청방법

(1) 환급신청의 요건

물품이 수출된 경우 환급신청 할 수 있는 바, 관세법 상 수출은 물품이 외항선(기)에 적재된 경우 수출된 것으로 보고 있으므로(선적주의) 각 수출유형별로 환급신청 할 수 있는 경우는 다음과 같다.

① 법 제4조 제1호(일반유상수출)의 수출

수출물품이 선적 또는 기적된 경우에 환급신청 할 수 있다. 수출보세화물 전산시스템의 개발운영에 따라 1997. 7. 1부터 관세청의 전산시스템에 의해 수출물품의 선(기)적 여부를 확인하고 있다.

② 법 제4조 제2호 내지 제4호의 수출

국내외화판매 및 공사, 보세공장이나 수출자유지역에 수출용원재료의 공급 및 기타 수출의 경우에는 당해 수출물품의 수출, 판매, 공사 또는 공급을 완료하고 세관장의 확인을 받은 경우에 환급신청 할 수 있다.

(2) 일괄환급신청(영 제18조 제3항)

① 원칙

수출물품에 대한 환급신청은 당해 수출물품의 생산에 소요된 원재료 전부에 대하여 한꺼번에 일괄하여 환급신청 하는 것이 원칙이다.

② 예외

일괄환급신청원칙에 따라 수출물품(HS 10단위 기준) 전량에 대하여 환급 받을 원재료에 대한 세액을 일괄하여 환급신청함이 원칙이나 다음의 경우에는 분할하여 환급 신청할 수 있다.

- 1건의 수출신고필증에 제조자가 2인 이상인 경우 각 제조자가 생산한 수출물품을 분할하여 환급신청 하는 경우

- 1건의 수출신고필증에 정액환급 및 개별환급 대상품목이 함께 수출되어 각 환급방법별로 환급신청 하는 경우

(3) 추가환급신청

수출물품(HS 10단위 기준)에 대하여는 일괄환급 신청하는 것이 원칙이나 환급신청인의 권리보호 측면에서 다음의 경우 추가로 한 번 더 환급신청 할 수 있다.

① 환급신청시 일괄환급 신청하였으나 환급기관의 계산 착오 등으로 환급금을 부족하게 지급한 경우

② 수입시에 원재료에 대한 관세율의 적용착오 등으로 추징한 세액이 환급신청시에 빠졌거나 환급된 수에 추징된 경우

③ 수출물품을 제조 가공할 수 없는 원재료로 환급하여 그 세액이 추징된 경우 수출물품을 생산할 수 있는 정당원재료에 의한 추가환급신청

④ 환급신청인의 착오로 수출이행기간이 경과된 수입신고필증 등으로 환급한 것이 추징된 경우 유효한 수입신고필증 등으로 추가환급신청

(4) 환급신청기간

수출물품에 대한 관세 등의 환급신청은 물품이 수출 등에 제공된 날로부터 2년 이내에 환급신청 하여야 하는데, 그 환급신청기간의 기산점은 다음과 같다.

① 법 제4조 제1호(세관장이 신고수리한 것)의 수출신고수리일

② 법 제4조 제2호 내지 제4호의 수출

- 당해 수출, 판매, 공사 또는 공급을 완료한 날
- 다만, 공사의 경우 당해 공사 중 단위공사가 완료된 날로부터 기산 할 수 있다.

4) 환급신청시 제출서류

환급신청시에는 소정의 환급신청서에 다음 각호의 서류를 첨부하여 관할세관장에게 제출하여야 한다.

(1) 개별환급의 경우

① 수출신고필증 등 수출사실증명서류

② 소요량계산서류

③ 소요원재료의 납부세액을 확인할 수 있는 서류

– 수입신고필증
– 기초원재료납세증명서
– 수입신고필증분할증명서
– 평균세액증명서

④ 기타 관세청장이 정하는 서류

(2) 정액환급의 경우

정액환급의 경우 정부가 정한 정액환급율표에 의해 환급금을 계산하므로 소요량 계산서류 및 원재료납부세액을 확인할 수 있는 서류의 제출은 필요하지 아니하며 수출신고필증 등 수출사실증명서류만 제출한다.

5) 환급금에 대한 심사

1997. 7. 1부터 환급업무의 전산화에 따라 서류제출없이 EDI 또는 디스켓 제출방식으로 환급신청하게 된다. 다만, 전산에 의한 환급처리시 시행 초기의 업무를 효율적으로 수행하기 위하여 환급신청서(갑, 을, 병, 정)를 추가로 제출토록 하였다. 따라서 전산에 의해 환급신청한 후 환급신청서(갑, 을, 병, 정)를 세관에 제출하고 수출입신고필증, 소요량계산서류를 제출하지 아니한다.

(1) 환급금 지급 후 심사

수출업체에서 전산에 의해 환급신청하면 환급전산시스템에서 환급의 기본요건, 수출입내역 등을 자동으로 심사하게 되는데, 환급금의 결정에 가장 중요한 요소인 소요량을 전산에 의해 확인할 수가 없다. 따라서 환급에 사용하는 소요량은 기업자율책정소요량에 의해 우선 환급한 후 각종 통계자료 및 정보를 분석하여 과다환급 우려가 있는 업체를 선별하여 서류심사 또는 기업실지조사를 통해 환급금의 정확여부를 사후심사하게 된다.

(2) 환급금 지급 전 사전심사

관세환급업무의 전산처리에 따라 환급금의 정확 여부는 환급금을 지급한 후에 하는 것이 원칙이나 부정환급의 정보가 있거나 관세법령을 위반한 불성실업체가 환급신청하는 경우에는 환급금 지급 전에 사전심사를 하게 된다.

6) 환급신청시 계좌번호의 기재

환급신청인은 환급신청시에 관세청장이 정하는 바에 따라 전용계좌를 개설하고 환급신청서에 그 계좌번호를 기재하여야 한다(영 제18조 제6항). 즉, 환급금은 관세청장이 지정한 환급금 채무은행에서 개설한 환급금 전용계좌를 통해 지급하며 한국은행을 통해 지급하지 아니한다.

7) 환급신청 기간

수출신고필증은 수출신고 수리일로부터 2년을 경과하지 않아야 되며, 원칙적으로 선(기)적이 확인된 것이어야 하나, 환급기관이 인정하는 경우에는 선장이 발행한 M/R(Mate's Receipt) 또는 선적선하증권으로 선(기)적 확인을 대신할 수 있다.

5. 수출용원재료의 국내거래

1) 기초원재료납세증명서

기초원재료 납세증명이란 수입한 기초원재료를 사용하여 제조·가공한 중간원재료로 수출물품을 제조할 자 또는 2차 중간원재료를 제조할 자에게 양도하는 경우에 중간원재료에 포함된 기초원재료의 납부세액을 증명해 주는 서류로서 최종 수출후에 수입신고필증 대신에 동 기초원재료 납세증명서를 제출하여 환급 받을 수 있다.

[구비서류]

- 기초원재료 납세증명(신청)서 2부
- 국내거래관계 입증서류(Local L/C 등)
- 인수증 사본 또는 세금계산서 사본
- 소요량증명서 또는 소요량 계산서(기준소요량 고시품목에 한함)
- 원재료수입신고필증 등 납부세액확인서류

2) 수입신고필증 분할증명서

분할증명서란 수입신고필증을 환급신청에 사용하려고 할 때 환급신청기관이 중복되어 수입신고필증의 제출이 곤란한 경우 또는 수입물품을 원상태로 거래한 경우에 수입신고필증을 분할하여 사용하거나 거래 당사자에게 나누어줌으로써 환급신청에 사용이 용이하게 하는 제도이다.

[구비서류]

- 분할증명 신청서 2부
- 분할하고자 하는 수입신고필증 등
- local L/C 등 국내거래관계 서류(여기서 local L/C는 원자재 유통업자를 수혜자로 한 것만 해당됨)
- 물품인수증 또는 세금계산서를 관할세관에 제출하여야 하며 관할세관은 환급신청 기관을 참조

3) 평균세액증명서

평균세액증명서는 복잡한 규격의 원재료를 HS10 단위로만 구분하여 HS10 단위 내에 포함되는 원재료는 동일한 것으로 간주하고 규격별로 각각 다르게 납부한 세액의 평균치를 산정하여 그 평균치를 환급함으로써 환급절차를 보다 간편하게 하기 위하여 1985. 1. 1 신설된 제도이다.

평균세액증명서 발급대상은 당해 월에 수출용으로 수입하거나 내국신용장 등에 의하여 매입한 전량이 되며 HS10 단위별로 발급한다.

평균세액증명서를 발급 받고자 하는 자는 평균세액증명서 발급신청 전에 세관장에게 평균세액증명서 발급대상 물품지정을 사업자등록증상의 사업자등록번호의 구분에 의한 사업자별로 신청하여 지정을 받아 평균세액증명(신청)서에 수입신고필증 및 기초원재료납세증명서를 제출하면 된다.

평균세액증명서로 환급을 받고자 할 때에는 평균세액증명서 발급기관에 신청하여야 한다.

6. 환급절차 간소화에 따른 환급신청자의 의무 및 벌칙

1) 환급절차의 간소화

1997. 7. 1 시행되는 개정 환급특례법에는 환급절차를 대폭 간소화하여 환급신청 즉시 환급금을 지급하되 환급절차 간소화에 따른 수출업체의 의무와 불성실 환급신청자에 대한 제재도 강화하였다.

1997. 7. 1부터 환급절차간소화 등에 대한 주요 내용은 다음과 같다.

(1) 환급신청시 제출서류의 생략

- 수출신고필증 및 원재료수입신고필증 등
- 소요량 계산서류
- 원재료의 환급사용내역에 대한 수입신고필증의 분할사용기록내역

(2) 소요량의 자율책정

국가에서 고시하거나 확인을 받은 소요량증명서에 의해 환급금을 계산하던 것을 기업이 자율적으로 소요량을 책정하여 환급금 계산에 사용토록 소요량자율관리제도의 도입

(3) 환급금 지급후 환급금의 정확 여부 심사

수출업체에서 EDI방식이나 디스켓 제출방식으로 전산환급신청하면 관세청의 환급전산시스템이 자동심사하여 환급금을 결정하고 환급금이 결정된 즉시 채무은행에 EDI망을 통하여 신청인 계좌에 입금되도록 환급신청, 심사, 지급업무의 전산처리에 따라 전산으로 처리할 수 없는 소요량 등을 환급금 지급 후에 심사하는 환급사후심사제도를 도입

(4) 로컬거래된 원재료에 대한 기납증 등의 자율발급제도

내국신용장이나 구매승인서 등에 의해 수출업체에 로컬공급한 원재료의 전가세액을 증명하는 기납증이나 분할증명서는 세관에 나와서 발급 받았으나 관세청장이 지정하는 업체에 대하여는 자율발급을 허용하게 된다.

2) 환급신청자의 의무

(1) 성실한 환급신청의무

수출물품에 대한 관세 등의 환급을 관련 증빙서류 없이 전산에 의해 신청을 받아 컴퓨터시스템에서 기본요건 심사만 거쳐 환급금을 지급토록 환급제도를 개선한 것은 기업의 성실한 환급신청을 전제로 한 것이므로 환급신청자는 국가가 확인하던 각종 환급요건, 소요량의 적정 여부 등을 환급신청전에 스스로 확인하여 성실하게 환급신청해야 한다.

(2) 환급 관련 서류의 보관 및 제출의무

관세환급에 따른 관련서류 제출생략 및 소요량의 자율책정은 기업의 성실한 환급신청을 전제로 한 것이므로 1997. 6. 30까지 환급신청시에 세관에 제출하던 서류는 기업이 성실히 보관해야 한다.

① 서류의 보관 및 보관기간

- 수출물품별 원재료의 소요량계산근거서류 및 계산내역에 대한 서류 : 5년
- 내국신용장 등 수출용원재료의 거래관계서류 : 3년
- 수출신고필증 등 환급특례법 제4조에서 정한 수출사실증명서류 : 3년
- 수입신고필증 등 원재료의 납부세액을 증명할 수 있는 서류 : 3년
- 기타 관세청장이 정하는 서류 : 3년

이상의 환급 관련 서류는 서류의 원본을 보관하는 것이 원칙이나 기업이 서류보관에 따른 비용과 관리에 편의를 제공하기 위하여 이들 서류는 관세청장이 정하는 바에 따라 마이크로필름, 광디스크, 기타 자료보존 매체에 의해 보관할 수도 있다(환특법 제20조 제2항).

② 환급 관련 서류의 제출(환특법 제10조 제3항)

앞에서 설명한 바와 같이 환급 관련 서류 없이 전산에 의해 환급신청한 사항을 전산심사에 의해 환급금을 지급하고, 환급금의 정확 여부는 환급금을 지급한 후에 심사토록 함에 따라 관세청장 또는 세관장은 환급금의 적정 여부를 심사하는데 필요한 경우 업체가 보관하고 있는 서류의 제출을 요구할 수 있다.

3) 과다환급금의 징수 및 자진신고

(1) 과다환급금의 징수

수출업체에서 환급대상이 되지 않는 원재료에 대하여 환급을 받았거나 소요량의 과다책정 등으로 환급 받아야 할 금액보다 과다환급 받은 경우 세관장은 관세법 제24조의 2제1항의 규정에 따라 환급 받은 자로부터 이를 징수한다.

(2) 과다환급금의 자진신고(환특법 제21조 제3항)

관세 등의 환급을 받은 자 또는 법 제7조 제1항의 규정에 의하여 정산신고한 자가 과다환급 받은 사실을 알았거나 정산신고시 납부해야 할 관세 등을 부족신고 한 것

을 안 때에는 대통령령이 정하는 바에 의하여 세관장에게 그 사실을 신고하고 당해 과다환급금 등을 자진하여 납부할 수 있다.

(3) 과소환급금의 지급 및 환급가산금 지급

환급신청인이 정당하게 환급신청하였으나 세관장의 귀책사유로 인하여 신청한 환급금보다 과소하게 환급금을 지급한 사실을 세관장이 알았거나 환급신청인의 신청이 있는 경우 이를 심사하여 지체없이 과소환급금을 지급한다.

국제거래분쟁의 해결

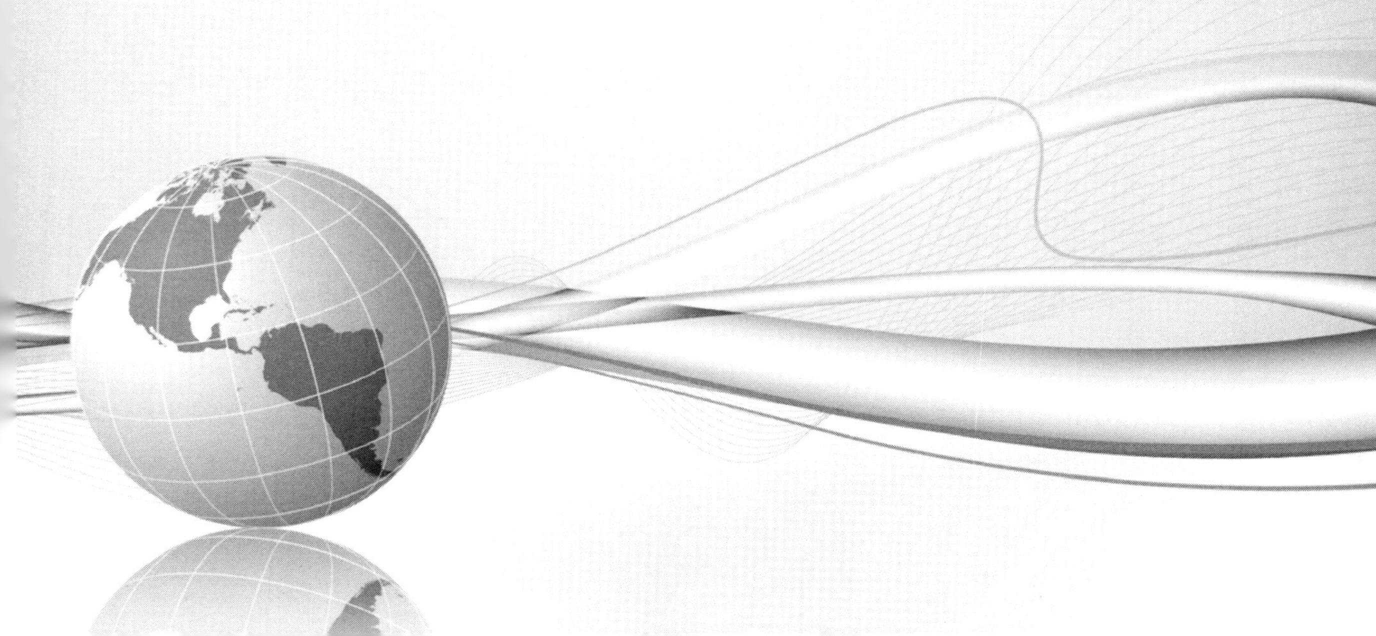

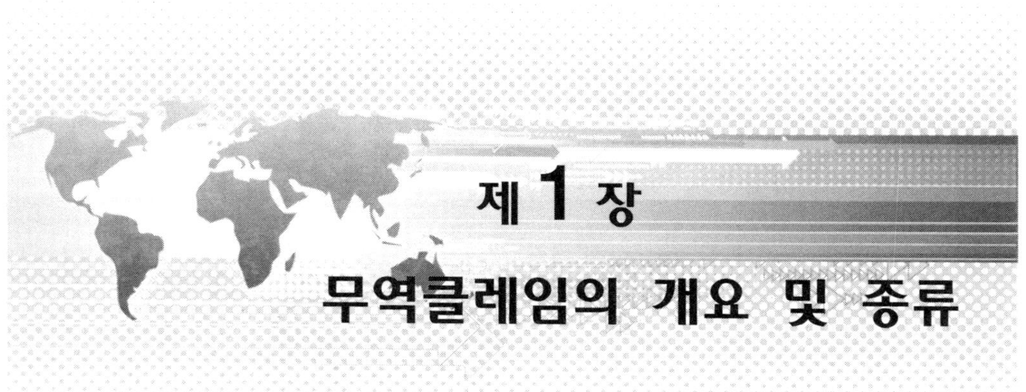

제 1 장 무역클레임의 개요 및 종류

1. 클레임의 개념

무역거래를 하다 보면 예기치 못한 클레임이 발생하는 경우가 있다. 클레임이란 당사자간의 거래계약에 따라 이행하면서 그 계약의 일부 또는 전부의 불이행으로 말미암아 발생되는 손해를 상대방에게 청구할 수 있는 권리를 말한다.

클레임(claim)이라는 용어는 당연한 권리로써의 요구, 주장 및 청구를 포함하고 있으며 또한 그러한 청구를 할 수 있는 권리와 자격을 말한다. 무역클레임을 광의로 해석할 경우는 단순한 불평(complaint)이나 경고(warning)도 포함할 수 있지만 협의로 해석하여 구체적으로 물품이나 금전 등을 요구하는 적극적인 경우가 일반적이다.

2. 무역클레임의 발생원인과 종류

1) 간접적 원인

무역통신의 특유한 용어들은 오랜 실무상의 경험과 숙달이 필요하므로 당사자간에 의견의 차이가 발생할 수 있으며, 계약당사자가 각기 사용하는 언어의 상이, 각국의 법과 상관습의 상이, 신용조사의 불비, 운송중의 위험, 가격덤핑, 나라에 따라 서로 다르게 사용되고 있는 도량형, 상대국의 식품위생법이나 독과점법, 공업소유권 등 많은 요인들이 무역클레임의 간접적 요인으로 작용하고 있다.

2) 직접적 원인

무역계약의 체결과정에서 과실, 오해, 착오, 부주의 등에 의하여 무역클레임이 발생할 수 있으므로 계약체결시는 전문가(변호사 등)의 자문을 얻어서 체결함이 분쟁을 예방하는데 좋다. 특히 계약은 거래당사자를 직접 구속하므로 반드시 계약서에는 당사자명과 품명, 품목, 품종, 규격, 수량, 단가, 금액, 포장조건, 선적시기, 결제조건, 신용장조건(개설일자), 보험조건, 면책조항, 클레임통지기한 등을 명확히 약정하여야 하며, 장래에 발생될지 모르는 분쟁의 해결을 위하여 중재조항 등을 삽입하고, 당사자가 기명 날인하여야 한다. 그러나 그 이행과정에서 품질불량, 수량의 부족, 포장불량, 선적불이행, 불완전 보험계약체결, 대금의 지불지연이나 지불거절, 신용장의 불개설 혹은 지연, 거래알선에 따른 수수료 미지급 등 많은 요인이 클레임의 직접적 요인으로 작용하고 있다.

3) 무역클레임의 내용

(1) 금전의 청구를 내용으로 하는 클레임

① 손해배상청구

저질품 인도시, 선적불이행시, 부당한 계약해제시, 신용장개설 지연이나 불개설시, 선박지정지연 또는 지정치 않을 시, 선B/L 발급시, 대금결제지연, 화물의 부당한 인수거절, 계약물품의 상이 등과 같은 사유로 발생한 손해를 금전으로 계산하여 청구하는 것을 손해배상 청구라 한다.

② 대금지급거절

D/A거래 등에서 추심기간이 긴 경우 물품이 서류보다 먼저 도착하므로 도착물품이 계약물품과 상이할 때, 혹은 신용장조건과 서류가 불일치할 때 대금지급을 거절할 수 있다.

③ 대금감액요청

도착된 물품의 품질이나 포장불량, 화인이나 상표불량 등 계약내용과 일치되지 않는 상품이 도착했을 때, 상품가액을 감액하여 인수코자 할 때, 대금감액 요청을 할 수 있다.

(2) 금전 이외의 청구를 내용으로 하는 무역클레임

① 화물의 인수거절

화물이 도착한 후 매수인이 그 상품의 품질상의 흠, 손상 등을 발견하였을 때 그 화물의 일부 또는 전부를 인수거절 할 수 있다. 이 경우 매매계약에 인수거절에 대한 특별약정이 있는 경우와 없는 경우로 나눌 수 있다. 전자의 경우 그 약정에 위배될 때에는 매수인은 물품인수를 거절할 수 있다. 그러나 후자의 경우에는 계약에 현저하게 위반한 때 예를 들면 1등급이라 약정하고 2등급을 공급할 때, 면책비율 이상의 잡물이 혼합된 때, 치수나 상표가 상이할 때, 포장상태가 상이할 때, 상품이 많이 파손된 때, 매수인은 물건의 인수를 거절할 수가 있다.

② 계약이행청구

매도인이 매수인에게 하는 계약이행 청구는 신용장 개설요청, 매매약정 물량의 이행요청 등이 있고 매수인이 매도인에게는 화물의 선적이행 등을 요청하였으나 만약 상호간에 원만히 해결되지 않으면 그 계약의 불이행에 따라 손해배상을 청구할 수밖에 없다.

③ 잔여계약분의 해제요청

1차 도착한 상품의 품질이 불량하다든가 규격이 상위하여 판매가 곤란할 때 나머지 계약분의 계약을 해제요청하는 클레임 등이다.

4) 무역클레임의 제기

(1) 물품의 검사와 통지의무

수입물품을 인도 받은 매수인은 이를 수령함에 있어 최우선적으로 그 물품이 계약목적에 합치되는지를 외견상으로 검사하여 만약 하자를 발견하였거나 수량이 부족하면 지체 없이 매도인에게 통지하여야 한다. 이러한 경우 할부선적조건일 경우에는 어느 할부분이 계약에 위반이 있을 경우 나머지 할분을 거절할 수 있으며 이미 이행한 할부분을 포함하여 전 계약을 해제할 수도 있다.

이러한 검사와 통지는 매수인의 필수적인 권리이며 의무이다. 이를 해태하면 법률적 청구권을 상실한다.

[물품검사통지의무에 관한 각국의 입법 예]

- 한국 상법 제69조
  매수인이 목적물을 수령한 때에는 지체 없이 이를 검사하여야 하며, 하자 또는 수량부족을 발견한 경우에 즉시 매도인에게 그 통지를 발송하지 않으면 이로 인한 계약해제, 대금감액 또는 손해배상을 청구하지 못한다. 다만, 매매의 목적물에 즉시 발견할 수 없는 하자가 있는 경우에 매수인이 6월 이내에 이를 발견한 때도 같다.
- 일본 상법 제526조 : 즉시 검사 곧 통지
- 영국 물품매매법 제34조, 제35조
  합리적 검사기회와 합리적 기간의 경과 이전에 검사할 권리와 통지할 의무규정
- 미국 통일상법전 제2606조, 제2513조 : 합리적 기간내 검사 및 통지의무
- 국제물품매매통일법 제38조, 제39조, 제49조 : 즉시 검사, 하자 발견시 즉시 통지

(2) 무역클레임의 제기기간

클레임의 제기기간에 관한 약정은 클레임의 포기조항을 수반하고 있으므로 일종의 면책조항이라고 할 수 있다. 클레임 제기기간의 설정은 그 물품의 성질상 합리적으로 요구되는 하자발견 및 통지기간보다 너무 짧게 규정되어 있으면 그 효력을 부인당하는 경우도 있으므로 그 기간을 설정하는데도 주의하여야 한다(당사자간의 특별한 약정이 없으면 앞에 설명한 물품의 검사와 통지의무에 관한 입법을 참조한다).

무역클레임을 제기하고자 하는 자는 반드시 다음의 구비서류를 작성하여 상대방에게 제출하여야 한다.

① 클레임 사실진술서

법적 문서로서 간단하고 명료하게 구체적으로 기술하여야 하며 '언제, 어디서, 누가, 무엇을, 왜, 어떻게'의 6하 원칙으로 기재하여야 한다. 대체로 품목, 수량, 계약일 등 거래 또는 계약내용, 클레임제기의 원인 내지 사유, 손해의 정도 상대방의 의무이행 촉구 및 상대방의 본건에 대한 의견 및 향후 처리 계획 등을 요청한다.

② 청구액에 대한 손해명세서

손해액과 제비용(운송료, 관세, 창고료, 은행이자, 검사료 등)에 대한 명세서를 제출하여야 한다. 손해액은 통상의 손해와 특별한 손해 및 기대이익 등을 클레임청구에 포함시키는 것이 일반적이다.

③ 검사보고서(Survey Report)

품질불량, 색상상이, 성능미달, 수량부족 등일 때 반드시 국제공인검정기관의 보고서를 첨부하여야 한다.

④ 기타

거래사실을 입증할 수 있는 계약서, B/L, L/C 상업송장 등

(3) 무역클레임을 받은 경우 유의사항

- 계약조건의 미비에 의한 것이 아닌가
- 납품 후 합리적 기간 내 청구된 것인가
- 하자를 입증하는 증빙서류가 있는가
- 물품검사는 공인검사기관에서 합리적인 기간 내에 되었는가
- 하자의 정도가 계약상, 거래관례상 허용비율을 초과하였는가
- 손해청구액은 합리적 산출에 의해 타당성이 있는가
- 당해 계약에서의 특성이 충분히 감안되었는가

3. 무역클레임의 해결방법

무역클레임 해결방법으로는 당사자간의 해결방법과 제3자가 개입하여 분쟁을 해결하는 방법이 있다.

1) 당사자간의 해결

당사자간의 해결방법은 당사자간에 직접 교섭하여 우의적으로 해결하는 방법을 말한다. 무역클레임은 당사자간에 해결함이 가장 바람직하다. 왜냐하면 무역클레임 내용을 잘 알고 발생원인과 상황을 누구보다 잘 알며 또한 당사자간의 해결에 있어서는 상대방과 장래의 거래관계를 충분히 고려하여야 하기 때문에 비록 양당사자가 각각 자기의 입장에서 충분한 이유가 있다고 생각하더라도 서로 타협하거나 또한 장래 거래를 위하여 양보로써 해결할 수가 있다.

당사자간의 해결방법으로는 ① 청구권을 포기하고 상대방에 대하여는 다른 조건으로 만족시켜 준다든가, 클레임의 청구액이 근소하여 클레임을 제기하지 않고 거래를 영속시킴으로 자사에 이익을 가져오는 해결방법, ② 당사자간 자주적인 교섭과 양보로 분쟁을 해결하는 방법, 즉 화해(amicable settlement, composition)가 있다.

2) 제3자의 개입에 의한 해결

당사자간에 원만하게 해결할 수 없을 때, 즉 쌍방의 주장이 대립될 때, 쌍방 혹은 일방의 감정이 악화되어 제3자의 냉정한 판단이 필요할 때, 상대방의 무성의로 타협이나 양보가 힘들 때, 학식이나 경험이 많은 제3자를 개입하여 분쟁을 해결하는 방법인데 이러한 방법의 해결로서는 알선, 조정, 중재, 소송 등이 있다.

(1) 타협과 화해

클레임이 제기되면 우선적으로 그 원인을 조사한 후 책임의 소재를 밝혀야 하고 당사자 사이의 직접교섭에 의해 원만한 해결점을 찾아야 한다. 즉, 당사자 사이의 화해(compromise : amicable settlement)가 가장 바람직한 해결방법이며 클레임의 대부분은 실제로 타협 혹은 화해의 방법으로 해결하고 있다.

타협에 의한 방법은 클레임과 관련된 금액이 소액인 경우 혹은 당사자 사이에 사전에 클레임에 관한 협약이 있거나 상호신용관계가 일정한 경우에 사용된다. 타협은 물품대금을 감액 해 주거나 새로운 물품의 제공 등으로 해결하는 경우가 많다.

(2) 알선(Intercession, Recommendation)

알선이란 공정한 제3자(예 : 상사중재원)가 당사자의 일방 또는 쌍방의 요청에 의하여 사건에 개입하여 해결이 될 수 있도록 조언하는 것을 말한다. 이는 쌍방의 협력이 없으면 실패로 돌아가므로 강제력은 없으나, 제3자가 당사자에게 강한 영향력을 미침으로써 분쟁을 해결할 수가 있다.

(3) 조정(Conciliation, Mediation)

조정은 양당사자가 공정한 제3자를 조정인으로 선임하고 조정인이 제시하는 해결안(조정안)에 양당사자가 합의함으로써 분쟁을 해결하는 방법이다.

조정은 우리나라 중재규칙상 중재신청 후 당사자 쌍방의 요청이 있을 때 중재원 사무국이 조정인을 선정, 조정을 시도할 수 있고, 조정이 성립되면 화해에 의한 판정방식으로 처리, 중재판정과 동일한 효력이 있으나, 이에 실패하면 30일 내에 조정절차는 폐기되며 중재규칙에 의한 중재인을 선정, 중재절차가 진행된다. 그러나 위 30일 기간은 당사자의 약정에 의하여 기간을 연장할 수 있다(상사중재규칙 제18조 1항~6항).

(4) 중재(Arbitration)

중재란 당사자간의 합의로 사법상의 법률관계를 법원의 소송절차에 의하지 아니하고 제3자인 중재인을 선임하여 그 분쟁을 중재인에게 맡겨 중재인의 판단에 양당사자가 절대 복종함으로써 최종적으로 해결하는 방법이다(중재법 제3조 1항).

중재는 당사자간 중재합의에 의하여야 하고 중재인의 판정에 절대 복종하여야 하며 그 결과는 강제성을 가질 뿐만 아니라 그 효력도 당사자간에는 법원의 확정판결과 동일하다(중재법 제35조). 또한 중재에 관한 뉴욕협약에 가입한 외국(1997년 3월 17일 현재 112개국 가입)에서도 집행을 보장해 주고 승인해 주므로 소송보다도 더 큰 효력이 있다. 우리나라는 1973년도 42번째 회원국으로 New York협약에 가입하였다.

(5) 소송(Litigation)

소송은 국가공권력(사법재판)에 의한 분쟁해결 방법이며 외국과의 사법협정이 체결되어 있지 않기 때문에 그 판결은 외국에서 승인 및 집행이 보장되지 않는다. 따라서 소송에 의하여 클레임을 해결하려는 경우에는 피제기자가 거주하는 국가에서 현지 변호사를 법정대리인으로 선임하여 소송절차를 진행하여야 한다.

3) 무역클레임액의 대외송금

무역클레임이 제기되어 그 해결결과 위약금, 손해배상금, 보상금, 해약금 및 대리점 수수료, 대행지급금, 기타 중개수수료 등을 거래선에 지급하고자 할 경우에는 외국환 관리법령에 따라 외국환은행장에게 신고 또는 한국은행 총재의 허가를 받아 지급하면 된다.

(1) 위약금, 손해배상금, 보상금, 해약금 지급(외국환은행장에게 신고)

[구비서류]

- 거래 경위서 또는 합의서
- 클레임사실 입증서류(공인기관의 검사보고서 등)
- 신용장 또는 계약서

(2) 물품의 수출·수입에 직접 수반하는 중개 또는 대리 수수료등을 지급

(외국환 은행장에게 신고)

[구비서류]

- 대리점 계약서 또는 중개료 계약서 등
- 신용장 또는 계약서

(3) 물품의 수출·수입과 직접적으로 관계되지 않는 중개·대리 수수료 등의 지급

– 대상거래 금액의 100분의 10 또는 미화 5만 불 이하(외국환은행장 신고)
– 대상거래 금액의 100분의 10 또는 미화 5만 불 초과(한국은행 총재 허가)

[구비서류]

- 대리점 계약서 또는 중개료 계약서 등
- 신용장 또는 계약서

1. 중재제도의 의의

중재란 계약당사자간에 자발적 중재합의에 의하여 당사자간에 현존하는 분쟁 또는 장차 발생가능한 분쟁을 법원의 소송절차에 의하지 않고 민간인인 제3자를 중재인으로 하여 그에게 분쟁의 공정한 해결을 부탁하기로 하는 합의가 있는 경우에만 중재인에게 제한적인 관할권을 줌으로써 그 위임된 분쟁에 한하여 중재인은 당사자들의 주장과 증거에 입각하여 최종적인 결정을 내리면서 당사자는 이에 구속을 받는 자주적 분쟁 해결방안이다.

중재합의는 특정의 분쟁에 대하여 법원의 관할권을 배제하는 약속이므로 중재합의가 있는 경우에는 일반적으로 그 분쟁에 대하여 직소가 금지된다. 당사자간의 계약서상에 아래와 같은 중재조항을 삽입하면 사후 분쟁 예방과 해결에 신속을 기할 수 있다.

[표준중재조항](국문예)

「이 계약으로부터 또는 이 계약과 관련하여 또는 이 계약의 불이행으로 말미암아 당사자간에 발생하는 모든 분쟁, 논쟁 또는 의견 차이는 대한민국 서울특별시에서 대한상사중재원의 상사중재규칙 및 대한민국법에 따라 중재인에 의하여 최종적으로 해결한다. 중재인(들)에 의하여 내려지는 판정은 최종적인 것으로 당사자 쌍방에 대하여 구속력을 가진다.」

[Standard Arbitration Clause](영문 예)

"All disputes, controversies, or differences which may arise between the parties, out of or in relation to or in connection with this contract, or for the breach thereof, shall be finally settled by arbitration in Seoul, Korea in accordance with the Commercial Arbitration Rules of the Korean Commercial Arbitration Board and under the Laws of Korea. The award rendered by the arbitrator(s) shall be final and binding upon both parties concerned."

[중재신청구비서류]

- 중재합의서(계약서 원본 또는 사본)
- 대리인이 신청시 그 위임장
- 중재신청서
- 청구의 근거를 입증하는 서류
- 중재비용예납

2. 소송과 중재의 비교

소송은 당사간에 합의가 없더라도 당사자가 능력만 있으면 절차의 진행이 가능하나 중재는 반드시 성문화된 합의(계약)가 있는 경우에만 절차가 유효하게 법적 보호를 받을 수 있다. 따라서 기본적인 분쟁의 해결방식은 소송이며, 중재는 이를 대체한 새로운 해결수단이라 할 수 있다. 그러나 중재는 소송에 비하여 다음과 같은 유리한 장점을 지니고 있다.

1) 분쟁의 신속해결

소송은 인간의 모든 사항에 대한 분쟁을 결정하므로 때로는 신체의 생사여부에 관한 형사적 문제도 심리판단하게 된다. 때문에 소송에 매우 신중한 절차를 요하게 되어 3심제를 운영하고 있다. 그러나 중재는 몇 나라의 예외를 제외하고는 단심제로 운영되고 있어서 법원에 비하여 매우 짧은 단계를 거쳐 최종판정에 도달하게 된다. 우리나라의 중재는 단심제이다. 당사자들은 그들 자신의 합의로써 판정기간을 정할 수 있기 때문에 당사자들의 긴급성에 따라서 그 기간을 명시하여 단축시킬 수 있다.

우리나라 중재규칙에 따르면 국내중재의 경우에는 중재신청금액이 1억 원 이하인 경우와 국제중재인 경우에는 2억 원 이하인 사건의 경우에는 1회심리로 종결함을 원칙으로 한다. 국내중재의 경우에는 심리종결일로부터 10일 이내에 판정하여야 하고 국제중재의 경우에는 판정부가 구성된 날로부터 3개월 내에 판정하여야 한다(국내중재규칙 제58조, 59조. 국제중재규칙 제41조, 43조). 이 법의 취지를 받들어 대한상사중재원 상사중재규칙은 당사자간의 중재시 고의로 지연작전을 쓰지 못하게 하는 예방조치로서 여러 가지 규정을 두고 있다.

2) 비용의 경감

신속한 분쟁의 해결은 그만큼 비용을 절약할 수 있다. 법원의 소송에 의할 경우 변호사의 보수를 비롯하여 매심급마다 인지대가 배가되기 때문에 중재보다 비용이 많이 들게 된다. 또한 상사에 관한 전문적인 지식과 경험을 지닌 중재인에 의한 심문은 새로운 설명이나 지식의 보완이 필요치 않음으로써 분쟁해결을 위한 증인심문들의 진술서 작성 등 시간이나 경비가 저렴하게 된다.

3) 적합한 중재인의 선정

국제무역에서 발생되는 분쟁의 경우에는 매매조건, 상품의 시장성, 가격의 변동, 무역관습 등 거래상의 전문화, 기술화, 분업화, 세분화, 산업화의 전문지식을 요하기 때문에 중재인을 선정하는데는 그 분야에 맞는 중재인을 선정하여야 한다.

이러한 목적을 위하여 대한상사중재원은 중재인단 명부를 매년 1회 정비유지하고 있는데 이는 법조계, 실업계, 각종 업종별 단체의 대표자, 학계 공공단체 조사기관 대표, 개업중인 공인회계사, 변리사, 주한외국인 등을 엄선하여 구성되어 있다.

4) 절차의 비공개

법원의 소송절차는 공개주의에 입각하여 진행되므로 자체회사의 조업방식, 운영비용, 손익에 관한 것 등 거래비밀이 자연히 대외적으로 알려지게 마련이며, 이러한 것들이 대외적으로 알려질 경우에는 회사의 신용하락은 물론 국제경쟁력이 악화되어 예측할 수 없는 손실이 발생하게 된다. 특히 거래과정에서 클레임이 발생된 사실 자체가 알려지면 회사의 명예에 악영향을 끼칠 우려가 크기 때문에 더욱 비밀을 요하는 사항이 아닐 수 없다. 중재는 바로 이러한 점을 감안하여 절차를 공개하지 않기 때문에 모든 사업상의 비밀이나 회사의 명성을 그대로 유지할 수 있게 한다. 우리나라의 경우에도 상사중재규칙 제9조에 절차의 비공개주의를 택하고 있다.

5) 판정의 효력

재판권은 국가주권의 일부이며 국가가 행한 재판은 다른 국가에 효력이 미치지 않는다. 그러나 중재는 당사자간의 합의에 의한 것이므로 사법상의 유효한 계약으로 보기 때문에 외국에서도 그 이행에 주권침해와 같은 문제가 발생치 않는다. 중재판정의 국내적 효력은 당사자간에는 법원 확정판결의 효력과 동일하며(중재법 제35조) 국제적 효력으로 뉴욕에서 채택된 외국중재판정의 승인 및 집행에 관한 국제연합협약에 우리나라는 1973년도 가입함으로써 외국에서도 그 집행을 보장받을 수 있어 소송보다도 더 큰 효력이 있다.

3. 상사중재제도

1) 상사중재제도의 의의

무역클레임을 해결하기 위한 수단의 일종인 중재(arbitration)는 당사자간의 사전적인 중재합의에 기초를 둔 일종의 쌍무계약적 절차라고 할 수 있다. 중재판정의 기준은 형평과 선(善)으로서 인격에 의한 판단이기 때문에 법의 지배하에서 법에 의한 판단인 재판과는 근본적으로 차이가 있다. 재판의 판결은 법과 판례에 따라 법관이 양심적으로 판단을 내리지만, 중재판정은 형평과 선(善)에 의해서 중재인이 합리적이고 공평한 인격에 의한 판단을 내린다.

무역클레임의 해결에 적용되는 중재는 상사중재(commercial arbitration)이며 상사중재제도는 당사자가 처분할 수 있는 사법(私法)상의 법률관계 관련 분쟁을 당사자간의 합의(중재계약 또는 중재합의)에 의하여 해결하는 제도이다.

즉, 법원의 판결에 의하지 않고 제3자인 중재인에게 부탁하여 그의 중재판정에 복종함으로써 최종적인 해결을 시도하는 자치법적인 분쟁해결수단이라고 할 수 있다. 이러한 중재가 가지고 있는 법적인 요건과 성격을 살펴보면 당사자간의 합의에 따라 법원의 판결을 배제하고 중재를 선택하는 명시적 표시인 중재계약이 있어야 하며, 분쟁의 객체로서의 분쟁대상은 당사자간에 처리할 수 있는 사법상의 법률관계이어야 하고, 당사자들은 자신들이 선택한 중재인의 판정에 이의를 제기할 수 없으며, 중재에서 패한 당사자는 원칙상 상소할 수 없다.

2) 상사중재제도의 장·단점

(1) 상사중재제도의 장점

① 자유합의에 의한 분쟁해결

중재는 본질상 특별한 제한이 없는 한 원칙적으로 중재계약에서부터 판정에 이르는 모든 절차와 과정을 당사자들간의 자유합의에 의해 결정한다.

② 중재심리의 비공개

일반적으로 소송절차는 공개되기 때문에 사업의 내막이나, 영업비밀이 외부에 누설될 염려가 있다. 그러나 중재는 거래의 비밀보장을 원칙으로 하기 때문에 비공개로 진행된다.

③ 분쟁의 신속한 해결

중재는 분쟁을 신속하게 해결함으로서 비용의 절약뿐만 아니라 약정 또는 법정기간 내에 단심으로 종결된다. 중재판정은 중재계약에서 약정된 기간 내 혹은 중재가 개시된 날로부터 3개월 이내에 하도록 되어 있다.

④ 중재인의 전문성

상사관계(商事關係)는 상인사회의 관습에 지배되는 경우가 많기 때문에 획일적인 법률에 묶인 판사보다도 상거래의 실정에 정통한 중재인의 판정이 보다 합리적이며 실제적인 해결을 기대할 수 있다.

⑤ 국제적 효력

재판은 국가공권력의 발동이므로 국경 내에서만 그 효력을 가지나 중재판정은 민간인의 자주적인 분쟁해결방법으로서 국가주권의 문제와는 관계없이 국제협약 또는 2국간 협정에 의해 국제적인 효력을 미친다.

⑥ 평화적 분위기

중재는 시종일관 평화적인 분위기 속에서 비공식적인 절차로 진행되며 증인에 대한 선서도 금지되고 있다.

(2) 상사중재제도의 단점

① 법적 안정성의 결여

소송의 경우 판사는 법률과 판례에 구속됨으로써 판정에 대한 법적 안정성이 확보되나, 중재는 중재인의 지식과 경험에 의해 판정하므로 판정기준에 있어 객관성이 결여될 수 있다.

② 상소제도의 부재

중재는 단심제로 상소의 수단이 없다. 따라서 당사자 사이의 이해관계가 충분히 반영될 수 없는 단점이 있다.

③ 중재인의 대리인(代理人)적 경향

중재에서는 당사자가 각각 1명씩 중재인을 선임하는 것이 관례이기 때문에 이런 방식에 의해 선임된 중재인은 자기를 선임해준 당사자에 대한 의리로서 그의 이익을 위하려는 경향으로 흐르기 쉽다.

④ 절차상의 문제

중재의 경우 신속한 처리를 위해 출두에 관한 통지가 정당하게 이루어진 이상 당사자가 결석해도 심리를 진행시킬 수 있기 때문에 결석한 당사자의 입장이 완전히 무시될 우려가 있다. 따라서 결석한 당사자가 불가피하게 출두할 수 없었던 경우에 보상받을 수 있는 여지가 없게 되는 것이다.

4. 전자상거래와 분쟁해결제도

1) 전자상거래분쟁의 분쟁유형

전자상거래분쟁은 거래과정에서 전자적 기법을 사용하므로 일반상거래분쟁과는 기술적·제도적 측면에서 상이함을 보이며 이로 인해 많은 유형의 전자상거래분쟁이 발생한다.

전자상거래분쟁이 빈번하게 발생하는 분쟁에는 다음과 같은 분쟁이 있다.

- 기업의 설립단계

  인터넷상의 검색을 통해 전세계적으로 동일 상표를 찾을 수 있으나 거리에 대한 제약이나 그 밖의 규제가 없어 특정국가에 등록된 상표명이나 회사명이 다른 나

라에서도 동일하게 사용됨에 따라 발생하는 도메인네임에 대한 분쟁

- 판매단계

  소비자의 편의성과 시장효율성을 증가시키나 다양한 개인정보 수집에 따른 사생활침해에 대한 분쟁

- 생산단계

  각국의 서로 상이한 지적재산권에서 발생하는 저작권과 지적소유권 침해분쟁

- 계약단계

  각국의 전자문서의 인정범위의 상이와 당사자간의 확인 및 사기 등으로 인한 인증분쟁

- 대금지불단계

  전자결제와 전자화폐의 통용성, 경제성, 보안성 및 회계확인에 따른 분쟁

- 그 밖의 분쟁
  - 배달된 상품이 불만족시 이에 따른 환불과 책임소재에 따른 분쟁
  - 각 국간에 걸쳐 이루어지는 거래에 따른 세금 부과에 따른 분쟁 등

2) 전자상거래분쟁의 해결제도

전자상거래분쟁발생시 해결방법으로는 기존의 일반분쟁의 해결기관을 활용하거나 필요시 별도의 전담해결기관을 설립 운용하는 방안이 있다. 기존의 일반분쟁의 경우의 기업간 거래(BtoB)에서 오는 분쟁은 대한상사중재원에서 해결하나 기업과 소비자간 거래(BtoC)에서 오는 분쟁은 한국소비자보호원에서 담당하였다. 그러나 전자상거래에 따른 분쟁의 해결은 1999년 7월 1일 시행된 「전자거래기본법」에 의거 한국전자거래진흥원에서 해결이 가능하지만 아직까지는 운용상의 많은 문제점을 가지고 있다.

[표 10-1] 상거래분쟁과 전자상거래분쟁해결제도의 비교

구 분	상거래분쟁	전자상거래분쟁
기관명	대한상사중재원	한국전자거래진흥원
법적 근거	대외무역법, 중재법	전자거래기본법

업무영역	국내외 기업간 분쟁 발생에 대한 알선과 중재	기업간 및 기업과 소비자간 전자상거래에서 발생하는 분쟁의 조정
담당기구	중재판정부, 알선·중재부	전자거래분쟁조정위원회
판결의 법적효력	확정판결과 동일한 효력과 국제적 집행효력	법적효력 없음
운영상의 한계	중재계약이 없는 거래나 중재의 합의가 이루어지지 않은 분쟁은 해결의 어려움이 있음	법적 뒷받침이 없어 일방의 수락 거절시 분쟁해결의 진행이 곤란하며, 조정이 성립된다 하더라도 법적 구속력이 없어 이행하지 않을시 강제집행의 어려움이 있음

* 한국전자거래진흥원

이처럼 전자상거래로 인한 분쟁의 발생시 그 해결의 방법으로는 첫째, 기존의 실제거래에서와 같이 기업간 거래에서 오는 분쟁은 대한상사중재원에서해결하고 기업과 소비자간 거래에서 오는 분쟁은 한국소비자보호원을 통하여 해결한다. 둘째, 전자상거래에서 발생하는 모든 분쟁을 한국전자거래진흥원에서 해결하도록 한다. 그러나 이 방법은 분쟁조정과정과 결정에 대하여 법적 뒷받침이 미흡하여 해결의 어려움을 가지고 있다. 마지막으로는 전자상거래를 포함한 모든 분쟁을 대한상사중재원을 통하여 해결하는 방법으로 이 방법은 중재합의가 없는 거래는 최종적인 해결을 보장할 수 없다는 한계를 가지고 있기 때문에 전자상거래의 흐름과 분쟁발생 등을 고려하여 원활한 분쟁해결을 위한 대책마련이 필요로 한다.

1. 상사중재의 의의

중재는 분쟁당사자가 스스로 처분할 수 있는 사법상의 분쟁을 당사자 쌍방이 임의적 합의로 선정한 제3자에게 그 판단을 부탁하고 그들이 내린 판정에 복종함으로서 분쟁을 최종적으로 해결하는 구속력 있는 분쟁당사자의 자주적인 분쟁해결방법이다.

1) 중재판단의 대상

국제간의 사법상분쟁으로서 민사분쟁, 상사분쟁이든 불문한다.

국제간 국가와 국가간 분쟁은 국제사법재판소에서 처리하고 국가와 사인간의 분쟁은 행정소송 또는 법원에 처리하며 형사분쟁은 법원에서 처리된다.

특허 상표등록에 관한 분쟁은 특허청에서 분쟁처리하나 불복이 있을 경우 행정소송으로 처리된다. 미국의 경우는 중재대상이다.

2) 중재판단의 법위

중재합의 내용에 근거하여 그 범위가 결정된다.

3) 중재요건

(1) 중재당사자의 적격성

(2) 현실적인 분쟁

(3) 법률문제로서 서면에 의한 중재합의 범위 내라야 한다.

2. 중재합의(仲裁合意)

1) 중재합의(Arbitral Agreement)의 의의

사법상의 법률관계에 관하여 당사자간에 발생하고 있거나 장래 발생할 분쟁의 전부 또는 일부에 대하여 중재에 의하여 해결하도록 하는 것이다.

중재 계약은 당해 계약뿐 아니라 교환된 서신, 전보에 중재 조항이 있으면 유효한 중재 합의로 본다.

2) 중재합의의 성질

중재합의의 독립성원칙(중재합의 분리이론) = Doctrine of Separability

중재합의와 관련된 주된 계약이 무효 또는 실효되는 경우에도 중재조항은 주된 계약과는 별도로 분리 독립된다는 원칙이다.

당사자가 분쟁해결의 지연, 합의이행거절을 위해서 법원에 주된 계약의 무효나 취소를 시도함으로서 분쟁해결을 고의적으로 방해하는 것을 방지하기 위한 것이다.

3) 중재합의의 성립요건

중재합의에 상설중재기관의 정형화된 표준중재조항을 삽입해두는 것이 바람직하다.

(1) 중재인선정방법 또 중재기관의 중재규칙

(2) 중재지

(3) 준거법 결정

① 주계약 준거법

② 중재지법 → 중재지에 관한 합의

③ 중재계약체결지법 → 국제사법상 준거법결정 일반원칙

(4) 중재합의의 형식 → 서면주의

① 사전중재합의(arbitration clause) : 분쟁발생 전 합의

② 사후중재합의(submission to arbitration) : 분쟁발생 후 합의

4) 중재합의의 효력

(1) 직소금지의 효력(直訴禁止의 效力)

중재계약의 당사자는 중재인의 중재판정에 따라야 하고 중재대상에 대하여 법원의 재판을 받을 권리가 없다(우리나라 중재법 제9조, 뉴욕협약 제2조 3항).

예외 : 중재 합의의 부존재, 중재 계약이 무효, 효력 상실, 이행 불능일 때는 법원에 제소할 수 있다.

(2) 최종해결의 효력

중재판정에 대하여는 법원의 판결과 동일한 효력이 있으며 이에 대하여 법원에 항소하거나 상고할 수 없다. 즉 중재판정은 단심제이다.

(3) 국제적 효력

뉴욕협약에 따라서 협약가입국은 당사자는 회원국 내의 상호주의에 의하여 국제적인 중재판정을 승인하고 국내법에 우선하여 적용한다(뉴욕협약 제2조 1항).

3. 중재신청

중재신청은 당사자의 자치에 의하여 당사자간에 합의에 의하여 신청 유무를 결정한다.

1) 신청요건(국내)

(1) 중재합의서면의 원본 또는 사본
(2) 중재신청서 내용은 신청인, 상대방의 성명, 주소, 대리인의 성명, 주소, 중재신청취지, 중재신청 이유 및 입증방법 기타 분쟁내용과 중재합의내용의 상관관계를 기록한다.
(3) 청구원인사실의 증명서 원본 또는 사본
(4) 대리인의 위임장에 제출하여야 하며 변호사 자격 유무와 상관없다.

2) 중재비용예납

(1) 신청요금(request fee)
(2) 중재요금(arbitration fee)
(3) 중재인 수당 및 경비

3) 중재신청서류의 수리와 통지

중재신청 서류 수리시에 다음 사항을 확인한다.

(1) 필요서류의 유무 확인
(2) 신청서류 부수 확인
(3) 대리인 위임장 유무
(4) 중재합의 내용 확인
(5) 서류상 당사자의 성명, 주소 확인
(6) 중재비용 예납 확인

4) 상대방의 답변서 제출

상대방은 신청서 수령한날로부터 국제중재의 경우에는 30일 內 사무국에 답변서를 제출하여야 한다(국제중재규칙 제9조).

국내중재의 경우에는 15일 內(국내중재규칙 제11조), 조정신청 여부, 반대신청 여부 여부결정은 제3회 심문기일까지 하여야 한다.

답변서 내용은 다음 사항을 기재하여야 한다.

(1) 당사자 성명 및 주소, 대리인 성명 및 주소
당사자가 회사인 경우 설립지와 회사의 형태, 개인일 경우 국적과 주된 거주지 또는 근무지
(2) 분쟁의 본질과 상황에 관한 기술
신청서에 기재한 청구의 전부 또는 일부의 인정 여부, 신청서에 기재된 신청 취지에 대한 답변
(3) 중재인수 선정 중재인 지명에 관한 의견
(4) 중재장소 적용법률 중재언어 - 중재 언어는 당사자에게 선택권이 있으며 당사자의 합의가 없는 경우에는 중재판정부가 정하도록 한다.

5) 조정신청

중재신청 접수일로부터 국제중재일 경우 30일 內(국내 15일 內) 신청하여야 한다.

조정인(conciliator) 선정은 중재인 후보자 명부에서 선정, 조정인의 조정안 작성은 양 당사자의 주장, 서면진술, 증거조사 근거로 한다.

조정인 선정된날부터 30일 內에 조정 불성립시 중재절차가 진행된다(국내중재규칙 제18조).

조정안 성립시는 중재판정과 동일한 효력이 인정된다(국내중재규칙 제18조 3항).

6) 반대신청

상대방의 반대신청은 중재신청과 병합심리하고 반대신청의 변경은 서면으로 사무국에 신청하여야 한다.

중재판정부 구성후에는 담당중재판정부의 허가를 받아야 한다.

4. 중재인 선정 - 중재재판부 구성

1) 중재인 자격(결격사유)

(1) 금치산자, 한정치산자
(2) 파산자로서 복권되지 아니한 자
(3) 금고 이상의 형을 받고 그 집행이 종료된 후 3년이 경과되지 않은 자
집행을 받지 않기로 확정된 후 3년이 경과하지 않은 자
(4) 금고 이상의 형을 받고 그 집행유예기간 중인 자
(5) 선고유예기간 중에 있는 자
(6) 중재결과에 대하여 이해관계가 있는 자
(7) 선정당시 한국 내에 거주하지 아니한 자

2) 중재인권한

(1) 쟁점에 대한 시비판단 결과통지
(2) 중재인 증인 또는 감정인 강제소환 강제선서 문서제출권(한국에는 없다 영미에는 가능. 미국 중재법 제7조 영국중재법 제12조)
(3) 계약서 내용을 보충권 - 계약보충권

(4) 서류심사권(서류의 신빙성 유효성 판단)

3) 중재인의 의무

(1) 중재합의 내용검토, 중재절차진행, 중재판정 : 신의성실원칙
(2) 중재인 결격사유 고지의무
(3) 공평정대하고 신의성실에 따라서 절차진행, 판단
(4) 중재판정문의 정정 → 숫자 착오 오타 발견시
(5) 비밀유지의무 → 직무 중 습득한 당사자의 비밀을 누설하지 아니할 의무

4) 중재인 선정

(1) 직접선정 - 당사자 선정
① 1인 중재판정부 → 양 당사자 직접합의로 결정
② 3인 중재판정부 → 당사자가 각각 1인씩 선정
선정된 중재인이나 중재기관이 1인 선정, 당사자간에 중재인 수에 대한 합의가 없는 경우 중재인 수를 3인으로 한다.

(2) 간접선정 - 사무국에서 선정
당사자들의 중재인 선임요청이 있는 경우 규칙에 따라서 중재재정부를 구성하고 사무국에서 10명 선정하여 당사자와 협의선정한다.

5) 중재인 기피사유(중재법 제13조)

다음에 해당되는 자는 중재인이 될 수 없다.

(1) 중재인 또는 중재인의 배우자 → 공동권리자, 의무자 상환의무자일 경우
(2) 중재인이 당사자의 친족·호주 가족관계인 경우
(3) 중재인이 사건에 관하여 증언 감정한 경우
(4) 중재인이 당사자의 대리인인 경우
(5) 전심재판에 관여. 중재의 공정성이나 독립성에 관하여 의심을 야기할 수 있는 사장이 있거나 당사자들이 합의한 자격을 갖추지 못한 경우에 기피신청을 할 수 있다. 중재에 대한 기피 신청은 기피사유를 안 날로부터 15일 이내에 중재판정부에 신청한다.

중재판정부에서 기피신청이 받아들여지지 아니한 경우 기피신청을 한 당사자는 그 결과를 통지받은 날부터 30일 이내에 법원에 해당 중재인에 대한 기피신청을 할 수 있다. 이러한 법원의 기피결정에 대해서는 항고할 수 없다(중재법 제14조).

6) 중재인의 보궐

(1) 중재인이 직무수행태만 거부하는 경우
(2) 중재인이 직무수행 불가능한 경우
(3) 중재인의 사망
〈예〉 중재인의 장기해외여행, 이민, 병환, 사망, 중재인 기피신청 등의 경우 중재재판부가 결원보충명령(국내중재규칙 제26조)

5. 중재심문

1) 중재심문장소의 결정과 통지

중재심문장소(the place of hearing) : 양 당사자가 중재인 앞에서 자신의 주장과 변론을 하는 장소로서 반드시 중재지가 아니라도 가능하면 제3의 장소에서도 가능하다.

- 중재지 : 중재절차 및 중재판정이 행하여지는 국가 – 통상 주된 중재절차가 진행되고 중재 판정이 내려진 국가 또는 그 국가의 영토를 말한다. 보통 중재지 내에 일정한 장소를 중재심문 장소로 한다. 중재의 일시 및 장소가 결정되면 사무국은 중재인과 양 당사자에게 늦어도 심문개시 10일 이전까지 통지하여야 한다(국내상사 중재규칙 제27조).

2) 심문절차

- 중재 개시 : 중재 절차는 피신청인이 중재 요청서를 수령한 날로부터 개시한다.

(1) **쟁점정리**
(2) **당사자 불출석** : 통지고지 후 불출석의 경우 심문계속
(3) **당사자 심문** → 직접심문, 서면심문
임의출석 증인감정인 심문가능 선서 없음
중재인은 당사자 증인 감정인 강제소환권 없음 (영미 가능)
(4) **증거조사** : 당사자전원, 단독중재인 또는 중재인 과반수 출석

(5) **증거판단** : 증거의 신빙성, 유용성은 자유심증으로 판단

(5) **심문절차** : 비공개원칙 직접이해관계자만 참석

3) 주장, 입증, 심문종결

(1) **주장** : 분쟁의 당사자가 권리의 발생, 변경 소멸 등에 관하여 자기에게 유리한 법률효과 또는 사실을 표명하는 것. 준비서면을 작성하여 입증서류 정리하여 사무국 또는 중재인에게 제출하여 자신의 주장을 구술로 밝힌다.

(2) **입증** : 피신청인은 자신에게 유리한 각종 증거자료들을 정리하여 중재인 앞에서 자신의 주장 또는 반증을 하는 것을 말한다.

(3) **증인심문** : 증인심문시 증인의 선서를 요구할 수 없다.
증인심문조서를 작성하여 판정의 자료로 한다.

(4) **심문종결** : 주장. 입증을 다한 경우 심문의 종결선언을 하고 진술요약서 제출 명령시에는 진술요약서 제출 최종기일이 심문 종결일이 된다. 심문종결 후에도 직권 또는 당사자의 신청에 의하여 중재판정 전에 심문재개를 할 수 있다.

6. 중재판정

중재판정(arbitral award)이란 중재계약의 당사자가 의뢰한 분쟁에 대하여 중재인이 내리는 결정을 의미한다. 법원의 확정판결과 동일한 효력이 있다.

중재 판정부의 결정은 과반수에 의한다. 가부동수인 경우에는 중재판정 등 의사결정은 부결되는 것으로 본다. 그 효력에 대해서 당사자의 합의나 해석에 맡긴다.

1) 중재판정의 범위, 형식

(1) 당사자가 합의한 중재계약의 범위내에서 계약의 실질적 이행뿐만 아니라 손해배상 기타 구제방법 명시해야 한다.

(2) 중재비용 비담액의 부담비율 명시(국내중재규칙 제52조)
중재관리요금(administration fee)
중재경비(arbitration expenses)
중재인 보수(allowances for arbitrators)

(3) 판정문은 서면으로 작성하며 판결주문 이유 기재는 당사자의 합의 또는 화해중

재판정의 경우에는 계약으로 판정 이유 기재하지 않을 수 있다.

중재이유 기술명령은 중재판정문에 판정의 이유가 충분히 그리고 상세하게 기술되지 아니한 경우 중재인에게 판정의 이유를 밝히도록 명령할 수 있다(영국 중재법 제1조 5항).

2) 판정문의 작성, 송달 및 보관

(1) 판정문 작성

중재인 전원이 서명하고 중재 판정의 이유, 작성일자 및 중 재지를 기재하도록 하였다.

판정문 기재사항(국내중재규칙 제49조)

① 당사자의 성명 또는 명칭 주소

② 대리인 성명과 주소

③ 판정주문

④ 판정 이유의 요지

⑤ 작성년월일

중재 절차는 종국 판정에 의하여 자동적으로 종결되며 중재신청의 철회의 경우에는 중재재판부의 결정에 의하여 종료한다.

판정은 중재개시일로부터 3개월 내 중재심문이 종결된 날로부터 중재인 과반수 이상 찬성으로 판정해야 한다(한국중재법 제30조).

가부동수일 경우에는 중재판정은 부결된 것으로 본다. 중재 계약 효력에 대해서는 당사자의 합의나 해석에 맡긴다.

(2) 판정문 송달 보관

판정문 正本은 중재기관 사무국이 당사자 또는 그 대리인에게 등기우편으로 송달하거나 직접 교부한다. 原本은 정본 송달증명서를 첨부하연 관할법원에 이송 보관한다.

3) 중재판정의 이행과 강제집행

(1) 중재판정의 이행(국내중재판정)

중재판정문이 송달되면 당사자는 이에 구속되고 판정내용에 승복하여 이행하여야 한다. 당사자에게는 법원의 확정판결과 동일한 효력이 있다. 법원에 항소나 상고할 수 없다.

(2) 중재판정의 집행 - 집행판결을 얻어서 집행

당사자가 판정문 송달된 후 이행하지 않으면 법원에 별도로 채무명의를 얻어 집행할 수 있다. 즉 법원에 별도로 집행문 부여의 소를 제기하여 집행 판결을 얻어 강제집행할 수 있다. 다만 중재판정의 소를 제기할 이유가 있으면 집행이 불가하다. 상당한 담보를 제공하고 제공하지 않고, 가집행선고를 받을 수 있다. 국내 중재 판정은 그 취소 사유가 없는 한 당연히 승인 또는 집행된다.

7. 외국중재판정의 승인과 집행거부

1) 외국중재판정의 승인 : 뉴욕 협약에 따라 승인 집행됨

외국중재판정의 집행을 구하는 당사자는 정당한 중재판정문 원본과 중재합의 서를 집행을 구하는 법원에 제출하여야 한다(뉴욕협약 제4조).

<외국판정>

① 채약국 영토 내에서 내려진 판정
② 집행국에서 내국 판정이라고 인정하지 않는 판정

<뉴욕협약이 요구하고 있는 외국중재판정의 승인 집행요건>

① 중재합의를 입증하는 유효한 계약서가 있을 것
② 중재판정이 적법한 진행절차로 성립될 것
③ 중재판정은 판정지 국가에서 기판력이 있을 것
④ 중재판정의 내용이 집행지 국가의 공서양속에 위배되지 않을 것

2) 승인집행 거부사유

(1) 당사자 신청에 의한 거부사유(뉴욕협약 제5조 1항)

① 중재합의의 무효
② 중재절차 통지상의 하자

③ 중재인의 월권
④ 중재절차상의 하자
⑤ 중재판정의 무효 취소 정지사유
  ㉠ 당사자 무능력, 중재 합의 무효
  ㉡ 적정 절차 위반
  ㉢ 중재 합의의 범위 일탈
  ㉣ 중재 판정부 구성 또는 중재 절차의 위반
  ㉤ 중재 가능성 위반
  ㉥ 공공질서 위반

(2) 직권거부사유

① 집행승인국의 법률상 중재대상이 될 수 없는 사항
② 집행승인국의 법률상 공공질서에 위반되는 사항(뉴욕협약 제5조 2항)

(3) 외국에서 내려진 중재 판정이 뉴욕 협약, 기타 어느 조약의 적용을 받지 못하는 경우에 이를 외국 판결로 보아 그 집행에 외국 판결의 강제 집행 규정을 준용한다.

3) 국내 중재 판정의 집행

중재 판정의 정본 또는 정당하게 인정된 등본 제시하면 법원은 중재 판정 취소 사유(중재법 제36조 2항 제1호)가 있으면 기각. 이러한 사유가 없으면 집행 판결을 선고한다.

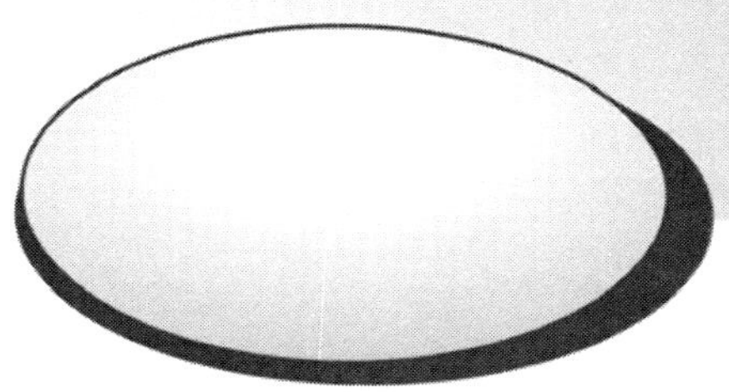

부 록

Incoterms® 2020

Incoterms® 2020

ICC rules for the use of domestic and international trade terms
Entry into force: January 1, 2020
ICC
The world business organization

EXW | Ex Works

EXW(insert named place of delivery) incoterms® 2020

EXPLANATORY NOTES FOR USERS

1. **Delivery and risk** - "Ex works' means that the seller delivers the goods to the buyer
   - when it places the goods at the disposal of the buyer at a named place (like a factory or warehouse), and
   - that named place may or may not be the seller's premises.

   For delivery to occur, the seller does not need to load the goods on any collecting vehicle, nor does it need to clear the goods for export, where such clearance is applicable.

2. **Mode of transport** - This rule may be used irrespective of the mode or modes of transport, if any, selected.

3. **place or precise point of delivery** - The parties need only name the place of delivery. However, the parties are well advised also to specify as clearly as possible the precise point within the named place of delivery. A named precise point of delivery makes it clear to both parties when the goods are delivered and when risk transfers to the buyer; such precision also marks the point at which costs are for the buyer's account. If the parties do not name the point of delivery, then they are taken to have left it to have left it to the seller to select the point "that best suits its purpose". This means that the buyer may incur the risk that the seller may choose a point just before the point at which goods are lost or damaged. Best for the buyer therefore to select the precise point within a place where delivery will occur.

4. **A note of caution to buyers** - EXW is the incoterms® rule which imposes the least set of obligations on the seller. From the buyer's perspective, therefore, the rule should be used with care for different reasons as set out below.

5. **Loading risk** - Delivery happens - and risk transfers - when the goods are placed, not

loaded, at the buyer's disposal. However, risk of loss of or damage to the goods occurring while the loading operation is carried out by the seller, as it may well be, might arguably lie with the buyer, who has not physically participated in the loading. Given this possibility, it would be advisable, where the seller is to load the goods, for the parties to agree in advance who is to bear the risk of any loss of or damage to the goods during loading. This is a common situation simply because the seller is more likely to have the necessary loading equipment at its own premises or because applicable safety or security rules prevent access to the seller's premises by unauthorised personnel. Where the buyer is keen to avoid any risk during loading at the seller's premises, then the buyer ought to consider choosing the FCA rule (under which, if the goods are delivered at the seller's premises, the seller owes the buyer an obligation to load, with the risk of loss of or damage to the goods during that operation remaining with the seller).

6. **Export clearance** - With delivery happening when the goods are at the buyer's disposal either at the seller's premises or at another named point typically within the seller's jurisdiction or within the same Customs Union, there is no obligation on the seller to organise export clearance or clearance within third countries through which the goods pass in transit. Indeed, EXW may be suitable for domestic trades, where there is no intention at all to export the goods. The seller's participation in export clearance is limited to providing assistance in obtaining such documents and information as the buyer may require for the purpose of exporting the goods. Where the buyer intends to export the goods and where it anticipates difficulty in obtaining export clearance, the buyer would be better advised to choose the FCA rule, under which the obligation and cost of obtaining export clearance lies with the seller.

A THE SELLER'S OBLIGATIONS

B THE BUYER'S OBLIGATIONS

A1 General obligations

The seller must provide the goods and the commercial invoice in conformity with the contract of sale and any other evidence of conformity that may be required by the contract.

Any document to be provided by the seller may be in paper or electronic form as agreed or, where there is no agreement, as is customary.

B1 General obligations

The buyer must pay the price of the goods as provided in the contract of sale.

Any document to be provided by the buyer may be in paper or electronic form as agreed or, where there is no agreement, as is customary.

A2 Delivery

The seller must deliver the goods by placing them at the disposal of the buyer at the agreed point, if any, at the named place of delivery, not loaded on any collecting vehicle. if no specific point has been agreed within the named place of delivery, and if there are several points available, the seller may select the point that best suits its purpose. The seller must deliver the goods on the agreed date or within the agreed period

B2 Taking delivery

The buyer must take delivery of the goods when they have been delivered under A2 and notice given A10

A3 Transfer of risks

The seller bears all risks of or damage to the goods until they have been delivered in accordance with A2, with the exception of loss or damage in the circumstance described in B3.

B3 Transfer of risks

The buyer bears all risks of loss of or damage to the goods from the time they have been delivered under A2

If the buyer fails to give notice in accordance with B10, then the buyer bears all risks of loss of or damage to the goods from the agreed date or the end of the agreed period for delivery, provided that the goods have been clearly identified as the contract goods.

A4 Carriage

The seller has no obligation to the buyer to make a contract of carriage.

However, the seller must provide the buyer, at the buyer's request, risk and cost, with any information in the possession of the seller, including transport-related security requirements, that the buyer needs for arranging carriage

B4 Carriage

It is up to the buyer to contract or arrange at its own cost for the carriage of the goods from the named place of delivery.

A5 Insurance

The seller has no obligation to the buyer to make a contract of insurance.

However, the seller must provide the buyer, at the buyer's request, risk and cost with information in the possession of the seller that the buyer needs obtaining insurance.

B5 Insurance

The buyer has no obligation to the seller to make a contract of insurance.

A6 Delivery/transport document

The seller has no obligation to the buyer.

B6 Proof of delivery

The buyer must provide the seller with appropriate evidence of having taken delivery.

A7 Export/import clearance

Where applicable, the seller must assist the buyer, at the buyer's request, risk and cost, in obtaining any documents and/or information related to all export/transit/import clearance formalities required by the countries of export/transit/import, such as:

▶ export/transit/import licence ;
▶ security clearance for export/transit/import;
▶ pre-shipment inspection; and
▶ any other official authorisation

B7 Export/import clearance

Where applicable, it is up to the buyer to carry out and pay for all export/transit/import clearance formalities required by the countries of export/transit/import, such as;

▶ all export/transit/import licence;
▶ security clearance for all export/transit/import;
▶ pre-shipment inspection; and
▶ any other official authorisation.

A8 Checking/ packaging/marking

The seller must pay the costs of those checking operations(such as checking quality, measuring, weighing, counting) that are necessary for the purpose of delivering the goods in accordance with A2.

The seller must, at its own cost, package the goods, unless it is usual foe the particular trade to transport the type of goods sold unpackaged. The seller must package and mark the goods in the manner appropriate for their transport, unless the parties have agreed on specific packaging or marking requirements.

B8 Checking/packing/marking

The buyer has no obligation to the seller.

A9 Allocation of costs

The seller must pay all costs relating to the goods until they have been delivered in accordance with A2, other than those payable by the buyer under B9.

B9 Allocation of costs

The buyer must:

a) pay all costs relating to the goods from the time they have been delivered under A2;
b) reimburse all costs and charges incurred by the seller in providing assistance or information under A4, A5, orA7;
c) pay, where applicable, all duties, taxes and other charges, as well as the cost of costs of carrying out customs formalities payable upon export; and
d) pay any additional costs incurred by failing either to take delivery of the goods when they have been placed at its disposal or to give appropriate notice in accordance with B10, provided that the goods have been clearly identified as the contract goods.

A10 Notices

The seller must give the buyer any notice needed to enable the buyer to take delivery of the goods.

B10 Notices

The buyer must, whenever it is agreed that the buyer is entitled to determine the time within an agreed period and/or the point of taking delivery within the named place, give the seller sufficient notice.

FCA | Free Carrier

FCA(insert named place of delivery) Incoterms® 2020

EXPLANATORY NOTES FOR USERS

1. **Delivery and risk** - "Free Carrier(named place)" means that the seller delivers the goods to the buyer in one or other of two ways.
   - ▶ Frist, when the named place is the seller's premises, the goods are delivered.
     - ▸ when they are loaded on the means of transport arranged by the buyer.
   - ▶ Second, when the named place is another place, the goods are delivered
     - ▸ when, having been loaded on the seller's means of transport,
     - ▸ they reach the named other place and
     - ▸ are ready for unloading from that seller's means of transport and
     - ▸ at the disposal of the carrier or of another person nominated by the buyer

   Whichever of the two is chosen as the place of delivery, that place identifies where risk transfers to the buyer and the time from which costs are for the buyer's account.

2. **Mode of transport** - This rule may be used irrespective of the mode of transport selected and may also be used where more than one mode of transport is employed.

3. **Place or point of delivery** - A sale under FCA can be concluded naming only the place of delivery, either at the seller's premises or elsewhere, without specifying the precise point of delivery within that named place. However, the parties are well advised also to specify as clearly as possible the precise point within the named place of delivery. A named precise point of delivery makes it clear to both parties when the goods are delivered and when risk transfers to the buyer; such precision also marks the point at which costs are for the buyer's account. Where the precise point is not identified, however, this may cause problems for the buyer. The seller in this case has the right to select the point "that best suits its purpose": that point becomes the point of delivery, from which risk and costs transfer to the buyer. If the precise point of delivery is not identified by naming it in the contract, then parties are taken to have left it to the seller to select the point "that best suits its purpose". This means that the buyer may incur the risk that the seller may choose a point just before the point at which goods are lost or damaged. Best for the buyer therefore to select the precise point within a place where delivery will occur.

4. **'or procure goods so delivered'** - The reference to "procure" here caters for multiple sales down a chain (string sales), particularly, particularly, although not exclusively, common in the commodity trades.

5. **Export/import clearance** - FCA requires the seller to clear the goods for export, where applicable, However, the seller has no obligation to clear the goods for import or for transit through third countries, to pay any import duty or to carry out any import customs formalities.

6. **Bills of lading with an on-board notation in FCA sales** - We have already seen that FCA is intended for use irrespective of the mode or modes of transport used. Now if goods are being picked up by the buyer's road-haulier in Las Vegas, it would be rather uncommon to expect a bill of lading with an on-board notation to be issued by the carrier from Las Vegas, which is not a port and which a vessel cannot reach for goods to be placed on board. Nonetheless, sellers selling FCA Las Vegas do sometimes find themselves in a situation where they need a bill of lading with an on-board notation(typically because of a bank collection or a letter of credit requirement), albeit necessarily stating that the goods have been placed on board in Los Angeles as well as stating that they were received for carriage in Las Vegas. To cater for this possibility of an FCA seller needing a bill of lading with an on-board notation, FCA incoterms 2020® has, for the first time, provided the following optional mechanism. If the parties have so agreed in the contract, the buyer must instruct its carrier to issue a bill of lading with an on- board notation to the seller. The carrier may or may not, of course, accede to the buyer's request, given that the carrier is only bound and entitled to issue such a bill of lading once the goods are on board in Los Angeles. However, if and when the bill of lading is issued to the seller by the carrier at the buyer's cost and risk, the seller must provide that same document to the buyer, who will need the bill of leading in order to obtain discharge of the goods from the carrier. This optional mechanism becomes unnecessary, of course, if the parties have agreed that the seller will present to the buyer a bill of lading stating simply that the goods have been received for shipment rather than that have been shipped on board. Moreover, it should be emphasised that even where this optional mechanism is adopted, the seller is under no obligation to the buyer as to the terms of the contract of carriage. Finally, when this optional mechanism is adopted, the dates of delivery inland and loading on board will necessarily be different, which may well create difficulties for the seller under a letter of credit.

A THE SELLER'S OBLIGATIONS

B THE BUYER'S OBLIGATIONS

A1 General obligations

The seller must provide the goods and the commercial invoice in conformity with the contract of sale and any other evidence of conformity that may be required by contract.
Any document to be provided by the seller may be in paper or electronic form as agreed or, where there is no agreement, as is customary.

B1 General obligations

The buyer must pay the price of the goods as provided in the contract of sale.
Any document to be provided by the buyer may be in paper or electronic form as agreed

or, where there is no agreement, as is customary.

A2 Delivery

The seller must deliver the goods to the carrier or another person nominated by the buyer at the named point, if any, at the named place, or procure goods so delivered.

The seller must deliver the goods

1. on the agreed date or,
2. at the time within the agreed period notified by the buyer under B10(b) or,
3. if no such time is notified, then at the end of the agreed period .

Delivery is completed either:

a) If the named place is the seller's premises, when the goods have been loaded on the means of transport provided by the buyer; or,

b) In any other case, when the goods are placed at the disposal of the carrier or another person nominated by the buyer on the seller's means of transport ready for unloading.

If no specific point has been notified by the buyer under B10(d) within the named place of delivery, and if there are several points available, the seller may select the point that best suits its purpose.

B2 Taking delivery

The buyer must take delivery of the goods when they have been delivered under A2

A3 Transfer of risks

The seller bears all risks of loss of or damage to the goods until they have been delivered in accordance with A2, with the exception of loss or damage in the circumstance described in B3.

B3 Transfer of risks

The buyer bears all risks of loss of or damage to the goods from the time they have been delivered under A2.

If:

a) the buyer fails to nominate a carrier or another person under A2 or to give notice in accordance with B10; or

b) the carrier or person nominated by the buyer under B10(a) fails to take the goods into its charge,

then, the buyer bears all risks of loss of or damage to the goods:

(i) from the agreed date, or in the absence of an agreed date,

(ii) from the time selected by the buyer under B10(b); or, if no such time has been notified,

(iii) from the end of any agreed period for delivery,

provided that the goods have been clearly identified as the contract goods.

A4 Carriage

The seller has no obligation to the buyer to make a contract of carriage.

However, the seller must provide the buyer, at the buyer's request, risk and cost, with any information in the possession of the seller, including transport-related security requirements, that the buyer needs for arranging carriage.

If agreed, the seller must contract for carriage on the usual teams at the buyer's risk and cost.
The seller must comply with any transport-related security requirements up to delivery

B4 Carriage
The buyer must contract or arrange at its own cost for the carriage of the goods from the named place of delivery, except when the contract of carriage is made by the seller as provided for in A4.

A5 Insurance
The seller has no obligation to the buyer to make a contract of Insurance.
However, the seller must provide the buyer, at the buyer's request, risk and cost, with information in the possession of the seller that the buyer needs for obtaining insurance.

B5 Insurance
The buyer has no obligation to the seller to make a contract of insurance.

A6 Delivery/transport document
The seller must provide the buyer at the seller's cost with the usual proof that the goods have been delivered in accordance with A2.
The seller must provide assistance to the buyer, at the buyer's request, risk and cost, in obtaining a transport document.
Where the buyer has instructed the carrier to issue to the seller a transport document under B6, the seller must provide any such document to the buyer.

B6 Delivery/transport document
The buyer must accept the proof that the goods have been delivered in accordance with A2.
If the parties have so agreed, the buyer must instruct the carrier to issue to the seller, at the buyer's cost and risk, a transport document stating that the goods have been loaded(such as a bill of leading with an on board notation).

A7 Export/import clearance
a) Export clearance
Where applicable, the seller must carry out and pay for all export clearance formalities by the country of export, such as;
▶ export licence;
▶ security clearance for export;
▶ pre-shipment inspection; and
▶ any other official authorisation
b) Assistance with import clearance
Where applicable, the seller must assist the buyer, at the buyer's request, risk and cost, in obtaining any documents and/or information related to all transit/import clearance formalities, including security requirements and pre-shipment inspection, needed by any country of transit or the country of import.

B7 Export/import clearance

a) Assistance with export clearance

Where applicable, the buyer must assist the seller at the seller's request, risk and cost in obtaining any documents and/or information related to all export clearance formalities, including security requirements and pre-shipment inspection, needed by the country of export.

b) Import clearance

Where applicable, the buyer must carry out and pay for all formalities required by any country of transit and the country of import, such as:

- ▶ import licence and any licence required for transit;
- ▶ security clearance for import and transit;
- ▶ pre-shipment inspection; and
- ▶ any other official authorisation.

A8 Checking/packaging/marking

The seller must pay the costs of those checking operations(such as checking quality, measuring, weighing, counting) that are necessary for the purpose of delivering the goods in accordance with A2.

The seller must, at its own cost, package the goods, unless it is usual for the particular trade to transport the type of goods sold unpackaged. The seller must package and mark the goods in the manner appropriate for their transport, unless the parties have agreed on specific packaging or marking requirements.

B8 Checking/packing/marking

The buyer has no obligation to the seller.

A9 Allocation of costs

The seller must pay:

All costs relating to the goods until they have been delivered in accordance with A2, other than those payable by the buyer under B9;

The costs of providing the usual proof to the buyer under A6 that the goods have been delivered;

Where applicable, duties, taxes and any other costs related to export clearance under A7(a);and

The buyer for all costs and charges related to providing assistance in obtaining documents and information in accordance with B7(a)

B9 Allocation of costs

The buyer must pay:

a) all costs relating to the goods from the time they have been delivered under A2, other than those payable by the seller under A9;

b) the seller for all costs and charges related to providing assistance in obtaining documents and information in accordance with A4, A5, A6 and A7(b);

c) where applicable, duties, taxes and any other costs related to transit or import clearance under B7(b); and

d) any additional costs incurred, either because:
   (i) the buyer fails to nominate a carrier or another person under B10, or
   (ii) the carrier or person nominate by the buyer under B10 fails to take the goods into its charge.
   provided that the goods have been clearly identified as the contract goods.

A10 Notices

The seller must give the buyer sufficient notice either that the goods have been delivered in accordance with A2 or that the carrier or another person nominated by the buyer has failed to take the goods within the time agreed.

B10 Notices

The buyer must notify the seller of

a) the name of the carrier or another person nominated within sufficient time as to enable the seller to deliver the goods in accordance with A2;
b) the selected time, if any, within the period agreed for delivery when the carrier or person nominated will receive the goods;
c) the mode of transport to be used by the carrier or the person nominated including any transport-related security requirements; and
d) the point where the goods will be received within the named place of delivery.

CPT | Carriage Paid To

CPT (insert named place of destination) Incoterms® 2020

EXPLANATORY NOTES FOR USERS

1. **Delivery and risk** - "Carriage Paid To" means that the seller delivers the goods - and transfers the risk - to the buyer
   - ▶ by handing them over to the carrier
   - ▶ contracted by the seller
   - ▶ or by procuring the goods so delivered.
   - ▶ The seller may do so by giving the carrier physical possession of the goods in the manner and at the place appropriate to the means of transport used.

   Once the goods have been delivered to the buyer in this way, the seller does not guarantee that the goods will reach the place of destination in sound condition, in the stated quantity or indeed at all. This is because risk transfers from seller to buyer when the goods are delivered to the buyer by handing them over to the carrier; the seller must nonetheless contract for the carriage of the goods from delivery to the agreed destination. Thus, for example, goods are handed over to a carrier in Las Vegas (which is not a port) for carriage to Southampton (a port) or to Winchester (which is not a port). In either case, delivery transferring risk to the buyer happens in Las Vegas, and the seller must make a contract of carriage to either Southampton or Winchester.

2. **Mode of transport** - This rule may be used irrespective of the mode of transport selected and may also be used where more than one mode of transport is employed.

3. **Places (or points) of delivery and destination** - In CPT, two locations are important: the place or point (if any) at which the goods are delivered (for the transfer of risk) and the place or point agreed as the destination of the goods (as the point to which the seller promises to contract for carriage).

4. **Identifying the place or point of delivery with precision** - The parties are well advised to identify both places, or indeed points within those places, as precisely as possible in the contract of sale. Identifying the place or point (if any) of delivery as precisely as possible is important to cater for the common situation where several carriers are engaged, each for different legs of the transit from delivery to destination. Where this happens and the parties do not agree on a specific place or point of delivery, the default position is that risk transfers when the goods have been delivered to the first carrier at a point entirely of the seller's choosing and over which the buyer has co control. Should the parties wish the risk to transfer at a later stage (e.g. at a sea or river port or at an airport), or indeed an earlier one (e.g. an inland point some way away from a sea or river port), they need to specify this in their contract of sale and to carefully think through the consequences of so doing in case the goods are lost or damaged.

5. **Identifying the destination as precisely as possible** - The parties are also well advised to identify as precisely as possible in the contract of sale the point within the agreed place of destination, as this is the point to which the seller must contract for carriage and this is the point to which the costs of carriage fall on the seller.

6. **'or procuring the goods so delivered'** - The reference to "procure" here caters for multiple sales down a chain (string sales), particularly common in the commodity trades.

7. **Costs of unloading at destination** - If the seller incurs costs under its contract of carriage related to unloading at the named place of destination, the seller is not entitled to recover such costs separately from the buyer unless otherwise agreed between the parties.

8. **Export/import clearance** - CPT requires the seller to clear the goods for export, where applicable. However, the seller has no obligation to clear the goods for import or for transit through third countries, or to pay any import duty or to carry out any import customs formalities.

A THE SELLER'S OBLIGATIONS

B THE BUYER'S OBLIGATIONS

A1 General obligations

The seller must provide the goods and the commercial invoice in conformity with the contract of sale and any other evidence of conformity that may be required by the contract.

Any document to be provided by the seller may be in paper or electronic form as agreed or, where there is no agreement, as is customary.

B1 General obligations

The buyer must pay the price of the goods as provided in the contract of sale.

Any document to be provided by the buyer may be in paper or electronic form as agreed or, where there is no agreement, as is customary

A2 Delivery

The seller must deliver the goods by handing them over to the carrier contracted in accordance with A4 or by procuring the goods so delivered. In either case the seller must deliver the goods on the agreed date or within the agreed period.

B2 Taking delivery

The buyer must take delivery of the goods when they have been delivered under A2 and receive them from the carrier at the named place of destination or if agreed, at the point within that place.

A3 Transfer of risks

The seller bears all risks of loss of or damage to the goods until they have been delivered in accordance with A2, with the exception of loss or damage in the circumstance described in B3.

B3 Transfer of risks

The buyer bears all risks of loss of or damage to the goods from the time they have been delivered under A2.

If the buyer fails to give notice in accordance with B10, then the buyer bears all risks of loss of or damage to the goods from the agreed date or the end of the agreed period for delivery, provided that the goods have been clearly identified as the contract goods.

A4 Carriage

The seller must contract or procure a contract for the carriage of the goods from the agreed point of delivery, if any, at the place of delivery to the named place of destination or, if agreed, any point at that place. The contract of carriage must be made on usual terms at the seller's cost and provide for carriage by the usual route in a customary manner of the type normally used for carriage of the type of goods sold. If a specific point is not agreed or is not determined by practice, the seller may select the point of delivery and the point at the named place of destination that best suit its purpose.

The seller must comply with any transport-related security requirements for transport to the destination.

B4 Carriage

The buyer has no obligation to the seller to make a contract of carriage.

A5 Insurance

The seller has no obligation to the buyer to make a contract of insurance. However, the seller must provide the buyer, at the buyer's request, risk and cost, with information in the possession of the seller that the buyer needs for obtaining insurance.

B5 Insurance

The buyer has no obligation to the seller to make a contract of insurance.

A6 Delivery-transport document

If customary or at the buyer's request, the seller must provide the buyer, at the seller's cost, with the usual transport document[s] for the transport contracted in accordance with A4.

This transport document must cover the contract goods and be dated within the period agreed for shipment. If agreed or customary, the document must also enable the buyer to claim the goods from the carrier at the named place of destination and enable the buyer to sell the goods in transit by the transfer of the document to a subsequent buyer or by notification to the carrier.

When such a transport document is issued in negotiable form and in several originals, a full set of originals must be presented to the buyer.

B6 Delivery/transport document

The buyer must accept the transport document provided under A6 if it is in conformity with the contract.

A7 Export/import clearance

a) Export clearance

Where applicable, the seller must carry out and pay for all export clearance formalities required by the country of export of export, such as:

- export licence;
- security clearance for export;
- pre-shipment inspection; and
- any other official authorisation.

b) Assistance with import clearance

Where applicable, the seller must assist the buyer, at the buyer's request, risk and cost, in obtaining any documents and/or information related to all transit/import clearance formalities, including security requirements and pre-shipment inspection, needed by and country of transit or the country of import.

B7 Export/import clearance

a) Assistance with export clearance

Where applicable, the buyer must assist the seller at the seller's request, risk and cost in obtaining any documents and/or information related to all export clearance formalities, including security requirements and pre-shipment inspection, needed by the country of export.

b) Import clearance

Where applicable, the buyer must carry out and pay for all formalities required by any country of transit and the country of import, such as:

- ▶ import licence and any licence required for transit;
- ▶ security clearance for import and any transit;
- ▶ pre-shipment inspection; and
- ▶ any other official authorisation.

A8 Checking/packing/marking

The seller must pay the costs of those checking operations (such as checking quality, measuring, weighing, counting) that are necessary for the purpose of delivering the goods in accordance with A2.

The seller must, at its own cost, package the goods, unless it is usual for he particular trade to transport the type of goods sold unpackaged. The seller must package and mark the goods in the manner appropriate for their transport, unless the parties have agreed on specific packaging or marking requirements.

B8 Checking/packaging/marking

The buyer has no obligation to the seller.

A9 Allocation of costs

The seller must pay:

a) all costs relating to the goods until they have been delivered in accordance with A2, other than those payable by the buyer under B9;

b) transport and all other costs resulting from A4, including the costs of loading the goods and transport-related security costs;

c) any charges for unloading at the agreed place of destination but only if those charges were for the seller's account under the contract of carriage;

d) the costs of transit that were for the seller's account under the contract of carriage;

e) the costs of providing the usual proof to the buyer under A6 that the goods have been delivered;

f) where applicable, duties, taxes and any other costs related to export clearance under A7(a); and

g) the buyer for all costs and charges related to providing assistance in obtaining documents and information in accordance with B7(a).

B9 Allocation of costs

The buyer must pay:

a) all costs relating to the goods from the time they have been delivered under A2, other than those payable by the seller under A9;

b) the costs of transit, unless such costs were for the seller's account under the contract of carriage;

c) unloading costs, unless such costs were for the seller's account under the contract of carriage;

d) the seller for all costs and charges related to providing assistance in obtaining documents and information in accordance with A5 and A7(b);

e) where applicable, duties, taxes and any other costs related to transit or import clearance under B7(b); and

f) any additional costs incurred if it fails to give notice in accordance with B10, from the agreed date or the end of the agreed period for shipment, provided that the goods have been clearly identified as the contract goods.

A10 Notices

The seller must notify the buyer that the goods have been delivered in accordance with A2.

The seller must give the buyer any notice required to enable the buyer to receive the goods.

B10 Notices

The buyer must, whenever it is agreed that the buyer is entitled to determine the time for dispatching the goods and/or the point of receiving the goods within the named place of destination, give the seller sufficient notice.

CIP | Carriage and Insurance Paid To

CIP (insert named place of destination) Incoterms® 2020

EXPLANATORY NOTES FOR USERS

1. **Delivery and risk** - "Carriage and Insurance Paid To" means that the seller delivers the goods - and transfers the risk - to the buyer
   - ▶ by handing them over to the carrier
   - ▶ contracted by the seller
   - ▶ or by procuring the goods so delivered.
   - ▶ The seller may do so by giving the carrier physical possession of the goods in the manner and at the place appropriate to the means of transport used.

   Once the goods have been delivered to the buyer in this way, the seller does not guarantee that the goods will reach the place of destination in sound condition, in the stated quantity or indeed at all. This is because risk transfers from seller to buyer when the goods are delivered to the buyer by handing them over to the carrier; the seller must nonetheless contract for th carriage of the goods from delivery to the agreed destination. Thus, for example, goods are handed over to a carrier in Las Vegas (which is not a port) for carriage to Southampton (a port) or to Winchester (which is not a port). In either case, delivery transferring risk to the buyer happens in Las Vegas, and the seller must make a contract of carriage to either Southampton or Winchester.

2. **Mode fo transport** - This rule may be used irrespective of the mode of transport selected and may also be used where more than one mode of transport is employed.

3. **Places (or points) of delivery and destination** - In CIP two locations are important: the place or point at which the goods are delivered (for the transfer of risk) and the place or point

agreed as the destination of the goods (as the point to which the seller promises to contract for carriage).

4. **Insurance** - The seller must also contract for insurance cover against the buyer's risk of loss of or damage to the goods from the point of delivery to at least he point of destination. This may cause difficulty where the destination country requires insurance cover to be purchased locally: in this case the parties should consider selling and buying under CPT. The buyer should also note that under the CIP Incoterms® 2020 rule the seller is required to obtain extensive insurance cover complying with Institute Cargo Clauses (A) or similar clause, rather than with the more limited cover under Institute Cargo Clauses (C). It is, however, still open to the parties to agree on a lower level of cover.

5. **Identifying the place or point of delivery with precision** – The parties are well advised to identify both places, or indeed points within those places, as precisely as possible in the contract of sale. Identifying the place or point (if any) of delivery as precisely as possible is important to cater for the common situation where several carriers are engaged, each for different legs of the transit from delivery to destination. Where this happens and the parties do not agree on a specific place or point of delivery, the default position is that risk transfers when the goods have been delivered to the first carrier at a point entirely of the seller's choosing and over which the buyer has no control. Should the parties wish the risk to transfer at a later stage(e.g. at a sea or river port or at an airport), or indeed an early one (e.g. an inland point some way away from a sea or river port), they need to specify this in their contract of sale and to carefully think through the consequences of so doing in case the goods are lost or damaged.

6. **Identifying the destination as precisely as possible** - The parties are also well advised to identify as precisely as possible in the contract of sale the point within the agreed place of destination, as this is the point to which the seller must contract for carriage and insurance and this is the point to which the costs of carriage and insurance fall on the seller.

7. **'or procuring the goods so delivered'** - The reference to "procure" here caters for multiple sales down a chain (string sales), particularly common in the commodity trades.

8. **Costs of unloading at destination** – If the seller incurs costs under its contract of carriage related to unloading at the named place of destination, the seller is not entitled to recover such costs separately from the buyer unless otherwise agreed between the parties.

9. **Export/import clearance** - CIP requires the seller to clear the goods for export, where applicable. However, the seller has no obligation to clear the goods for import or for transit through third countries, or to pay any import duty or to carry out any import customs formalities.

A THE SELLER'S OBLIGATIONS

B THE BUYER'S OBLIGATIONS

A1 General obligations

The seller must provide the goods and the commercial invoice in conformity with the contract of sale and any other evidence of conformity that may be required by the contract.

Any document to be provided by the seller may be in paper or electronic form as agreed or, where there is no agreement, as is customary.

B1 General obligations

The buyer must pay the price of the goods as provided in the contract of sale.

Any document to be provided by the buyer may be in paper may be in paper or electronic form as agreed or, where there is no agreement, as is customary.

A2 Delivery

The seller must deliver the goods by handing them over to the carrier contracted in accordance with A4 or by procuring the goods so delivered. In either case the seller must deliver the goods on the agreed date or within he agreed period.

B2. Taking delivery

The buyer must take delivery of the goods when they have been delivered under A2 and receive them from the carrier at the maned place of destination of if agreed, at the point within that place.

A3 Transfer of risks

The seller bears all risks of loss of or damage to the goods until they have been delivered in accordance with A2, with the exception of loss or damage in the circumstance described in B3

B3 Transfer of risks

The buyer bears all risks of loss of or damage to the goods from the time they have been delivered under A2.

If the buyer fails to give notice in accordance with B10, then the buyer bears all risks of loss of or damage to the goods from the agreed date or the end of the agreed period for delivery, provided that the goods have been clearly identified as the contract goods.

A4 Carriage

The seller must contract or procure a contract for the carriage of the goods from the agreed point of delivery, if any, at the place of delivery to the named place of destination or, if agreed, any point at that place, The contract of carriage must be made on usual terms at the seller's cost and provide for carriage by the usual route in a customary manner of the type normally used for carriage of the type of goods sold. If a specific point is not agreed or is not determined by practice, the seller may select the point of delivery and the point at the named place of destination that best suit its purpose.

The seller must comply with any transport-related security requirements for transport to the destination.

B4 Carriage

The buyer has no obligation to the seller to make a contract of carriage.

A5 Insurance

Unless otherwise agreed or customary in the particular trade, the seller must obtain at its own cost cargo insurance complying with the cover provided by Clauses (A) of the Institute Cargo Clauses (LMA/IUA) or any similar clauses as appropriate to the means of transport used. The insurance shall be contracted with underwriters or an insurance company of good repute and entitle the buyer, or any other person having an insurable interest in the goods, to claim directly from the insurer.

When required by the buyer, the seller must, subject to the buyer providing any necessary information requested by the seller, provide at the buyer's cost any additional cover, if procurable, such as cover complying with the Institute War Clauses and/or Institute Strikes Clauses (LMA/IUA) or any similar clauses (unless such cover is already included with the cargo insurance described in the preceding paragraph).

The insurance shall cover at a minimum, the price provided in the contract plus 10% (i.e. 110%) and shall be in the currency of the contract.

The insurance shall cover the goods from the point of delivery set out in A2 to at least the named place of destination.

The seller must provide the buyer with the insurance policy or certificate or any other evidence of insurance cover.

Moreover, the seller must provide the buyer, at the buyer's request, risk and cost, with information that the buyer needs to procure any additional insurance.

B5 Insurance

The buyer has no obligation to the seller to make a contract of insurance.

However, the buyer must provide the seller, upon request, with any information necessary for the seller to procure any additional insurance requested by the buyer under A5.

A6 Delivery/transport document

If customary or at the buyer's request, the seller must provide the buyer, at the seller's cost, with the usual transport document[s] for the transport contracted in accordance with A4.

This transport document must cover the contract goods and be dated within the period agreed for shipment, If agreed or customary, the document must also enable the buyer to claim the goods from the carrier at the maned place of destination and enable the buyer to sell the goods in transit by the transfer of the document to a subsequent buyer or by notification to the carrier.

When such a transport document is issued in negotiable form and in several originals, a full set of originals must be presented to the buyer.

B6 Delivery/transport document

The buyer must accept the transport document provided under A6 if it is in conformity with the contract.

A7 Export/Import clearance

a) Export clearance

Where applicable, the seller must carry out and pay for all export clearance formalities required by the country of export, such as;

- ▶ export licence;
- ▶ security clearance for export;
- ▶ pre-shipment inspection; and
- ▶ any other official authorisation.

b) Assistance with import clearance

Where applicable, the seller must assist the buyer, at the buyer's request, risk and cost, in obtaining any documents and/or information related to all transit/import clearance formalities, including security requirements and pre-shipment inspection, needed by any country of transit or the country of import.

B7 Export/import clearance

a) Assistance with export clearance

Where applicable, the buyer must assist the seller at the seller's request, risk and cost in obtaining any documents and/or information related to all export clearance formalities, including security requirements and pre-shipment inspection, needed by the country of export.

b) Import clearance

Where applicable, the buyer must carry out and pay for all formalities required by any country of transit and the country of import, such as:

- ▶ import licence and any licence required for transit;
- ▶ security clearance for import and any transit;
- ▶ pre-shipment inspection; and
- ▶ any other official authorisation.

A8 Checking/packaging/marking

The seller must pay the costs of those checking operations (such as checking quality, measuring, weighing, counting) that are necessary for the purpose of delivering the goods in accordance with A2.

The seller must, at its own cost, package the goods, unless it is usual for the particular trade to transport the type of goods sold unpackaged. The seller must package and mark the goods in the manner appropriate for their transport, unless the parties have agreed on specific packaging or marking requirements.

B8 Checking/packaging/marking

The buyer has no obligation to the seller.

A9 Allocation of costs

The seller must pay:

a) all costs relating to the goods until they have been delivered in accordance with A2, other than those payable by the buyer under B9;

b) transport and all other costs resulting from A4, including the costs of loading the goods

and transport-related security costs;
c) any charges for unloading at the agreed place of destination but only if those chages were for the seller's account under the contract of carriage;
d) the costs of transit that were for the seller's account under the contract of carriage;
e) the costs of providing the usual proof to the buyer under A6 that the goods have been delivered;
f) the costs of insurance resulting from A5;
g) where applicable, duties, taxes and any other costs related to export clearance under A7(a); and
h) the buyer of all costs and charges related to providing assistance in obtaining documents and information in accordance with B7(a).

B9 Allocation of costs

The buyer must pay:
a) all costs relating to the goods from the time they have been delivered under A2, other than those payable by the seller under A9;
b) the costs of transit, unless such costs were for the seller's account under the contract of carriage;
c) unloading costs. unless such costs were for the seller's account under the contract of carriage;
d) the costs of any additional insurance procured at the buyer's request under A5 and B5;
e) the seller for all costs and charges related to providing assistance in obtaining document and information in accordance with A5 and A7(b);
f) where applicable, duties, taxes and any other costs related to transit or import clearance under B7(b); and
g) any additional costs incurred if it fails to give notice in accordance with B10, from the agreed date or the end of the agreed period for shipment, provided that the goods have been clearly identified as the contract goods.

A10 Notices

The seller must notify the buyer that the goods have been delivered in accordance with A2.

The seller must give the buyer any notice required to enable the buyer to receive the goods.

B10 Notices

The buyer must, whenever it is agreed that the buyer is entitled to determine the time for dispatching the goods and/or the point of receiving the goods within the named place of destination, give the seller sufficient notice.

DAP | Delivery at Place

DAP (insert named place of destination) Incoterms® 2020

EXPLANATORY NOTES FOR USERS

1. **Delivery and risk** - "Delivery at Place" means that the seller delivers the goods- and transfers risk - to the buyer
   - ▶ when the goods are placed at the disposal of the buyer
   - ▶ on the arriving means of transport read for unloading
   - ▶ at the named placed of destination or
   - ▶ at the agreed point within that place, if any such point is agreed.

   The seller bears all risks involved in bringing the goods to the named place of destination or to the agreed point within that place. In this Incoterms® rule, therefore, delivery and arrival at destination are the same.

2. **Mode of transport** - This rule may be used irrespective of the mode of transport selected and may also be used where more than one mode of transport is employed.

3. **Identifying the place or point delivery/destination precisely** - the parties are well advised to specify the destination place or point as cleary as possible and this for several reasons. First, risk of loss of or damage to the goods transfers to the buyer at that point of delivery/destination - and it is best for the seller and the buyer to be clear about the point at which the critical transfer happens. Secondly, the costs before that place or point of delivery/destination are for the account of the seller and the costs after that place or point are for the account of the buyer. Thirdly, the seller must contract or arrange for the carriage of the goods to the agreed place or point delivery /destination. If it fails to do so, the seller is in breach of its obligations under the Incoterms DAP® rule and will be liable to the buyer for any ensuing loss. Thus, for example, the seller would be responsible for any additional costs levied by the carrier to the buyer for any additional on-carriage

4. **'or procuring the goods so delivered'** - The reference to "procure" here caters for multiple sales down a chain (string sales), particularly common in the commodity trades.

5. **Unloading costs** - The seller is not required to unload the goods from the arriving means of transportation. However, if the seller incurs costs under its contract of carriage related to unloading at the place of delivery/destination, the seller is not entitled to recover such costs separately from the buyer unless otherwise agreed between the parties.

6. **Export/import clearance** - DAP requires the seller to clear the goods for export, where applicable. However, the seller has no obligation to clear the goods for import or for post-delivery transit through third countries, to pay any import duty or to carry out any import customs formalities. As a result, if the buyer fails to organise import clearance, the

goods will be held up at a port or inland terminal in the destination country. Who bears the risk of any loss that might occur while the goods are thus held up at the port of entry in the destination country? The answer is the buyer: delivery will not have occurred yet, B3(a) ensuring that the risk of loss of or damage to the goods is with the buyer until transit to a named inland point can be resumed. If, in order to avoid this scenario, the parties intend the seller to clear the goods for import, pay any import duty or tax and carry out any import customs formalities, the parties might consider using DDP.

A THE SELLER'S OBLIGATIONS

B THE BUYER'S OBLIGATIONS

A1 General obligations

The seller must provide the goods and the commercial invoice in conformity with the contract of sale and any other evidence of conformity that may be required by the contract.

Any document to be provided by the seller may be in paper or electronic form as agreed or, where there is no agreement, as is customary.

B1 General obligations

The buyer must pay the price of the goods as provided in the contract of sale.

Any document to be provided by the buyer may be in paper or electronic form as agreed or, where there is no agreement, as is customary

A2 Delivery

The seller must deliver the goods by placing at the disposal of the buyer on the arriving means of transport ready for unloading at the agreed point, if any, at the named place of destination or by procuring the goods so delivered. In either case the seller must deliver the goods on the agreed date or within agreed period.

B2 Taking delivery

The buyer must take delivery of the goods when they have been delivered under A2.

A3 Transfer of risks

The seller bears all risks of loss of or damage to the goods until they have been delivered in accordance with A2, with the exception of loss or damage in the circumstances described in B3.

B3 Transfer of risks

The buyer bears all risks of loss of or damage to the goods from the time they have been delivered under A2.

If:

a) the buyer fails to fulfil its obligations in accordance with B7, then it bears all resulting risks of loss of or damage to the goods; or

b) the buyer fails to give notice in accordance with B10, then it bears all risks of loss of or damage to the goods from the agreed date or the end of the agreed period for delivery,

provided that goods have been cleary identified as the contract goods.

A4 Carriage

The seller must contract or arrange at its own cost for the carriage of the goods to the named place of destination or to the agreed point, if any, at the named place of destination. If a specific point is not agreed or is not determined by practice, the seller may select the point at the named place of destination that best suits its purpose.

The seller must comply with any transport-related security requirements for transport to the destination.

B4 Carriage

The buyer has no obligation to the seller to make a contract of carriage.

A5 Insurance

The seller has no obligation to the buyer to make a contract of insurance.

B5 Insurance

The buyer has no obligation to the seller to make a contract of insurance.

However, the buyer must provide the seller, at the seller's request, risk and cost, with information that the seller needs for obtaining insurance.

A6 Delivery/transport document

The seller must provide the buyer, at the seller's cost. with any document required to enable the buyer to take over the goods.

B6 Delivery/transport document

The buyer must accept the document provided under A6.

A7 Export/import clearance

a) Export and transit clearance

Where applicable, the seller must carry out and pay for all export and transit clearance formalities required by the country of export any country of transit (other than country of import), such as:

▶ export/transit licence;

▶ security clearance for expert/transit;

▶ pre-shipment inspection; and

▶ any other official authorisation.

b) Assistance with import clearance

Where applicable, the seller must assist the buyer, at the buyer's request, risk and cost, in obtaining any documents and/or information related to all import clearance formalities, including security requirements and pre-shipment inspection, needed by the country of import.

B7 Export/import clearance

a) Assistance with export and transit clearance

Where applicable, the buyer must assist seller at the seller's request, risk and cost in obtaining any documents and/or information related to all export/transit clearance formalities, including security requirements and pre-shipment inspection, needed by the contry of export and any country of transit (other than the contry of import).

b) Import clearance

Where applicable the buyer must carry out and pay for all formalities required by the country of import, such as:

- ▶ import licence;
- ▶ security clearance for import;
- ▶ pre-shipment inspection; and
- ▶ any other official authorisation.

A8 Checking/packaging/marking

The seller must pay the costs of those checking operations (such as checking quality, measuring, weighing, counting) that are necessary for the purpose of delivering the goods in accordance with A2.

The seller must, at its own costs, package the goods, unless it is usual for the particular trade to transport the type of goods sold unpackaged. The seller must package and mark the goods in the manner appropriate for their transport, unless the parties have agreed on specific packaging or marking requirements.

B8 Checking/packaging/marking

The buyer has no obligation to the seller.

A9 Allocation of costs

The seller must pay:

a) all costs relating to the goods and their transport until they have been delivered in accordance with A2, other than those payable by the buyer under B9;

b) any charges for unloading at the place of destination but only if those charges were for the seller's account under contract of carriage;

c) the costs of providing the delivery/transport document under A6;

d) where applicable, duties, taxes and any other costs related to export and any transit clearance under A7(a); and

e) the buyer for all costs and charges related to providing assistance in obtaining documents and information in accordance with B5 and B7(a).

B9 Allocation of costs

The buyer must pay:

a) all costs relating to the goods from the time they have been delivered under A2;

b) all costs of unloading necessary to take delivery of the goods from the arriving means of transport at the named place of destination, unless such costs were for the seller's account under the contract of carriage;

c) the seller for all costs and charges related to providing assistance in obtaining documents and information in accordance with A7(b);

d) where applicable duties, taxes and any other costs related to import clearance under B7(b); and

e) any additional costs incurred by the seller if the buyer fails to fulfil its obligations in accordance with B7 or to give notice in accordance with B10, provided that the goods have been cleary identified ad the contract goods.

A10 Notices

The seller must give the buyer any notice required to enable the buyer to receive the goods.

B10 Notice

The buyer must, whenever it is agreed that buyer is entitled to determine the time within an agreed period and/or the point of taking delivery within the named place of destination, give the seller sufficient notice.

DPU | Delivered at Place Unloaded

DPU (insert named place of destination) Incoterms® 2020

EXPLANATORY NOTES FOR USERS

1. **Delivery and risk** - "Delivered at Place Unloaded" means that the seller delivers the goods – and transfers risk – to the buyer
   - ▶ when the goods,
   - ▶ once unloaded from the arriving means of transport,
   - ▶ are placed at the disposal of the buyer
   - ▶ at a named place of destination or
   - ▶ at the agreed point within that place, if any such point is agreed.

   The seller bears all risks involved in bringing the goods to and unloading them at the named place of destination. In this Incoterms® rule, therefore, the delivery and arrival at destination are the same. DPU is the only Incoterms® rule that requires the seller to unload goods at destination. The seller should therefore ensure that it is in a position to organise unloading at the named place. Should the parties intend the seller not to bear the risk and cost of unloading, the DPU rule should be avoided and DAP should be used instead.

2. **Mode of transport** - This rule may be used irrespective of the mode of transport selected and may also be used where more than one mode of transport is employed.

3. **Identifying the place or point of delivery/destination precisely** - The parties are well advised to specify the destination place or point as clearly as possible and this for several reasons. First, risk of loss of or damage to the goods transfers to the buyer at that point of delivery/destination - and it is best for the seller and the buyer to be clear about the point

at which that critical transfer happens. Secondly, the costs before that place or point of delivery/destination are for the account of the seller and the costs after that place or point are for the account of the buyer. Thirdly, the seller must contract or arrange for the carriage of the goods to the agreed place or point of delivery/destination. If it fails to do so, the seller is in breach of its obligations under this rule and will be liable to the buyer for any ensuing loss. The seller would, for example, be responsible for any additional costs levied by the carrier to the buyer for any additional on-carriage.

4. **'or procuring the goods so delivered'** - The reference to "procure" here caters for multiple sales down a chain (string sales), particularly common in the commodity trades.

5. **Export/import clearance** - DPU requires the seller to clear the goods for export, where applicable. However, the seller has no obligation to clear the goods for import or for post-delivery transit through third countries, to pay any import duty or to carry out any import customs formalities. As a result, if the buyer fails to organise import clearance, the goods will be held up at a port or inland terminal in the destination country. Who bears the risk of any loss that might occur while the goods are thus held up at the port of entry in the destination country? The answer is the buyer: delivery will not have occurred yet, B3(a) ensuring that the risk of loss of or damage to the goods is with the buyer until transit to a named inland point can be resumed. If, in order to avoid this scenario, the parties intend the seller to clear the goods for import, pay any import duty or tax and carry out any import customs formalities, the parties might consider using DDP.

A THE SELLER'S OBLIGATIONS

B THE BUYER'S OBLIGATIONS

A1 General obligations

The seller must provide the goods and the commercial invoice in conformity with the contract of sale and any other evidence of conformity that may be required by the contract.

Any document to be provided by the seller may be in paper or electronic form as agreed or, where there is no agreement, as is customary.

B1 General obligations

The buyer must pay the price of the goods as provided in the contract of sale.

Any document to be provided by the buyer may be in paper or electronic form as agreed or, where there is no agreement, as is customary.

A2 Delivery

The seller must unload the goods from the arriving means of transport and must then deliver them by placing them at the disposal of the buyer at the agreed point, if any, at the named place of destination or by procuring the goods so delivered. In either case the seller must deliver the goods on the agreed date or within the agreed period.

B2 Taking delivery

The buyer must take delivery of the goods when they have been delivered under A2.

A3 Transfer of risks

The seller bears all risks of loss of or damage to the goods until they have been delivered in accordance with A2, with the exception of loss or damage in the circumstances described in B3.

B3 Transfer of risks

The buyer bears all risks of loss of or damage to the goods from the time they have been delivered under A2.

If:

a) the buyer fails to fulfil its obligations in accordance with B7, then it bears all resulting risks of loss of or damage to the goods; or

b) the buyer fails to fulfil its obligations in accordance with B10, then it bears all risks of loss of or damage to the goods from the agreed date or the end of the agreed period for delivery.

provided that the goods have been clearly indentified as the contract goods.

A4 Carriage

The seller must contract or arrange at its own cost for the carriage of the goods to the named place of destination or to the agreed point, if any, at the named place of destination. If a specific point is not agreed or is not determined by practice, the seller may select the point at the named place of destination that best suits its purpose.

The seller must comply with any transport-related security requirements for transport to the destination.

B4 Carriage

The buyer has no obligation to the seller to make a contract of carriage.

A5 Insurance

The seller has no obligation to the buyer to make a contract of insurance.

B5 Insurance

The buyer has no obligation to the seller to make a contract of insurance.

However, the buyer must provide the seller, at the seller's request, risk and cost, with information that the seller needs for obtaning insurance.

A6 Delivery/transport document

The seller must provide the buyer, at the seller's cost, with any document required to enable the buyer to take over the goods.

B6 Delivery/transport document

The buyer must accept the document provided under A6.

A7 Export/import clearnace

a) Export and transit clearance

Where applicable, the seller must carry out and pay for all export and transit clearace formalities required by the country of export and any country of transit (other than the country of import), such as;

- ▶ export/transit licence;
- ▶ security clearance for export/transit;
- ▶ pre-shipment inspection; and
- ▶ any other official authorisation.

b) Assistance with import clearance

Where applicable, the seller must assist the buyer, at the buyer's request, risk and cost, in obtaining any documents and/or information related to all import clearance formalities, including security requirements and pre-shipment inspection, needed by the country of import.

B7 Export/import clearance

a) Assistance with export and transit clearance

Where applicable, the buyer must assist the seller at the seller's request, risk and cost in obtaining any documents and/or information related to all export/transit clearance formalities, including security requirements and pre-shipment inspection, needed by the country of export and any country of transit (other than the country of import).

b) Import clearance

Where applicable, the buyer must carry out and pay for all formalities required by the country of import, such as;

- ▶ import licence;
- ▶ security clearance for import;
- ▶ pre-shipment inspection; and
- ▶ any other official authorisation.

A8 Checking/packaging/marking

The seller must pay the costs of those checking operations (such as checking quality, measuring, weighing, counting) that are necessary for the purpose of delivering the goods in accordance with A2.

The seller must, at its own cost, package the goods, unless it is usual for the particular trade to transport the type of goods sold unpackaged.

The seller must package and mark the goods in the manner appropriate for their transport, unless the parities have agreed on specific packaging or marking requirements.

B8 Checking/packaging/marking

The buyer has no obligation to the seller.

A9 Allocation of costs

The seller must pay:

a) all costs relating to the goods and their transport until they have been unloaded and delivered in accordance with A2, other than those payable by the buyer under B9;

b) the cost of providing the delivery/transport document under A6;
c) where applicable, duties, taxes and any other costs related to export and any transit clearance under A7(a); and
d) the buyer for all costs and charges related to providing assistance in obtaining documents and information in accordance with B5 and B7(a)

B9 Allocation of costs

The buyer must pay:
a) all costs relating to the goods from the time they have been delivered under A2;
b) the seller for all costs and charges related to providing assistance in obtaining documents and information in accordance with A7(b);
c) where applicable. duties, taxes and any other costs related to import clearance under B7(b): and
d) any additional costs incurred by the seller if the buyer fails to fulfil its obligations in accordance with B7 or to give notice in accordance with B10, provided that the goods have been clearly identified as the contract goods.

A10 Notices

The seller must give the buyer any notice required to enable the buyer to receive the goods.

B10 Notices

The buyer must, whenever it is agreed that the buyer is entitled to determine the time within an agreed period and/or the point of taking delivery within the named place of destination, give the seller sufficient notice.

DDP | Delivered Duty Paid

DDP(insert named place of destination) Incoterms® 2020

EXPLANATORY NOTES FOR USERS

1. **Delivery and risk** - "Delivered Duty Paid" means that the seller delivers the goods to the buyer
   - ▶ when the goods are placed at the disposal of the buyer,
   - ▶ cleared for import,
   - ▶ on the arriving means of transport,
   - ▶ ready for unloading,
   - ▶ at the named place of destination or at the agreed point within that place, if any such point is agreed.

The seller bears all risks involved in bringing the goods to the named place of destination or to the agreed point within that place. In this Incoterms® rule, therefore, delivery and arrival at destination are the same.

2. **Mode of transport** - This rule may be used irrespective of the mode of transport selected and may also be used where more than one mode of transport is employed.

3. **A note of caution to sellers: maximum responsibility** - DDP, with delivery happening at destination and with the sellers being responsible for the payment of import duty and applicable taxes is the Incoterms® rule imposing on the seller the maximum level of obligation of all eleven Incoterms® rules. From the seller's perspective, therefore, the rule should be used with care for different reasons as set out in paragraph 7.

4. **Identifying the place or point of delivery/destination precisely** - The parties are well advised to specify the destination place or point as clearly as possible and this for several reasons. First, risk of loss of or damage to the goods transfers to the buyer at that point of delivery/destination - and it is best for the seller and the buyer to be clear about the point at which that critical transfer happens. Secondly, the costs before that place or point of delivery/destination are for the account of the seller, including the costs of import clearance, and the costs after that place or point, other than the costs of import, are for the account of the buyer. Thirdly, the seller must contract or arrange for the carriage of the goods to the agreed place or point of delivery/destination. If it fails to do so, the seller is in breach of its obligations under the Incoterms® rule DDP and will be liable to the buyer for any ensuing loss. Thus, for example, the seller would be responsible for any additional costs levied by the carrier to the buyer for any additional on-carriage.

5. **'or procuring the goods so delivered'** - The reference to "procure" here caters for multiple sales down a chain (string sales), particularly common in the commodity trades.

6. **Unloading costs** - If the seller incurs costs under its contract of carriage related to unloading at the place of delivery/destination, the seller is not entitled to recover such costs separately from the buyer unless otherwise agreed between the parties.

7. **Export/import clearance** - As set out in paragraph 3, DDP requires the seller to clear the goods for export, where applicable, as well as for import and to pay any import duty or to carry out any customs formalities. Thus if the seller is unable to obtain import clearance and would rather leave that side of things in the buyer's hands in the country of import, then the seller should consider choosing DAP or DPU, under which rules delivery still happens at destination, but with import clearance being left to the buyer. There may be tax implications and this tax may not be recoverable from the buyer; see A9(d).

A THE SELLER'S OBLIGATIONS

B THE BUYER'S OBLIGATIONS

A1 General obligations

The seller must provide the goods and the commercial invoice in conformity with the

contract of sale and any other evidence of conformity that may be required by the contract.
Any document to be provided by the seller may be in paper or electronic form as agreed or, where is no agreement, as is customary.

B1 General obligations
The buyer must pay the price of the goods as provided in the contract of sale.
Any documents to be provided by the buyer may be in paper or electronic form as agreed or, where there is no agreement, as is customary.

A2 Delivery
The seller must deliver the goods by placing them at the disposal of the buyer on the arriving means of transport ready for unloading at the agreed point, if any, at the named place of destination or by procuring the goods so delivered. In either case the seller must deliver the goods on the agreed date or within the agreed period.

B2 Taking delivery
The buyer must take delivery of the goods when they have been delivered under A2.

A3 Transfer of risks
The seller bears all risks of loss of or damage to the goods until they have been delivered in accordance with A2, with the exception of loss or damage in the circumstances described in B3.

B3 Transfer of risks
The buyer bears all risks of loss of or damage to the goods from the time they have been delivered under A2.
If:
a) the buyer fails to fulfil its obligations in accordance with B7, then it bears all resulting risks of loss of or damage to the goods; or
b) the buyer fails to give notice in accordance with B10, then it bears all risks of loss of or damage to the goods from the agreed date or the end of the agreed period for delivery,

provided that the goods have been clearly identified as the contract goods.

A4 Carriage
The seller must contract or arrange at its own cost for the caariage of the goods to the named place of destination or to the agreed point, if any, at the named place of destination. If a specific point is not agreed or is not determined by practice, the seller may select the point at the named place of destination that best suits its purpose.
The seller must comply with any transport-related security requirements for transport to the destination.

B4 Carriage
The buyer has no obligation to the seller to make a contract of carriage.

A5 Insurance
The seller has no obligation to the buyer to make a contract of insurance.

B5 Insurance
The buyer has no obligation to the seller to make a contract of insurance.
However, the buyer must provide the seller, at the seller's request, risk and cost, with information that the seller needs for obtaining insurance.

A6 Delivery/transport document
The seller must provide the buyer, at the seller's cost, with any document required to enable the buyer to take over the goods.

B6 Delivery/ transport document
The buyer must accept the document provided under A6.

A7 Export/import clearance
Where applicable, the seller must carry out and pay for all export/transit/import clearance formalities required by the countries of export, transit and import, such as:
▶ export/transit/import licence;
▶ security clearance for export/transit/import;
▶ pre-shipment inspection; and
▶ any other official authorisation.

B7 Export/ import clearance
Where applicable, the buyer must assist the seller, at the seller's request, risk and cost in obtaining any documents and/or information related to all export/transit/import clearance formalities required by the countries of export/transit/import, such as:
▶ export/transit/import licence;
▶ security clearance for export, transit and import;
▶ pre-shipment inspection; and
▶ any other official authorisation.

A8 Checking/packaging/marking
The seller must pay the costs of those checking operations (such as checking quality, measuring, weighing, counting) that are necessary for the purpose of delivering the goods in accordance with A2.
The seller must, at its own cost, package the goods, unless it is usual for the particular trade to transport the type of goods sold unpackaged. The seller must package and mark the goods in the manner appropriate for their transport, unless the parties have agreed on specific packaging or marking requirements.

B8 Checking/packaging/marking
The buyer has no obligation to the seller.

A9 Allocation of costs
The seller must pay:

a) all costs relating to the goods and their transport until the have been delivered in accordance with A2, other than those payable by the buyer under B9;
b) any charges for unloading at the place of destination but only if those charges were for the seller's account under the contract of carriage;
c) the cost of providing the delivery/transport document under A6;
d) where applicable, duties, taxes and any other costs related to export, transit and import clearance under A7; and
e) the buyer for all costs and charged related to providing assistance in obtaining documents and information in accordance with B5 and B7.

B9 Allocation og costs
The buyer must pay:
a) all costs relating to the goods from the time they have been delivered under A2;
b) all costs of unloading necessary to take delivery of the goods from the arriving means of transport at the named place of destination, unless such costs were for the seller's account under the contract of carriage, and
c) any additional costs incurred by the seller if the buyer fails to fulfil its obligations in accordance with B7 or to give notice in accordance with B10, provided that the goods have been clearly identified as the contract goods.

A10 Notices
The seller must give the buyer any notice required to enable the buyer to receive the goods.

B10 Notices
The buyer must, whenever it is agreed that the buyer is entitled to determine the time within an agreed period and/or the point of taking delivery within the named place of destination, give the seller sufficient notice.

FAS(Free Alongsid Ship) Incoterms® 2020

EXPLANATORY NOTES FOR USERS

1. **Delivery and risk** - "Free Alongside Ship" means that the seller delivers the goods to the buyer
▶ when the goods are placed alongside the ship (e.g. on a quay or a barge)
▶ nominated by the buyer
▶ at the named port of shipment
▶ or when the seller procures goods already so delivered.
The risk of loss of or damage to the goods transfers when the goods are alongside the ship, and the buyer bears all costs from that moment onwards.

2. **Mode of transport** - This rule is to be used only for sea or inland waterway transport where the parties intend to deliver the goods by placing the goods alongside a vessel. Thus,

the FAS rule is not appropriate where goods are handed over to the carrier before they are alongside the vessel, for example where goods are handed over to a carrier at a container terminal. Where this is the case, parties should consider using the FCA rule rather than the FAS rule.

3. **Identifying the loading point precisely** - The parties are well advised to specify as clearly as possible the loading point at the named port of shipment where the goods are to be transferred from the quay or barge to the ship, as the costs and risks to that point are for the account of the seller and these costs and associated handling charges may vary according to the practice of the port.

4. **'or procuring the goods so delivered'** - The seller is required either to deliver the goods alongside the ship or to procure goods already so delivered for shipment. The reference to "procure" here caters for multiple sales down a chain (string sales), particularly common in the commodity trades.

5. **Export/import clearance** - FAS requires the seller to clear the goods for export, where applicable. However, the seller has no obligation to clear the goods for import or for transit through third counties, to pay any import duty or to carry out any import customs formalities.

A THE SELLER/S OBLIGATIONS

B THE BUYER'S OBLIGATIONS

A1 General obligations

The seller must provide the goods and the commercial invoice in conformity with the contract of sale and any other evidence of conformity that may be required by the contract.

Any document to be provided by the seller may be in paper or electronic form as agreed or, where there is no agreement, as is customary.

B1 General obligations

The buyer must pay the price of the goods as provided in the contract of sale.

Any document to be provided by the buyer may be in paper or electronic form as agrees or, where there is no agreement, as is customary.

A2 Delivery

The seller must deliver the goods either by placing them alongside the vessel nominated by the buyer at the loading point, if any, indicated by the buyer at the named port of shipment or by procuring the goods so delivered.

The seller must deliver the goods

1. on the agreed date

or

2. at the time within the agreed period notified by the buyer under B10

or
3. if no such time is notified, then at the end of the agreed period
and
4. in the manner customary at the port.
If no specific loading point has been indicated by the buyer, the seller may select the point within the named port of shipment that best suits its purpose.

B2 Taking delivery
The buyer must take delivery of the goods when they have been delivered under A2.

A3 Transfer of risks
The seller bears all risk of loss of or damage to the goods until they have been delivered in accordance with A2, with the exception of loss or damage in the circumstances described in B3.

B3 Transfer of risks
The buyer bears all risks of loss of or damage to the goods from the time they have been delivered under A2.
If.
a) the buyer fails to give notice in accordance with B10; or
b) the vessel nominated by the buyer fails to arrive on time to enable the seller to comply with A2, fails to take the goods, or closes for cargo earlier than the time notified in accordance with B10:
then the buyer bears all risks of loss of or damage to the goods:
(i) from the agreed date, or in the absence of an agreed date,
(ii) from the date selected by the buyer under B10, or, if no such date has been notified,
(iii) from the end of any agreed period for delivery,
provided that the goods have been clearly identified as the contract goods.

A4 carriage
The seller has no obligation to the buyer to make a contract of carriage. However, the seller must provide the buyer, at the buyer's request, risk and cost, with any information in the possession of the seller, including transport-related security requirements, that the buyer needs for arranging carriage. If agreed, the seller must contract for carriage on the usual terms at the buyer's risk and cost.
The seller must comply with any transport-related security requirements up to delivery.

B4 carriage
The buyer must contract at its own cost for the carriage of the goods from the named port of shipment, except when the contract of carriage is made by the seller as provided for in A4.

A5 Insurance
The seller has no obligation to the buyer to make a contract of insurance. However, the

seller must provide the buyer, at the buyer's request, risk and cost, with information in the possession of the seller that the buyer needs for obtaining insurance.

B5 Insurance

The buyer has no obligation to the seller to make a contract of insurance.

A6 Delivery/transport document

The seller must provide the buyer, at the seller's cost, with the usual proof that the goods have been delivered in accordance with A2.

Unless such proof is a transport document, the seller must provide assistance to the buyer, at the buyer's request, risk and cost, in obtaining a transport document.

B6 Delivery/transport document

The buyer must accept the proof of delivery provided under A6.

A7 Export/import clearance

a) Export clearance

Where applicable, the seller must carry out and pay for all export clearance formalities required by the country of export, such as:

- ▶ export licence;
- ▶ security clearance for export;
- ▶ pre-shipment inspection; and
- ▶ any other official authorisation.

b) Assistance with import clearance

Where applicable, the seller must assist the buyer, at the buyer's request, risk and cost, in obtaining any documents and/or information related to all transit/import clearance formalities, including security requirements and pre-shipment inspection, needed by any country of transit or the country of import.

B7 Export/import clearance

a) Assistance with export clearance

Where applicable, the buyer must assist the seller at the seller's request, risk and cost in obtaining any documents and/or information related to all export clearance formalities, including security requirements and pre-shipment inspection, needed by the country of export.

b) Import clearance

Where applicable, the buyer must carry out and pay for all formalities required by any country of transit and the country of import, such as:

- ▶ import licence and any licence required for transit;
- ▶ security clearance for import and any transit;
- ▶ pre-shipment inspection; and
- ▶ any other official authorisation.

A8 Checking/packaging/marking

The seller must pay the costs of those checking operations (such as checking quality,

measuring, weighing, counting) that are necessary for the purpose of delivering the goods in accordance with A2.
The seller must, at its own cost, package the goods, unless it is usual for the particular trade to transport the type of goods sold unpackaged. The seller must package and mark the goods in the manner appropriate for their transport, unless the parties have agreed on specific packaging or marking requirements.

B8 Checking/packaging/marking
The buyer has no obligation to the seller.

A9 Allocation of costs
The seller must pay:
a) all cost relating to the goods until they have been delivered in accordance with A2, other than those payable by the buyer under B9;
b) the costs of providing the usual proof to the buyer under A6 that the goods have been delivered;
c) where applicable, duties, taxes and any other costs related to export clearance under A7(a); and
d) the buyer for all costs and charges related to providing assistance in obtaining documents and information in accordance with B7(a).

B9 Allocation of costs
The buyer must pay:
a) all costs relating to the goods from the time they have been delivered under A2, other than those payable by the seller under A9;
b) the seller for all costs and charges related to providing assistance in obtaining documents and information in accordance with A4, A5, A6 and A7(b);
c) where applicable, duties, taxes and any other costs related to transit or import clearance under B7(b); and
d) any additional costs incurred, either because:
(i) the buyer has failed to give notice under B10, or
(ii) the vessel nominated by the buyer under B10 fails to arrive on time, fails to take the goods, or closes for cargo earlier than the time notified in accordance with B10,
provided that the goods have been clearly identified as the contract goods.

A10 Notices
The seller must give the buyer sufficient notice either that the goods have been delivered in accordance with A2 or that the vessel has failed to take delivery of the goods within the time agreed.

B10 Notices
The buyer must give the seller sufficient notice of any transport-related security requirements, the vessel name, loading point and, if any, the selected delivery date within the agreed period.

FOB(insert named port of shipment) Incoterms® 2020

EXPLANATORY NOTES FOR USERS

1. **Delivery and risk** - "Free On Board" means that the seller delivers the goods to the buyer
   ▶ on board the vessel
   ▶ nominated by the buyer
   ▶ at the named port of shipment
   ▶ or procures the goods already so delivered.

   The risk of loss of or damage to the goods transfers when the goods are on board the vessel, and the buyer bears all costs from that moment onwards.

2. **Mode of transport** – This rule is to be used only for sea or inland waterway transport where the parties intend to deliver the goods by placing the goods on board a vessel. Thus, the FOB rule is not appropriate where goods are handed over to the carrier before they are on board the vessel, for example where goods are handed over to a carrier at a container terminal. Where this is the case, parties should consider using the FCA rule rather than the FOB rule.

3. **'or procuring the goods so delivered'** – The seller is required either to deliver the goods on board the vessel or to procure goods already so delivered for shipment. The reference to 'procure' here caters for multiple sales down a chain (string sales), particularly common in the commodity trades.

4. **Export/import clearance** – FOB requires the seller to clear the goods for export, where applicable. However, the seller has no obligation to clear the goods for import or for transit through third countries, to pay any import duty or to carry out any import customs formalities.

A THE SELLER'S OBLIGATIONS

B THE BUYER'S S OBLIGATIONS

A1 General obligations

The seller must provide the goods and the commercial invoice in conformity with the contract of sale and any other evidence of conformity that may be required by the contract.
Any document to be provided by the seller may be in paper or electronic form as agreed or, where there is no agreement, as is customary.

B1 General obligations

The buyer must pay the price of the goods as provided in the contract of sale.
Any document to be provided by the buyer may be in paper or electronic from as agreed or, where there is no agreement, as is customary.

A2 Delivery

The seller must deliver the goods either by placing them on board the vessel nominated by the buyer at the loading point, if any, indicated by the buyer at the named port of shipment or by procuring the goods so delivered.

The seller must deliver the goods

1. on the agreed date
   or
2. at the time within the agreed period notified by the buyer under B10
   or
3. if no such time is notified, then at the end of the agreed period
   and
4. in the manner customary at the port

If no specific loading point has been indicated by the buyer, the seller may select the point within the named port of shipment that best suits its purpose.

B2 Taking delivery

The buyer must take delivery of the goods when they have been delivered under A2.

A3 Transfer of risks

The seller bears all risk of loss of or damage to the goods until they have been delivered in accordance with A2, with the exception of loss or damage in the circumstances described in B3.

B3 Transfer of risks

The buyer bears all risk of loss of or damage to the goods from the time they have been delivered under A2.

If.

a) the buyer fails to give notice in accordance with B10; or
b) the vessel nominated by the buyer fails to arrive on time to enable the seller to comply with A2, fails to take the goods, or closes for cargo earlier than the time notified in accordance with B10:

   then the buyer bears all risks of loss of or damage to the goods:
   (i) from the agreed date, or in the absence of an agreed date,
   (ii) from the date selected by the buyer under B10, or, if no such date has been notified,
   (iii) from the end of any agreed period for delivery,

A4 carriage

The seller has no obligation to the buyer to make a contract of carriage. However, the seller must provide the buyer, at the buyer's request, risk and cost, with any information in the possession of the seller, including transport-related security requirements, that the buyer needs for arranging carriage. If agreed, the seller must contract for carriage on the usual terms at the buyer's risk and cost.

The seller must comply with any transport-related security requirements up to delivery.

B4 carriage

The buyer must contract at its own cost for the carriage of the goods from the named port of shipment, except when the contract of carriage is made by the seller as provided for in A4.

A5 Insurance

The seller has no obligation to the buyer to make a contract of insurance. However, the seller must provide the buyer, at the buyer's request, risk and cost, with information in the possession of the seller that the buyer needs for obtaining insurance.

B5 Insurance

The buyer has no obligation to the seller to make a contract of insurance.

A6 Delivery/transport document

The seller must provide the buyer, at the seller's cost, with the usual proof that the goods have been delivered in accordance with A2.

Unless such proof is a transport document, the seller must provide assistance to the buyer, at the buyer's request, risk and cost, in obtaining a transport document.

B6 Delivery/transport document

The buyer must accept the proof of delivery provided under A6.

A7 Export/import clearance

a) Export clearance

Where applicable, the seller must carry out and pay for all export clearance formalities required by the country of export, such as:

- ▶ export license;
- ▶ security clearance for export;
- ▶ pre-shipment inspection; and
- ▶ any other official authorisation.

b) Assistance with import clearance

Where applicable, the seller must assist the buyer, at the buyer's request, risk and cost, in obtaining any documents and/or information related to all transit/import clearance formalities, including security requirements and pre-shipment inspection, needed by any country of transit or the country of import.

B7 Export/import clearance

a) Assistance with export clearance

Where applicable, the buyer must assist the seller at the seller's request, risk and cost in obtaining any documents and/ or information related to all export clearance formalities, including security requirements and pre-shipmen inspection, needs by the country of export.

b) Import clearance

Where applicable, the buyer must carry out and pay for all formalities required by any country of transit and the country of import, such as:

- import license and any license required for transit;
- security clearance for import and any transit;
- pre-shipment inspection; and
- any other official authorisation.

A8 Checking/packaging/ marking

The seller must pay the costs of those checking operations (such as checking quality, measuring, weighing, counting) that are necessary for the purpose of delivering the goods in accordance with A2. The seller must, at its own cost, package the goods, unless it is usual for the particular trade to transport the type of goods sold unpackaged. The seller must package and mark the goods in the manner appropriate for their transport, unless the parties have agreed on specific packaging or marking requirements.

B8 Checking/packaging/ marking

The buyer has no obligation to the seller.

A9 allocation of costs

The seller must pay:

a) all costs relating to the goods until they have been delivered in accordance with A2, other than those payable by the buyer under B9;
b) the costs of providing the usual proof to the buyer under A6 that the goods have been delivered;
c) where applicable, duties, taxes and any other costs related to export clearance under A7(a); and
d) the buyer for all costs and charges related to providing assistance in obtaining documents and information accordance with B7(a).

B9 Allocation of costs

The buyer must pay:

a) all costs relating to the goods from the time they have been delivered under A2, other than those payable by the seller under A9;
b) the seller for all costs and charges related to providing assistance in obtaining documents and information in accordance with A4, A5, A6 and A7(b); and
d) any additional costs incurred, either because:
   (i) the buyer has failed to give notice under B10, or
   (ii) the vessel nominated by the buyer under B10 fails to arrive on time, fails to take the goods, or closes for cargo earlier than the time notified in accordance with B10,

Provided that the goods have been clearly identified as the contract goods.

A10 Notice

The seller must give the buyer sufficient notice either that the goods have been delivered in accordance with A2 or that the vessel has failed to take the goods within the time agreed.

B10 Notice

The buyer must give the seller sufficient notice of any transport-related security requirements, the vessel name, loading point and, if any, the selected delivery date within the agreed period.

CFR(Cost and Freight)

CFR(insert named port of destination) Incoterms® 2020

Explanatory notes for users

1. **Delivery and risk** - "Cost and Freight" means that the seller delivers the goods to the buyer.
   ▶ on board the vessel
   ▶ or procures the goods already so delivered.
   The risk of loss of or damage to the goods transfers when the goods are on board the vessel, such that the seller is taken to have performed its obligation to deliver the goods whether or not the goods actually arrive at their destination in sound condition, in the stated quantity or, indeed, at all. In CFR, the seller owes no obligation to the buyer to purchase insurance cover: the buyer would be well-advised therefore to purchase some cover for itself.

2. **Mode of transport** - This rule is to be used only for sea or inland waterway transport. Where more than one mode of transport is to be used, which will commonly be the case where goods are handed over to a carrier at a container terminal, the appropriate rule to use is CPT rather than CFR.

3. **'or procuring the goods so delivered'** - The reference to "procure" here caters for multiple sales down a chain (string sales), particularly common in the commodity trades.

4. **Ports of delivery and destination** - in CFR, two ports are important: the port where the goods are delivered on board the vessel and the port agreed as the destination of the goods. Risk transfers from seller to buyer when the goods are delivered to the buyer by placing them on board the vessel at the shipment port or by procuring the goods already so delivered. However, the seller must contract for the carriage of the goods from delivery to the agreed destination. Thus, for example, goods are placed on board a vessel in Shanghai (which is a port) for carriage to Southampton (also a port). Delivery here happens when the goods are on board in Shanghai, with risk transferring to the buyer at that time; and the seller must make a contract of carriage from Shanghai to Southampton.

5. **Must the shipment port be named?** - While the contract will always specify a destination port, it might not specify the port of shipment, which is where risk transfers to the buyer. If the shipment port is of particular interest to the buyer, as it may be, for example, where the buyer wishes to ascertain that the freight element of the price is reasonable, the parties

are well advised to identify it as precisely as possible in the contract.

6. **Identifying the destination point at the discharge port** - The parties are well advised to identify as precisely as possible the point at the named port of destination, as the costs to that point are for the account of the seller. The seller must make a contract or contracts of carriage that cover(s) the transit of the goods from delivery to the named port or to the agreed point within that port where such a point has been agreed in the contract of sale..

7. **Multiple carriers** - It is possible that carriage is effected through several carriers for different legs of the sea transport, for example, first by a carrier operating a feeder vessel from Hong Kong to Shanghai, and then onto an ocean vessel from Shanghai to Southampton. The question which arises here is whether risk transfers from seller to buyer at Hong Kong or at Shanghai: where does delivery take place? The parties may well have agreed this in the sale contract itself. Where, however, there is no such agreement, the default position is that risk transfers when the goods have been delivered to the first carrier, i.e. Hong Kong, thus increasing the period during which the buyer incurs the risk of loss or damage. Should the parties wish the risk to transfer at later stage (here, Shanghai) they need to specify this in their contract of sale.

8. **Unloading costs** - If the seller incurs costs under its contract of carriage related to unloading at the specified point at the port of destination, the seller is not entitled to recover such costs separately from the buyer unless otherwise agreed between the parties.

9. **Export/Import clearance** - CFR requires the seller to clear the goods for export, where applicable. However, the seller has no obligation to clear the goods for import or for transit through third countries, to pay any import duty or to carry out any import customs formalities.

A THE SELLER'S OBLIGATIONS

B THE BUYER'S OBLIGATIONS

A1 General obligations

The seller must provide the goods and the commercial invoice in conformity with the contract of sale and any evidence of conformity that may be required by the contract.
Any document to be provided by the seller may be in paper or electronic form as agreed or, where there is no agreement, as is customary.

B1 General obligations

The buyer must pay the price of the goods as provided in the contract of sale.
Any document to be provided by the buyer may be in paper or electronic form as agrees or, where there is no agreement, as is customary.

A2 Delivery

The seller must deliver the goods either by placing them on board the vessel or by procuring the goods so delivered. In either case, the seller must deliver the goods on the agreed date or within the agreed period and in the manner customary at the port.

B2 Taking delivery

The buyer must take delivery of the goods when they have been delivered under A2 and receive them from carrier at the named port of destination.

A3 Transfer of risks

The seller bears all risks of loss of or damage to the goods until they have been delivered in accordance with A2, with the exception of loss or damage in the circumstance described in B3.

B3 Transfer of risks

The buyer bears all risks of loss of or damage to the goods from the time they have been delivered under A2. If the buyer fails to give notice in accordance with B10, then it bears all risks of loss of or damage to the goods from the agreed date or the end of the agreed period for shipment, provided that the goods have been clearly identified as the contract goods.

A4 Carriage

The seller must contract or procure a contract for the carriage of the goods from the agreed point of delivery. if any, at the place of delivery to the named port of destination or, if agreed, any point any that port. The contract of carriage must be made on usual terms at the seller's cost and provide for carriage by the usual route in a vessel of the type normally used for the transport of the type of goods sold.
The seller must comply with any transport-related security requirements for transport to the destination.

B4 Carriage

The buyer has no obligation to the seller make a contract of carriage.

A5 Insurance

The seller has no obligation to the buyer to make a contract of insurance. However, the seller must provide the buyer, at the buyer's request, risk and cost, with information in the possession of the seller that the buyer needs for obtaining insurance.

B5 Insurance

The buyer has no obligation to the seller to make a contract of insurance.

A6 Delivery/transport document

The seller must, as its own cost, provide the buyer with the usual transport document for the agreed port of destination.
This transport document must cover the contract goods, be dated within the period agreed for shipment, enable the buyer to claim the goods from the carrier at the port of destination and, unless otherwise agreed, enable the buyer to sell the goods in transit by

the transfer of the document to a subsequent buyer or by notification to the carrier. When such a transport document is issued in negotiable form and in several originals, a full set of originals must be presented to the buyer.

B6 Delivery/transport document

The buyer must accept the transport document document provided under A6 if it is in conformity with the contract.

A7 Export/import clearance

a) Export clearance

Where applicable, the seller must catty out and pay for all export clearance formalities requtred by the country of expert, such as:

- ▶ export licence;
- ▶ security clearance for export;
- ▶ pre-shipment inspection; and
- ▶ any other official authorisation.

b) Assistance with import clearance

Where applicable, the seller must assist the buyer, at the buyer's request, risk and cost, in obtaining any documents and/or information related to all transit/import clearance formalities, including security requrements and pre-shipment inspection, needed by any county of transit or the country of import.

B7 Export/import clearance

a) Assistance with export clearance

Where applicable, the buyer must assist the seller at the seller's request, risk and cost in obtaining any documents and/or information related to all export clearance formalities, including security requirements and pre-shipment inspection, needed by the county of export.

b) Import clearance

Where applicable, the buyer must carry out and pay for all formalities required by any country of transit and the county of transit and any licence required for transit;

- ▶ import licence and any licence required for transit;
- ▶ security clearance for import and any transit;
- ▶ pre-shipment inspection; and
- ▶ any other offical authorisation.

A8 Checking/packaging/marking

The seller must pay the costs of those checking operations (such as checking quality, measuring, weighing, counting) that are necessary for the purpose of delivering the goods in accordance with A2.

The seller must, at its own cost, package the goods, unless it is usual for the particular trade to transport the type of goods sold unpackaged. The seller must package and mark the goods in the manner appropriate for their transport, unless the parties have agreed on specific packaging or marking requirements.

B8 Checking/packaging/marking

The buyer has no obligation to the seller.

A9 Allocation of costs

The seller must pay:

a) all costs relating to the goods until they have been delivered in accordance with A2, other than those payable by the buyer under B9;
b) the fright and all other costs resulting from A4, including the costs of loading the goods on board and transport-related security costs;
c) any charges for unloading at the agreed port of discharge that were for the seller's account under the contract of carriage;
d) the costs of transit that were for the seller's account under the contract of carriage;
e) the costs of providing the usual proof to the buyer under A6 that the goods have been delivered;
f) where applicable, duties, taxes and any other costs related to export clearance under A7(a); and
g) the buyer for all costs and charges related to providing assistance in obtaining documents and information in accordance with B7(a).

B9 Allocation of costs

The buyer must pay:

a) all costs relating to the goods from the time they have been delivered under A2, other than those payable by the seller under A9;
b) the costs of transit, unless such costs were for the seller's account under the contract of carriage;
c) unloading costs including lighterage and wharfage charges, unless such costs and charges were for the seller's account under the contract of carriage.
d) the seller for all costs and charges related to providing assistance in obtaining documents and information in accordance with A5 and A7(b).
e) where applicable, duties, taxes and any other costs related to transit or import clearance under B7(b); and
f) any additional costs incurred if it fails to give notice in accordance with B10, from the agreed date or the end of the agreed period for shipment, provided that the goods have been clearly identified as the contract goods.

A10 Notices

The seller must notify the buyer that the goods have been delivered in accordance with A2.

The seller must give the buyer any notice required to enable the buyer to receive the goods.

B10 Notice

The buyer must, whenever it is agreed that the buyer is entitled to determine the time for shipping the goods and/or the point of receiving the goods within the named port of destination, give the seller sufficient notice.

CIF(Cost Insurance and Freight)

CIF (insert named port of destination) Incoterms® 2020

EXPLANATORY NOTE FOR USERS

1. **Delivery and risk** - "Cost Insurance and Freight" means that the seller delivers the goods to the buyer
   - ▶ on board the vessel
   - ▶ or procures the goods already so delivered.

   The risk of loss of or damage to the goods transfers when the goods are on board the vessel, such that the seller is taken to have performed its obligation to deliver the goods whether or not the goods actually arrive at their destination in sound condition, in the stated quantity or, indeed, at all.

2. **Mode of transport** - This rule is to be used only for sea or inland waterway transport. Where more than one mode of transport is to be used, which will commonly be the case where goods are handed over to a carrier at a container terminal, the appropriate rule to use is CIP rather than CIF.

3. **'or procuring the goods so delivered'** - The reference to "procure" here caters for multiple sales down a chain (string sales), particularly common in the commodity trades.

4. **Ports of delivery and destination** - In CIF, two ports are important: the port where the goods are delivered on board the vessel and the port agreed as the destination of the goods. Risk transfers from seller to buyer when the goods are delivered to the buyer by placing them on board the vessel at the shipment port or by procuring the goods already so delivered. However, the seller must contract for the carriage of the goods from delivery to the agreed destination. Thus, for example, goods are placed on board a vessel in Shanghai (which is a port) for carriage to Southampton (also a port). Delivery here happens when the goods are on board in Shanghai, with risk transferring to the buyer at that time; and the seller must make a contract of carriage from Shanghai to Southampton.

5. **Must the shipment port be named?** - While the contract will always specify a destination port, it might not specify the port of shipment, which is where risk transfers to the buyer. If the shipment port is of particular interest to the buyer, as it may be, for example, where the buyer wishes to ascertain that the freight or the insurance element of the price is reasonable, the parties are well advised to identify it as precisely as possible in the contract.

6. **Identifying the destination point at the discharge port** - The parties are well advised to identify as precisely as possible the point at the named port of destination, as the costs to that point are for the account of the seller. The seller must make a contract or contracts of carriage that cover the transit of the goods from delivery to the named port or to the agreed

point within that port where such a point has been agreed in the contract of sale.

7. **Multiple carriers** - It is possible that carriage is effected through several carriers for different legs of the sea transport, for example, first by a carrier operating a feeder vessel from Hong Kong to Shanghai, and then onto an ocean vessel from Shanghai to Southampton. The question which arises here is whether risk transfers from seller to buyer at Hong Kong or at Shanghai: where does delivery take place? The parties may well have agreed this in the sale contract itself. Where, however, there is no such agreement, the default position is that risk transfers when the goods have been delivered to the first carrier, i.e. Hong Kong, thus increasing the period during which the buyer incurs the risk of loss or damage. Should the parties wish the risk to transfer at a later stage (here, Shanghai) they need to specify this in their contract of sale.

8. **Insurance** - The seller must also contract for insurance cover against the buyer's risk of loss of or damage to the goods from the port of shipment to at least the port of destination. This may cause difficulty where the destination country requires insurance cover to be purchase locally: in this case the parties should consider selling and buying under CFR. The buyer should also note that under the CIF Incoterms® 2020 rule the seller is required to obtain limited insurance cover complying with Institute Cargo Clauses (C) or similar clause, rather than with the more extensive cover under Institute Cargo Clauses (A). It is, however, still open to the parties to agree on a higher level of cover.

9. **Unloading costs** - If the seller incurs costs under its contract of carriage related to unloading at the specified point at the port of destination, the seller is not entitled to recover such costs separately from the buyer unless otherwise agreed between the parties.

10. **Export/Import clearance** - CIF requires the seller to clear the goods for export, where applicable. However, the seller has no obligation to clear the goods for import or for transit through third countries, to pay any import duty or to carry out any import customs formalities.

A THE SELLER'S OBLIGATIONS

B THE BUYER'S OBLIGATIONS

A1 General obligations

The seller must provide the goods and the commercial invoice in conformity with the contract of sale and any other evidence of conformity that may be required by the contract.

Any document to be provided by the seller may be in paper or electronic form as agreed or, where there is no agreement as is customary.

B1 General obligations

The buyer must pay the price of the goods as provided in the contract of sale.

Any document to be provided by the buyer may be in paper or electronic form as agreed or, where there is no agreement, as is customary.

A2 Delivery

The seller must deliver the goods either by placing them on board the vessel or by procuring the goods so delivered. In either case, the seller must deliver the goods on the agreed date or within the agreed period and in the manner customary at the port.

B2 Taking delivery

The buyer must take delivery of the goods when they have beer delivered under A2 and receive them from the carrier at the named port of destination.

A3 Transfer of risks

The seller bears all risks of loss of or damage to the goods until they have been delivered in accordance with A2, with the exception of loss or damage in the circumstance described in B3.

B3 Transfer of risks

The buyer bears all risks of loss of or damage to the goods from the time they have been delivered under A2.

If the buyer fails to give notice in accordance with B10, then it bears all risks of loss of or damage to the goods from the agreed date or the end of the agreed period for shipment, provided that the goods have been clearly identified as the contract goods.

A4 Carriage

The seller must contract or procure a contract for the carriage of the goods from the agreed point of delivery, if any, at the place of delivery to the named port of destination or, if agreed, any point at that port. The contract of carriage must be made on usual terms at the seller's cost and provide for carriage by the usual route in a vessel of the type normally used for the transport of the type of goods sold.

The seller must comply with any transport-related security requirements for transport to the destination.

B4 Carriage

The buyer has no obligation to the seller to make a contract of carriage.

A5 Insurance

Unless otherwise agreed or customary in the particular trade, the seller must obtain, at its own cost, cargo insurance complying with the cover provided by Clauses (C) of the Institute Cargo Clauses (LMA/IUA) or any similar clauses. The insurance shall be contracted with underwriters or an insurance company of good repute and entitle the buyer, or any other person having an insurable interest in the goods, to claim directly from the insurer.

When required by the buyer, the seller must, subject to the buyer providing any necessary information requested by the seller, provide at the buyer's cost any additional cover, if procurable, such as cover complying with the Institute War Clauses and/or Institute Strikes Clauses (LMA/IUA) or any similar clauses (unless such cover is already included with the

cargo insurance described in the preceding paragraph).
The insurance shall cover, at a minimum, the price provided in the contract plus 10% (i.e. 110%) and shall be in the currency of the contract.
The insurance shall cover the goods from the point of delivery set out in A2 to at least the named port of destination.
The seller must provide the buyer with the insurance policy or certificate or any other evidence of insurance cover.
Moreover, the seller must provide the buyer, at the buyer's request, risk and cost, with information that the buyer needs to procure any additional insurance.

B5 Insurance

The buyer has no obligation to the seller to make a contract of insurance.
However, the buyer must provide the seller, upon request, with any information necessary for the seller to procure any additional insurance requested by the buyer under A5.

A6 Delivery/transport document

The seller must, at its own cost, provide the buyer with the usual transport document for the agreed port of destination.
This transport document must cover the contract goods, be dated within the period agreed for shipment, enable the buyer to claim the goods from the carrier at the port of destination and, unless otherwise agreed, enable the buyer to sell the goods in transit by the transfer of the document to a subsequent buyer or by notification to the carrier.
When such a transport document is issued in negotiable form and in several originals, a full set of originals must be presented to the buyer.

B6 Delivery/transport document

The buyer must accept the transport document provided under A6 if it is in conformity with the contract.

A7 Export/import clearance

a) Export clearance
   Where applicable, the seller must carry out and pay for all export clearance formalities required by the country of export, such as:
   ▶ export licence;
   ▶ security clearance for export;
   ▶ pre-shipment inspection; and
   ▶ any other official authorisation.

b) Assistance with import clearance
   Where applicable, the seller must assist the buyer, at the buyer's request, risk and cost, in obtaining any documents and/or information related to all transit/import clearance formalities, including security requirements and pre-shipment inspection, needed by any country of transit or the country of import.

B7 Export/import clearance

a) Assistance with export clearance

Where applicable, the buyer must assist the seller at the seller's request, risk and cost in obtaining any documents and/or information related to all export clearance formalities, including security requirements and pre-shipment inspection, needed by the country of export.

b) Import clearance

Where applicable, the buyer must carry out and pay for all formalities required by any country of transit and the country of import, such as:

- ▶ import licence and any licence required for transit;
- ▶ security clearance for import and any transit;
- ▶ pre-shipment inspection; and
- ▶ any other official authorisation.

A8 Checking/packaging/marking

The seller must pay the costs of those checking operations (such as checking quality, measuring, weighing, counting) that are necessary for the purpose of delivering the goods in accordance with A2.

The seller must, at its own cost, package the goods, unless it is usual for the particular trade to transport the type of goods sold unpackaged. The seller must package and mark the goods in the manner appropriate for their transport, unless the parties have agreed on specific packaging or marking requirements.

B8 Checking/packaging/marking

The buyer has no obligation to the seller.

A9 Allocation of costs

The seller must pay:

a) all costs relating to the goods until they have been delivered in accordance with A2, other than those payable by the buyer under B9:

b) the freight and all other costs resulting from A4, including the costs of loading the goods on board and transport-related security costs;

c) any charges for unloading at the agreed port of discharge that were for the seller's account under the contract of carriage;

d) the costs of transit that were for the seller's account under the contract of carriage;

e) the costs of providing the usual proof to the buyer under A6 that the goods have been delivered;

f) the costs of insurance resulting from A5;

g) where applicable, duties, taxes and any other costs related to export clearance under A7(a); and

h) the buyer for all costs and charges related to providing assistance in obtaining documents and information in accordance with B7(a).

B9 Allocation of costs

The buyer must pay:

a) all costs relating to the goods from the time they have been delivered under A2, other than those payable by the seller under A9;

b) the costs of transit, unless such costs were for the seller's account under the contract of carriage;
c) unloading costs including lighterage and wharfage charges, unless such costs and charges were for the seller's account under the contract of carriage;
d) the costs of any additional insurance procured at the buyer's request under A5 and B5;
e) the seller for all costs and charges related to providing assistance in obtaining documents and information in accordance with A5 and A7(b);
f) where applicable, duties, taxes and any other costs related to transit or import clearance under B7(b); and
g) any additional costs incurred if it fails to give notice in accordance with B10, from the agreed date or the end of the agreed period for shipment, provided that the goods have been clearly identified as the contract goods.

A10 Notices

The seller must notify the buyer that the goods have been delivered in accordance with A2. The seller must give the buyer any notice required to enable the buyer to receive the goods.

B10 Notices

The buyer must, whenever it is agreed that the buyer is entitled to determine the time for shipping the goods and/or the point of receiving the goods within the named port of destination, give the seller sufficient notice.

1. 국내문헌

강원진, 무역계약론, 박영사.

김용복, 무역실무, 박영사, 1997.

박병호, 신무역실무, 도서출판 고시연구원, 2000.

윤철수, 손에 잡히는 통관 알기쉬운 관세환급, 무역일보사, 2000.

양영환 ·오원석 ·서정두, 신용장론, 삼영사, 1997.

오원석, 국제운송론, 박영사, 1997.

임석민, 운송론, 삼영사, 2012.

신두식 ·이주원, 국제무역클레임과 중재실무, 도서출판 두남, 2012.

정재완, 인터넷 시대 무역실무, 도서출판 두남, 2000.

한국관세연구소, 보세화물편린, 1996.

한국국제복합운송업협회, 복합운송의 이론과 실제, 1996.

한국국제복합운송업협회, 복합운송실무, 1998.

한국국제복합운송업협회, 항공운송실무, 1998.

한국무역협회, 무역연수원, 신용장, 1997.

한국무역협회, 한국화주협의회, 수출입운송실무, 1997.

한국무역협회, 무역실무 매뉴얼, 1996.

한국무역협회, 수출입업무요람, 1996.

한국수출보험공사, 수출보험제도해설, 1997.

이대우, 양의동, 장흥훈, 국제무역실무사례, 도서출판 두남, 2004.

이대우, 김종락, 국제무역거래론, 도서출판 두남, 2002.

이대우, 양의동, 신용장론, 도서출판 두남, 2011.

이대우, 양의동, 김종락, 무역계약론, 도서출판 두남, 2012.

이대우, 김종락 무역실무법규, 도서출판 두남, 2009.

2. 국외문헌

絹券康史, 貿易取引の契約と實務, 中央經濟社, 1993

大阪商船三井船舶株式會社, 國際複合輸送の知識, 成山堂書店, 1993.

東京恩倖, 貿易と信用狀, 實業之日本社, 1996.

桐　芳和, 三訂 貿易取引と信用狀, 經濟法令研究會, 1992.

梶原昭次, 入門入門 貿易のしくみ, 日本實業出版社, 1993

小島武可, 仲裁法, 青林書館, 1988.

小林秀之, 國際取引紛爭, 弘文堂, 1995.

市來清也, 國際複合一貫輸送槪論, 成山堂書店, 1993.

新堀聰, 貿易實買, 同文館, 1990.

新堀聰, 貿易政策と貿易實買, 同文館, 1996.

新堀聰, 貿易取引の 理論と實踐, 三嶺書房, 1993.

片山立志, 圖解 貿易實務入門, 稅務經理協會, 1993.

片山善行, 國際實買契約の實務, 中央經濟社. 1994.

A.G. Guest, The Common Law Library Number 2, Benjamin's Sale of Goods, Fourth Edition, London, Sweet & Maxwell, 1992.

C.M. Schmitthoff, Schmitthoffs Export Trade, Ninth edition, London, Stevens & Sons, 1990.

D.M. Day, The Law of International Trade, Butterworths, London, 1993.

F.M. Ventris, Banker's Documentary Credit, Lloyd's of London Press, Third ed, 1990.

ICC, Guide to INCOTERMS 1990, Publication No.461/90, 1991.

Paul Todd, Mordern Bills of Lading, Collins, 1986.

Ray August, International Business Law, Text, Cases and Readings, Prentice Hall, 1993.

HC Gutteridge and Maurice Megrah "the Law of bankers' Commercial Credits 7th ed" Europa Pub Ltd London 1984.

Raymond Jack "Documentary Credits second ed" Butterworths London, Dublin, Edinburgh

E. P. Ellinger "Deumentary Letter of Credit." University of Singarpore Press Singarpore 1970.

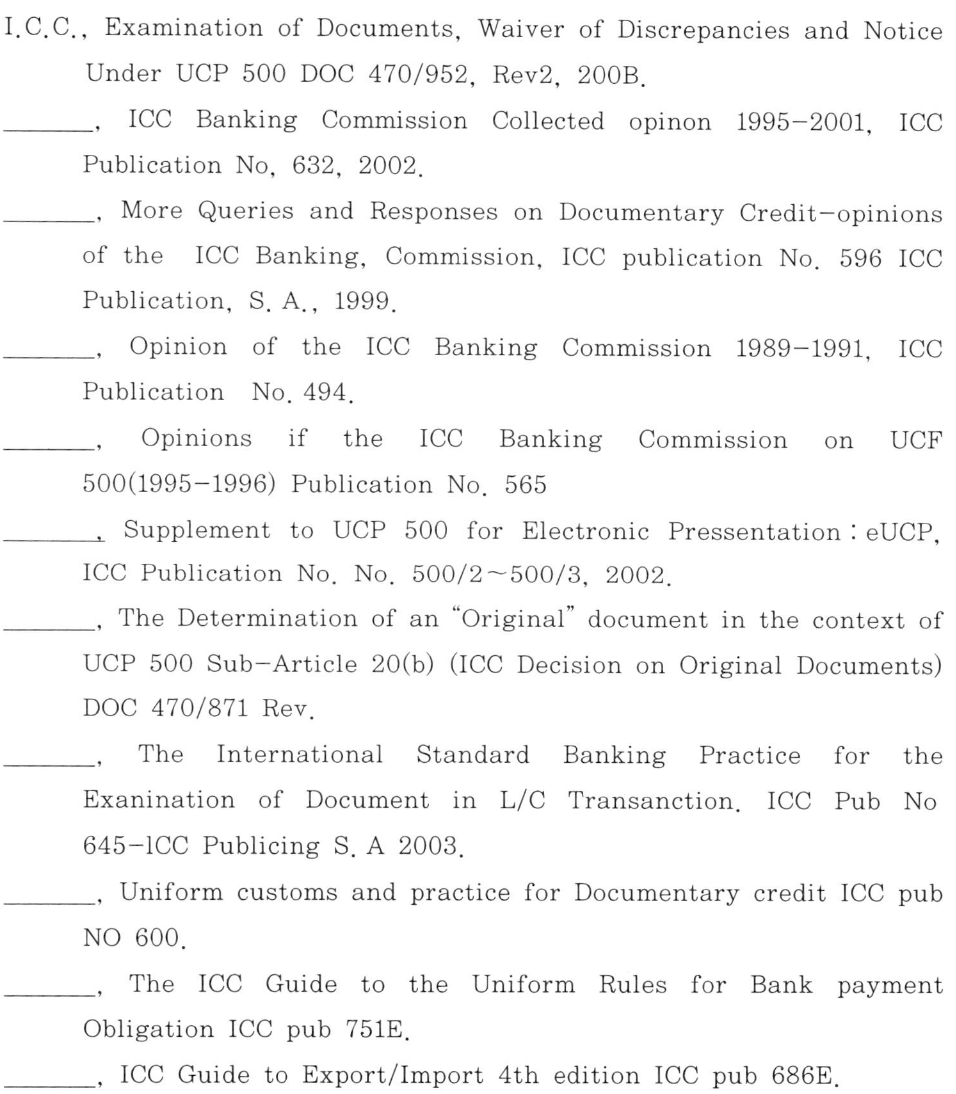

I.C.C., Examination of Documents, Waiver of Discrepancies and Notice Under UCP 500 DOC 470/952, Rev2, 200B.

_______, ICC Banking Commission Collected opinon 1995-2001, ICC Publication No, 632, 2002.

_______, More Queries and Responses on Documentary Credit-opinions of the ICC Banking, Commission, ICC publication No. 596 ICC Publication, S. A., 1999.

_______, Opinion of the ICC Banking Commission 1989-1991, ICC Publication No. 494.

_______, Opinions if the ICC Banking Commission on UCF 500(1995-1996) Publication No. 565

_______, Supplement to UCP 500 for Electronic Pressentation : eUCP, ICC Publication No. No. 500/2~500/3, 2002.

_______, The Determination of an "Original" document in the context of UCP 500 Sub-Article 20(b) (ICC Decision on Original Documents) DOC 470/871 Rev.

_______, The International Standard Banking Practice for the Exanination of Document in L/C Transanction. ICC Pub No 645-ICC Publicing S. A 2003.

_______, Uniform customs and practice for Documentary credit ICC pub NO 600.

_______, The ICC Guide to the Uniform Rules for Bank payment Obligation ICC pub 751E.

_______, ICC Guide to Export/Import 4th edition ICC pub 686E.

찾아보기

ㄱ

ㄴ

ㅇ

ㅊ

ㅋ

ㅌ

ㅍ

■ 저자소개 ■

▍이 대 우 (Dae Woo Lee, ph.D.)

- 서울대학교 법과대학 법학과 졸업 (법학사, LL.B.)
- 중앙대학교 대학원 졸업 (경영학 석사 및 박사 MBA & Ph.D)
- (미국) University of Hawaii Honolulu Hawaii Executive PAMI, 수료
- ㈜제일은행 외환업무부장, 지점장
- ㈜제일시티리스 대표이사
- 중앙대학교 및 동대학원 강사, 상명대학교·단국대학교 강사, 순천향대학교 강사, 한국금융연수원 강사
- 청운대학교 글로벌경영대학 겸임교수, ㈳한국국제상학회 부회장, 한국국제통상정보학회 자문위원

저서 및 논문

- 상업신용장 (국제금융연구원, 1996)
- 수입실무 (한국 금융연수원, 2001)
- 제5차개정 신용장통일규칙 (국제금융연구원, 1997)
- 신용장거래 사례연구 (국제금융연구원, 1997)
- 신용장론 (도서출판 두남, 2014)
- 국제무역거래론 (도서출판 두남, 2002)
- 국제무역실무·사례 (도서출판 두남, 2004)
- 국제무역실무 (도서출판 두남, 2017)
- 국제무역법규 (도서출판 두남, 2007)
- 무역실무법규 (도서출판 두남, 2009)
- 무역계약론 (도서출판 두남, 2015)
- International Management Strategies of Korean Banks (1989)
- Refusal to effect Payment in Documentary Credit Transactions (1992)
- 화환신용장거래에 있어서 국내관행에 관한 고찰 (국제상학회)
- 화환신용장거래에 의한 사기사건에 대한 연구
- 국제은행간 신용장대금 상환시 분쟁에 관한 연구 (1998)
- 보증신용장과 지급보증에 관한 연구 (1996)
- 신용장의 서류심사상 Fraud Rule적용사례 (2002)
- 인수신용장에서 확인은행의 상환청구권에 관한 사례 연구 (2008)
- 신용장거래에서 비서류조건에 관한 연구 (2007)
- URBPO 실행에 따른 실무상 유의사항에 관한 연구 (2015)

▍양 의 동 (Yang Ui Dong, ph.D.)

- 인천대학교 무역학과(경영학사)
- 중앙대학교 대학원 무역학과(경영학 석사)
- 중앙대학교 대학원 무역학과(경영학 박사)
- (미국)Michigan State University VIPP, Visiting Fellow
- 청운대학교 학장 및 학생처장, 교무처장
- 인천대학교, 중앙대학교 강사
- ㈳한국국제상학회 회장
- 국제무역학회 이사
- 한국국제통상정보학회 상임이사
- 한국수출보험학회 이사
- 청운대학교 부총장
- (現) 청운대학교 글로벌경영대학 교수

저서 및 논문

- 외환론〈공저〉(동성사, 1996)
- 무역학개론〈공저〉(동성사, 2003)
- 신용장론〈공저〉(도서출판 두남, 2010)
- 국제무역실무·사례(도서출판 두남, 2004)
- 보증신용장에 관한 연구
- 외환거래관습에 관한 연구
- 신용장의 EDI화에 따른 문제점에 관한 연구
- 은행추심에 의한 무역대금 결제방식의 문제점과 개선방안
- 인천항 부두회사운영제의 성과 및 문제점
- 인터넷방식의 무역거래 확대에 따른 문제점과 정책방향에 대한 고찰 외 국제상학분야 10편의 논문이 있음

● 국제무역실무 – 개정6판

초　판 1쇄 발행 —— 2006년 8월 20일
개정2판 1쇄 발행 —— 2008년 2월 25일
개정3판 1쇄 발행 —— 2012년 3월 5일
개정4판 1쇄 발행 —— 2013년 2월 25일
개정5판 1쇄 발행 —— 2017년 3월 5일
개정5판 2쇄 발행 —— 2018년 2월 5일
개정6판 1쇄 발행 —— 2021년 2월 25일
지은이 —— 이 대 우 · 양 의 동
펴낸이 —— 전 두 표
펴낸곳 —— 도서출판 **두남**
서울시 강동구 성내로6길 34-16 두남빌딩
신 고 : 제25100-1988-9호
TEL : 02) 478-2065~7, 2311
FAX : 02) 478-2068
E-mail : dunam1@unitel.co.kr
http://www.dunam.co.kr

● 정가 33,000원

ISBN 978-89-6414-905-8 93320